Das Diakonische entdecken

Veröffentlichungen
des Diakoniewissenschaftlichen Instituts
an der Universität Heidelberg

Begründet von
Theodor Strohm

Herausgegeben von
Johannes Eurich
Volker Herrmann

Band 46

MARTIN HORSTMANN

Das Diakonische entdecken

Didaktische Zugänge zur Diakonie

Universitätsverlag
WINTER
Heidelberg

Bibliografische Information der Deutschen Nationalbibliothek
Die Deutsche Nationalbibliothek verzeichnet diese Publikation in der Deutschen Nationalbibliografie; detaillierte bibliografische Daten sind im Internet über *http://dnb.d-nb.de* abrufbar.

ISBN 978-3-8253-5912-6

Imprimé en Allemagne · Printed in Germany
Druck: Memminger MedienCentrum, 87700 Memmingen

Gedruckt auf umweltfreundlichem, chlorfrei gebleichtem und alterungsbeständigem Papier

Den Verlag erreichen Sie im Internet unter:
www.winter-verlag.de

INHALT

C. Analysen

D. Konzept

Vorwort

In der sogenannten organisierten Diakonie – also in diakonischen Einrichtungen, Werken, Diensten und Unternehmen, die professionelle soziale Dienstleistungen anbieten – arbeitet knapp eine halbe Million Menschen. Diese Mitarbeitenden stehen für das ‚diakonische Profil' ein, sie gestalten es und entwickeln es in entscheidendem Maße mit. Gleichzeitig scheint aber keineswegs geklärt zu sein, wo die Konturen dieses ‚diakonischen Profils' verlaufen und worin dessen Kern besteht. Eine paradoxe Situation. Die Frage, was die Diakonie zur Diakonie macht, wird zur Überlebensfrage der Diakonie. Es ist bei Weitem nicht die einzige existenzielle Frage der gegenwärtigen organisierten Diakonie, aber es ist eine wesentliche und bedeutende.

Diakonische Bildung hat die Aufgabe, dieser Frage nachzugehen und Klärungshilfen anzubieten – und zwar jenseits von Marketinginteressen oder Identifikationsbestrebungen. Es gibt mittlerweile eine ganze Reihe an Kursen und Seminaren rund um das Thema des ‚diakonischen Profils'. Und eine nicht geringe Anzahl von Mitarbeitenden in Fortbildungseinrichtungen oder Abteilungen für diakonische Kultur entwickeln immer wieder Ansätze, wie die Frage nach dem ‚diakonischen Profil' in Fortbildungsangeboten angemessen zum Thema gemacht werden kann.

Doch es gibt nur wenige grundlegende Vorarbeiten, auf die diese Mitarbeitenden zurückgreifen und auf denen sie aufbauen können. Das Rad wird zwangsläufig immer wieder neu erfunden. An dieser Stelle möchte diese Arbeit hilfreich sein, sowohl durch einen Überblick über das Feld diakonischer Bildungsangebote als auch durch grundlegende didaktische Reflexionen. Die Arbeit bietet kein Manual an und schlägt keine konkreten methodischen Umsetzungen vor, aber sie bereitet die wichtigsten Fragen diakonischer Bildung im Kontext der organisierten Diakonie so auf, dass Mitarbeitende in Bildungsverantwortung hieran anschließen können.

Seit Beginn meines beruflichen Weges in der Diakonie hat mich die Frage nach dem ‚Eigentlichen' der Diakonie fasziniert und herausgefordert. In drei Ausbildungskontexten ging ich dieser Frage immer wieder nach: in der Diakonenschule Nazareth (Bielefeld), in der Evangelischen Fachhochschule Rheinland-Westfalen-Lippe (Bochum) und im Diakoniewissenschaftlichen Institut der Universität Heidelberg. Initialzündung für das Thema diakonische Bildung war für mich die Erstellung einer methodischen Unterrichtshilfe zu dem von Volker Herrmann und mir herausgegebenen Studienbuch Diakonik (2006). Durch meine Arbeit in verschiedenen Beratungskontexten der Sozialen Arbeit, durch das Unterrichten an der Evangelischen Bildungsstätte für Diakonie und Gemeinde (Bielefeld) und an der Fachhochschule für Diakonie (Bielefeld), durch die Weiterbildung zum Coach (DGfC) und meine Vorliebe für den Trainings- und Fortbildungsbereich entdeckte ich zunehmend die Lust an der didaktischen Reflexion von Bildungsprozessen. Daher lag es nahe, die didaktischen Möglichkeiten (und Grenzen) diakonischer Bildung mit der Frage nach der diakonischen Identität zu verknüpfen und zu einer Dissertation auszuarbeiten.

Mein Dank gilt Prof. Dr. Heinz Schmidt für die Betreuung der Dissertation und Frau Prof. Dr. Barbara Städtler-Mach für die Übernahme des Zweitgutachtens, sowie Prof. Dr. Johannes Eurich und Prof. Dr. Volker Herrmann für die Aufnahme des Bandes in die Reihe der Veröffentlichungen des Diakoniewissenschaftlichen Instituts. Volker Herrmann gilt ebenso mein Dank für die Ermutigung zu dem Dissertationsprojekt, für die vielfältige Unterstützung währenddessen und für die Satzgestaltung und Druckvorbereitung. Lars Charbonnier und Antje Petersen danke ich für unzählige ‚diakonische' Diskussionen. Meinem Vater, Diplom-Sozialpädagogin Cornelia Kaufmann (Schwalmstadt) und Theologin Angelika Nemec, wissenschaftliche Hilfskraft am DWI, danke ich für ihre Mitwirkung an der redaktionellen Überarbeitung sowie für das Korrekturlesen. Und ganz besonders danke ich Katja Korf für ihre Geduld mit mir und für das Neusortieren von Prioritäten.

Die Drucklegung der Dissertation wäre nicht möglich gewesen ohne die freundliche Unterstützung folgender Institutionen: das Diakonische Werk Herford, in dem mein Weg in die Diakonie zunächst als Zivildienstleistender begann und in dem ich dann zehn Jahre später als Mitarbeiter in der Suchthilfe gearbeitet habe; das Diakonische Werk Rheinland-Westfalen-Lippe, dem ich verbunden bin durch Ausbildung, Studium und berufliche Tätigkeit in diversen Einrichtungen der westfälischen Diakonie; das Diakonische Werk der EKD, zu dem es im Laufe der letzten Jahre immer wieder berufliche Kontakte gab, so dass daraus freundschaftliche kollegiale Beziehungen entstanden sind, und schließlich das Sozialwissenschaftliche Institut der EKD unter der Leitung von Prof. Dr. Gerhard Wegner, meinem derzeitigen Arbeitgeber, dem ich inspirierende Debatten verdanke, die zu inhaltlichen Pointierungen der Dissertation führten.

Diakonisches Profil entsteht nicht allein durch normative Vorgaben, sondern durch das Tätigsein im diakonischen Alltag. Diesen Alltag theologisch, christlich bzw. diakonisch in der Art und Weise zu reflektieren, dass es für die Mitarbeitenden eine Hilfe und für die organisierte Diakonie ein Gewinn ist, ist die Herausforderung diakonischer Bildung. Ich hoffe, mit dieser Arbeit einen Beitrag hierzu leisten zu können.

Martin Horstmann
Hannover, Sommer 2011

Einführung

Was ist Diakonie? Was ist das Essentielle der Diakonie? Was muss ein Diakonie-Mitarbeitender eigentlich vom theologischen Gehalt der Diakonie wissen? – Mit Fragen wie diesen beschäftigt sich diakonische Fort- und Weiterbildung.[1] So einfach sie klingen, so schwierig sind sie zu beantworten. Diese Studie leistet einen Beitrag, grundlegende didaktische Fragen innerhalb dieses Teilbereichs der diakonischen Bildung – der diakonischen Bildung im Kontext organisierter Diakonie – zu reflektieren.

In der Diakoniewissenschaft entspannt sich seit gut einem Jahrzehnt eine Debatte um diakonisches Lernen: Schulprojekte, bei denen Schüler und Schülerinnen allgemeinbildender Schulen begleitete Praxiseinsätze in diakonischen Einrichtungen absolvieren. Hierzu gibt es bereits grundlegende didaktische Ausarbeitungen. Bei aller positiven Resonanz des diakonisch-sozialen Lernens wird allerdings auch kritisch angemerkt, dass trotz Begleitung und Reflexion der Praktika oft die „Grundlagen und Ziele der Diakonie, ihre Sicht des Menschen und der Wirklichkeit, ihre hoffnungsstiftenden Inhalte verborgen" bleiben (Schmidt 2007, 113). Dies wird auf die kurze Dauer der Einsätze von fünf bis zehn Tagen zurückgeführt, in der vor allem die Abläufe der alltäglichen Praxis im Vordergrund stehen. Doch wie sieht es mit den Mitarbeitenden aus, die bereits fünf bis zehn Jahre in der Diakonie arbeiten? Kann hier einfach davon ausgegangen werden, dass ihnen Grundlagen und Ziele der Diakonie bewusst sind?

Wohl kaum. Das Diakonische wird „vom diakonisch Tätigen oftmals nur noch mit dem Hinweis auf eine relativ unspezifische Menschlichkeit im Umgang mit Hilfe und Hilfsbedürftigkeit gesehen. Der Diakonie ist damit ihr Proprium in hohem Maße abhanden gekommen" (Weber 2001, 251). Daher werden in allen größeren diakonischen Einrichtungen diakonische Bildungsmaßnahmen für die Diakonie-Mitarbeitenden angeboten. Doch die Akzeptanz dieser explizit diakonisch-theologischen Bildungsangebote scheint nicht sehr hoch, die Nachfrage nach diesen Veranstaltungen vergleichsweise gering und ihre didaktische Durchdringung eher schwach ausgeprägt zu sein.[2] Diakonische Bildungsangebote haben es bisher nicht geschafft, ihre Bedeutung zu klären.

---

1 Als Beispiel dazu ein Zitat aus dem Kurs-Konzept eines solchen Fortbildungsangebots: „Was ist eigentlich Diakonie? Welche Wurzeln und Traditionen hat sie? Wozu brauchen wir ein Leitbild? Welche Grundlagen hat der christliche Glaube? Was ist eigentlich die Bibel? Woran glauben andere Religionen? Gibt es einen Unterschied zwischen sozialer Arbeit der Diakonie und sozialer Arbeit anderer Anbieter …?" (Krause 2008, 21).

2 Über die Anzahl und Vielfalt der Angebote und Ausschreibungen diakonischer Bildungsmaßnahmen kann nicht auf ihre tatsächliche Nachfrage geschlossen werden. In vielen Gesprächen mit Fortbildnern aus dem Bereich der Diakonie wurde mir bestätigt, dass viele

Gleichzeitig fällt auf, dass immer wieder um diakonisches Profil gerungen wird. Bildungs- und Profilfragen sollten daher zusammen bedacht werden. „Es geht für die Zukunft bei der Bildungs- wie der Profilfrage zwar nicht um einen Neuansatz, aber um eine Vertiefung der diakonieinternen Bildungsdebatte und um die deutlichere Erkennbarkeit des christlichen Profils im konkreten diakonischen Tun, obwohl oder gerade weil dieser letzte Punkt schwieriger geworden ist" (Nipkow 2006, 16).

Um dem diakonischen Profil auf die Spur zu kommen, muss man sich dem inhaltlichen und damit vor allem dem theologischen Gehalt des ‚Diakonischen' zuwenden. Dies ist – nicht nur, aber auch! – eine Bildungsaufgabe. Die Klärung der Profilfrage sollte nicht ausschließlich dem Unternehmensmarketing diakonischer Einrichtungen überlasen werden.

Der Ansatzpunkt muss daher sein, eine inhaltlich-diakonische Reflexion wieder stärker in die Diakonie einzubringen und anschlussfähig zu machen. Gerade wenn es stimmt, dass das diakonische Profil fast nur noch verbal existiert (vgl. Weber 2001, 10) und mittlerweile gar ein spirituelles Vakuum in der Diakonie entstanden zu sein scheint (vgl. Claß 2008, 55), zeigt sich das Dilemma der gegenwärtigen Diakonie und die Notwendigkeit diakonischer Bildung. Es geht um das Entdecken des Diakonischen in der Diakonie. Dabei soll nicht bloß ein diakonisches Profil postuliert, Diakonie nachträglich theologisch legitimiert oder der diakonische Alltag spirituell überhöht werden. Es geht um die realen Möglichkeiten der Diakonie. Dies bedeutet bisweilen auch, sie von falschen Idealen zu befreien (vgl. Klessmann 2006). Auch dies ist eine Bildungsaufgabe.

Gerade hierbei kann didaktische Reflexion hilfreich sein. Denn Didaktik wird nicht nur als die Analyse und Planung von Lehr- und Lernprozessen verstanden, Didaktik ist auch „die Kritik an einer bestimmten Praxis, das heißt auf eine vorhandene und gewollte Praxis bezogen und deshalb nicht nur Theorie, sondern das Durchdenken und Verantworten von Praxis" (Gudjons/Winkel 1997, 9). In dieser Studie soll dabei keine neue didaktische Theorie entstehen, um sie neben die Vielzahl weiterer didaktischer Theorien zu stellen, sondern das Gelände der diakonischen Bildung soll didaktisch erkundet werden. Wenn dies gelingt, kann eine – hoffentlich nutzbare – didaktische Landkarte für den Bereich der diakonischen Bildungsangebote entstehen.

Wenn Bildungs- und Profilfragen nicht getrennt voneinander bedacht werden sollen, sind mit diesem Hinweis bereits die beiden Ausgangspunkte didaktischer Reflexion genannt, nämlich die Fragen nach dem Diakonie- und dem Bildungsbegriff: Was wird unter *Diakonie* verstanden? (*Kapitel 1*). Was wird unter *Bildung*

---

dieser Veranstaltungen nicht zustande kommen, aber aus strategischen Gründen immer wieder ausgeschrieben werden. „Zu den Wirkungen solcher Maßnahmen gibt es keine hinreichende empirische Untersuchung. Beobachtungen zeigen jedoch, dass die Nachfrage nach freiwilligen theologischen Bildungsangeboten sehr gering ist." Auch wenn solche Kurse mit Teilnahmeverpflichtung „gut besucht und die Berichte der Veranstalter meist positiv" (Schmidt 2010, 4) sind, liegen hierzu keine Evaluationen vor.

verstanden? (*Kapitel 2*). Beide Begriffe können in dieser Studie nicht abschließend geklärt werden. Die Ausführungen dienen hingegen dazu, die wesentlichen Konturen freizulegen, die den Verlauf der Arbeit bestimmen werden.

In einem nächsten Schritt werden zwei Bestandsaufnahmen vorgenommen. Zunächst wird das Feld diakonisch-theologischer Bildungsangebote gesichtet (*Kapitel 3*). Ein Durchgang durch die verschiedenen Fortbildungsprogramme diakonischer Einrichtungen zeigt die Breite diakonischer Bildungsangebote. Es wird versucht, diese Angebotsstruktur begrifflich zu fassen und darzustellen. Didaktische Reflexionen sind an dieser Stelle freilich nicht zu erwarten. Daher wird im nächsten Kapitel die Suchrichtung ergänzt: Welche didaktischen Hinweise, Impulse und Ansätze lassen sich in der diakoniewissenschaftlichen Literatur zur diakonischen Bildung finden (*Kapitel 4*)? Diese zweite Bestandsaufnahme entfernt sich damit von den diakonischen Fortbildungen für Mitarbeitende in der organisierten Diakonie – denn hierfür liegen ja eben noch kaum didaktische Reflexionen vor –, sie bietet aber eine Fülle von didaktischen Anregungen, die im konzeptionellen Teil dieser Studie wieder aufgegriffen werden *(Kapitel 8, 9 und 10)*.

Die Auswertung dieser beiden Bestandsaufnahmen führt zu der Erkenntnis, dass vor allem drei Aspekte für die didaktische Reflexion diakonischer Bildung besonders in den Blick genommen werden müssen: die Frage nach den Diakonie-Mitarbeitenden, nach den Bildungsdimensionen und nach dem Theologieverständnis.

Bei der Sichtung der diakoniewissenschaftlichen Literatur und den Stichproben im Feld diakonischer Bildungsangebote kommt der Verdacht auf, dass die Mitarbeitenden eher als *Zielgruppe* diakonischer Bildungsangebote wahrgenommen werden und weniger als die eigentlichen Bildungs-*Subjekte*. Daher ist es unabdingbar, den Mitarbeitenden bei der didaktischen Reflexion besondere Aufmerksamkeit zu schenken. Didaktisch relevante Erkenntnisse über die Diakonie-Mitarbeitenden sind allerdings ausgesprochen rar. Mit diesem Spannungsfeld beschäftigt sich *Kapitel 5*.

Eine weitere Undeutlichkeit wird durch die Bestandsaufnahmen bei der Struktur der Inhalte und bei den Intentionen diakonischer Bildungsmaßnahmen erkennbar. Was genau soll eigentlich ausgebildet werden? Theoretisches Wissen, praktisches Können, christliche Werte, diakonische Haltungen? Von allem ein bisschen, so scheint es. Doch was diese Begriffen meinen, was sie didaktisch leisten können und was nicht, bedarf einer grundlegenden Reflexion. Die verschiedenen Bildungsdimensionen müssen daher genauer geklärt werden (*Kapitel 6*).

Der dritte Aspekt, der in einer Didaktik diakonischer Bildung einen zentralen Stellenwert innehat, ist die Theologie. Geklärt werden muss zunächst das Theologieverständnis in der Diakonie (und damit in der diakonischen Bildung): Was wird unter Theologie verstanden, wie verhält sie sich zur Diakonie und – durchaus funktional gedacht – was bringt sie eigentlich der Diakonie? Die Sichtung im dritten und vierten Kapitel führt schnell zu der Erkenntnis, dass aus dem

Wissensbestand der theologischen Fachdisziplin ausgewählt werden muss, nicht jede theologische Erkenntnis ist bedeutend für die Diakonie. Aber auch die Struktur der akademischen Theologie ist in didaktischer Hinsicht wenig hilfreich. Wie kann hiermit angemessen umgegangen werden? (*Kapitel 7*).

Die *Kapitel 5, 6 und 7* analysieren die drei genannten Fragen eingehender und bieten eine Grundlage für die in den darauffolgenden Kapiteln ansetzende Bestimmung diakonischer Bildung und ihrer didaktischen Grundlinien.

Nach diesen Vorarbeiten wird die didaktische Struktur diakonischer Bildung beschrieben. *Kapitel 8* stellt zunächst das Programm diakonischer Bildung im Kontext der organisierten Diakonie dar. Aus der allgemeindidaktischen Theoriebildung werden dann zwei Linien aufgegriffen, die sich für diakonische Bildung eignen, um konkrete Fragen einer Didaktik diakonischer Bildung bearbeiten zu können. Die konstruktivistische Sicht führt zu *didaktischen Grundbewegungen* – man könnte auch von didaktischen Prinzipien oder Leitideen sprechen (*Kapitel 9*). Die bildungstheoretische Didaktik regt dazu an, sich der Frage nach den möglichen Inhalten diakonischer Bildung anhand *diakonischer Elementaria* widmen (*Kapitel 10*).

Was ist Diakonie? Was ist das Essentielle der Diakonie? Was müssen Diakonie-Mitarbeitende eigentlich vom theologischen Gehalt der Diakonie wissen? – Diese zu Anfang gestellten Fragen können mit der in dieser Studie entwickelten didaktischen Struktur bearbeitet werden. Ziel dieser Studie ist es nicht, ein methodisches Handlungskonzept oder abschließende inhaltliche Antworten bereitzustellen. Ziel dieser Studie ist es, in die Lage zu versetzen, sich didaktisch reflektiert mit diesen Fragen auseinandersetzen zu können. Gottfried Adam forderte vor einigen Jahren: „Es ist [...] an der Zeit, eine Didaktik diakonischer Bildung auszuformulieren" (Adam 2004, 52). Adam bezieht dies auf den Bereich des diakonischen Lernens (vgl. Kapitel 2.5.1.), aber diese Forderung kann natürlich genauso für den Teilbereich diakonischer Bildung gelten, dem sich diese Studie widmet. Hierzu will diese Studie einen Beitrag leisten (*Kapitel 11*).

Noch einige *Bemerkungen zum Sprachgebrauch* in dieser Studie.

Kern dieser Studie ist es, aus didaktischer Sicht nach dem ‚Eigentlichen' der Diakonie zu fragen. Hierfür werden in der Diakonie unterschiedliche Umschreibungen genutzt. Oft ist die Rede vom ‚diakonischen Profil', doch diese Formulierung ist problematisch, weil sie hauptsächlich im Bereich der unternehmerischen Diakonie zur Beschreibung einzelner, nach außen darstellbarer Profilelemente gebraucht wird. Zudem beschreibt Profil eine Oberflächeneigenschaft. Mir geht es aber gerade um die Tiefenstruktur, um den Kern, nicht um die Oberfläche. Die Formulierung greift damit zu kurz. Am treffensten scheint mir daher, von der Tiefenstruktur des Diakonischen zu sprechen – oder kurz: vom *Diakonischen.* Dies ist sprachlich unschön, aber mangels einer besseren Alternative werde ich in dieser Studie immer wieder von ‚dem Diakonischen' sprechen, das es freizulegen gilt. Man könnte natürlich an diesen Stellen auch schlicht von *Diakonie* sprechen – von Diakonie als theologischer Größe, nicht als Bezeichnung eines Wohlfahrtsverbandes oder von Einrichtungen. Doch genau hierin liegt die Gefahr. Es ist auffallend, dass in diakoniepolitischen Verlautbarungen und im Sprachgebrauch diakonischer Einrichtungen inflationär und grob fahrlässig die Grenzen zwischen *Diakonie als theologischer Größe* und *Diakonie als Organisation* verwischt werden. Dies stellt für die diakonische Bildung eine ernstzunehmende didaktische Schwierigkeit dar. Aus diesem Grund fiel die Entscheidung für das – zugegebenermaßen diffuse – ‚Diakonische'. Schließlich verwende ich bezogen auf die diakonische Bildung oft den Zusatz *im Kontext organisierter Diakonie.* Dies mag an einigen Stellen den Lesefluss ins Stolpern bringen, aber es erscheint mir wichtig, deutlich darauf hinzuweisen, dass sich diese Studie eben nur einem Teilbereich der diakonischen Bildung widmet. Dieser Teilbereich hat aber gleichzeitig einen besonderen Charakter, der sich hin und wieder von dem abhebt, was geläufig als diakonische Bildung verstanden wird.

Im Zusammenhang mit dem Tätigsein in der Diakonie, bei der Frage nach der Fachlichkeit, nach dem diakonischen Handeln, nach Fähigkeiten und Kompetenzen verweise ich oft auf die *Sozialberufe.* Ich benutzte diesen Begriff als Sammelbezeichnung für sämtliche diakonierelevanten Berufe, ohne diese immer wieder aufzuzählen. Die adjektivische Form *sozialberuflich* meint dementsprechend alle fachlichen Kontexte der Diakonie: sozialarbeiterisch, pädagogisch, pflegerisch, therapeutisch etc. – wohl wissend, dass dies nicht immer sozialberuflich im engeren Sinne ist. Es wäre zu umständlich und für den Lesefluss zu anstrengend, diesbezüglich immer die korrekten Referenzdisziplinen aufzuzählen. ‚Sozialberuflich' stellt in dieser Studie die Chiffre für das berufliche Tätigsein in der Diakonie dar.

A. Ausgangspunkte

1. Zugänge zum Diakoniebegriff

Die diakoniewissenschaftliche Reflexion und Theoriebildung ist in den zurückliegenden Jahrzehnten stark vorangeschritten. Doch bei der Bestimmung diakonischen Profils, der Ergründung der Konstitutiva diakonischen Handelns oder der Klärung von Aufgaben und Zuständigkeiten der organisierten Diakonie herrscht überraschend wenig Übereinstimmung. Und so führt die vermeintlich einfache Frage, was Diakonie ‚eigentlich' sei, zu einer Vielzahl unterschiedlicher Antworten. Grundsätzlich ist diese Pluralität von Antworten nicht beklagenswert, sie wirkt sich aber in der diakonischen Praxis verhängnisvoll aus, da die Frage nach dem Kern diakonischer Identität letztlich diffus bleibt. Für die diakonische Bildung bedeutet dies, dass Bildungsinhalte wesentlich schwieriger zu bestimmen sind, als es auf den ersten Blick erscheinen mag. Aus diesem Grund wird im Folgenden versucht, den für die didaktische Reflexion relevanten Aspekten des Diakoniebegriffs inhaltlich nachzugehen.

Wirft man einen Blick in gängige diakoniewissenschaftliche Standardwerke, wird deutlich, wie schwierig sich das Unterfangen darstellt, Diakonie zu definieren. In ihrem Diakonie-Lehrbuch *Kirche für andere – Handbuch für eine diakonische Praxis* definieren Heinrich Pompey und Paul-Stephan Roß Diakonie wie folgt:

> „Diakonie ist ein Helfen, dessen zentrales Subjekt die diakonische Kirche ist. Von diesem Subjekt wird es verstanden als Glaubenspraxis im Horizont des von Jesus verkündigten und in ihm angebrochenen Reiches Gottes. Von dorther empfängt es seine Grundhaltung einer ‚gelassenen Leidenschaft', seine Orientierung an einem mehrdimensionalen Menschenbild, seinem primären Standort an der Seite derer, die am Rande leben sowie seine spezifische gesellschaftliche Positionierung. Bei dieser Positionierung lässt sich Diakonie leiten von der Realutopie einer Gesellschaft, in der Gerechtigkeit verwirklicht ist und hat gesellschaftskritische, gesellschaftsverändernde und alternative Handlungsräume eröffnende Dimensionen" (Pompey/Roß 1998, 207).

Diesem Definitionsversuch ist kaum etwas hinzuzufügen. Er ist theoretisch abgesichert, umfassend in seiner Breite und sicherlich auch konsensfähig. Gleichzeitig wirkt er sperrig und konstruiert. Es scheint, als würde ein Definitionsmerkmal an das andere gereiht. Auch die Diakoniedefinition, die Günter Ruddat und Gerhard K. Schäfer dem von ihnen herausgegebenen *Diakonischen Kompendium* voranstellen, ist ähnlich aufgebaut:

> „Diakonie ist die im christlichen Glauben begründete, kraft der Liebe und im Horizont der Hoffnung auf das Reich Gottes sich vollziehende christlich-kirchliche Praxis des Beistands, die zu einem Leben in Freiheit ermächtigen will. Das diakonische Beistandshandeln verbindet sich mit der Inszenierung solidaritätsstiftender Arrangements und der Verpflich-

tung, zur Steigerung des gesellschaftlichen Niveaus von Gerechtigkeit beizutragen" (Ruddat/Schäfer 2005b, 11).

Auch diese Definition ist durch und durch fundiert und solide. Doch klärt sich damit der Diakoniebegriff? Zählt man die verwendeten Schlüsselbegriffe auf – Glaube, Liebe, Hoffnung, Reich Gottes, Beistand, Leben, Freiheit, Solidarität und Gerechtigkeit – kommt man auf eine hohe Dichte theologischer Kategorien, die jeweils selbst eine eigenständige Deutung verlangen. Globaldefinitionen dieser Art scheinen gerade durch ihre Grundsätzlichkeit schwer handhabbar zu sein.

Ein anderer Weg, dem Kern der Diakonie auf die Spur zu kommen, setzt bei dem Diakoniebegriff selbst an. Doch hier besteht das Problem, dass die Bedeutung des griechischen Begriffs *diakonia* eben nicht ohne Weiteres unserem gegenwärtigen Verständnis von Diakonie entspricht, dass die neutestamentliche *diakonia* mit der „christlich radikalisierten Nächstenliebe nichts zu tun" hat (Hauschildt 2008, 308).

> „In der gegenwärtigen Systematischen Theologie und Ethik wird die Diakonie dann auch nicht aus den Belegstellen des diakonia-Wortfeldes begründet, sondern anders. Es finden sich – einmal abgesehen von der beschämenden Randständigkeit, die die Reflektion über das Phänomen Diakonie in den Gesamtdarstellungen hat – Ableitungen aus der christlichen Liebe (als glaubensmotiviertem Impuls der Zuwendung zum Nächsten) und aus der Tätigkeit der Kirche [...]. Diakonie ist Ausdruck der einzelnen Christen und einer christlich handelnden Institution" (Hauschildt 2008, 313).

So setzt beispielsweise Manfred Kock im Vorwort zum Diakonischen Kompendium auch weder mit dem Diakoniebegriff noch mit dem Ansatz des Dienens ein. Diakonie bestimmt er anthropologisch, als „roten Faden" der Diakonie macht er die *caritas*, die Liebe, aus.

> „Alle Menschen sind von Gott geschaffen als seine Ebenbilder; sie sind unverwechselbar und je einzeln von ihm geliebt. Dem entspricht, dass wir in der Gemeinschaft der Menschen aufeinander bezogen leben und füreinander Verantwortung tragen. In diesem Grundverständnis liegt die Begründung für diakonisches Handeln in der Nachfolge Jesu: Weil es uns nicht egal sein kann und darf, wie es den Menschen um uns herum geht, sind wir dazu verpflichtet, dort zu helfen, wo wir Not sehen" (Kock 2005, 9).

Doch auch das systematisch-theologische Nachdenken über Diakonie verweist auf Schwierigkeiten. Einerseits wurde systematisch-theologische Reflexion in der Diakonie lange vernachlässigt, andererseits bleibt sie insofern unbefriedigend, als jede diakonielegitimierende Argumentation ihre Vorlieben zeigt und damit zu einem gewissen Grade willkürlich ist: „Vorliebe gegen Vorliebe, partielle Selbstauslegung gegen partielle Selbstauslegung" (Seibert 2006, 145).

Meines Wissens war Horst Seibert der Erste, der die Fülle – und damit auch die Unterschiedlichkeit – der verschiedenen theologischen Ansätze zur Begründung der Diakonie hervorgehoben hat.[1] Reinhard Turre hat darauf aufbauend neun verschiedene Diakonie-Ansätze unterschieden: Diakonie als Zeichen für das Reich Gottes, als Dienst im Namen Jesu, als Lebensäußerung der Kirche, als Wirken des gerechtfertigten Sünders, als gegenseitiges Geben und Nehmen der im Leib Christi untereinander Verbundenen, als kritisches und barmherziges Handeln in der Kirche und gegenüber dem Sozialstaat, als Aktivität bestimmter christlicher Gruppen, als Verbindung von Evangelisierung und Humanisierung, als biblisch orientierte Hilfe zum Menschsein (vgl. Turre 1991, 302). Auch diese Aufstellung bedürfte einer Überarbeitung und Weiterführung.

Die Schwierigkeit bei der Vergewisserung darüber, was Diakonie ist, besteht demnach in der Differenz zwischen dem neutestamentlichen *diakonia*-Begriff und dem modernen Diakonieverständnis. Die systematisch-theologische Reflexion der Diakonie ist zudem noch immer unzureichend. Der Diakoniebegriff wird daher auch nicht einheitlich gebraucht, es finden sich unterschiedliche Verwendungskontexte und Sichtweisen. Mit dem Begriff Diakonie werden durchaus unterschiedliche Phänomene bezeichnet.

Entsprechend dieser Schwierigkeiten soll nun in den folgenden Abschnitten der Diakoniebegriff näher bestimmt werden. Der Ausgangspunkt ist dabei der neutestamentliche Begriff *diakonia* (1.1.). Der folgende Abschnitt fragt nach der theologischen Verortung und Bestimmung des Diakoniebegriffs (1.2.). Danach werden die unterschiedlichen Verwendungszusammenhänge des Diakoniebegriffs dargestellt (1.3.). Nachdem die Schwierigkeiten des Begriffs ‚diakonisches Profil' benannt worden sind (1.4.), werden abschließend Reflexionen zu den konstitutiven Momenten diakonischer Identität vorgestellt (1.5.).

1.1. Der neutestamentliche *diakonia*-Begriff

Diakoniedefinition und -bild werden immer von der Perspektive des Definierenden bestimmt. Als Korrektiv kann der biblische Diakoniebegriff dienen. Doch freilich „kann auch er nicht von perspektivischen Facetten freibleiben" (Götzelmann/Herrmann 2004, 486).

Die Begriffe Dienen und Dienst haben in der Diakonie eine lange Karriere – scheinen sie doch genau das zu umschreiben, was Diakonie meint. Doch gerade die unhinterfragte Gleichsetzung von *diakonia* mit Dienst bzw. von *diakonein* mit dienen ist klärungsbedürftig. Auffallend ist zunächst, dass die Begriffe *diakonia* (Diakonie) und *diakonos* (Diakon) auch als deutsche Lehnworte verwendet werden. Für das Verb *diakonein* gibt es solch eine Aufnahme im Deutschen hingegen nicht. Behelfsweise könnte man von ‚diakonisch handeln' sprechen. Doch worin besteht eben dieses diakonische Handeln?

Die Verwendung des Begriffs *diakonia* als ein aus dem Glauben motivierter Liebesdienst findet sich hauptsächlich im Sozialen Protestantismus seit ungefähr Anfang des 19. Jahrhunderts. Seit Mitte des 19. Jahrhunderts wird mit Diakonie das „demütige und aufopferungsvolle Handeln an den Schwachen und Kranken

[1] In unterschiedlichen Zusammenstellungen: Seibert 1983, 20; Seibert 1985, 60.

aus der Liebe zu Christus" (Benedict 2000, 350) bezeichnet. Der Begriff erfuhr im Deutschen eine Ausweitung auf sozial-karitatives Hilfehandeln in organisierter Form, wie es gegenwärtig von Diakonischen Werken, Diensten und Unternehmen geleistet wird. Dies ist „zu unterscheiden von dem, was im Neuen Testament, in der Kirchengeschichte und weithin auch in anderen Sprachen unter ‚Diakonie' oder ‚Diakonat' verstanden wird" (Hentschel 2008, 290).[2]

1935 erschien im Theologischen Wörterbuch zum Neuen Testament von Wolfgang Hermann Beyer ein Artikel zur Wortbedeutung von *diakoneo*. Beyer geht davon aus, dass der Dienst am Tische die ursprüngliche Bedeutung von *diakonia* sei, von der sich dann die allgemeine Bedeutung einer aufopferungsvollen, helfenden Liebestätigkeit ableitete. Im Neuen Testament sei der Begriff darüber hinausgehend der Ausdruck für die vorbildliche Selbsthingabe Christi als existenzielle christliche Haltung. Beyer selbst kannte die kurz zuvor veröffentlichte Studie von Wilhelm Brandt „Dienst und Dienen im Neuen Testament", dessen Erkenntnisse Einfluss auf seinen Artikel im Theologischen Wörterbuch hatten. Brandt war wiederum von dem Dienst der Diakonissen in Kasierswerth und Bethel geprägt. Er betont im Vorwort seiner Studie, ihm wurde „das Leben der Bethelgemeinde mit ihrem unermüdlichen Dienen die Auslegung des Neuen Testaments, die ihn am stärksten beeindruckt hat" (Brandt 1931, 7). Die theologische Interpretation der neutestamentlichen *diakonia* wurde also durch die Tätigkeit bestimmter Strömungen im Sozialen Protestantismus des 19. Jahrhunderts und der ersten Jahrzehnte des 20. Jahrhunderts geprägt. „Was bei Beyer als lexikographische Analyse gedacht war, wandelte sich so unter der Hand zu einer extrem wertenden Beurteilung des griechischen Wortgebrauchs" (Benedict 2003, 130). Das von Gerhard Kittel herausgegebene Wörterbuch galt als Standardwerk, und so fand Beyers Standpunkt großen Widerhall. Es kam zu einer effektiven Verbreitung dieses exegetischen Missverständnisses.

Die Aufgabe der Diakoniewissenschaft ist es nun zu klären, was mit dem neutestamentlichen Begriff *diakonia* ursprünglich gemeint ist und in welchem Zusammenhang diese Bedeutung mit der heutigen Verwendung des Diakoniebegriffs steht. Mit der Frage, ob „der Anspruch der evangelischen Diakonie auf einer Missinterpretation der antiken Quellen" beruhe, eröffnete Hans-Jürgen Benedict im Jahr 2000 in Deutschland eine diakoniewissenschaftliche Debatte (vgl. Benedict 2006). Benedict greift dabei auf Erkenntnisse des australischen Theologen John N. Collins zurück, der in einer sprachwissenschaftlich angelegten Studie den Nachweis geführt hat, dass *diakonein* eben nicht vorbehaltlos mit *dienen* übersetzt werden kann. Der katholische Theologe John N. Collins zweifelt an der gängigen Auffassung, dass der Begriff Diakonie den Akt des Dienens oder Helfens bezeichnet, und entdeckte, dass die Verwendung des Begriffs *dia-*

2 An dieser Stelle sei als Beispiel nur auf die englischen Begriffe verwiesen: Der Begriff *diaconical* findet sich nur im unmittelbaren Gemeindebezug. Was im Deutschen unter dem Begriff Diakonie verstanden wird, wird im Englischen als *christian social services* bezeichnet.

konia als Synonym für aufopferungsvolle, demütige und auch unterwürfige Liebestätigkeit durch Bezug auf Jesu Selbsthingabe wirkungsgeschichtlich geprägt und gerade nicht exegetisch abgesichert ist.

Während allgemein davon ausgegangen wird, dass *diakonein* die Tätigkeit des niedrigen Tischdienstes bezeichnet, geht Collins von einer Tätigkeit mit größerem Bedeutungsspektrum aus. Die Bedeutung des Begriffs *diakonia* im Neuen Testament kann nicht geklärt werden ohne den Vergleich mit der Verwendung im nicht-christlichen Sprachgebrauch, denn es handelt sich bei dem Wort *diakonia* und seinen Derivaten nicht um die Übersetzung eines aramäischen Jesuswortes, sondern um einen Begriff der griechisch sprechenden Gemeinden (vgl. Hauschildt 2008, 307). Collins hat in seiner Studie die Verwendung der Begriffe der *diak*-Wortgruppe im Profangriechischen vom 5. Jahrhundert v. Chr. bis zum 2. Jahrhundert n. Chr. untersucht. Er kommt zu dem Schluss, dass in außerbiblischen Texten eine Vielzahl von Bedeutungen zu finden sind. Der Begriff ist dabei in drei unterschiedlichen Kontexten zu finden: in dem der Botschaft, der Tätigkeit und des Aufwartens. „Im Bereich der Botschaft meint das Nomen den Vermittler, Sprecher oder Kurier, im Bereich der Tätigkeit den Agenten und das Medium, im Bereich des Aufwartens den Diener und Aufwärter" (Benedict 2000, 354). Die Grundbedeutung in diesen drei Kontexten sieht Collins in der Vermittlung. Collins widerspricht daher sowohl der gängigen Engführung des Begriffs auf einen Tischdienst (‚kellnern') als auch der weiteren Bedeutung im Sinne sozial-karitativer Tätigkeit (‚helfen'). Gleichzeitig weist Collins darauf hin, dass der Gebrauch von *diakonein* vor allem die Aktivität der Tätigkeit betont. Der Begriff sagt zunächst nichts aus über den gesellschaftlichen Status des Handelnden bzw. der Handlung.

Das Aufwarten bei Tische – sowohl in der unmittelbaren Bedeutung des Auf- und Abräumens der Speisen als auch in der weiteren Bedeutung eines Sklavendienstes – ist also eben nicht die Grundbedeutung von *diakonein*, sondern lediglich ein Teilaspekt. Die grundlegende These Beyers, dass die ursprüngliche Wortbedeutung von *diakonia* Tischdienst sei, widerlegt Collins damit. Wenn nun das besonders ‚Diakonische' am sozialen Hilfehandeln in dem Vorbild der aufopferungsvollen und unterwürfigen Tätigkeit eines Tischdienstes gesehen wird, steht dies im Widerspruch zur eigentlichen Wortbedeutung.

Von Collins angeregt stellen nun mehrere Diakoniewissenschaftler eigenständige exegetische Untersuchungen an, um Collins' These zu prüfen; so vor allem Stefan Dietzel (2003), Dierk Starnitzke (2003) und Anni Hentschel (2008). Die Annahme, dass die Grundbedeutung von *diakonia* eine karitative Tätigkeit meint, hat Collins widerlegt. Allerdings ist Collins' Schlussfolgerung umstritten, dass *diakonia* daher grundsätzlich kein wohltätiges Handeln bezeichnet, denn dies kann durchaus ein Teilaspekt von *diakonia* sein (so beispielsweise Dunderberg 2003, 186). Stattdessen ist *diakonia* ein „Allerweltswort für Aufgaben und Funktionen, die in Ausübung eines Auftrags versehen werden" (Hauschildt 2008, 307).

Diakonia kann als eine offizielle Beauftragung verstanden werden, bei der allerdings erst durch den situativen Kontext deutlich wird, worin diese Beauftragung konkret besteht. So kommt Anni Hentschel zu dem Schluss:

> „Diakonia wird im Neuen Testament definitiv nicht zum terminus technicus für gemeindliche Praxis im Sinne eines Ethos des sich unterordnenden Dienstes und der Nächstenliebe, diakonia ist vielmehr ein technischer Begriff, der eine Beauftragung signalisiert und gemäß den neutestamentlichen Zeugnissen v. a. in den Bereichen Verkündigung und Gemeindeleitung, in konkreten Situationen aber durchaus auch für weitere spezifische Aufgaben und Botengänge, wie etwa die Überbringung der Kollekte oder die Versorgung der Witwen (Apg 6,1-7) verwendet wurde" (Hentschel 2008, 305-306).

Erst vom Inhalt des Auftrages ist daher auch abzuleiten, inwiefern eine Aussage über den Status der Tätigkeit getroffen wird. Denn im Gegensatz zu dem Begriff *doulos* (Sklave) ist es ein besonderes Merkmal des Begriffs, „dass Könige oder Priester ebenso wie einfache Leute oder Sklaven, sowohl Frauen als auch Männer als *diakonoi* bezeichnet werden können, ohne dass es sich statusmindernd auswirken muss" (Hentschel 2008, 293).

Stefan Dietzel unterscheidet daher zwischen einem soteriologisch motivierten ethischen und einem eher funktional motivierten ekklesialen Gebrauch (vgl. Dietzel 2003, 172). Es erscheint sinnvoll, den synoptischen Traditionskomplex des *diakonein* von einem paulinischen Traditionskomplex um den Begriff des *diakonos* abzugrenzen. Ersterer steht im Kontext einer Gemeinde, „die über ihren Kult und die Bedeutung des Todes Jesu reflektierte", bei Letzterem ist der Kontext und Sitz im Leben die Missionssituation einer stark expandierenden Gemeinde (Dietzel 2003, 173). In den Paulusbriefen geht es daher nicht um die Reflexion einer existenziellen Haltung des Dienens, sondern um die Beschreibung einer besonderen Funktion im frühen Christentum, die von konkreten Personen, den *diakonoi*, ausgeführt wird. Der *diakonos* kann daher in der Tat als Vermittler charakterisiert werden. Starnitzke vermutet, dass es sich bei den *diakonoi* um eine Art „Außenminister" handeln könnte, während die *episkopoi* für die inneren Gemeindebelange zuständig waren (Stranitzke 2003, 214). Collins' These der Vermittlerschaft ist in den Evangelien allerdings nicht haltbar. Denn dort ist sowohl der Tischdienst gemeint als auch die existenzielle Selbstzurücknahme, durch die sich die Glaubenden auszeichnen sollten, die in der paradoxen Existenz Christ begründet ist. „Das Verständnis des Begriffs verschiebt sich damit von der existenziellen Grundhaltung aller Christen, wie sie in den Evangelien entfaltet wird, zu einer klar definierten Aufgabe bestimmter Menschen, bei der es um Kommunikation und Mobilität zwischen den christlichen Gemeinden geht" (Starnitzke 2003, 214).

Was bedeuten diese Erkenntnisse zur Verwendung des neutestamentlichen *diakonia*-Begriffs nun für die gegenwärtige Verwendung des eingedeutschten Diakoniebegriffs? Fünf Aspekte seien hier skizziert:

Wirkungsgeschichtliche Prägung des Begriffs: Das heutige Diakonieverständnis ist wirkungsgeschichtlich geprägt und kann nicht exegetisch abgeleitet werden. Der

Bedeutungsgehalt der Begriffe *diakonia, diakonos, diakonein* ist nicht identisch mit dem, was sich seit dem 19. Jahrhundert unter dem Begriff Diakonie etabliert hat. Das Selbstverständnis, dass die heutige Form der Diakonie unmittelbar auf Jesu Handeln bzw. auf die Diakonie der Urkirche zurückzuführen ist, ist fragwürdig.

Breiter Bedeutungsumfang des Begriffs: Diakonein kann weder auf den Dienst am Tische, noch auf sozial-karitatives Handeln verengt werden. Die Begriffsbedeutung ist wesentlich umfassender. Allerdings lässt sich nicht ohne Weiteres eine allgemeingültige Grundbedeutung erkennen – „weder *diakonia* als (Liebes-) Dienst, noch *diakonia* als Vermittlung, noch *diakonia* als Kommunikation werden dem differenzierten Bedeutungsspektrum und der facettenreichen neutestamentlichen Wortverwendung gerecht“ (Hentschel 2008, 305).[3]

Keine Statusbezeichnung: Diakonein kennzeichnet keinen Status, sondern konkrete Tätigkeiten. Diakonisches Handelns meint daher keinesfalls unterwürfiges Handeln. Der inhaltliche Gehalt des Begriffs *diakonia* erschließt sich erst aus dem jeweiligen Kontext.

Bedeutung der Beauftragung: Es geht nicht um ein Tun *für* jemanden, sondern um ein Tun im Auftrag *von* jemandem. Auch wenn diese Tätigkeiten dabei auf phänomenologischer Ebene nicht unbedingt zu unterscheiden sind, handelt es sich um etwas grundlegend anderes. Dabei kann der Auftrag von „Gott oder Mensch, Herr oder Freund“ (Benedict 2003, 132) ausgehen. Entscheidend ist das Beauftragt-Sein. Für ein gegenwärtiges Diakonieverständnis bedeutet dies, dass weniger die Tätigkeit reflektiert werden muss, sondern begründet werden muss, um welchen und um wessen Auftrag es sich beim diakonischen Dienst handelt.

Bedeutung der Diakonie im Christentum: Auch wenn die Gleichsetzung von *diakonein* mit der Ausführung einer niedrigeren Tätigkeit bzw. mit der Ausrichtung auf Wohltätigkeit zurückgewiesen werden muss, bleibt also auch nach Collins’ Untersuchung *diakonein* ein Wesenszug christlicher Existenz.

Wenn das, was heute unter Diakonie verstanden wird, nicht der neutestamentlichen *diakonia* entspricht, bleibt trotzdem das ‚traditionelle‘ Verständnis von *diakonia* „als eine[r] wohltätige[n], liebende[n] und persönliche[n] Fürsorge für die anderen“ (Dunderberg 2003, 183) bestehen. Ismo Dunderberg warnt daher davor, auf „diesen Aspekt der *diakonia* zu verzichten. Es ist gerade dieser Teilaspekt von *diakonia*, der sich in der Geschichte des Christentums außerordentlich wertvoll erwiesen hat und hoffentlich auch in Zukunft von den Christen gehegt wird“ (ebd.).

1.2. Theologische Bestimmung der Diakonie

Gegenwärtige Diakonieverständnisse beziehen sich daher weniger auf den neutestamentlichen *diakonia*-Begriff, sondern setzen bei systematisch-theologischer

---

3 Hentschel bezieht sich dabei auf die Begriffsverwendung von Beyer 1935, 85, Benedict 2006, 132 und Stegemann 2006, 12-13.

Reflexion an. Dabei sollten zum einen die zentralen theologischen Topoi (1.2.1.) und die möglichen Ansatzpunkte theologischer Bestimmungsversuche unterschiedenen werden (1.2.2.).

1.2.1. Versöhnung und Compassion als theologische Schlüsselbegriffe

Diakonie als „Dienst von Menschen an Menschen" (Schibilsky 1999, 799) wird abgeleitet vom Versöhnungsdienst Christi (2. Kor 5,18-19): Diakonie gründet im Versöhnungsgeschehen, das Gott durch Christus an den Menschen geleistet hat: Die *diakonia tes katallages*, die Diakonie der Versöhnung, zielt auf Veränderung und Erneuerung – so die Bedeutung des griechischen *katallage.*

Versöhnung gründet sich in Gottes universalem Versöhnungsdienst in der Welt und ist damit Ausdruck von Gottes *shalom* (vgl. Strohm 2006, 17). Dabei beschreibt Versöhnung „den komplexen Vorgang der Wiederherstellung der durch Sünde und Schuld des Menschen zerbrochenen Gemeinschaft mit Gott durch die im Glauben ergriffene Versöhnungswirkung von Leben, Sterben und Auferstehung Jesu Christi, welche zur ‚Neuschöpfung' der Person vor Gott führt (2. Kor 5,14-21)" (Schlenke 2005, 1059). Versöhnung zielt auf eine umfassende Erneuerung, eine neue Seinsweise, einen „wirklichen Wandel" und geht über das Verständnis einer Versöhnung als rein juristischen Tatbestand weit hinaus (Strohm 2004, 150).

Insbesondere Theodor Strohm hat den *Dienst der Versöhnung* als theologischen Schlüsselbegriff der Diakoniewissenschaft ausgearbeitet. Das Versöhnungshandeln Gottes ist Auftrag wie Orientierung (vgl. Strohm 2006, 153):

> „Die Erneuerung als neue Seinsweise ermöglicht eine neue Beziehung des Menschen zu Gott, zu sich selbst, zum Mitmenschen und der ganzen Schöpfung. Durch diese neue Seinsweise, die uns Gott schenkt, und die daraus folgende neue Beziehung entsteht Versöhnung. […] Gottes universaler Dienst an der Welt wird als dasjenige Geschehen beschrieben, in welchem Menschen von den Lasten der Vergangenheit, von Sünde und Schuld befreit und zu neuer Gemeinschaft mit Gott und der Mitkreatur bevollmächtigt werden" (Strohm 2004, 150).

Diakonie als *Dienst der Versöhnung* lässt sich nach Strohm wie folgt kennzeichnen: Diakonie will als Versöhnungsdienst Getrenntes versöhnen, Ausgegrenztem und Preisgegebenem beistehen (vgl. Strohm 2004, 154). Dabei rückt der universelle Charakter des Versöhnungsgeschehens in den Mittelpunkt: „Gott hat die Welt mit sich versöhnt und ist somit auch außerhalb der Kirchen gegenwärtig" (a.a.O., 161). Solch eine Diakonie geht nicht in einem spontanen Nächstendienst auf, sondern betont gerade auch die gesellschaftlichen und politischen Dimensionen, sie will sich „in hohem Maße an der humanen Gestaltung der Strukturen und in der Beseitigung oder Überwindung destruktiver Strukturen realisieren" (a.a.O., 156). Diakonie kann als Versöhnungsgeschehen eine „innovative, progressive und nach vorn gewandte sowie zugleich friedensstiftende und kooperative Kraft" entfalten (Götzelmann/Herrmann/Stein 1998, 17).

Theodor Strohm weist darauf hin, dass sich der Gedanke der *Compassion* unmittelbar in die Perspektive einer Diakonie der Versöhnung einfügt. Die *Diakonie der Versöhnung* bildet dabei „den heilsgeschichtlichen Rahmen für eine anthropologisch und ethisch zu bestimmende Position des Christentums" – eben für ein Konzept wie das der *Compassion* (Strohm 2004, 160). Der *Compassion*-Gedanke erhält seit gut einem Jahrzehnt in der diakoniewissenschaftlichen Diskussion Aufmerksamkeit und soll nun ebenfalls skizziert werden.

Der Begriff *Compassion* wurde vor allem von Johann Baptist Metz geprägt.[4] Metz bevorzugt den romanischen Begriff der *Compassion* und will ihn nicht ins Deutsche übersetzt wissen, zu viele negative Bedeutungen und Assoziationen klingen für ihn mit.[5] Metz versteht *Compassion* daher auch „nicht als vages ‚Mitgefühl' von oben oder von außen, sondern als Mitleidenschaft, als teilnehmende, als verpflichtende Wahrnehmung fremden Leids, als tätiges Eingedenken des Leids der Anderen" (Metz 2006, 31). Solch eine Haltung ist von ihrem Wesen her eine christliche Haltung. Metz sieht in ihr ein gar „Weltprogramms des Christentums". In ihr verdichtet sich christliche Existenz. „Diese Compassion verlangt vorweg die Bereitschaft zu einem Blickwechsel, zu jenem Blickwechsel, zu dem die biblischen Traditionen, besonders auch die Jesusgeschichten, immer wieder einladen, dazu nämlich einladen, uns selbst auch mit den Augen der Anderen, vorweg der leidenden und bedrohten Anderen, anzuschauen und einzuschätzen" (Metz 2006, 31).

Die Motive des Mitleidens durchziehen vor allem die Heilungsgeschichten Jesu wie ein roter Faden (vgl. Steinkamp 2007, 107). Kennzeichnend für Jesus war sein Blick für das Leid der Anderen und nicht etwa für ihre Sünden. Das Chris-

---

4 Den Compassion-Begriff nutzt Johannes Baptist Metz, um ein „Weltprogramm des Christentums" zu beschreiben, 1997 veröffentlichte er dies in der Weihnachtsausgabe der Feuilletonbeilage der Süddeutschen Zeitung. Zur gleichen Zeit stellten Lothar Kuld und Stefan Gönnheimer ihr Konzept begleiteter Praxiseinsätze in katholischen Schulen unter diesen Begriff. Es handelt sich dabei um einen vergleichbaren Ansatz, der evangelischerseits als *diakonisches Lernen* bezeichnet wird (vgl. Abschnitt 2.5.1.). Ihnen liegt daran, die von Metz beschriebene Haltung der Leidempfindlichkeit auszubilden, ohne allerdings Metz' Ausführungen zu kennen. Gönnheimer und Kuld stießen selbst erst durch die Lektüre im SZ-Magazin auf die identischen Überlegungen von Metz.

5 „‚Mitleid' ist kaum mehr unschuldig zu gebrauchen. Es klingt jedenfalls zu gefühlsbetont, zu praxisfern, zu unpolitisch. Es steht im Verdacht, die gesellschaftlichen Zustände durch Obermoralisierung zu entpolitisieren, die herrschenden Ungerechtigkeiten durch Sentimentalität zu verschleiern. So verwende ich versuchsweise das Fremdwort ‚Compassion' als Schlüsselwort für das Weltprogramm des Christentums im Zeitalter der Globalisierung und ihres konstitutionellen Pluralismus der Religions- und Kulturwelten" (Metz 2006, 31). Das 1990 erschienen Buch „A Spirituality named Compassion" von Matthew Fox trägt in der deutschen Übersetzung den Titel „Mitfühlen, Mitdenken, Mitfreuen". Hier zeigt sich bereits die Schwierigkeit einer angemessenen Übersetzung des Begriffs. Raske plädiert hingegen dafür, gerade nicht auf den romanischen Begriff *Compassion* auszuweichen, da dann die Sprachsymbole von Mitleid und Mitgefühl verleugnet würden. Vielmehr müssten die Begriffe persönlich ausgelegt und angeeignet werden, um abwertenden Bedeutungen zu überwinden (vgl. Raske 2003, 138-139).

tentum als Erinnerungs- und Erzählgemeinschaft in der Nachfolge Jesu entwickelte allerdings früh eine Erlösungslehre, die die Schuldfrage fokussierte. „Das Christentum verwandelte sich aus einer primär leidempfindlichen in eine primär sündenempfindliche Religion. Nicht mehr dem Leid der Kreatur galt der erste Blick, sondern ihrer Schuld" (Metz 2000, 10).

Abgegrenzt werden muss *Compassion* von Fehlformen der Mitleidenschaft: zunächst von herablassendem Mitleid oder Mildtätigkeit von oben herab, erst recht von falschem und geheucheltem Mitleid und aufgesetzter Betroffenheit. Aber auch von einem „distanzlosen affektiven Betroffensein" (Raske 2006, 138) und vom Ausblenden der Leid verursachenden Bedingungen. Mitleidenschaft ist eben kein Gegenbegriff zu einer kritischen Wahrnehmung der Welt. Es geht darum, Wahrnehmung nicht kognitiv oder rational zu verengen, sondern gerade durch das Berührtsein dazu zu bewegen, Unrecht wahrzunehmen, aufzudecken und abzuwenden. Dies hat eine eminent politische Dimension.[6] Metz betont durchweg den politischen Anspruch der *Compassion*. Die Mystik der Bibel ist „in ihrem Kern eine politische Mystik". Jesus lehrt eine „Mystik der offenen Augen", „ihr kategorischer Imperativ lautet: Aufwachen, die Augen öffnen!" (Metz 2000, 17). Gesellschaftlich bedeutsam ist vor allem, „dass Mitgefühl oft nicht zugelassen, ja unterdrückt wird, dass es abgewertet wird und unterentwickelt bleibt" (Raske 2003, 138).

Die Fähigkeit zum Mitfühlen, zum Mitleiden, zur Mitleidenschaft kann als eine elementare menschliche Begabung verstanden werden (vgl. Raske 2003, 137), die in vielen spirituellen Traditionen aufgenommen und religiös begründet wird. Dies trifft besonders auf die abrahamitischen Religionen und den Buddhismus zu. In jüdisch-christlicher Sicht sind folgende Momente hervorzuheben (vgl. Raske 2003): Mitleid(enschaft) ist eine Eigenschaft Gottes selbst, Gott offenbart sich als barmherziger und gnädiger Gott (Ex 34,6). Die Gottesattribute von Erbarmen und Mitgefühl ziehen sich durch das gesamte Alte Testament.[7] Das Neue Testament berichtet von Jesu mitleidender, einfühlender und erbarmender Art der Zuwendung zu den bedrückten und bedrängten Menschen.[8] Aber nicht nur Jesu Handeln und Haltung, auch seine Botschaft ist geprägt vom Gedanken der Mitleidenschaft.[9]

---

[6] Auch in anderen Zusammenhängen wird die gesellschaftliche Bedeutung des Begriffs betont: Wahrscheinlich war John F. Kennedy der erste, der den Begriff *Compassion* öffentlichkeitswirksam nutzte, um in den 1960er Jahren seine Vision der amerikanischen Gesellschaft zu beschreiben. Er wollte eine „Gesellschaft mit Compassion", eine Gesellschaft mit menschlichem Mitgefühl. *Compassion* verstand er als eine gesellschaftliche Tugend (vgl. Kuld 2004, 12).

[7] Statt vieler: Ps 103,8.

[8] Statt vieler: Mt 14,14.

[9] Statt vieler: Mt 18,21ff.

1.2.2. Ansatzpunkte zur theologischen Bestimmung

Die Reflexion dieses Diakoniegeschehens kann unterschiedlich ansetzen. Denn „Diakonie kann verstanden werden als eine Grunddimension des Kirche-Seins der Kirche, Diakonie könnte auch begriffen werden als eine Grunddimension christlicher Existenz“ (Daiber 2006, 98). Für die inhaltliche Klärung des Diakonieverständnisses können also zwei Perspektiven genutzt werden – eine ekklesiologische wie eine sozialethische –, wenngleich beide Perspektiven grundsätzlich zusammen bedacht werden müssen.

Wird Diakonie als Grunddimension christlicher Existenz beschrieben, ist der Ausgangspunkt der Diakonie das glaubensmotivierte Handeln in der Nachfolge Christi und geschieht zunächst unabhängig von institutionellen Einbindungen. Ekklesiologisch orientierte Reflexion versteht diakonisches Handeln als Handeln der Kirche. In dieser Perspektive wird die Kirche als Subjekt der Diakonie bestimmt und reflektiert. Daran schließt sich die Frage nach der konkreten Organisationsform des kirchlichen Handelns an. Im protestantischen Verständnis werden diese beiden Perspektiven nicht analytisch getrennt, sondern zusammengedacht. So darf Diakonie nicht ausschließlich auf die christliche Motivation oder religiöse Gesinnung des Einzelnen verengt werden, gleichzeitig kann Diakonie auch nicht losgelöst von ekklesiologischer Reflexion bestimmt werden. So wird mit Heinz Schmidt diakonisches Handeln „in Übereinstimmung mit der im Neuen Testament erkennbaren Praxis als helfendes Handeln in der Nachfolge Jesu Christi an den bedürftigen Gliedern der Gemeinde und darüber hinaus an allen notleidenden Menschen verstanden. Damit ist die christliche Gemeinde bzw. die Kirche als Zentrum und Kontext dieses Handelns anerkannt. Diakonie ist insofern Teil der Ekklesiologie“ (Schmidt 2004, 13).

Den beiden genannten Perspektiven entsprechen auch geschichtlich gewachsene Diakonieverständnisse, nämlich Diakonie als einer *christlichen Mission* einzelner Christen und Diakonie als ein *kirchlich-evangelisches Hilfswerk*. Die Entstehung der modernen Diakonie, die mit der Bewegung der Inneren Mission einsetzte, war eine „Reaktion christlicher Bürger auf eine veränderte gesellschaftliche Situation“ (Hauschildt 2008, 308). Die sogenannte männliche und weibliche Diakonie gedieh im Kontext des Neupietismus und der Erweckungsbewegung, also recht kirchenkritischen Bewegungen. Dies schlug sich auch in ihrer Organisationsform – rechtlich selbstständigen Vereinen – nieder. Da der Kern des reformatorischen Kirchenverständnisses von einem Ineinander von sichtbarer und unsichtbarer Kirche ausgeht,[10] hat sich diese Bewegung auch nicht als ‚Neben-

---

[10] Die Gemeinschaft der Heiligen (unsichtbare Kirche) vollzieht sich in den unterschiedlichen Gestalten von Kirche (sichtbare Kirche). Beides ist nicht miteinander gleichzusetzen, gleichzeitig wird aber in protestantischer Tradition sowohl eine reine Geistkirche ausgeschlossen als auch das katholische Verständnis einer ausschließlichen Heilsgewissheit durch die Zugehörigkeit zur Kirche abgelehnt.

kirche' verstanden.[11] Ihr theologisches Begründungs- und Reflexionsmoment lag allerdings hauptsächlich in dem Verhältnis von Glaube und Handeln des einzelnen Christen, in religiöser Gesinnung und Motivation, und nicht in Fragen des kirchlichen Charakters dieses Engagements. Die Protagonisten der Bewegung der Inneren Mission haben freilich auch einen ekklesiologischen Diskurs geführt und mit vorangetrieben,[12] allerdings hat vor allem Johann Hinrich Wichern in seinem Diakonieverständnis zwischen freier, kirchlicher und bürgerlicher Diakonie unterschieden.[13]

Mit der Gründung des Evangelischen Hilfswerks 1945 stand nun ein alternatives Diakoniekonzept neben dem sozialpädagogisch-volksmissionarisch ausgerichteten Verständnis der Inneren Mission. Das Evangelische Hilfswerk war organisatorisch und rechtlich Teil der verfassten Kirche, die Einrichtungen der Inneren Mission nutzten die Möglichkeiten des Vereinsrechts. Vereinfachend charakterisieren dies die Bezeichnungen ‚Vereinsdiakonie' und ‚kirchliche Diakonie'. Im Fusionsprozess der beiden organisatorisch eigenständigen Werke standen sich so bereits zwei unterschiedliche Diakonieverständnisse gegenüber.

> „Stand nach den theologischen Einsichten des Hilfswerkes mehr die Überzeugung im Vordergrund, Diakonie sei ein notwendiges Kennzeichen der Kirche und damit ein Ausdruck ihres Kirche-Seins in der Nachfolge Christ, so war für die Vertreter der Inneren Mission stärker die Überzeugung leitend, den Menschen die Botschaft von Jesus Christus nicht nur durch das Wort, sondern ebenso durch die Tat zu bezeugen" (Reitz-Dinse 1998, 229).

In der Tradition des Evangelischen Hilfswerkes wurde vor allem die Kirchlichkeit der Hilfe reflektiert, in der Tradition der Inneren Mission stand die Reflexion der Hilfebedürfnisse der betroffenen Menschen im Vordergrund.

Die gegenwärtige Diakonie in Deutschland steht also sowohl in der Tradition des organisierten Hilfehandelns der einzelnen Christen, die sich in Vereinen zusammengeschlossen haben, wie auch in der Tradition kirchlichen und kirchengemeindlichen Handelns. Das Bild der Diakonie haben jedoch vor allem die großen diakonischen Einrichtungen geprägt, die sich mittlerweile unternehmerisch aufgestellt haben. Sie entstammen der Traditionslinie der sogenannten ‚Vereinsdiakonie'. Doch auch wenn historisch gesehen die Mitarbeit in der Inneren Mission glaubensmotiviert war, sogar zum Teil als Glaubenszeugnis verstanden wurde, stellt dies gegenwärtig nicht mehr die Grundlage für die Reflexion organisierten Hilfehandelns in diakonischen Einrichtungen dar. Spätestens seit der sozialberuflichen Wende in der Diakonie in den 1970er Jahren sind christliche Motivation oder Nachfolge Christi nicht mehr die tragenden Reflexionskonzepte dieses Diakonieverständnisses. So stehen nun vor allem die sozial-

---

[11] Aus soziologischer Sicht hat sich freilich eine „kirchliche Zweitstruktur" entwickelt (Kaiser 2006b).

[12] Hier sei nur auf die Mitwirkung von Theodor Fliedner und Johann Hinrich Wichern bei der Monbijou-Konferenz 1856 hingewiesen.

[13] Vgl. dazu ausführlich Herrmann 2003a, 86-100.

politischen Rahmenbedingungen und die professionstheoretischen Handlungsvollzüge im Mittelpunkt der Reflexion. Der Bezug zum Christlichen wird über eine christliche Werteorientierung der Sache selbst (des konkreten Handelns in diesen Einrichtungen) herzustellen versucht. Da nun auch die Einrichtungen formalrechtlich nicht zwingend Teil der verfassten Kirche sind und die Verhältnisbestimmung von diakonischen Einrichtungen und verfasster Kirche über das Stadium der Behauptung „Diakonie ist Kirche – Kirche ist Diakonie" an vielen Stellen kaum hinauskommt, kann die Meinung vertreten werden, dass es sich dann nicht um Diakonie im eigentlichen Sinne handeln kann.

Diese Argumentation ist zwar nachvollziehbar und mag auch ihren Reiz haben, allerdings würde dies bedeuten, die ‚diakonische' Legitimität diakonischer Einrichtungen grundsätzlich in Frage zu stellen. Der hier vorgenommene Versuch einer Didaktik diakonischer Bildung setzt allerdings gerade an der Stelle an, in gegenwärtiger Diakonie diakonische Momente und Motive entdecken und verstehen zu lernen. Dies ist nur dann möglich, wenn Diakonie als eine eigene Größe verstanden wird, die auch jenseits glaubensmotivierten Handelns oder ekklesiologischer Ortsbestimmung besteht. Zunächst ist jedoch die Unterscheidung der beiden genannten Perspektiven didaktisch sinnvoll, da sich darüber grundlegende Schwierigkeiten verstehen lassen und eine theologische Reflexion des Diakoniebegriffs präzisiert werden kann. Denn beide Perspektiven sind für die Klärung eines Diakoniebegriffs, der von der gegenwärtigen organisierten Diakonie ausgeht, nicht unproblematisch.

Folgt man dem Ansatz, dass Diakonie im engeren Sinne nur die durch Gemeinde oder Kirche organisierte und praktizierte Nächstenliebe bezeichnet,[14] stellt sich die Frage, ob das von der Nächstenliebe bestimmte Handeln einzelner Christen überhaupt als Diakonie verstanden werden kann. Konsequenterweise dürfte dann sozialprofessionelles Handeln nicht als diakonisches Handeln bezeichnet werden, selbst wenn sich dieses Handeln bewusst in einem christlichen Kontext vollzieht. Stattdessen müsste von *christlichem sozialen Handeln* gesprochen werden. Solch eine Unterscheidung wird sich aber in Deutschland schon aufgrund der gängigen Verwendung der Begrifflichkeiten nicht durchsetzen. Wenn Diakonie nun inhaltlich durch die Kirchlichkeit der diakonischen Einrichtung bestimmt werden soll und dadurch das glaubensmotivierte Handeln des Mitarbeitenden als Ausdruck seines Christseins als zentraler Bezugspunkt zurücktritt, wird das diakonische Profil der Einrichtungen und Dienste über die kirchliche Anbindung bestimmt.[15] So wird gefragt, ob die jeweilige Einrichtung von ihrem Selbstverständnis her den diakonischen Auftrag *der Kirche* umsetzt und ob sie sich *kirchlich verorten* lassen will. Dies führt letztlich dazu, dass die Beschreibung diakonischen Profils ausschließlich über formale Kriterien der

---

[14] Statt vieler: Lorenz 1994, 338-339.

[15] Beispielsweise geht Alexandru Neagoe hiervon aus: The „diaconical character of a particular service is not established by the Christian identity of the agents, but by the formal designation of the service itself as a church project" (Neagoe 2006, 48).

Kirchlichkeit geleistet wird, und zwar sowohl der Einrichtung[16] als auch des Mitarbeitenden.[17] Andererseits kann eine ekklesiologische Perspektive eben nicht auf formalrechtliche Aspekte verengt werden. Denn jeder, „der diakonisch handelt, befindet sich schon in einer wie immer gearteten Beziehung zur christlichen Gemeinde und auch zur verfassten Kirche“ (Schmidt 2004, 13). Allerdings wird diese freilich „für alle Beteiligten hoch problematische Beziehung“ (ebd.) kaum reflektiert. Die Mitarbeitenden bewegen sich in der Diakonie bewusst oder unbewusst „in einem kirchlich-gottesdienstlichen Kontext, der in vielfacher Weise – durch Symbole, Riten, Möglichkeiten geistlichen Lebens – immer präsent ist und auf den sie angesprochen werden können“ (ebd.).

Folgt man hingegen dem Ansatz eines Diakonieverständnisses, das auf die Dimension christlicher Existenz gründet, kann nur von diakonischem Handeln gesprochen werden, wenn die diakonische Arbeit von christlich geprägten und überzeugten Mitarbeitenden geleistet wird.[18] Demnach ist es ausschlaggebend, dass die Mitarbeitenden Christen sind. Schwierig wird dieses Verständnis dann, wenn solch eine christliche Tradition nicht mehr in der Breite der Mitarbeitendenschaft verwurzelt ist, sondern nur noch vereinzelt getragen wird.

Die grundlegende Schwierigkeit der beiden beschriebenen Perspektiven besteht demnach darin, dass weder aus der einen noch aus der anderen Sicht die Wirklichkeit organisierter Diakonie angemessen reflektiert werden kann. Die Verwendung und Bestimmung des Diakoniebegriffs verschließt sich den beiden Ansätzen nicht, erschöpft sich aber auch nicht in ihnen. Weder die Reduzierung auf formalrechtliche Aspekte bzw. die verstärkte Bezugnahme auf Kirchengemeinden, noch die Hervorhebung der Christlichkeit der Mitarbeitenden entsprechen dem ‚Sitz im Leben‘ gegenwärtiger Reflexion organisierter Diakonie. Denn nicht wenige diakonische Dienste weisen eben keinen Gemeindebezug auf und zeigen ihre Bezogenheit zur verfassten Kirche eher auf rhetorischer Ebene. Gleichzeitig kann auch nur schwer behauptet werden, dass das Handeln der Mitarbeitenden grundsätzlich glaubensmotiviert sei und als Ausdruck ihres persönlichen Christseins verstanden werde.

---

16 Vgl. beispielsweise das Ringen um die sogenannte Zuordnungsrichtlinie.

17 Vgl. den Streit über die geforderte Kirchenmitgliedschaft der Mitarbeitenden. Wohlgemerkt: Es geht dann um die Zugehörigkeit der Mitarbeitenden zu einer christlichen Kirche und nicht um Aspekte christlicher Glaubensüberzeugung, Religiosität oder Spiritualität.

18 So hängt beispielsweise für Friedrich-Wilhelm Lindemann „das Evangelische“ in den evangelischen Beratungsstellen „allein am christlichen Glauben der ratsuchenden und ratgebenden Person“ (Lindemann 1998, 342): „Das professionelle Handeln der Beratenden wird gesteuert durch ihre absolute Gewissheit als Selbst-, Welt- und Gottesgewissheit, und zwar mit dem Ziel, dass Ratsuchende durch die Begegnung in der Beratungssituation zu einer Differenzierung und Konkretisierung ihrer absoluten Gewissheit als Selbst-, Welt- und Gottesgewissheit kommen und sich entsprechend für zweckmäßige und letztlich befriedigende neue Handlungsweisen entscheiden können. Das ist der Gesamtzusammenhang“ (a.a.O., 348).

Beide Ansätze bieten in erster Linie eine Klärung darüber, wie Diakonie systematisch-theologisch verortet werden kann, klären damit aber den Diakoniebegriff nicht inhaltlich-substanziell. Diakonie-Theologen wie Arnd Hollweg haben daher bereits in den 1970er Jahren angemahnt, einen neuen Weg zu suchen. Gesucht wird dabei – sozusagen als drittes Theorieangebot – nach einer praxisbezogenen Handlungstheorie. Dabei sind alle in der Diakonie Beteiligten in die Theoriebildungsbemühungen mit einzubeziehen[19] und die theologische Reflexion darf nicht auf kirchengemeindliche oder volksmissionarische Fragen begrenzt werden. Doch solch ein ‚drittes Theorieangebot' hat sich in der Diakoniewissenschaft bisher nicht etabliert.[20]

Trotzdem erscheint es sinnvoll, diesen Weg weiter zu beschreiten. Diakonische Identität muss substanziell beschrieben werden – und zwar mittels einer theologischen Reflexion dessen, was in diakonischen Einrichtungen geschieht – und nicht über eine Verortung der Diakonie innerhalb einer theologischen Systematik. Unabhängig von der Verortung geht es also um das Hilfehandeln an sich. Dies schlägt sich jedoch erstaunlicherweise nicht entsprechend in der diakoniewissenschaftlichen Theoriebildung nieder. Gängigen Ansätzen in der deutschen Diakoniewissenschaft in der Nachkriegszeit ist – bei allen grundlegenden theologischen Unterschieden – gemeinsam, dass sie Diakonie als kirchliches bzw. kirchengemeindliches Handeln verstehen. Stattdessen suchten die diakonischen Unternehmen ihre legitimatorische Absicherung vor allem in den Arbeiten Alfred Jägers und der St. Gallener Schule. Gegenwärtig hat sich in der Folge dieses Diakonieverständnisses eine pragmatisch orientierte Diakoniereflexion entwickelt.[21]

1.3. Die gegenwärtige Verwendung des Diakoniebegriffs

Zwei Beobachtungen haben die Überlegungen in diesem Abschnitt veranlasst: Der Gebrauch des Diakoniebegriffs ist nicht nur „schillernd" (Zitt 2004, 195), sondern an vielen Stellen auch ausufernd. Im Bereich der organisierten Diakonie scheint er geradezu als eine Chiffre verwendet zu werden für alles, was sich nur diffus und implizit fassen lässt. Es scheint fast nichts zu geben, was nicht als ‚diakonisch' bezeichnet werden kann. An einigen Stellen tut wohl eine Begrenzung des Gebrauchs dieses Begriffs not – vor allem in seiner adjektivischen Form –, damit der Begriff nicht völlig substanzlos und sinnentleert benutzt wird.

---

[19] Vgl. den Hinweis zur induktiven und deduktiven Bestimmung des Diakonieprofils bei Ziebertz in Abschnitt 8.1.

[20] Der Entwurf von Horst Seibert geht beispielsweise solch einen Weg; siehe Abschnitt 10.2.2.

[21] Publizistisch kann dies anhand zweier diakoniewissenschaftlicher Buchreihen nachvollzogen werden: Die Reihe „Leiten – Lenken – Gestalten", hg. von Alfred Jäger (bis 2006 im Gütersloher Verlagshaus, danach im LIT-Verlag) und die ‚gelbe' Kohlhammer-Reihe „Diakonie. Bildung – Gestaltung – Organisation", hg. von Jürgen Gohde, Hanns-Stephan Haas, Klaus Hildemann, Beate Hofmann, Heinz Schmidt und Christoph Sigrist.

Zum anderen ist Diakonie aber auch größer und weiter als das, was sich innerhalb der organisierten Diakonie vollzieht. Dies ist theologisch bedeutend: Auch außerhalb dessen, was als christlich benannt wird oder was formalrechtlich zur Diakonie gezählt wird, kann Diakonie geschehen. Diakonie kann sich auch dort vollziehen, wo sie weder ihrem Kontext noch ihrer Bezeichnung nach identifiziert wird.

Um die begriffliche und argumentative Klarheit zu fördern, werden zunächst die Unterscheidungen von *sektoralem* und *dimensionalem* Diakonieverständnis und zwischen *deskriptivem* und *normativem* Diakonieverständnis (1.3.1.) dargelegt. Desweiteren muss berücksichtigt werden, in welchem Kontext der Diakoniebegriff verwendet wird, denn die jeweiligen Kontexte bedingen bereits die möglichen Inhalte (1.3.2.).

Werden die genannten Unterscheidungen und Kontexte nicht beachtet, sind Kategorienfehler, Missverständnisse und Fehlinterpretationen des Diakonieverständnisses vorprogrammiert. Eine substanzielle Klärung des Diakoniebegriffs kann dann nicht gelingen.

1.3.1. Leitunterscheidungen bei der Verwendung des Diakoniebegriffs

Die Unterscheidung von *dimensionalem und sektoralem Verständnis der Diakonie* ist von grundlegender Bedeutung. Im sektoralen Verständnis meint Diakonie einen konkreten und abgrenzbaren Arbeitsbereich oder eine Funktion der Kirche, im dimensionalen Verständnis ist Diakonie Teil aller kirchlichen Handlungsvollzüge. Der vorherrschende Zugang zur Diakonie ist der sektorale, er beschreibt Diakonie als Handlungs- oder Arbeitsfeld, als eindeutig identifizierbare Organisation oder als kirchliche Funktion. Der dimensionale Zugang beschreibt Diakonie als kirchlichen Grundvollzug. Diakonie wird dann als theologische Größe verstanden, weniger als ein sicht- und abgrenzbarer Bereich: Diakonie durchzieht alle christlichen bzw. kirchlichen Handlungsvollzüge und bezeichnet ein bestimmtes Prinzip oder ein Muster, eine Haltung oder Idee. Diese Dimension Diakonie schlägt sich natürlich auch in Arbeitsbereichen, Handlungsfeldern und Organisationen nieder, geht aber nicht darin auf. In der Diskussion um diakonische Identität fließen diese beiden Verständnisse oft ineinander. Werden diese beiden Zugänge unreflektiert benutzt, führt das argumentative Hin- und Herwechseln zwischen diesen beiden Zugängen zu langlebigen unfruchtbaren Diskussionen.

Ein sektorales Diakonieverständnis findet sich bereits bei Johann Hinrich Wichern. Wichern versteht Diakonie als christliche Armenpflege, die sich in drei Gestalten ausdrückt: der freien, der kirchlichen und der bürgerlichen (bzw. staatlichen) Diakonie. „Diese drei sind so verschieden und insoweit prinzipiell gesondert und auseinanderzuhalten als die entsprechenden Gebiete des bürgerlichen, des kirchlichen und freien gesellschaftlichen Lebens selbst“ (Wichern 1956 [1849], 138). Kennzeichnend ist, dass diese drei Diakonieformen jeweils eigene Handlungslogiken aufweisen:[22] Die freie bürgerliche Diakonie steht in obrigkeitlicher Verantwortung, die kirchliche Diakonie in kirchenamtlicher bzw. gemeindlicher Verantwortung, die freie Diakonie unterteilt sich in die Sphäre von Familie, Selbsthilfe und Nachbarschaft in individueller Verantwortung und in die Sphäre der Assoziationen und Vereine in korporativer Verantwortung. Auch Zielgruppen und Mittel unterscheiden sich deutlich voneinander. „Die Nichtunterscheidung dieser drei Seiten der Diakonie ist die Quelle großer und unheilsamer Verwirrung geworden; ihre Vermischung untereinander, das Versäumnis oder die Erhebung der einen zugunsten der anderen richtet zuletzt auch die begünstigte zugrunde“ (ebd.).

Im Zusammenhang mit einem dimensionalen Diakonieverständnis wird oft das Modell der kirchlichen Grundvollzüge genutzt. Hierbei wird das kirchliche Handeln als Zusammenspiel verschiedener Dimensionen beschrieben, eine dieser Dimensionen stellt dabei die Diakonie dar. In diesen Grundvollzügen sieht man das wesentliche Handeln der Kirche, ohne die Kirche nicht Kirche wäre (vgl. Haslinger 2009, 166). Die Ausgestaltung dieses Modells ist allerdings nicht einheitlich. Unterschiede in den verschiedenen Ausführungen beziehen sich dabei auf die Anzahl der Grundfunktionen, ihre gegenseitige Zuordnung und deren theologische Fundierung (vgl. Haslinger 1996, 372). Dies mag auch daran liegen, dass seine Herkunft letztlich nicht eindeutig geklärt ist.[23] In der Regel finden sich unterschiedliche Zusammenstellungen der Dimensionen *diakonia*, *leiturgia*, *martyria* und *koinonia*.[24]

Peter Bubmann erweitert dieses Modell um die Dimension der Bildung und beschreibt so fünf gleichrangige Dimensionen des kirchlichen Handelns:[25]

„– *leiturgia:* Gottesdienst und Spiritualität – symbolische Kommunikation des Heiligen,
– *martyria:* Verkündigung und Zeugnis – werbende (Kon-)Textualisierung der Glaubenserfahrungen,
– *paideia:* Bildung – Glaubens- und Identitätsentwicklung sowie Entfaltung der Frömmigkeit,
– *koinonia:* Gemeinschaftsbildung – soziale Gestaltwerdung des Glaubens in Kirche und Gesellschaft,
– *diakonia:* Lebenshilfe – helfendes bzw. heilendes Handeln und seelsorgliche bzw. ethische Lebensberatung“ (Bubmann 2008, 73).

Diakonie ist in diesem dimensionalen Verständnis „Seinsweise der Kirche, nicht nur ihre Funktion“ (Daiber 1988, 75). Diakonisches Handeln beschreibt im dimensionalen Verständnis einen selbstständigen Handlungsvollzug. Er vollzieht sich in der „Unabhängigkeit vom Mitsein der Dimension des Zeugnisses und der Dimension der Gemeinschaft im Gesamtzusammenhang der Kirche“

---

22 Die folgenden Ausführungen orientieren sich an Schäfer 2005, 98.

23 Zur Herkunft des Modells siehe Haslinger (1996, 334-338) und Lorenz (1994, 338).

24 So z.B. die Leuenberger Kirchengemeinschaft, vgl. Hüffmeier 2001.

25 Bubmann schließt dabei an die reformatorische Ekklesiologie an (CA VII) und nutzt das Modell, um die konkreten Formen der „Kommunikation des Evangeliums“ im Sinne Ernst Langes auszudifferenzieren (vgl. Bubmann 2008, 72).

(Daiber 1988, 75). Die Dimension „Diakonie" braucht demnach nicht die anderen Dimensionen von Kirche, um Diakonie zu sein. Wohl aber braucht die Kirche die verschiedenen beschriebenen Dimensionen, um – in diesem Modell – als Kirche gelten zu können.[26]

Das Modell der Grundfunktionen ist hilfreich bei der Beschreibung kirchlicher Praxis und deren Reflexion. Es bietet für die praktisch-theologische Kirchentheorie ein strukturierendes Schema und begriffliches Instrumentarium kirchlicher Praxis (vgl. Haslinger 1996, 333, 371). Damit bietet es Orientierung bei der Suche nach möglichen Zugängen zur Diakonie und strukturierte Ein- und Abgrenzung der einzelnen kirchlichen Handlungsvollzüge. Diese dürfen aber nicht mit Handlungsfeldern verwechselt werden, denn dann läge bereits wieder ein sektorales Diakonieverständnis zugrunde.

Die Nichtbeachtung dieser grundlegend unterschiedlichen Zugänge zum Diakonieverständnis ist die Quelle für Missverständnisse und einer Vielzahl von unfruchtbaren Debatten zum Verhältnis von ‚Diakonie' und ‚Kirche'. Die Unterscheidung zwischen einem sektoralen und einem dimensionalen Verständnis von Diakonie ist äußerst hilfreich, wird aber vergleichsweise selten reflektiert.[27]

Des Weiteren kann der Diakoniebegriff sowohl deskriptiv als auch normativ verwendet werden. Die Unterscheidung von *normativen und deskriptiven Diakonieverständnissen* meint die Unterscheidung von Beschreibung und Bestimmung: Das Selbstverständnis der Diakonie kann sich als normative Selbstverpflichtung und als deskriptive Selbstbeschreibung zeigen. Pompey und Roß nennen dies den „sprachlichen Status" in der Redeweise über Diakonie (Pompey/Roß 1998, 28-29). Das real vorfindliche Erscheinungsbild muss von den gewünschten Merkmalen der Diakonie unterschieden werden. Ersteres wird durch äußere Beobachtung *her*geleitet, letzteres aus theologischer Reflexion *ab*geleitet. Pompey/Roß schlagen auch zwei solcher Definitionen vor (vgl. Pompey/Roß 1998, 207):

Beschreibung: „Unter ‚Diakonie' wird eine Praxis des Helfens verstanden, die in Gesellschaft eingebunden ist, durch ihren Bezug zu den Kirchen einen spezifischen Handlungskontext

---

[26] Die in der organisierten Diakonie oft betonten Statements, dass Diakonie Kirche sei oder Diakonie die Kirche brauche, um Diakonie zu sein, macht innerhalb des dimensionalen Verständnisses kaum Sinn.

[27] Beispielsweise kann die Frage nach einer diakonischen Fachlichkeit mit Hilfe dieser Unterscheidung ergründet werden. Wenn das Diakonische einen dimensionalen Charakter hat, kann es keine eigenständige diakonische Fachlichkeit geben, sondern liegt in der diakonischen Interpretation oder Zuspitzung anderer, sektoraler Fachlichkeiten. In diesem Verständnis wäre es ein Kategorienfehler, eine diakonische Fachlichkeit neben sozialarbeiterische, pflegerische, medizinische oder therapeutische Fachlichkeiten zu stellen. Möglich wäre dies allerdings in einem sektoralen Diakonieverständnis: Wird Diakonie als ein Sektor des kirchlichen Handelns verstanden – beispielsweise neben Gemeindepädagogik, Verkündigung, Seelsorge, Erwachsenenbildung etc. –, dann könnte sehr wohl von einer diakonischen Fachlichkeit gesprochen werden, die sich von einer gemeindepädagogischen, homiletischen, seelsorgerlichen oder erwachsenbildnerischen Fachlichkeit unterscheidet.

hat, durch das Selbstverständnis ihrer Subjekte eine Deutung im Horizont des christlichen Glaubens erfährt und im Spannungsfeld unterschiedlicher Standpunkte dynamisch fortgeschrieben wird" (Pompey/Roß 1998, 32).

Bestimmung: „Diakonie ist ein Helfen, dessen zentrales Subjekt die diakonische Kirche ist. Von diesem Subjekt wird es verstanden als Glaubenspraxis im Horizont des von Jesus verkündigten und in ihm angebrochenen Reiches Gottes. Von dorther empfängt es seine Grundhaltung einer ‚gelassenen Leidenschaft', seine Orientierung an einem mehrdimensionalen Menschenbild, seinem primären Standort an der Seite derer, die am Rande leben sowie seine spezifische gesellschaftliche Positionierung. Bei dieser Positionierung lässt Diakonie sich leiten von der Realutopie einer Gesellschaft, in der Gerechtigkeit verwirklicht ist, und hat gesellschaftskritische, gesellschaftsverändernde und alternative Handlungsräume eröffnende Dimensionen" (a.a.O., 207).

Deskriptive Beschreibungen haben oft weniger sprachliche Eleganz als normative Bestimmungen. Diese wiederum erschließen sich aber oft nur mit einem Mindestmaß an theologischen Vorkenntnissen. Um die Spannung zwischen Anspruch und Wirklichkeit der Diakonie reflektieren zu können, bedarf es dieser Unterscheidung. Allerdings wird sie oft fälschlicherweise mit dem Unterschied zwischen ‚Theorie' und ‚Praxis' verwechselt.

1.3.2. Verwendungskontexte des Diakoniebegriffs

Neben den beschriebenen Ansätzen zur Bestimmung des Diakonieverständnisses müssen die konkreten Verwendungszusammenhänge des Diakoniebegriffs unterschieden werden. Während die Grundüberzeugung, Diakonie sei eine Dimension christlicher Existenz und eine Grunddimension der Kirche und ihres Kirche-Seins, postulatorischen Charakter hat (vgl. 1.2.2.), wird nun die tatsächliche Verwendungen des Diakoniebegriffs in den Blick genommen. Es geht dabei darum, „die ganze Breite dessen aufzufassen, was gemeint ist, wenn gegenwärtig von Diakonie gesprochen wird" (Pompey/Roß 1998, 30).[28] Allerdings stehen nun nicht unterschiedliche Formen und Gestalten der Diakonie im Mittelpunkt, sondern die Kontexte, in denen der Diakoniebegriff gebraucht wird. Insgesamt können (mindestens) sechs Kontexte unterschieden werden. Dementsprechend lassen sich sechs Bedeutungsbereiche identifizieren, wenn von ‚dem Diakonischen' gesprochen wird.[29]

Der Diakoniebegriff taucht in den unterschiedlichen Zusammenhängen auf

- als programmatischer Begriff für kirchliche Sozialarbeit bzw. christliche Liebestätigkeit,
- als Bezeichnung für einen Akteur der Freien Wohlfahrtspflege,
- als Bezeichnung für Einrichtungs- bzw. Anstellungsträger,

---

[28] Heinrich Pompey und Paul-Stefan Roß legen in ihrem Diakonik-Lehrbuch eine pragmatische Bestandsaufnahme vor, in der sie von fiktiven Beispielen ausgehen. Bei den hier aufgeführten Verwendungskontexten des Diakoniebegriffs geht es hingegen um eine systematisierende Aufzählung.

[29] Diakonie als „spontanes zwischenmenschliches Helfen in Familie, Nachbarschaft und Nächstenschaft" (Götzelmann/Herrmann 2004, 485) wird hier nicht mit aufgeführt, da dies im normalen Sprachgebrauch eben nicht als diakonisch bezeichnet wird.

– als Bezeichnung für die soziale Aktivität in der Kirchengemeinde,
– als Kennzeichnung eines hermeneutischen Prinzips im Kontext theologischer Reflexion,
– als Markierung für eine näher zu bestimmende Werteorientierung oder Kultur.

Die konkreten Inhalte des Diakoniebegriffs ergeben sich erst durch die einzelnen Verwendungszusammenhänge des Diakoniebegriffs. Der Kontext, in dem der Diakoniebegriff verwendet wird, bedingt so den substanziellen Gehalt des Diakoniebegriffs. Gleichzeitig werden inhaltliche Aussagen des Diakoniebegriffs erst durch die Kontexte sinnvoll. Diese Kontexte werden nun kurz skizziert.

Diakonie als programmatischer Begriff für kirchliche Sozialarbeit bzw. christliche Liebestätigkeit. Diakonie als organisiertes Hilfehandeln hat seine Wurzeln im Sozialprotestantismus des 19. Jahrhunderts und hat sich in erster Linie neben den Strukturen der verfassten Kirche entwickelt. Von der Erweckungsbewegung und dem Neupietismus geprägt, verstand sich diese von Wichern sogenannte „freie Diakonie" als Ausdruck von Frömmigkeit mit missionarischem Programm. Auch wenn Wichern bereits den Diakoniebegriff als programmatischen Begriff verwendete, setzte sich dieser aber noch nicht durch (vgl. Daiber 2006, 99). Für die organisierte Form dieser freien Diakonie wurde bis ins 20. Jahrhundert die Bezeichnung „Innere Mission" verwendet. Diakonie als Programmbegriff etablierte sich in Deutschland erst in der Nachkriegszeit. Vor allem der Fusionsprozess von Evangelischem Hilfswerk und Innerer Mission sorgte für die zunehmende Verwendung des Diakoniebegriffs. Diakonie wurde dann der Name für das neu entstandene Werk – Diakonisches Werk der Evangelischen Kirche in Deutschland e.V. (siehe nächsten Abschnitt) – und die Bezeichnung für das Gesamtfeld evangelischer Sozialarbeit bzw. christlicher organisierter Nächstenliebe.

Diakonie als Bezeichnung für einen Akteur der Freien Wohlfahrtspflege. Wenn von Diakonie als einer tragenden Säule des Gemeinwesens und des Sozialstaates gesprochen wird (vgl. Kirchenamt der EKD 1998, 39-43), kennzeichnet der Begriff Diakonie einen Akteur der Freien Wohlfahrtspflege. Die Diakonie hat als Centralausschuss für Innere Mission bereits seit der Bismarckschen Sozialgesetzgebung Anteil an der inhaltlichen Ausgestaltung des Sozialstaates, seit der Weimarer Republik auch an dem strukturellen Zusammenspiel zwischen den einzelnen Wohlfahrtsverbänden und zwischen den Wohlfahrtsverbänden und dem Staat (vgl. Strohm 2003, 149). Verbands- und Trägerfunktion der Diakonie müssen unterschieden werden, da Verband und Träger zum einen unterschiedliche Funktionen aufweisen, zum anderen in ihnen auch unterschiedliche Handlungslogiken wirksam sind.[30] Dies leitet über zum nächsten Kontext:

Diakonie als Bezeichnung für Einrichtungs- bzw. Anstellungsträger. Diakonie wird heute nicht nur als Kurzbezeichnung für den evangelischen Wohlfahrtsverband

[30] Verbände folgen eher einer Institutionslogik, Dienstleistungsanbieter eher einer Organisationslogik.

„Diakonisches Werk der Evangelischen Kirche in Deutschland e.V." gebraucht, sondern auch als abkürzende Bezeichnung für die einzelnen Einrichtungen, Unternehmen und Dienste des Sozial- und Gesundheitswesens in Deutschland, die in eben diesem Dachverband organisiert sind. Der Begriff Diakonie bezeichnet damit die Trägerschaft dieser Einrichtungen und wird als Synonym für diese Einrichtungen verwendet (vgl. Götzelmann/Herrmann 2004, 485).

Diakonie als soziale Aktivität im Kontext der Kirchengemeinde. Im kirchengemeindlichen Kontext beschreibt der Diakoniebegriff die soziale Aktivität der Gemeinde. Das Adjektiv diakonisch wird hier meist als Äquivalent zu *sozial* benutzt, der Begriff diakonisch stellt in diesem Kontext quasi den theologischen Fachbegriff für den säkularen Begriff des Sozialen dar. So gilt die soziale Tätigkeit der Kirchengemeinde grundsätzlich als diakonisch. Diskussionen zum substanziellen Gehalt des Begriffs sind eher selten (ganz im Gegensatz zu den folgenden Kontexten). Diskutiert werden aber unterschiedliche Formen und Funktionen des diakonischen Engagements in Kirchengemeinden. Vereinfachend kann von mangelausgleichenden Formen der Barmherzigkeit und strukturverändernden Formen der Gerechtigkeit gesprochen werden (vgl. Grosse 2007, 27). Daneben hat vor allem Ulrich Bach immer wieder auf die Überwindung einer Für-Struktur des Helfens zugunsten einer Mit-Struktur hingewiesen.[31] Nach der Ausrichtung des Engagements können vier Formen gelebter Diakonie in den Kirchengemeinden unterschieden werden: kirchengemeindliche Diakonie als Heimat, als Herberge, als Profitcenter und als Politforum (vgl. Wiederkehr 2008).[32]

Diakonie als hermeneutisches Prinzip im Kontext theologischer Reflexion. Der Diakoniebegriff wird auch bemüht – allerdings fast ausschließlich im adjektivischen Gebrauch – wenn von einer bestimmten Wahrnehmungsperspektive die Rede ist: Gemeint ist dann der besondere Blick für das Schwache und Verletzliche, für das Bedrängte und Marginalisierte. Dieser Blickwinkel kann als ein hermeneutisches Prinzip verstanden werden. Diakonie ist dann eine „Art und Weise, Wirklichkeit wahrzunehmen, zu beurteilen und zu gestalten im Sinne der Lebens- und Liebesgeschichte Gottes mit den Menschen und ihrer sozialen Konkretion unter den Menschen" (Zitt 2004, 195-196). Solch ein Verständnis wirkt sich dann auch konsequenterweise auf die Haltung aus, mit der Theologie getrieben wird: „Theologie in diakonischer Perspektive fragt in unterschiedlichen Kontexten danach, was Leben gelingen lässt, was Leben in den Grenzen und Brüchen aushalten lässt und welche Bedingungen dazu nötig bzw. zu verändern

---

31 Ulrich Bachs Überlegungen gelten natürlich auch für die anderen genannten Verwendungszusammenhänge, gerade für die Kontexte der Diakonie als Programmbegriff, des hermeneutischen Prinzips und der diakonischen Kultur sind sie bedeutend und hilfreich. Bach geht bei seinen Überlegungen aber in erster Linie von der (Kirchen-)Gemeinde aus.

32 Daniel Wiederkehr entwickelt diese vier Typen aufgrund einer empirischen Untersuchung der katholischen Situation im Kanton Zürich. Die Typenbildung ist auf den evangelischen Bereich übertragbar. Die vier Formen ergeben sich aus der Kombination der beiden Koordinaten „Hilfeverständnis" (individuelle Hilfe – strukturelle Hilfe) und „Zielhorizont" (Solidarität innerhalb der Gemeinde – Dienst an der Gesellschaft).

sind, um Lebensperspektiven zu stärken und zu gewinnen" (Zitt/Müller 2004, 535). Oft werden bei diesem Verwendungszusammenhang des Diakoniebegriffs Bezüge zur Befreiungstheologie hergestellt. Wird die Bibel befreiungstheologisch gelesen, kann in diesem Sinne auch von einer diakonischen Interpretation gesprochen werden. Auch wenn von einem spezifisch diakonischen Bildungsverständnis gesprochen wird – beispielsweise als „Bildung mit diakonischem Antlitz" (Köser 2008; vgl. Abschnitt 2.5.2.), liegt dieser Verwendungskontext des Diakoniebegriffs vor.

Diakonie als Markierung für eine näher zu bestimmende Werteorientierung bzw. Kultur. Dieser Verwendungszusammenhang ist in den Einrichtungen der organisierten Diakonie gebräuchlich, meist als ‚diakonische Kultur', ‚diakonisches Profil' oder ‚diakonische Werte'. Gemeint ist damit eine bestimmte Kultur (ein bestimmtes Profil bzw. bestimmte Werte), die sich in der Gesamtheit von Haltungen und Konzepten zeigen, quasi in dem Geist der Einrichtung. Diese Verwendung ist sehr gebräuchlich, gleichzeitig aber nicht unproblematisch (vgl. dazu ausführlicher den folgenden Abschnitt 1.4.). Diakonisches Profil und diakonische Kultur sind immer kontextgebunden und können nur für konkrete Arbeitsfelder und Einrichtungen beschrieben werden. Auch wenn sich die Essentials diakonischer Profile verschiedener Arbeitsfelder durchaus ähneln können, können allgemeingültige Aussagen nur auf vergleichsweise abstrakter Ebene getroffen werden.

Es kann somit festgehalten werden: Wenn gegenwärtig vom Diakonischen gesprochen wird, kann damit eine Programmbezeichnung, die formalrechtliche Zugehörigkeit zur organisierten Diakonie, ein Anstellungsträger oder eine diakonische Einrichtung, eine soziale Aktivität in Kirchengemeinden, ein hermeneutisches Prinzip oder eine christliche Werteorientierung gemeint sein. Eine inhaltliche Beschreibung wird damit erschwert. Es muss vor allem aber auch anerkannt werden, dass eine substanzielle Bestimmung des Diakoniebegriffs erst sinnvoll ist, wenn der Zugang (sektoral oder dimensional) geklärt und der Verwendungskontext benannt ist. Der letztgenannten Verwendung wird in den folgenden beiden Abschnitten noch weiter nachgegangen.

1.4. Die Schwierigkeit, ‚diakonisches Profil' zu bestimmen

Die Diskussion in der organisierten Diakonie über die inhaltliche Gestaltung des Diakonischen wird mit Hilfe der Chiffre des ‚diakonischen Profils' geführt. Von Seiten der Unternehmensführung beinhaltet sie die normativen Vorgaben des Diakonischen, die vor allem die Mitarbeitenden zu erfüllen haben – allerdings werden diese Vorgaben oft nicht konkret expliziert. Mitarbeitende nutzen die Chiffre des diakonischen Profils hingegen eher als Platzhalter für all das, was Diakonie ihrer Meinung nach sein könnte und in der Wirklichkeit diakonischer Einrichtung vermisst wird. Vor diesem Hintergrund erscheint es fraglich, ob es überhaupt gelingen kann, einen inhaltlichen Kern diakonischen Profils zu beschreiben. Zudem ist der Profilbegriff auch sprachlich problematisch: Profil kennzeichnet eine Oberflächeneigenschaften und bezieht sich somit auf äußere

Merkmale. Verwendet wird der Begriff hingegen, um die Tiefendimension – den inhaltlichen Kern – des Diakonischen zu beschreiben.

Schließlich soll noch eine weitere Schwierigkeit genannt werden: Die Beschreibungsversuche von ‚diakonischen Profilen' sind stark geprägt von den unterschiedlichen Handlungsfeldern, in denen die organisierte Diakonie tätig ist. Allerdings lassen sich mittels dieser Handlungsfelder noch keine substanziellen Antworten auf die Frage nach diakonischen Profilen geben. Die konkreten Arbeitsfelder, in denen diakonisches Engagement geschieht, sind sozial- bzw. gesundheitswissenschaftlich, medizinisch, pflegerisch oder therapeutisch geprägt. Es handelt sich also nicht um explizit diakonische Arbeitsfelder, sondern um Arbeitsfelder, in denen die Diakonie tätig ist. Vergleicht man die Zusammenstellungen der diakonischen Arbeitsfelder in der Diakonie-Denkschrift und dem Diakonischen Kompendium, stellt man fest, dass sie nahezu deckungsgleich sind,[33] obwohl eine Begründung der Auswahl und Zusammenstellung beides Mal unterbleibt.[34] Dies entspricht auch anderen Zuordnungsversuchen. So unterscheidet beispielsweise Michael Schibilsky familiensubstituierende Aufgaben, notlagenorientierte Aufgaben und strukturorientierte Aufgaben, begründet aber weder Einteilung noch Herleitung (vgl. Schibilsky 1999, 799).

Gegenwärtig besteht in der Diakonie ein deutliches Interesse daran, diakonische Identität anhand eines konkret fass-, benenn- und erkennbaren Profils zu beschreiben. Dieser Wunsch ist im Kontext der organisierten Diakonie verständlich, allerdings nicht unproblematisch. Die Frage nach dem Profil von Diakonie erweist sich gerade in Marktsituationen als existenziell und überlebensnotwendig: „Es ist notwendig zu wissen, wer man ist – und dies auch kundzutun" (Lindner 1994, 328). Um eben dies kundzutun, wird in der Diskussion um diakonisches Profil die eigene Erkennbarkeit und Unverwechselbarkeit stark gemacht. Profil wird als „erkennbare und damit unterscheidbare Gesamtgestalt" beschrieben (ebd.). Diakonie möchte als „einzigartig und unverwechselbar" erkannt werden. In der organisierten Diakonie gilt daher der Ruf: „Wir wollen mehr Erkennbarkeit" (Gohde 1998).

Doch wenn im Sinne eindeutiger Unterscheidbarkeit und Unverwechselbarkeit diakonisches Profil diskutiert wird, liegt das Interesse eben nicht darin, Diakonie substanziell zu beschreiben, sondern die eigene Marktpositionierung zu sichern. Die *Frage nach der Erkennbarkeit* wird somit instrumentalisiert zur *Frage nach der Unverwechselbarkeit.* Dabei werden die vermeintlichen Unterschiede oft erst konstruiert, denn um diese identifizieren und benennen zu können, wird das Unterschiedliche innerhalb der Diakonie gern minimiert und die Unter-

---

33 Der Unterschied besteht vor allem darin, dass die Artikel des Diakonischen Kompendiums konkrete Handlungsfelder beschreiben (z.B. Schwangerschaftskonfliktberatung, Suchtkrankenhilfe und Suchtberatung, …), in der Denkschrift hingegen Aufgaben beschrieben werden („Hilfesuchende beraten", …).

34 Bei der Auswahl der Aufgaben in der Denkschrift wird allerdings darauf hingewiesen, dass es sich um eine exemplarische Zusammenstellung handelt.

schiede zwischen Diakonie und anderen Anbietern dementsprechend maximiert. Doch „[d]iakonische Leistungen sind verwechselbar" (Künkel 2010, 10). Es besteht leicht die Versuchung, „das Besondere christlicher Diakonie in der Art und Weise zu profilieren, dass andere Anbieter auf dem Markt der sozialen und karitativen Dienstleistungen disqualifiziert werden. Christliche Apologetik ist leider nur allzu oft so verfahren. Der, die oder das ‚Andere' wurde dann zur negativen Folie, vor der sich das Eigene umso strahlender abhob. Wer so über christliche Diakonie redet, tut ihr keinen Gefallen. Im Gegenteil: Er macht sie nur schlecht" (Grözinger 1998, 123).

Sowohl der Wunsch nach Selbstvergewisserung als auch die konkreten Marketinginteressen sind durchaus berechtigt. Aber muss dabei die Erkennbarkeit im Sinne einer eindeutigen Unterscheidbarkeit im Vordergrund stehen? Drei Hinweise hierzu: (1) Innerhalb des Hilfeprozesses kann das Christliche im Handeln sowohl explizit als auch implizit zum Tragen kommen, beides kann gerade ein Qualitätsmerkmal darstellen. Das bedeutet aber, dass die Forderung nach einer eindeutigen Unverwechselbarkeit irreführend ist, die zwingende Notwendigkeit einer Erkennbarkeit ist daher fraglich. (2) Eine eindeutige Erkennbarkeit diakonischen Handelns im Unterschied zu anderen Formen des Hilfehandelns ist nur dann möglich, wenn grundsätzlich von der Unterscheidbarkeit christlich-diakonischer und säkular-sozialer Formen professioneller Hilfe ausgegangen wird. Wenn Diakonie allerdings gar keine „prinzipielle Alternative zu ‚weltlichen' Konzepten der Sozialarbeit darstellt" sondern in „kritischer Kooperation" handelt, ist die Verwechselbarkeit im Vollzug des Handelns gar nicht zu vermeiden (Ringeling 2006, 111-112). (3) Immer wieder wird betont, dass sich diakonisches Profil vor allem in der Haltung der Mitarbeitenden zeige. Doch Haltung ist – im Gegensatz zum Verhalten – eben nicht direkt sichtbar. Gerade die reformatorische Tradition geht davon aus, dass sich am Handeln eben nicht erkennen lässt, aus welcher Haltung heraus es geschieht.

Der Wunsch nach Erkennbarkeit soll sich in aller Regel dadurch erfüllen, dass diakonisches Handeln als kirchliches Handeln verstanden und erkannt wird. Die „ausgesprochene oder unausgesprochene Prämisse des üblichen diakonietheologischen Denkens" besteht darin, die Beziehung der Diakonie zur Kirche als möglichst eng zu charakterisieren, „je enger das Verhältnis von Diakonie und Kirche, desto besser" (Hauschildt 2000, 411). Doch dieses Denken löst sich de facto kaum ein, da organisatorisch gerade ein deutlicher Unterschied zwischen Diakonie und Kirche auszumachen ist. Nun kann argumentiert werden, dass theologisch gesehen dieser Unterschied nicht besteht (oder nicht zu bestehen habe!), sondern sich allenfalls in seiner organisationalen Gestaltwerdung zeigt, quasi als Entfremdung und Abkehr vom Idealbild. Eberhard Hauschildt fragt hingegen, ob nicht viel eher eine alternative Theologie diakonischer Arbeit nötig wäre. Er greift dabei Überlegungen Hans-Richard Reuters auf, der die Unterscheidung Schleiermachers von darstellendem und wirksamem Handeln für die Frage nach implizitem und explizitem Handeln nutzt. „Es ist demnach zwischen dem expliziten, dem eindeutigen, aber nicht alleine stehenden darstellenden Handeln in Gottesdienst und Predigt und dem impliziten, dem nicht so eindeutig wirksamen christlichen Handeln in der Gesellschaft zu unterscheiden" (a.a.O., 414). Schleiermachers Theorie des Handelns der Kirche kann das Verhältnis von Kirche und Diakonie insofern entlasten, als sie von gegenseitigen Schuldzuweisungen befreit, jeweils nicht genügend kirchlich oder diakonisch zu sein. Gleichzeitig wird damit diakonisches Handeln als ein implizites christliches Handeln charakterisiert. Die Forderung nach der Explikation des Christlichen im Diakonischen wird damit zurückgewiesen. Diakonisches Handeln ist das christliche Handeln, das sich bezogen auf seine Christlichkeit gerade implizit vollzieht:

> „Diakonische Arbeit muss in ihrem wirkenden Handeln nicht selber gleichzeitig sofort nach der Darstellung, dem Expliziten schielen. Wirkendes Handeln ist implizit, nicht so eindeutig; evangelische, katholische oder staatliche Operationen im Krankenhaus sind nicht unterscheidbar; es gibt kein ‚evangelisches Poabwischen'. Diakonische Arbeit hat vielmehr Teil am Humanum zwischenmenschlicher Zuwendung. Es ist kein Manko an Kirchlichkeit oder Christlichkeit, sondern Strukturmerkmal ausdifferenzierten wirksamen Handelns, dass Diakonie in ihrer Arbeit nicht gleichzeitig explizites Bekenntnis sein kann" (a.a.O., 415).

Lässt man die Management- und Marketing-Rhetorik – „Unterscheidbarkeit", „Alleinstellungsmerkmal" (vgl. 1.2.1.) – beiseite, leuchtet der implizite Charakter des Diakonischen auch unmittelbar ein: Diakonie als Versöhnungsgeschehen ist nicht explizit sicht-, greif- oder fassbar. Das, was mit dieser theologischen Größe umschrieben wird, kann allenfalls *indirekt* erkannt werden: in Verhaltensweisen, in Organisationsstrukturen, in einer Kultur, die sich von diesen Ideen christlicher Essenz leiten lassen, aber eben nicht *als* christliche Handlungen.

Herbert Haslinger geht sogar soweit, den essentiellen Kern der diakonischen Dimension gerade in ihrer *Absichtslosigkeit* zu sehen: „Die Diakonie untersteht dem Prinzip der Interessenlosigkeit und Zweckfreiheit. Mit der Diakonie dürfen – soll in ihr Gott wirklich als der Unendliche, als der Unverfügbare ernst genommen, soll in ihr das Gott-Sein Gottes nicht missachtet werden – über das von der jeweiligen Bedürftigkeit des Anderen gebotene Handeln hinaus oder neben diesem keine Interessen oder Zwecke verfolgt werden" (Haslinger 2009, 217). Dies bezieht sich vor allem auf die Ebene des konkreten Hilfehandelns, weniger auf die gesellschaftliche Ebene.

Das Moment der Absichtslosigkeit hat eine unmittelbare Nähe zu einer diakonischen Herangehens- bzw. Begegnungsweise, die besonders im *Präsent-Sein* besteht und den klassischen sozialberuflichen Handlungen – „Interventionen" – kritisch gegenübersteht. Das Verständnis, dass sich diakonisches Handeln bereits durch die Präsenz des handelnden Menschen und nicht erst durch die ‚eigentliche' Intervention vollziehen kann, scheint geradezu der Gegenentwurf zu gängigen Hilfeansätzen zu sein. Präsenz setzt Gegenwärtigkeit voraus. Das Da-Sein ist entscheidend, bleibt aber nicht darauf reduziert, denn Präsenz wirkt über das reine Da-Sein hinaus. Eine Präsenzorientierung ist nicht konzeptlos, ist aber mit herkömmlichen Hilfekonzepten schwer zu beschreiben, da Präsenz aus der Perspektive einer Interventionsorientierung nur als Nicht-Intervention verstanden werden kann, dies aber gerade nicht den Kern erfasst. Diakonische Arbeit muss eine passiv erscheinende Präsenzorientierung ebenso ernst nehmen, wie interventionsorientiertes Arbeiten.[35] Andries Baart entwickelt einen solchen Ansatz und spricht von „Präsenzarbeitern" mit eigener Professionalität (Baart 2001; 2002; 2010). Das diakonische Moment in der Begegnung liegt aller Wahrscheinlichkeit nach eher im Modus der Präsenz als im Modus der Intervention.

Diese beiden Momente, Absichtslosigkeit und Präsenz, drücken wesentliche diakonische Haltungen aus. Sie entziehen sich dem Wunsch, diakonisches Profil anhand leicht zu erkennender Merkmale zu bestimmen. Herbert Haslinger spricht in diesem Zusammenhang von „unscheinbaren Indikatoren christlicher Qualität" (Haslinger 2009, 314-320). In diesem Sinne sind weitere konstitutive, aber implizite Momente, Prinzipien oder Muster zu entdecken, die den Gehalt des Diakonischen beschreiben.[36]

Der Wunsch nach eindeutiger Erkennbarkeit ist zwar durchaus nachzuvollziehen, aber aufgrund des impliziten Charakters der Diakonie nicht erfüllbar. Bei der Suche nach dem Wesentlichen des Diakonischen hilft hingegen die Unterscheidung von Konstitutiva und Spezifika weiter. Denn das *Eigentliche* der Diakonie darf nicht mit dem *Einzigartigen* der Diakonie verwechselt werden. Es ist fraglich, ob mit einem Ensemble von Besonderheiten das Wesen der Diakonie zutreffend beschrieben werden kann. Anders formuliert: Kann das *Besondere* das *Wesentliche* erfassen? Führt die Identifizierung des *Einzigartigen* überhaupt in die Tiefen des *Bedeutsamen*? „Die Versuchung ist groß, sich in dogmatischen Spezialaussagen zu versteigen, moralische Spezialleistungen zu fordern und liturgische Spezialveranstaltungen anzubieten, um auf diesem Weg das Proprium kirchlicher Einrichtungen unverwechselbar herauszustellen" (Zerfaß 1992, 31).

Das Spezifische fragt nach dem Besonderen, dem Einzigartigen; es entsteht aus der Abgrenzung gegenüber Anderem. Das Konstitutive fragt nach dem Wesentlichen, dem Bedeutsamen; es gründet sich in der Besinnung auf die eigenen Quellen. Das Spezifische beschreibt gerade nicht das Eigentliche, oft lenkt es sogar eher von der Sache ab. „Ein bestimmtes Merkmal kann für die Arbeit der Diakonie konstitutiv sein, ohne dass sich dadurch auch schon die Trennschärfe gegenüber Mitanbietern erhöht" (Haas 2004, 240-241). Eine Gegenprofilierung ist „keine gute Möglichkeit der diakonischen Profilentwicklung" (ebd.), sie ist auch gar nicht in der Lage, zu Konstitutiva durchzudringen, da sie sich immer an Spezifika verausgaben wird. Wenn schon die Frage nach dem Besonderen christlicher Diakonie gestellt wird, sollte sie sich „nicht auf Abgrenzungen, sondern auf die Erweiterung und Vertiefung menschlichen Hilfehandelns richten" (Ringeling 2006, 110). Der essentielle Gehalt der Diakonie muss in erster Linie über die Konstitutiva der Diakonie geleistet werden. Ansonsten führt dies zu

---

[35] Die Schwierigkeit besteht natürlich darin, dass fast ausnahmslos Interventionen refinanziert werden.

[36] Dieser Gedanke wird im Abschnitt 10.3. fortgeführt.

problematischen Unterscheidungen wie der zwischen „humanistischer Grundhaltung" und „christlich-diakonischen Spezifika."[37]

1.5. Der Versuch, Wesensmerkmale des Diakonischen zu beschreiben

Sichtet man die Versuche, diakonisches Handeln zu beschreiben, fallen zwei Tendenzen auf: Zum einen wird diakonisches Handeln schlicht und einfach mit „helfen" oder „sozial tätig sein" gleichgesetzt (was wenig ergiebig ist), zum anderen werden Pakete mit konkreten Aufgaben geschnürt, die dann eine Vielzahl diakonischer Tätigkeiten benennen.[38] Beides hilft an dieser Stelle nicht weiter. Um den konstitutiven Momenten des Diakonischen nun aber näher zu kommen, wird zum einen das Verhältnis von sozialem und diakonischem Handeln näher untersucht (1.5.1.), zum anderen der Prozesscharakter des Diakoniegeschehens (1.5.2.).

1.5.1. Das Verhältnis von Sozialer Arbeit und Diakonie

Die Verwendung des Diakoniebegriffs in der gegenwärtigen organisierten Diakonie fordert zu einer Klärung des Verhältnisses von *Diakonie* und *Sozialer Arbeit* heraus (vgl. Schäfer 2006, 85). In diesem Abschnitt soll diese Verhältnisbestimmung dazu genutzt werden, um das Problem der inhaltlichen Bestimmung ‚diakonischen Handelns' besser fassen zu können. Dabei muss aber gleich eine wichtige sprachliche Feinheit berücksichtigt werden. Eine *Verhältnisbestimmung* der beiden Größen Diakonie und Soziale Arbeit darf nicht verwechselt werden mit der Frage nach dem *Unterschied* zwischen beiden. Letzteres trifft nicht ins Schwarze, da zwei verschiedenartige Kategorien miteinander verglichen und so gegeneinander ausgespielt werden. Karl-Fritz Daiber, der zu dieser Verhältnis-

---

[37] So z.B. ein Hinweis in der DEVAP-Materialhilfe „Diakonisches Verhalten im Alltag der Altenhilfe" (DEVAP 2005, 3).

[38] Die bekannteste Zusammenstellung dieser Art stellen die Sieben Werke der Barmherzigkeit dar. Die in Mt 25, 31-46 genannten sechs Handlungen (Hungrige speisen, Durstigen zu trinken geben, Fremde aufnehmen/beherbergen, Nackte bekleiden, Kranke besuchen/pflegen, Gefangene besuchen/freikaufen) werden um eine weitere Handlung ergänzt (Tote begraben) und sind als die Sieben Werke der Barmherzigkeit in die christliche Tradition eingegangen. In der katholischen Tradition werden diese als die sieben leiblichen Werke der Barmherzigkeit bezeichnet, da Augustinus sieben weitere geistige Werke der Barmherzigkeit formulierte: Rat geben, tadeln, lehren, trösten, vergeben, (er-)tragen, beten (vgl. Pompey/Roß 1998, 135). – Ähnlich verfährt auch das „Leitbild Diakonie" (vgl. Kirchenamt der EKD 1998, 76-80). Unabhängig der Problematik, die Leitbilder zwangsläufig aufweisen, ist der Blick auf die Zusammenstellung diakonischer Aufgaben in der dritten Leitbildthese lohnenswert. In dieser These werden zwölf Tätigkeiten genannt: Neun betreffen die Interaktionsebene (begleiten; beraten; pflegen; heilen; trösten; stärken; fördern; ausbilden; die Stimme erheben für die, die nicht gehört werden), drei haben einen gesellschaftlichen Fokus (eintreten „für eine menschenwürdige Gesetzgebung, eine chancengerechte Gesellschaft und eine konsequente Orientierung am Gemeinwohl"), ergänzt wird dies schließlich um eine Aufgabe, die eine explizit theologische Formulierung aufgreift: Festhalten an der Verheißung von Frieden und Gerechtigkeit.

bestimmung grundlegend gearbeitet hat, fragt daher auch, inwiefern Sozialarbeit zu einer Gestalt diakonischen Handelns werden kann, und nicht, wie sich Diakonie und Sozialarbeit unterscheiden.

Diakonie und Sozialarbeit haben sich als programmatische Leitbegriffe entwickelt. Daiber konstatiert Ende der 1980er Jahre ein antagonistisches Verhältnis zwischen Diakonie und Sozialarbeit in ihren Programmatiken (vgl. Daiber 2006, 102). Die eine ist geprägt durch eine Diskussion, die in erster Linie von der bewussten Zuordnung zur Kirche geprägt ist, die andere durch die Forderung nach wissenschaftlicher Fundierung, die Fremdinteressen – wie beispielsweise kirchliche – als hinderlich ansieht.[39] Ganz anders zeigt sich das Verhältnis auf der Phänomenebene, denn in der Praxis „lassen sich Diakonie und Sozialarbeit meist nicht unterscheiden" (Schäfer 2006, 83).

Einen entscheidenden Impuls für die Verhältnisbestimmung dieser beiden Größen hat Hermann Ringeling gegeben:

> „Diakonie im kirchlichen Sinnzusammenhang ist keine prinzipielle Alternative zu ‚weltlichen' Konzepten von Sozialarbeit, sondern nimmt in kritischer Kooperation (und so unter Umständen, konkret, auch alternativ und zum anderen exemplarisch) bestimmte Aufgaben der Befähigung und Ermächtigung zur eigenen Lebensführung besonders wahr, indem sie sie auf die Beschaffenheit und Bestimmung des Menschen vor Gott bezieht" (Ringeling 2006, 111).

Vor diesem Hintergrund stellt sich die Frage, wie Sozialarbeit zu einer Gestalt diakonischen Handelns werden kann. Karl-Fritz Daiber beschreibt dazu drei idealtypische Modelle, bei denen er nicht von abstrakt-theoretischen, sondern von berufspraktischen Überlegungen ausgeht. Im ersten Modell wird Sozialarbeit „zu einer Gestalt diakonischen Handelns durch die christliche Motivation derer, die sie tragen und praktizieren", im zweiten Modell wird Sozialarbeit „dann zu einem Vollzug diakonischen Handelns, wenn das jeweilige berufliche Handeln als Beziehung personaler Nächstenschaft verstanden wird" und im dritten Modell wird Sozialarbeit „zu einer Form diakonischen Handelns durch die theologische Fundierung ihrer Grundannahmen" (Daiber 2006, 105).

Zu den drei Modellen im Einzelnen: Im ersten Modell ist nicht entscheidend, was man tut, sondern was man glaubt. Äußerlich gibt es keinen Unterschied zwischen professioneller Sozialarbeit und diakonischem Hilfehandeln. Wesentlich ist die persönliche Motivation des Handelnden. Die persönlichen Motive des Helfers sind demnach das konstitutive Moment, um bei dem Handeln von diakonischem Handeln zu sprechen. Der Ort dieses konstitutiven Moments

---

39 In der diakoniewissenschaftlichen Diskussion ist es allerdings bei solch einer Verhältnisbestimmung nicht geblieben. Gerhard K. Schäfer sieht eine Bewegung dieses Verhältnisses vom „Antagonismus zum Dialog" (2006, 83). Er beschreibt strukturelle Analogien zwischen Diakonie und Sozialer Arbeit und sieht „vielfache Anknüpfungspunkte" für einen Diskurs zwischen sozialarbeiterischer Theoriebildung und theologischen Grundlagen der Diakonie (vgl. Schäfer 2006, 89).

diakonischen Handelns liegt damit quasi in der Innerlichkeit des Handelnden. Die Motivation bleibt privat, erst auf bestimmte Umstände hin – wie z.B. auf Anfrage – wird sie explizit benannt. Das Helfen kann somit ein Zeugnis der eigenen Überzeugung sein, ohne dass dieses Handeln einen Zeugnischarakter voraussetzt.

Wird dieses Modell dem Verständnis diakonischen Handelns zugrunde gelegt, bedarf es konsequenterweise keiner theologischen Reflexion, sondern eher geistlicher Zurüstung, um die persönliche Motivation zu stärken. Auf theoretischer Ebene ist es ein schlichtes Modell, für das allerdings auch gute theologische Gründe sprechen. Denn „so defizitär dieser Ansatz in theologischem Sinn zunächst erscheinen mag, so muss zugleich zur Kenntnis genommen werden, dass es theologische Theorien gibt, mit denen sich an dieser Situation anknüpfen lässt" (Ziebertz 1993, 53). Auch bei einem Zeugnis ohne Worte „handelt es sich um eine im theologischen Sinn ‚vollwertige' Praxis, der keine Vorläufigkeit oder Ergänzungsnotwendigkeit innewohnt" (ebd.).

Pragmatisch gesehen passt sich der erste Ansatz „funktional in den Kontext der sozialstaatlichen Erwartungen ein" (a.a.O., 52). Für die Bestimmung oder Entwicklung diakonischen Profils hält er allerdings Nachteile bereit. Wird die christliche Motivation der einzelnen Mitarbeitenden als ausschlaggebendes Kriterium für diakonisches Handeln betrachtet, steht dies in Widerspruch zu der These, dass sich diakonisches Handeln eben nicht auf christliche Motivation reduzieren lässt (vgl. Noller 2005a, 65). Zudem werden die diakonischen Einrichtungen davon entlastet, sich selbst als diakonisch zu erweisen. Zur Bestimmung diakonischen Profils können sie an die christlich motivierten Mitarbeitenden verweisen.

Bei dem zweiten Modell steht nicht die Motivationsebene, sondern die Beziehungsebene im Vordergrund. Der Fokus rückt weg vom Grund der Zuwendung hin zum Prozess der Zuwendung. Die Zuwendung wird als personale Nächstenschaft verstanden. Dies gilt zunächst für jede gute Sozialarbeit, bei der der Handelnde – unabhängig von einem christlichen Hintergrund – grundsätzlich dazu bereit ist, „sich in der Ganzheit seiner personalen Existenz einzubringen" (Daiber 2006, 104). Eine (sozialberufliche) Fachlichkeit wird daher auch zwingend vorausgesetzt, diese ist aber „eingebettet in einen Vollzug elementarer Zuwendung zum anderen in der Nachfolge Jesu." Während im ersten Modell die Motivation zum Handeln zu einer Fachlichkeit hinzukommt, wird hier die Fachlichkeit integriert in das Verständnis der Nachfolge.

Positiv hervorzuheben ist, dass sich die Motivation interaktional niederschlagen will und den Anspruch an diakonisches Handeln nicht nur formal, sondern inhaltlich füllen will. So nennt Daiber auch Erwartungen an diakonisches Handeln wie Nähe statt Anonymität, Mensch statt Patient, Bruder oder Schwester statt Klient. Ziebertz weist allerdings zu Recht darauf hin, dass das Anliegen, die Christlichkeit des Handelns zu materialisieren, „sicher ein zulässiger wenn nicht notwendiger, aber äußerst schwierig zu realisierender" Anspruch ist (Ziebertz

1993, 54). Auch besteht die Gefahr der Entgrenzung professioneller Sachgesetzlichkeiten, wenn die Fachlichkeit in die Nachfolge eingebettet ist.

Im dritten Modell wird sozialarbeiterisches Handeln zu einer Form diakonischen Handelns durch die tragenden theologischen Grundannahmen. Fachliche und methodische Vorgaben der Sozialberufe werden übernommen und genutzt, aber in den übergreifenden Rahmen christlicher Anthropologie gestellt. Säkulare Sozialarbeit wird dadurch zu christlicher Diakonie, dass sie sich durch die normativ-theologischen Annahmen substanziell verändert. Es ist daher von einer Konkurrenz zwischen christlich fundierten Normen und den Grundannahmen ‚profaner' Sozialarbeit auszugehen, denn jede Sozialarbeit ist grundsätzlich eine normative Handlungswissenschaft. Die Schwierigkeit besteht aber gerade darin, dass nicht von einer christlich-theologischen Zentraltheorie deduziert werden kann. Dieses Modell ist variantenreich. Die oft anzutreffende Aussage, Diakonie sei Sozialarbeit vor dem Hintergrund des christlichen Menschenbildes, ist sicherlich die gängigste Kurzformel dieses Modells.[40]

Bei Daibers Überlegungen ist besonders hervorzuheben, dass er die entscheidende Frage stellt: Wie wird Sozialarbeit zu einer Gestalt diakonischen Handelns? Und er fragt nicht: Was unterscheidet Diakonie und Sozialarbeit? Alle seine drei Modelle gehen letztlich davon aus, dass innerhalb des sozialarbeiterischen Vollzugs etwas geschieht, so dass dieser Vollzug dann berechtigterweise als Diakonie bezeichnet werden kann; entweder durch einen christlichen motivationalen Grund, durch inhaltliche Auswirkungen des Handelns, das in christlicher Nachfolge eingebettet ist oder durch eine substanziell bestimmbare christliche Sozialarbeit.

An dieser Stelle ist auch der Hinweis einer prominenten katholischen Stimme angebracht. Karl Rahner weist darauf hin, dass es grundsätzlich keine materielle Unterscheidung zwischen weltlicher und kirchlicher sozialer Arbeit gebe, aus der sich eine theoretische – also an dieser Stelle deduktive – Unterscheidung ableiten lasse. „Eine solche materielle Grenzziehung – direkt oder durch ein formales Prinzip – ist unmöglich und auch nicht nötig" (Rahner 1967, 678). Rahner versteht Diakonie[41] selbstverständlich als Dimension und Aufgabe der Kirche und sucht aus dieser Perspektive nach den möglichen Gestaltformen der Diakonie. Dazu kann eben auch – für ihn selbstverständlich – die Soziale Arbeit

---

40 Allerdings zeigt genau diese Formulierung die genannte Schwierigkeit: Das christliche Menschenbild kann kaum handlungsleitend operationalisiert werden. Hinzu kommt, dass die Grundkenntnisse über die konkreten Inhalte eines christlichen – genauer: jüdisch-christlichen – Menschenbildes in weiten Teilen der Diakonie erschreckend gering sind. Oft finden sich Trivialisierungen wie ‚Ganzheitlichkeit des Menschen' oder ‚Gleichheit aller Menschen'.

41 Rahner spricht natürlich durchgehend von Caritas. Zwei bedeutende Cariatswissenschaftler, Hermann Steinkamp und Herbert Haslinger, plädieren allerdings dafür, auch im katholischen Raum den Begriff ‚Diakonie' für die theologische Reflexion zu nutzen. Mit dem Begriff ‚Caritas' werden demzufolge die verbandlichen Strukturen und Organisationen bezeichnet (vgl. Steinkamp 1985, 12-13; Haslinger 2009).

gehören. Doch ist damit nun jegliche Soziale Arbeit Diakonie? Nach Rahners Verständnis *kann* jede Gestalt sozialer Arbeit Diakonie sein. Er begründet dies wie folgt:

> „Denn überall, wo die profane soziale Tat der Gesellschaft der ewigen Würde der Person, ihrer Freiheit und Befreiung von Selbstentfremdung dient, wo sie dem Menschen ermöglicht, er selbst zu sein und sein irdisches und ewiges Geschick in Selbstverantwortung zu tun, wo sie ihn von möglichst vielem Vorpersonalen entlastet, um ihm das Schwerste aufzulasten: ihn selbst in seiner Freiheit, überall da sind gesellschaftliche Wirklichkeiten gegeben, die auch Leib der Liebe sein können, es oft auch sind und so, obzwar anonym, zum Erscheinungsbild der Kirche gehören könnten" (Rahner 1967, 679).

Als Fazit dieser Überlegungen kann daher formuliert werden, dass sich diakonisches Handeln phänomenologisch nicht von sozialem Handeln unterscheiden lässt. Diakonisches Handeln ist immer interpretiertes, gedeutetes Handeln. Dies gilt unabhängig davon, welchem der drei von Daiber skizzierten Modelle der Vorzug gelassen wird, also unabhängig davon, ob die Deutung des Handelns motivational, interaktional oder konzeptionell ansetzt. Im folgenden Abschnitt soll nun überlegt werden, wie diese Deutungen und Interpretationen inhaltlich näher zu bestimmen sind.

1.5.2. Der Prozesscharakter des Diakoniegeschehens

Einigkeit besteht in der Erkenntnis, dass Diakonie nicht nur individuell ansetzt, sondern konstitutiv einen gesellschaftlichen Bezug aufweist. Dies wurde bereits im Abschnitt zur theologischen Bestimmung des Diakoniebegriffs deutlich. So lässt sich auch im Leitbild Diakonie sowohl die Ebene der konkreten Hilfeleistung als auch die gesellschaftliche Ebene entdecken. Herbert Haslinger unterscheidet bei der Reflexion diakonischen Handelns als „erste, fundamentale Kategorisierung" zwischen individueller und politischer Diakonie (Haslinger 2009, 321). Die Unterscheidung dieser Ebenen soll nicht individuelle und politische Aufgaben auseinanderreißen, für ihre analytische Trennung spricht aber, dass diesen Ebenen unterschiedliche Handlungslogiken zugrunde liegen. Erst die Unterscheidung macht deutlich, dass Diakonie eben nicht ausschließlich in der konkreten Hilfeleistung von Mensch zu Mensch besteht, sondern ebenso in der strukturellen Bearbeitung gesellschaftlicher Probleme und Missstände. In Rückgriff auf Ottmar Fuchs formuliert Herbert Haslinger:

> „Bei dem Versuch, die Charakteristik der Diakonie auf ihren beiden grundlegenden Ebenen jeweils in einem symbolisch-verdichtenden Begriff zu fassen, firmiert in einer durchaus eingängigen Kombination neben dem Anspruch der ‚Befreiung' auf gesellschaftlicher Ebene der Anspruch des ‚Heilens' als Pendant für die individuelle Ebene" (Haslinger 2009, 328).

Die Begriffe *Heilen* und *Befreien* machen deutlich, dass Diakonie mehr ist als *Helfen*. Diakonie ist „kulturelle Praxis in der ganzen Gesellschaft" (Schmidt 2004, 28). Die gesellschaftliche Relevanz zeigt sich in den gesellschaftspolitischen Aufgaben der Diakonie, wie z.B. der Bekämpfung von Armut, der Forderung nach weltweiter Gerechtigkeit oder der Wächterfunktion in Staat und Gesellschaft (vgl. Schibilsky 1999, 799). Diakonie muss sich kritisch davon distanzieren, eine rein kompensatorische Funktion für den Sozialstaat zu übernehmen. Aber gerade durch ihre sozialpolitische Einbindung übernehmen diakonische Einrichtungen Versorgungsfunktionen, die politisch bestimmt werden. Gelingt es der Diakonie, sich in ihrem Auftrag nicht bloß auf die Kompensation von Notlagen beschränken zu lassen, sondern immer wieder in „freiheitlicher Weltgestaltung" zu agieren (Weber 2001), kann die organisierte Diakonie der gesellschaftlichen und politischen Dimension gerecht werden.

Gleichwohl steht die gesellschaftsbezogene Dimension des Handelns innerhalb der organisierten Diakonie nicht immer im Vordergrund. So zielt dann auch die Frage auf die inhaltliche Bestimmung ‚diakonischen Profils' vor allem auf eine besondere Art oder Qualität des professionellen, interaktionalen Hilfehandelns. Doch Diakonie kann eben nicht nur als professionelles Hilfehandeln verstanden werden. Diakonie ist vor allem auch ein Geschehen. Daher sollen an dieser Stelle Überlegungen von Heinz Lorenz und Horst Seibert vorgestellt werden, die den Prozesscharakter der Diakonie stärker in den Vordergrund rücken.

Heinz Lorenz unterscheidet für eine theologische Begründung der Diakonie vier verschiedene Ebenen: die Motivation zum Handeln, das Verständnis des dadurch inaugurierten Prozesses, das Ziel dieses Prozesses und dessen Gesamtzusammenhang (vgl. Lorenz 1981, 493). An dieser Stelle soll besonders die Frage nach dem „inaugurierten Prozess" interessieren, der diakonisches Handeln ausmacht. Lorenz benennt sechs solcher Prozesse: Ertragenhelfen, Lindern, Bessern, Versöhnen, Heilen und Befreien.

> „Wenn die genannten Begriffe ‚Prozesse' genannt werden, so deshalb, weil es sich vorwiegend um Vorgänge handelt, die nicht selbstverständlich machbar sind. Am deutlichsten ist das beim Heilen: Der Arzt kann im strengen Sinne nicht heilen, sondern nur helfen, dass die Krankheit heilt. Ähnliches gilt von Befreien, Versöhnen. Der Ausdruck ‚Ertragenhelfen' macht das von vornherein deutlich. Es sind Vorgänge, deren Erfolg nicht kalkulierbar ist. Man kann nur helfen, dass sie geschehen" (Lorenz 1981, 494).

Lorenz benutzt dabei die Begriffe „Prozesse" und „Vorgänge" gleichbedeutend (und in dem kleinen Abschnitt seiner Reflexion auch quantitativ gleichgewichtig). Der Begriff *Vorgang* ist insofern treffend, da er andeutet, dass etwas *vor sich geht*, dass also neben der konkreten Handlung eine weitere Ebene bedeutsam ist. Dies deutet auch Lorenz' Formulierung des *inaugurierten Prozesses* an: Diakonie *führt in etwas Neues ein*, ruft etwas ins Leben, wie Versöhnung, Heilung oder schlicht Ertragenhelfen.

Lorenz unterscheidet daher diese Vorgänge von konkreten Handlungen, beispielsweise nennt er Behandeln, Pflegen, Versorgen, Vermitteln, Miteinanderreden, Trösten. Lorenz kennzeichnet diese Vorgänge äußerst knapp und „schematisiert": „Ertragenhelfen des unabwendbaren Leids, Lindern der Schmerzen, Bessern der mangelhaften Verhältnisse, Versöhnen der Zerstrittenen, Heilen von Wunden, Krankeit, Angst, Einsamkeit, kaputten Verhältnissen, Befreien aus Unterdrückung, Erniedrigung, Gefangenschaft, Brutalität, Krieg" (Lorenz 1981, 494). Diakonisches Handeln besteht demnach *nicht* in konkreten Tätigkeiten wie etwa Pflegen oder Beraten, sondern diakonisches Handeln besteht darin, dass diese Tätigkeiten eine weitere Ebene eröffnen – eben die der genannten Prozesse bzw. Vorgänge.

Horst Seibert hat Anfang der 1980er Jahre einen diakoniewissenschaftlichen Theorieentwurf zur Diskussion gestellt, der vor allem der Wirklichkeit der organisierten Diakonie und der Anschlussfähigkeit an sozialarbeiterische Theoriebildung gerecht werden will. Die bisherigen Reflexionen leisteten dies seiner Meinung nach nur bedingt. Seibert versucht dabei, die „Diakonie Jesu" zu rekonstruieren und daraus Kriterien für diakonisches Handeln abzuleiten. Von zentraler Bedeutung sind für Seibert die neutestamentlichen Wundergeschichten. In Rückgriff auf die Arbeiten des Neutestamentlers Gerd Theißen wird das jesuanische Wunder- bzw. Hilfehandeln in der Perspektive der sozialgeschichtlichen Exegese untersucht und dabei in Kontrast zur gängigen hellenistischen Hilfepraxis gesetzt. Aus dem Befund leitet Seibert zwölf Kriterien einer „Jesus-Diakonie" ab. Seiberts neuntes Kriterium beschreibt dabei die „Stoßrichtungen" von Jesu Hilfehandeln: „Jesu Diakonie hat unterschiedliche Stoßrichtungen, weil die Grenzen, Beengungen und Widerstände des Not leidenden Menschen jeweils anders verlaufen" (Seibert 2006, 158). Sie bestehen in *Gegenwirkung*, *Bewusstseinserweiterung* und *Mangelbehebung*.

Seibert leitet diese Trias aus der kategorialen Unterscheidung der jesuanischen Wunder ab: Exorzismen und Rettungswunder begegnen feindlichen Mächten im weitesten Sinne und stellen eine *Gegenwirkung* her. Heilungs- und Geschenkwunder bestehen letztlich in der *Beseitigung eines Mangels*. Die Erweiterungen von Erkenntnisfähigkeit und Freiheit stellen sich als *Bewusstseinserweiterungen* dar, die sich in den Normenwundern entdecken lassen.[42]

Bedauerlich ist, dass Seibert diese Trias zwar einführt, jedoch kaum entfaltet. Zudem kann die Herleitung und Bestimmung diakonischen Handelns als jesuanisches Handeln grundsätzlich kritisiert werden.[43] Trotzdem erscheinen die Bewegungen von Gegenwirkung, Mangelbehebung und Bewusstseinserweiterung plausibel und liegen nahe an dem, was Lorenz als „inaugurierte Prozesse" bezeichnet. Seiberts Gedanke dieser drei *Stoßrichtungen* soll hier aufgegriffen werden, allerdings sollte – so mein Vorschlag – besser von *Wirkrichtungen* gesprochen werden.

---

[42] Seibert bezieht sich auf die Typologie der Wunder nach Theißen, dabei lässt er die Kategorie der Erweckungswunder unberücksichtigt.

[43] Hier ist vor allem die Kritik Ulrich Bachs zu nennen: „Eins der wenigen wirklich ganz großen Unglücke in der Geschichte der theologischen Grundlegung von Diakonie […] ist die behauptete Parallelität unserer Diakonie mit den Wundern Jesu" (Bach 1980, 30). Allerdings kann auch Bachs zugrunde liegendes Verständnis von Heilung, das ihn zu dieser These führt, kritisiert werden, vgl. diesbezüglich Haslinger 2009, 329-333.

Diese drei Wirkrichtungen sind auch mit biblischen Bildern zu verknüpfen. Gegenwirkung hat eine inhaltliche Nähe zu Ermächtigung und Teilhabe, Bewusstseinserweiterung greift den Gedanken der Befreiung auf und Mangelbehebung geht von einem Leben in Fülle aus (und grenzt sich gerade so von dem in der Diakonie de facto weit verbreiteten Bild der Mangel*verwaltung* ab). Alle drei beschreiben einzelne Facetten des Versöhnungsgeschehens (vgl. 1.2.1.).

Die Vorgänge (Lorenz) und Stoßrichtungen (Seibert) beschreiben keine konkreten Tätigkeiten, sondern umreißen einen Horizont, der sich gerade als Deutungskategorie nutzen lässt, soziales Handeln als diakonisches zu interpretieren. Lorenz' und Seiberts Überlegungen in den frühen 1980er Jahren scheinen von der Debatte um ein handlungsorientiertes Diakonieverständnis Ende der 1970er Jahre angeregt zu sein (vgl. 1.2.2.). Leider gehört die Beschreibung und Reflexion solcher Grundvollzüge nicht zu den gängigen Diskursen gegenwärtiger diakoniewissenschaftlicher Theoriebildung.

Aus all dem kann gefolgert werden: Eine einfache Gleichsetzung von diakonischem und sozialem Handeln ist nicht angemessen, weil sie der Sache nicht gerecht wird. Gleichzeitig ist diakonisches Handeln auf phänomenologischer Ebene nicht von sozialem Hilfehandeln zu unterscheiden, da diakonisches Handeln ein gedeutetes Handeln ist. Daher wird vorgeschlagen, auf den Begriff des diakonischen Handelns zu verzichten. Da er allerdings in der gegenwärtigen Diakonie häufig anzutreffen ist, um den Inhalt des Diakonischen zu umschreiben, muss nach einem Ersatz gesucht werden, der dies leisten kann und dabei von den hier beschriebenen Schwierigkeiten befreit ist.[44]

Diakonie wird im Folgenden als ein kirchlicher Grundvollzug verstanden, als eine Dimension kirchlichen bzw. christlichen Handelns (vgl. 1.3.1.). Dem Modell der kirchlichen Grundvollzüge kommt im Protestantismus zwar nicht der Rang einer Kirchentheorie zu, aber dieses Modell beschreibt in systematisierender Klarheit die unterschiedlichen Dimensionen der Kirche und ihre gegenseitige Bezugnahme und Begrenzung.[45] Diakonie ist demnach *eine* Dimension kirchlichen bzw. christlichen Handelns. Damit ist auch klar gesagt, was Diakonie – in diesem Verwendungszusammenhang – eben nicht ist: Die *diakonische Dimension* ist zunächst einmal frei von liturgischen, verkündigenden, katechetischen oder gemeinschaftsbildenden Vollzügen, weil sie gerade hiervon zu unterscheiden ist.[46]

---

44 Vor diesem Hintergrund wird im Kapitel 8.5. der Begriff der diakonischen Kompetenz diskutiert.

45 Eingestanden werden muss allerdings auch, dass mit diesem Modell gleichzeitig das „terminologische Spielmaterial" geliefert ist, um je nach „mitgebrachten Vorentscheidungen und Erkenntnisinteressen […] eine ‚Vorrangigkeit der Koinonia', eine ‚Erstrangigkeit der Verkündigung', eine ‚Priorität der Liturgie' oder eben auch ein ‚Primat der Diakonie' zu behaupten" (Haslinger, 371).

46 Mit Hilfe der Unterscheidung der Dimensionen nach diesem Modell wird eine Paradoxie der organisierten Diakonie deutlich: Die Diakonie als organisiertes Hilfehandeln versteht

Diakonische Identität ist nicht eindeutig, sondern auf Interpretation angewiesen. So spricht auch Michael Klessman diesbezüglich von einer „heilsamen Enttäuschung“: „Die Aussage, dass Gott Mensch geworden ist, beinhaltet doch, dass Gott verwechselbar geworden ist. Bereits die Person Jesu ist offensichtlich für seine Zeitgenossen hochgradig verwechselbar gewesen“ (Klessmann 2006, 196).

Um die diakonische Dimension näher bestimmen zu können, bieten sich verschiedene Deutungskategorien an, wie sie sich beispielsweise durch die Reflexion des Diakoniegeschehens ergeben (vgl. 1.5.2.). Solche Perspektiven und Kategorien werden allerdings in der Diakoniewissenschaft kaum diskutiert, hier besteht eine Lücke in der diakoniewissenschaftlichen Theoriebildung. Zudem wird die konkrete Beschreibung einer diakonischen Grundierung des Hilfehandelns dadurch erschwert, da sich Diakonie eher als implizite denn als explizite Größe erweist.

sich selbst oft als das Integral all dieser Vollzüge. Diakonie (verstanden als organisierte Diakonie) will also mehr sein als Diakonie (verstanden als kirchliche Dimension).

2. Zugänge zum Bildungsbegriff

Der Bildungsbegriff ist – ähnlich wie der Diakoniebegriff – schillernd, vieldeutig, umfassend. Um im Folgenden einige Schneisen zu schlagen, wird in fünf Schritten vorgegangen. Damit wird weder die Bildungsdiskussion in ihrer Gänze wiedergegeben, noch der Bildungsbegriff abschließend geklärt. Dieses Kapitel soll lediglich dazu dienen, den Horizont aufzuzeigen, in dem das Verständnis diakonischer Bildung (Kapitel 8) steht. Zunächst wird auf die Besonderheit des deutschen Bildungsbegriffs hingewiesen (2.1.). Danach wird gefragt, inwiefern Bildung christlich interpretiert werden kann (2.2.). In einem dritten Schritt wird der Kreis noch einmal enger gezogen und es werden evangelische Perspektiven des Bildungsverständnisses reflektiert. Dies geschieht konkret auf den Bereich der evangelischen Erwachsenenbildung bezogen, da sich hieraus bereits Impulse für den konzeptionellen Teil der Arbeit (Kapitel 8, 9 und 10) ergeben (2.3.). Im darauf folgenden Abschnitt wird mit dem Kompetenzbegriff eine weitere Facette beschrieben, die im Abschnitt 8.5. wieder aufgegriffen wird. Abschließend werden zwei wesentliche Linien einer ‚diakonischen Bildung' skizziert (2.5.).

2.1. Der deutsche Bildungsbegriff

Bildung ist ein exklusiv deutscher Begriff und hat keine Äquivalente in anderen Sprachen. Das heute prägende Verständnis von Bildung entwickelte sich vor allem in der geisteswissenschaftlichen Tradition an der Schwelle zum 19. Jahrhundert.

Dabei ist *Bildung* von der Wortbedeutung her gar kein erziehungswissenschaftlicher Begriff. Das deutsche Wort Bildung hat etymologisch eine religiöse Wurzel, die ins Mittelalter zurückreicht, besonders in die mittelalterliche Mystik des Meister Eckhart. In platonischer Vorstellung ist in dem Menschen ein ‚Ur-Bild' angelegt, das zur Entfaltung gebracht werden soll. Diese Vorstellung wurde mit dem Imago-Dei- bzw. Imago-Christi-Gedanken verbunden: Etwas im Menschen „gnadenhaft Eingebildeten" soll zur „wirksamen Ausbildung" verholfen werden (Englert 2007, 12). Gott ‚überbildet' so den Menschen und der Mensch wird in Gott ‚eingebildet'.

Das Wort Imagination bedeutet ‚Ein-Bildung', gemeint ist Vergegenwärtigung des Bildes Christi. Wenn der Mensch nach biblischem Bild das Ebenbild Gottes ist, muss er frei werden von anderen Bildern. Der Mensch muss sozusagen ‚entbildet' werden, damit das wahre Bild, das er bereits in sich trägt – eben das Bild Gottes –, zur Geltung gelangt. Meister Eckhart will zeigen, „dass sich Gott in die menschliche Seele hineinbildet (‚înbildet'). Der Mensch soll sich selbst ‚entbilden', von allem Vergänglichen lösen, um durch Christus zum wahren Bilde Gottes ‚überbildet' zu werden." (Kliemann 2003, 10). Bildung ist also weniger ein Akt menschlicher Selbstbildung, sondern vielmehr Ausdruck göttlicher Gnade.

Meister Eckhart beschreibt auf der Grundlage seiner neuplatonischen Ontologie ein spiritualisiertes Bildungsgeschehen. Hingegen geht Erasmus von der humanistischen Auffassung aus, dass der Mensch im Grunde gut sei. Dessen Ebenbildlichkeit liegt vor allem in seiner Vernünftigkeit, durch die Betrachtung des Bildes Christi bildet sich letztlich das Humane aus. Martin Luther bildet schließlich die Synthese des spiritualisierten Ansatzes des Meister Eckhart und des pädagogisierten Ansatzes des Erasmus: Luther bleibt dem mystisch-spirituellen Ansatz weiterhin verpflichtet, in dem der Mensch sich in das Bild Gottes versenkt und von Christus ‚überbildet' wird, greift aber auch auf die humanistische Auffassung zurück, in der Christus moralisches Vorbild ist. Luther vertritt eine personale Ontologie. Der Mensch wird durch die Sünde in seinem Wesen bestimmt und wird durch Christi Erlösungsgeschehen davon befreit. Durch seine Zwei-Regimente-Lehre vermag er den spirituellen und den moralisch-praktischen Aspekt zu unterscheiden, ohne sie auseinanderzureißen (vgl. Fraas 2001, 15).

Unter dem Einfluss der Aufklärung vollzog sich dann die Säkularisierung des Bildungsbegriffes. Das Bildungsverständnis emanzipiert sich von der Theologie. Während zunächst Gott das Subjekt des Bildungsgeschehens war, wird es nun der Mensch. Einerseits wirkt er auf andere Menschen bildend ein, andererseits bildet er sich selbst. Der Bildungsbegriff wird somit ausschließlich reflexiv verwendet (sich bilden). Der transitive Gebrauch (gebildet werden) der mittelalterlichen Vorstellung ist somit nicht mehr akzeptabel. „Führt man sich den Wandel der Bildung vor Augen, so ist unübersehbar, dass Bildung zunehmend von einer heteronomen (Gott hat mich gebildet) zu einer autonomen (ich bilde mich) Vorstellung geworden ist" (Sachau 2001, 7).

Die religiös-mystische Konnotation nahm ab, rationalistisch und moralistisch gefärbte Bedeutungen traten an dessen Stelle. Der Bildungsbegriff wurde zunehmend säkular, neben mystischen Momenten wurden aufklärerische und romantische Motive prägend. Im Neuhumanismus wurde die spirituelle Grundlage des Bildungsbegriffs schließlich ganz aufgegeben. Auf eine philosophische Duchdringung und Fundierung des Bildungsbegriffs wurde verzichtet, populärhumanistische Prinzipien wurden sinnbildend: „Edel sei der Mensch, hilfreich und gut" oder „Sei hübsch ordentlich und fromm". Übrig blieb eine „schale Persönlichkeitstheorie" (Fraas 2001, 15).

Das Bildungsbürgertum des 19. Jahrhunderts, das gleichzeitig auch Besitzbürgertum war, „vergaß und verriet den ursprünglich autoritätskritischen und egalitären, nämlich auf die ganze Menschheit bezogenen Charakter des Begriffs" (Nipkow 2001, 18). Bildung wurde einerseits zum ‚Schönen', andererseits verschob sich der Gehalt des Begriffs vom Streben nach Mündigkeit zur Ansammlung enzyklopädischen Wissens. Bildung diente so vor allem einem bürgerlichen Ideal. Gerade dieses romantisch-idealistische Verständnis führte zur Kritik am Bildungsbegriff.

Unter den autoritäts- und ideologiekritischen Debatten Ende der 1960er Jahre geriet der Bildungsbegriff schließlich in eine grundlegende Krise (vgl. Nipkow 2001, 18). Die empirisch orientierte Erziehungswissenschaft setzte zudem seit den 1970er Jahren lieber auf andere Begriffe: Steht der Prozesscharakter des Bildungsgeschehens im Vordergrund, werden *Lernen*, *Erziehung* und *Sozialisation* reflektiert, steht das Bildungsergebnis zur Diskussion, wird auf *Identität* Bezug genommen, später werden die Konstrukte *Qualifikation* und schließlich *Kompetenz* eingeführt. In der Allgemeinen Didaktik wurden daher auch bildungstheoretische Modelle zunächst von lerntheoretischen Modellen abgelöst. Darauf reagierte auch der Hauptvertreter der bildungstheoretischen Didaktik, Wolfgang Klafki, der Mitte der 1980er Jahren einen neuen Anstoß zu den „Konturen eines neuen Allgemeinbildungsverständnisses" gab (Klafki 1985): *Selbstbestimmungs-, Mitbestimmungs- und Solidaritätsfähigkeit* wurden zu zentralen Momenten.

Mittlerweile scheint der Bildungsbegriff wieder rehabilitiert. So stellte Hartmut von Hentig noch Ende der1960er Jahre fest: „Das Wort ‚Bildung' hat […] ein Schicksal, an dem man lieber nicht rührt, Klarheit wird einem da nicht zuteil". Dreißig Jahre später veröffentlichte er ein viel beachtetes Essay mit dem schlichten Titel „Bildung". Darin kommt er zu dem Schluss: „Die Antwort auf unsere behauptete oder tatsächliche Orientierungslosigkeit ist Bildung – nicht Wissenschaft, nicht Information, nicht Kommunikationsgesellschaft, nicht moralische Aufrüstung, nicht der Ordnungsstaat" (von Hentig 1996, 13).

Daneben setzt sich ein eher pragmatisch-empirischer Bildungsbegriff durch, in dem Bildung als ein mehrdimensionaler, umfassender Weltaneignungsprozess verstanden wird. Ausgebildet werden sollen neben Fertigkeiten und Fähigkeiten vor allem Kompetenzen und Haltungen, um das eigene Leben selbst in die Hand nehmen und gestaltend bewältigen zu können. Bildung meint so den Herstellungsprozess von kulturellen, sozialen und personalen Kompetenzen (vgl. Abschnitt 2.4.).

Bildung wird in der EKD-Denkschrift *Maße des Menschlichen* beschrieben als „Zusammenhang von Lernen, Wissen, Können, Wertbewusstsein, Haltungen (Einstellungen), und Handlungsfähigkeit im Horizont sinnstiftender Deutungen des Lebens" (Kirchenamt der EKD 2003, 66). Keiner dieser Begriffe – so die Denkschrift – kann das leisten, was der Begriff Bildung vermag. Wenn der Bildungsbegriff eben mehr meint als Lernen, Sozialisation oder Qualifikation und auf den Bildungsbegriff eben nicht verzichtet werden kann, bleibt zu fragen, worin denn das ‚Mehr' dieses Begriffes liegt.

Da sich der Begriff Bildung sowohl auf das Ergebnis als auch auf den Prozess beziehen kann, sind zwei Antworten vonnöten:

– Bildung geschieht in der Spannung von In-dukation und E-dukation: Für Bildung ist sowohl die „Einbindung in als auch die Entbindung aus konkreten kulturellen und gesellschaftlichen Zusammenhängen" notwendig. Bildung führt ein in die Wirklichkeit der Welt, dazu bedarf es sowohl der Erschließung als auch der Relativierung von Tradition. Die „Einhausung in eine bestimmte Weltsicht" braucht es wie das Vermögen „über den Zaun des Vertrauten hinauszusehen" (Englert 2001, 12).

– Bildung geht über konkrete Inhalte und formale Kompetenzen hinaus. Dieses darüber hinausgehende Was liegt in drei miteinander eng verbundenen Punkten: „die Erkenntnis existenzieller Wahrheit, die Erlangung größerer Freiheit und die Bereitschaft zur Übernahme von Verantwortung" (Englert 2001, 12).

In den bisherigen Ausführungen klangen bereits zwei wesentliche Momente des Bildungsbegriffs an, die als materiales und formales Bildungsverständnis bezeichnet werden.

Bei dem *materialen Bildungsbegriff* steht der Inhaltsaspekt im Vordergrund. Bildung geht in diesem Verständnis von der Sache aus und geschieht in der Auseinandersetzung mit den dafür ausgewählten Inhalten. Zur materialen Bildungstheorie gehören der bildungstheoretische Objektivismus[49] und die Bildungstheorie klassischer Inhalte.[50] Schlüsselbegriffe für materiale Bildungsverständnisse sind „Bildungsinhalte", „Fächerkanon" oder „Kanonbildung". Der *formale Bildungsbegriff* bezieht sich auf das Subjekt. Damit steht die Entwicklung der Fähigkeiten des sich Bildenden im Vordergrund, sie ist zugleich Ziel des Bildungsprozesses. Die Theorie der funktionalen Bildung[51] und die Theorie der methodischen Bildung gehören zu diesem Bildungsverständnis.[52] Die zentralen Schlagworte sind hier vor allem „Methoden" und „Kompetenzen". Dabei haben mittlerweile die Begriffe Schlüsselqualifikationen bzw. -kompetenzen den Begriff der formalen Fähigkeiten ersetzt.

Im Bildungsverständnis ist somit eine ambivalente Struktur angelegt, die in Bildungsdiskussionen immer wieder zu einer „Dichotomisierung, d.h. Zweiteilung der beiden Aspekte, und damit zu ihrer Ideologisierung" (Kron 1993, 122) geführt hat. Der Anspruch an eine allseitige Bildung und ein ganzheitliches Bildungsverständnis müssen dem Auseinanderfallen dieser beiden Bildungsperspektiven entgegenwirken.

2.2. Ein christliches Bildungsverständnis?

Karl E. Nipkow beschreibt drei prägende Grundmuster des Bildungsverständnisses: Bildung als herstellendes Handeln und Bildung als begleitendes Wachsenlassen stellen die beiden klassischen Grundverständnisse des Bildungsbegriffs dar, hinzu kommt das Bildungsverständnis in der geisteswissenschaftlichen Tradition (vgl. Nipkow 2006, 29-30).

Bildung als Formung (handwerkliches, technologisches oder auch künstlerisches Bildungsverständnis): Dieses Verständnis entstammt dem griechischen Denken. Bildung geht zurück auf die Wei-

[49] „Gebildet ist, wer möglichst viel Wissen enzyklopädisch angehäuft hat" (Jank/Meyer 2005, 213).

[50] „Gebildet ist, wer Goethe und Schiller gelesen und Beethovens 9te gehört hat und an ihnen sittlich gereift ist" (ebd.).

[51] „Gebildet ist, wer die in ihm schlummernden körperlichen, geistigen und seelischen Kräfte tatsächlich entfaltet hat" (ebd.).

[52] „Gebildet ist, wer das Lernen gelernt hat, Methoden beherrscht und instrumentelle Fähigkeiten aufgebaut hat" (ebd.).

tergabe handwerklicher und technischer Tätigkeiten und bildender Kunst. So wie Münzen geprägt werden, sollen auch die zu Bildenden, zumeist Kinder, geprägt werden.

Bildung als Entfaltung (organisches oder naturalistisches Bildungsverständnis): Im Gegensatz zum Prägen, aber auch im Gegensatz zum aufklärerischen und rationalistisch geprägten Geist wird hier ein naturphilosophisches Denkmuster zugrunde gelegt. Es geht um Entwicklung und Entfaltung, Bildung bedeutet eine eher indirekte Erziehung, die im natürlichen Wachsenlassen besteht.

Bildung als Selbstbildung (selbstreflexives, emanzipatorisches oder geisteswissenschaftliches Bildungsverständnis): Die beiden klassischen Vorstellungen verbinden sich dann in der klassischen deutschen Bildungsvorstellung im 18. Jahrhundert zu einem dritten Verständnis, das von selbstreflexiv-autonomen und subjektorientierten Vorstellungen geleitet wird. Der Aspekt der Verantwortung rückt in den Vordergrund: Das Handeln hängt nicht von magischen Mächten, sondern vom mündigen Menschen ab. Dazu bedarf es der Selbstbeobachtung, Vervollkommnung und schließlich der Selbstbildung und Mündigkeit.

Keins dieser drei Grundmuster stellt eine genuin christliche Position dar. Das Christentum hat sich allerdings den beschriebenen Grundmustern mehr oder weniger angeschlossen und bezieht sich auf sie. Dabei weist vor allem das dritte Grundmuster eine Nähe zum Protestantismus auf: die Selbstständigkeit der Person vor Gott. Kritisch muss aus protestantischer Sicht allerdings gefragt werden, wie sich das Ziel einer Vervollkommnung des Individuums zu unerwarteten Widerfahrnissen oder zu Gottes plötzlicher Offenbarung verhält.

Nipkow fragt daher, was geschieht, wenn in manchen Momenten das eigene Selbst entgleitet, wenn man nach dem Scheitern „sich selbst und die Sachverhalte oft nur als zerbrochene Bruchstücke aufsammeln“ kann (Nipkow 2005, 116). Wie wird mit Widerfahrnissen umgegangen, die mit den Phänomenen einer erfahrungsorientierten Pädagogik in der Regel nicht gemeint sind? Die drei genannten Grundmuster „behalten ihr Recht, aber genügen nicht“ (ebd.). Nipkow sucht ein weiteres Muster, „das geschichtlicher Kontingenz und veränderndem ‚Sprachhandeln‘ (‚performatorischem‘ Sprechen) gerecht werden soll“ (ebd.):

> „Wo Widerfahrnisse den Lebensfluss unterbrechen, kann eine Neubesinnung mit Veränderungen der Wahrnehmung mitsamt der Urteilsgewohnheiten und damit eine Veränderung des eigenen Bildungsprozesses insgesamt die Folge sein, eine Umwendung oder ein Neubeginn, die in der geläufigen Tiefengrammatik von Bildungskategorien nicht vorkommen. Die gegenwärtig geläufige Bildungstheorie hat – verallgemeinernd gesagt – für das, worum es jetzt geht, kaum Beschreibungskategorien und keine ausreichenden pädagogischen Antworten für den Umgang“ (Nipkow 2006, 32).

Nipkow schlägt daher ein weiteres Grundmuster vor:

Bildung als „Veränderung durch Widerfahrnisse“ (geschichtsdynamisches Bildungsverständnis): Die Ereignisse der eigenen Lebensgeschichte werden zu zentralen Momenten im Bildungsbegriff. Etwas, das einen ‚aus der Bahn wirft‘, erzwingt Neuorientierung, Veränderung oder Wandel. Erschütterungserfahrungen können zu Schlüsselerfahrungen werden. In der Regel brechen sie von außen herein, meist handelt es sich um negative Erfahrungen wie ein Krankheitsfall oder das Erleben von Gewalt. Aber auch die Begegnung mit einem anderen Menschen, einer anderen Denkweise oder Weltanschauung kann zu solch einem Widerfahrnis werden, nicht zuletzt auch die Begegnung mit dem Heiligen, dem *fascinosum et tremendum* (Rudolf Otto).

Um ein christliches Bildungsverständnis zu skizzieren, kann neben diesem geschichtsdynamischen Muster, das einem christlichen Bildungsverständnis am ehesten entspricht, auch nach biblischen Bezügen des Bildungsbegriffs gefragt werden. Im Alten Testament bewirkt der innere Zusammenhang zwischen der Befreiung aus der Knechtschaft und dem verantworteten sozialen Handeln eine Bildungsverpflichtung. Dtn 6,20-25 stellt diesen Zusammenhang her, gelegentlich wird diese Stelle auch als ‚katechetisches Credo' bezeichnet. In neutestamentlicher Tradition kann vor allem auf Jesus verwiesen werden, der „seine Botschaft wesentlich im Zusammenhang eines gemeinsamen Lernens [vermittelt]. Zusammen mit seinen Jüngern befindet er sich auf einem Lernweg, der alle Ebenen eines ganzheitlichen Lernwegs umfasst: Die Jünger sehen, was sie hören; sie erfahren an sich selbst, wozu sie aufgefordert werden; sie können leben, was sie verstanden haben. In seinem Zentrum ist dieses Lernen soziales Lernen" (Haas 2005, 441).

Aus theologischer Sicht können drei Aspekte für einen Zusammenhang von Glaube und Bildung genannt werden: In jüdisch-christlicher Tradition ist die Geschichte Gottes mit den Menschen immer eine Lerngeschichte gewesen. Zentrale Belege hierfür sind zum einen die Aufforderung, sich erzählend und lehrend der Geschichte zu erinnern und zum anderen die Lehr- und Streitgespräche Jesu. In theologisch-anthropologischer Perspektive wird auf die Lernbedürftigkeit und die Lernfähigkeit des Menschen hingewiesen. Und schließlich stellt in reformatorischer Tradition auch der Weltdienst Gottesdienst dar, dies gilt gerade auch für den säkularen Bildungsbereich (vgl. Kirchenamt der EKD 1997a).

Ein explizit christliches Bildungsverständnis vermögen all diese Überlegungen nicht herzuleiten. Daher soll abschließend eine Annäherung versucht werden, in dem nach einem ‚christlichen Geist' im Bildungsbegriff gefragt wird. Hans-Jürgen Fraas beschreibt solch einen Geist wie folgt:

> „Die abendländische Kultur ist eine Kultur der Freiheit. Christliche Bildungsvorstellungen zielen auf die freie Persönlichkeit, nicht die in sich ruhende Persönlichkeit des deutschen Idealismus, sondern die offene, die in der Spannung zwischen Partizipation und Distanz, zwischen Zentralität und Exzentralität ihre Entscheidungsfähigkeit sucht und bewährt und auch im Scheitern die ihr zugesagte Gewährung ihrer Bestimmung als Chance ergreift" (Fraas 2001, 17).

Ähnlich verfährt die EKD-Denkschrift *Maße des Menschlichen*. Die Denkschrift hebt die persönliche Freiheit des Subjektes, dessen Selbstständigkeit und Verantwortung hervor. Dabei weist sie dem Menschen sein rechtes Maß zu: Menschsein vollzieht sich zwischen Schwachheit und Größe, in biblischer Perspektive zwischen dem Bußpsalm 6 („Herr sei mir gnädig, denn ich bin schwach") und dem Schöpfungspsalm 8 („Der Mensch ist wenig niedriger gemacht als Gott").

Ziel soll eine Bildung sein, „die nicht nur zum solidarischen Mitleiden, sondern auch zur verantwortlichen Mitgestaltung einer sich räumlich und zeitlich entgrenzenden und leidenden Welt befähigt, so weit das möglich ist" (Kirchenamt der EKD 2003, 76). Die Denkschrift versteht Bildung als den Zusammenhang von „Wissen, Können, Wertebewusstsein, Haltung, Handlungsfähigkeit und Sinn" (Kirchenamt der EKD 2003, 71). Grundmerkmal eines christlichen Bildungsverständnisses ist die Selbstständigkeit des Menschen. Dazu gehört seine „verantwortungsbewusste Mündigkeit" (a.a.O., 61) als eine Verantwortung sowohl vor Gott als auch vor den (Mit-)Menschen. Diese Verantwortung muss der Mensch in Bezug auf die Aspekte, die auf menschliches Leben einwirken, wahrnehmen: Auf räumlicher Ebene ist es die Entgrenzung, in zeitlicher Hinsicht das Diktat der Beschleunigung, auf materieller Ebene die Entwertung der Sachen und auf sozialer Ebene die Individualisierung.

Die Denkschrift sieht die Chancen eines lebenslangen Lernens, nennt aber auch deutlich dessen Gefahren. Die Denkschrift schlägt stattdessen das Verständnis einer „Bildung als Lebensbegleitung" vor. Bildung als Lebensbegleitung ist vor allem durch drei Aspekte gekennzeichnet: Bildung muss sich auf *Lebensphasen* beziehen, sie muss die Wechselbeziehung von Bildungsgeschichte und Lebensgeschichte (vgl. a.a.O., 80) berücksichtigen. Damit unterscheidet sich Bildung als Lebensbegleitung vom lebenslangen Lernen darin, dass es über die Phase des Erwerbslebens mit seinen Verwertungszusammenhängen hinausreicht. Lebensbegleitende Bildung betrifft auch das *kollektive Gedächtnis*, um sich schmerzhaften und hoffnungsvollen Erinnerungen gemeinsam zu stellen. Und schließlich müssen auch in *zeitlicher Hinsicht* Maße des Menschlichen gelten.

Dieser letztgenannte Punkt soll besonders hervorgehoben werden. Die Bildungsdenkschrift weist auf ein alternatives Zeitmaß hin. Zeit darf nicht nur als die „gleichmäßig schwingende Uhrzeit" (a.a.O., 56), den Chronos, verstanden werden. Es gibt auch die auf Besinnung und Sammlung ausgerichtete dichte, erfüllte und bewusste Zeit, den Kairos. Die Beachtung eines angemessen Zeitmaßes ist gerade für die Bildung von Bedeutung: Bildung braucht Zeit und muss Zeit lassen. Zeit zum „[E]inhalten, [N]achdenken, sich [S]ammeln, Zeit lassen zum Begreifen, zu sich selbst kommen" und auch „Zeit für gesammelte Anstrengung, Besinnung, Vertiefung und Übung" (Kirchenamt der EKD 2003, 63, 92). Dabei muss auch beachtet werden, dass Bildung, zumindest in ihrer organisierten Form, in schematisierten Zeitabläufen geschieht, gerade deshalb braucht es immer wieder lebendige Zeitrhythmen (vgl. a.a.O., 81).

Auf einen weiteren Aspekt möchte ich hinweisen, der für ein Bildungsverständnis in christlicher Perspektive in meinen Augen wesentlich ist, aber oft zu wenig Beachtung findet. Wenn sich christliche Bildung der Grenzen und Grenzsituationen des Menschseins bewusst ist, muss sie auch den Aspekt der Begrenzung und Sterblichkeit des Menschen selbst beachten. Dies aber nicht in dem Sinne, dass das Thema Sterben und Tod nun zum Bildungsinhalt erhoben wird, sondern dass dem sich bildenden Menschen nicht nur in seiner aufbrechenden, sondern auch in seiner abschiedlichen Substanz Beachtung geschenkt wird (vgl. Arnold 2007, 211). Bildung wird – sowohl im geisteswissenschaftlichen wie auch im sozialwissenschaftlichen Verständnis – stillschweigend von

Aufbruchs-, Ertüchtigungs- und Entwicklungsvorstellungen geleitet (Bildung als Persönlichkeits*entwicklung*, als *Reifung*, als Kompetenz*förderung* etc.). Doch gerade die Situation des erwachsenen Lernenden ist auch von Abschied und Loslassen geprägt. Arnold spricht daher von einem halbierten Bild des Erwachsenen, das lediglich ein aufbrechendes, nicht jedoch ein abschiedliches Lernen fokussiert und fordert daher ein Verständnis einer „abschiedlichen Bildung" (Arnold 2007, 211-223).

2.3. Evangelische Erwachsenenbildung

Ein evangelisches Bildungsverständnis „zielt auf existenzielle Orientierung, ethische Urteilsfähigkeit und die Motivation zur Übernahme von Verantwortung" (Kirchenamt der EKD 2003, 52). Wie kann solch ein Bildungsverständnis nun konkret Gestalt annehmen? Vor allem die Evangelische Erwachsenenbildung hat sich dieser Aufgabe gestellt, auf sie soll daher näher eingegangen werden.

Der Begriff Evangelische Erwachsenenbildung (EEB) versammelt alle Formen organisierten Lernens in Trägerschaft und Verantwortung von kirchlichen Einrichtungen. Konstitutives Element ist dabei ein Bildungsverständnis, das die individuelle Verantwortung des Subjektes betont und gleichzeitig zur Gemeinschaftsbildung herausfordert. Die EKD-Stellungnahme zur Evangelischen Erwachsenenbildung formuliert das zentrale Anliegen der Erwachsenenbildung: Orientierung anbieten in Zeiten zunehmender Orientierungslosigkeit (vgl. Kirchenamt der EKD 1997a). Wie soll diese Orientierung nun geleistet werden? Evangelische Erwachsenenbildung stellt in einem optionsoffenen Lebenskonzept ein wichtiges Orientierungsmedium dar (vgl. a.a.O., 24), verfügt mit dem christlichen Menschenbild über ein Orientierungsmodell (vgl. a.a.O., 12) und bietet Deutungsangebote und Lebenshilfe, gerade im Hinblick auf Sinnfragen (vgl. a.a.O., 49-50).

Evangelische Erwachsenenbildung ist dabei auch Widersprüchen und Paradoxien ausgesetzt, „denn Evangelische Erwachsenenbildung soll:

„– Bindungsfähigkeit in einer immer bindungsloseren Gesellschaft entwickeln,
– Maße des Lebens in einer tendenziell maß-losen Welt vermitteln,
– differenzierte moralische Prinzipien in einer von der Marktmoral monopolisierten Gesellschaft entfalten,
– Unabhängigkeit in den Abhängigkeiten und Selbstbestimmung in den Besetztheiten des Lebens gewinnen helfen,
– orientierende Selbstbestimmungen des Lebens in orientierungsloser Zeit erschließen,
– ‚alte' Wahrheiten in einer sich immer rascher erneuernden Welt behaupten und verteidigen,
– Scheitern und Schuld in einer Zeit beim Namen nennen, in der beides weithin verschwiegen oder verdrängt wird,
– Trost in einer prinzipiell trost-losen Welt anbieten" (a.a.O., 57-58).

Bereits in der Einleitung des EKD-Textes „Orientierung in zunehmender Orientierungslosigkeit" von 1997 wird Kritik geübt am deduktiven theologischen Vorgehen des Vorgängerpapiers, den Grundsätzen zur Erwachsenenbildung als Aufgabe der evangelischen Kirche (vgl. Kammer der EKD für Bildung und Erziehung 1983). Damit ist zugleich die Frage nach der zugrunde liegenden theologischen Konzeption der Erwachsenenbildung berührt. Klaus Wegenast beschreibt vier Grundkonzepte evangelischer Erwachsenenbildung (vgl. Wegenast 1987, 384-390): traditionelle Konzepte der Erwachsenenbildung, konfliktorientierte Erwachsenenbildung als „Sprachschule für die Freiheit", Erwachsenenbildung als Dialog zwischen Kirche und Welt und schließlich Erwachsenenbildung als Information. Diese Ansätze werden nun skizziert.

Die traditionellen Ansätze der EEB nach 1945 setzten die Schwerpunkte auf Inhalte. Die Inhalte ergeben sich aus den intendierten Zielen wie z.B. die „Eingliederung in die christliche Gemeinde durch eine Hilfe zu sachgemäßem Verstehen des Evangeliums im Horizont eines gehobenen Bildungsstandes" oder „die Vermittlung von Grundsätzen einer evangelischen Sozialethik als Hilfe für das Christ-sein in der Welt" (Wegenast 1987, 385). Die Teilnehmenden werden eher als Objekte der Erwachsenenbildung gesehen und der Prozess der Vermittlung selbst wird kaum reflektiert. Zentrales Moment dieser Konzeptionen ist die Vermittlung feststehender normativer Aussagen. Auch der Einzug hermeneutischer Ansätze änderte nicht grundlegend etwas an diesem Verständnis von Erwachsenenbildung. „Hermeneutik wurde evangelischerseits vorrangig als biblische Hermeneutik entfaltet, während der eigenständige Beitrag katholischer Theologie das hermeneutische Interesse stärker im Bereich der Entwicklung der Tradition zur Geltung brachte. Die gesamte theologisch-hermeneutische Diskussion ließ insofern das theologische Modell in seiner Grundstruktur unverändert, als sie einseitig am Objekt des Glaubens orientiert blieb" (Feifel 1973, 466).

Solche herkömmlich ausgerichteten Erwachsenenbildungskonzepte, denen ein dogmatisch argumentierendes theologisches Denkmodell zugrunde liegt, sind vor allem in die Kritik gekommen, weil sie den Adressaten des Bildungsprozesses nicht ernst genug nehmen. Der Bildungsprozess selbst rückte nun in den Mittelpunkt und mit ihm wurde der Teilnehmer zum Subjekt dieses Prozesses. Gleichzeitig verschob sich aber auch der Fokus der Bildungsinhalte und -ziele. Die Nöte und Konflikte der Gesellschaft stellten den inhaltlichen Ausgangspunkt der Erwachsenenbildung dar und nicht mehr überzeitliche Normen. Gesellschaftsveränderung, Emanzipation und Befreiung aus lebensfeindlichen Verhältnissen wurden zu Intentionen evangelischer Erwachsenenbildung. Das prominenteste Beispiel solch eines konfliktorientierten und gesellschaftsverändernden Konzepts ist Ernst Langes „Sprachschule für die Freiheit" (Lange 1980). Er versteht Erwachsenenbildung als „Einübung christlicher Freiheit", die drei Zielen verpflichtet ist:

„– Der Herstellung von Transparenz als Schaffung von Möglichkeiten, die ökonomischen und politischen Zusammenhänge zu verstehen und in der Folge aktiv an einer Veränderung mitarbeiten zu können;
– der Ausbildung von Freisinn und
– der Erprobung von Freiheit" (Wegenast 1987, 388).

„Bei der hier intendierten Praxis der Befreiung durch Glauben, Hoffnung und Liebe treten in der Regel die traditionellen Inhalte der christlichen Tradition in den Hintergrund. Wichtiger sind Intentionen des Glaubens, wie Gerechtigkeit und Freiheit, die auf gesellschaftlichem Hintergrund zu buchstabieren versucht werden" (Wegenast 1987, 390). Doch Wegenast bezweifelt, dass damit „die kränkende Kluft zwischen Dogma und menschlicher Erfahrung" tatsächlich geschlossen wird (ebd.). Das zugrunde liegende theologische Denkmuster ist das der Vermittlungstheologie. Hier werden „*vorschnell gesellschaftliche und kulturelle Prozesse,* wie sie der gewandelten Wirklichkeitserfahrung der Gegenwart zugrunde liegen, *mit der christlichen Glaubensbotschaft zur Deckung*" gebracht (Feifel 1973, 467).

Wegenast nennt als drittes Konzept die „Erwachsenenbildung als Dialog zwischen Kirche und Welt". Dabei ist Glaube „nicht mehr ein geschlossenes System, das deduktiv in die Niederungen der Welt gebracht wird, auch nicht der bloße Aufruf zur Freiheit, sondern Glaube manifestiert sich in dialogisch strukturierten Lernprozessen im Horizont heutigen Lebens in wechselnden Situationen" (Wegenast 1987, 389). Grundlage ist das sowohl theologische wie auch didaktische Prinzip der Korrelation. Nach Paul Tillich treten Frage und Antwort in eine dialektische Beziehung ein. Dabei geht es um eine doppelseitige Erschließung von Glaube und Erfahrung. Im Licht des Glaubens wird heutige Erfahrung neu gedeutet und gleichzeitig können durch die Erfahrung neue Erkenntnisse des Glaubens aufkeimen. „Das bedeutet für eine diese EB begleitende und sie legitimierende Theologie, daß sie bei jedem Glaubensinhalt, den sie in eine Problemstellung einbringt, gleichursprünglich die Heilsbedeutsamkeit dieses Inhalts und die geschichtlich-konkrete Erfahrungswirklichkeit des Adressaten bedenkt" (Wegenast 1987, 390). Während in traditionellen Verständnissen von Erwachsenenbildung Erfahrung und Glaube radikal getrennt werden (und die Erfahrung dem Glauben untergeordnet wird), setzt die Vermittlungstheologie in fast schon naiver Weise Erfahrung und Glaube gleich.

Abschließend nennt Wegenast das Verständnis einer Erwachsenenbildung als Information. Ein Dialog zwischen Kirche und Welt erfordert zunächst die Kenntnis der grundlegenden kirchlichen Traditionen. Dies ist zwar nur eine Teilaufgabe evangelischer Erwachsenenbildung, aber eine notwendige. Dabei wird ein „Glaubensvollzug des Adressaten weder vorausgesetzt noch angestrebt. Vorausgesetzt ist nur ein intellektuelles Interesse an theologischen Fragen […]. EB ist hier keine Missionsveranstaltung und auch kein seelsorgerliches Unternehmen anderer Art, sondern strebt wissenschaftliche Objektivität an" (Wegenast 1987, 391). Die Gefahr dieses Verständnisses liegt darin, dass es bloß zu einer verknappten Vermittlung der Inhalte der universitären theologischen Disziplinen kommt.

Dies führt zu der Frage, inwiefern christliche Inhalte in der EEB aufgenommen werden. Deutlich klargestellt wird, dass diese Inhalte nicht um jeden Preis eingebracht werden, sondern immer in dem Maße, wie sie Leben konkret deuten helfen. „Biblisch-theologische Aussagen bewähren und bewahrheiten sich offen und nicht reglementiert“ (Kirchenamt der EKD 1997a, 58). EEB grenzt sich von den Ansätzen der Gemeindepädagogik ab. Die EEB will kein explizites Glaubenslernen, sondern ein „*implizites* Lernen des Glaubens *an wichtigen Schnittstellen zwischen Kirche und Gesellschaft*“ leisten. „Jenes implizite Lernen geschieht zum Beispiel, wenn Sinnfragen in den Blick kommen, für die die christliche Überlieferung wichtige Deutungsangebote bereithält. […] Doch geschieht dies hier auf andere Weise als in ausdrücklicher Frömmigkeitspraxis und expliziter Verkündigung, die andere Handlungsformen erfordern als Bildungsveranstaltungen“ (a.a.O., 49-50). Die Botschaft des Evangeliums und spirituelle Zugänge sollen so auch in einer Weise eingebracht werden, die Menschen mit einer Distanz gegenüber Kirche und Glauben gerecht werden (vgl. a.a.O., 58).

Das Ziel von Bildung in evangelischer Sicht ist es „nicht einen normativ vorgegebenen Standpunkt, wohl aber die Fähigkeit zum Standpunkt zu vermitteln, einschließlich der Beheimatung in Glaubensformen, die diese Fähigkeit auf Dauer gewährleisten“ (Fraas 2001, 17).

Bildung in evangelischem Verständnis will dazu befähigen, „Subjekt der eigenen Lebensgeschichte zu werden“ (Kirchenamt der EKD 2006a, 52). „Aufgabe und Ergebnis Evangelischer Erwachsenenbildung ist in erster Linie das gebildete Subjekt“ (Kirchenamt der EKD 1997a, 56). Die Subjektwerdung und -entwicklung des Menschen wird getragen vom biblischen Menschenbild, das den Menschen immer in Bezügen sieht, nicht isoliert individualistisch. Gleichzeitig wendet sich das biblische Verständnis des Menschen gegen eine Verabsolutierung des Menschen. Der Mensch ist aufgefordert, sein Leben in Freiheit und Verantwortung zu führen. Dabei ist er aber immer wieder Prozessen der Entfremdung ausgeliefert. Evangelische Erwachsenenbildung will hierbei Orientierung geben und Begleitung anbieten.

Das christliche/protestantische Verständnis von Bildung (Persönlichkeitsbildung, Subjektorientierung) kann durchaus in Spannung zum klassischen Verständnis von Lehre im Protestantismus stehen, wenn es um die Vermittlung theologischer Inhalte geht. Lehre hat im Protestantismus immer eine wichtige Rolle gespielt. Doch „reine Lehre, das richtige Lehren misst sich für die Theologie nicht an den Hörern und Schülern, sondern an der Wahrheit der theologischen Aussage. Dem ‚Volk‘ sollte zwar aufs Maul geschaut, seiner Stimme (vox populi) jedoch nicht unbedingt getraut werden. Für viele Theologen entsteht die theologische Aussage nicht im Diskurs mit jedermann, sondern im Kreis der schon Gebildeten. Gegenüber den Adressaten der Lehre stehen die Inhalte eigentlich fest“ (Lück/Schweitzer 1999, 97).

Leitlinien bzw. Prinzipien der evangelischen Erwachsenenbildung, die grundlegend für die verschiedenen Formate und Konzepte der Erwachsenenbildung Geltung haben, haben sich seit den 1980er Jahren herausgebildet. Als didaktische Leitlinien der evangelischen Erwachsenenbildung können gelten:

– *Lebenswelt als Ausgangspunkt:* Die inhaltlichen Fragestellungen der Erwachsenenbildung werden in der Lebenswelt der Teilnehmer gewonnen. Eine Lebensweltorientierung „bedingt eine Didaktik, die sich gleich intensiv um Inhalte, Ziele und Methoden bemüht und das alles im Blick auf konkrete Adressaten, ihre speziellen Erfahrungen und Erwartungen und vor allem ihre Motivation" (Wegenast 1987, 404). Die Orientierung an der Lebenswelt meint den Bezug zu dem, „was auf der Tagesordnung der Menschen und ihrer Gesellschaft steht" (Kirchenamt der EKD 1997a, 44).

– *Mehrdimensionaler Lernbegriff:* Orientierende Aufklärung, befreiende Erfahrungsverarbeitung, Gemeinschaftserfahrung und kritische Handlungsbefähigung gehen eine „unlösliche Verbindung" ein (Strunk 1982, 180).

– *Entschleunigte Zeitstruktur:* Evangelische Erwachsenenbildung hat eine „Affinität zu ‚entschleunigenden Lernangeboten'", in diesem Sinne versteht sie sich bewusst als spirituelle Bildung (Kirchenamt der EKD 1997a, 53).

– Ebenso wird die *Teilnehmerorientierung* vielfach betont (vgl. a.a.O., 58; Lück/Schweitzer 1999, 108-109). Auffallend ist allerdings, dass diese neben der Selbsterklärung des Begriffs – eben die Orientierung auf die Teilnehmer hin – kaum inhaltlich präzisiert wird.

2.4. Bildung und Kompetenz

Bildung – gerade auch aus evangelischer Sicht – verwehrt sich einer funktionalen Verzweckung. Aber gleichzeitig ist Bildung nicht Selbstzweck, denn Bildung ist aufgefordert, einen Beitrag zur Selbstbestimmung und persönlichen Verantwortung des Einzelnen zu leisten, wie auch zu Leistung und Partizipation im Gemeinwesen beizutragen (vgl. Kirchenamt der EKD 2003, 11). Bildung ist damit einer ambivalenten Situation ausgesetzt: „Das Dilemma der Bildung liegt darin, dass sie einerseits Funktionen übernehmen muss, um nicht abgehoben und realitätsfern zu sein, und andererseits funktionalisierte und verzweckte Bildung immer schon in ihrem Kern bedroht ist" (Sachau 2001, 8).

Das humanistische Bildungsideal erfuhr daher auch von den Vertretern einer kompetenzorientierten Berufs- und Erwachsenenbildung immer wieder Kritik. Es gilt als vergeistigt, intellektuell abgehoben und wird auch als „humanistisch-harmonistisch" verspöttelt (vgl. Münch 2003, 101). Die Kritik der geisteswissenschaftlichen Position sieht in Kompetenzen und Schlüsselqualifikationen hingegen gerade kein Bildungskonzept.

Der Kompetenzbegriff scheint eine Lücke zu treffen zwischen geisteswissenschaftlichem Bildungsanspruch und rein funktionaler Orientierung an Qualifikationen: Das eine erscheint zwar wünschenswert, aber für Seminaralltag oder Personalentwicklung zu abgehoben; das andere bietet zwar eine pragmatische Relevanz, aber die Gefahr der Funktionalisierung wird kritisiert. Seit ca. einem Jahrzehnt erlebt der Kompetenzbegriff eine große Popularität, und zwar sowohl in bildungspolitischen Diskursen als auch in psychologischer und pädagogischer Forschung.

Der Kompetenzbegriff wird allerdings uneinheitlich und inflationär gebraucht. So entdeckt Franz Weinert allein in der deutschsprachigen wissenschaftlichen Literatur weit über 600 verschiedene Beschreibungen von Kompetenzen (vgl. Weinert 2001, 51). „Hunderte von Kompetenzen werden gehandelt; es scheint, als könne man jede beliebige Fähigkeit mit einem neuen Kompetenzbegriff belegen" (Erpenbeck 2001, 102). Doch die Uneinheitlichkeit des

Kompetenzbegriffs bleibt nicht auf seine umgangssprachliche Verwendung beschränkt.

Auch innerhalb der Kompetenzforschung fällt die Vielstimmigkeit an Kompetenzkonzepten auf. Dies liegt daran, dass Kompetenz ein gedankliches Konstrukt ist, das sich „erst sekundär und nur gebrochen in äußerlich wahrnehmbaren Handlungen" (Stroh 2001, 1537) zeigt, sich also letztlich der Beobachtung entzieht. Sichtbar sind die Ausführung, der Gebrauch und das Ergebnis der Kompetenz – quasi die ‚Oberfläche' der Kompetenz –, nicht aber die Kompetenz selbst. Daher handelt es sich bei dem Kompetenzbegriff um einen theorierelativen Begriff. Nur innerhalb einer konkreten Kompetenztheorie, nur im Kontext eines spezifischen Kompetenzmodells hat der Begriff eine Aussagekraft. „Außerhalb jeglichen theoretischen Rahmens ist der Kompetenzbegriff bedeutungslos" (Erpenbeck/von Rosenstiel 2003, XII).

Noam Chomsky hat innerhalb der Sprachwissenschaften bereits in den 1960er Jahren den Kompetenzbegriff genutzt und ihn der Performanz gegenübergestellt. Anfang der 1970er Jahre wurde von Heinrich Roth der Kompetenzbegriff in der Erziehungswissenschaft eingeführt. Mit den bis heute in der beruflichen Bildung und der Erwachsenenbildung einflussreichen Kompetenzdimensionen der Sach-, Selbst- und Sozialkompetenz hat Roth einen bereichsübergreifenden Kompetenzansatz geprägt. Franz Weinert veröffentlichte Ende der 1990er Jahre eine viel beachtete Studie, die hingegen ein domänenspezifisches Kompetenzverständnis favorisiert. In der gegenwärtigen bildungspolitischen Diskussion ist der Kompetenzbegriff zum zentralen Schlüsselbegriff geworden, der vor dem Hintergrund der Entwicklung von Bildungsstandards eine empirische Überprüfbarkeit von Bildungszielen in Aussicht stellt. Diese genannten Aspekte werden nun kurz dargestellt.

Der Kompetenzbegriff erhielt durch Noam Chomsky in den 1960er Jahren seine Bedeutung. Chomsky nutzte den Kompetenzbegriff in der Sprachwissenschaft, um die Fähigkeit von Sprechern und Hörern zu beschreiben, „mit Hilfe eines begrenzten Inventars von Kombinationsregeln und Grundelementen potenziell unendlich viele neue, noch nie gehörte Sätze selbstorganisiert bilden und verstehen zu können sowie einer potenziell unendlichen Menge von Ausdruckselementen eine ebenso potenziell unendliche Menge von Bedeutungen zuzuordnen" (Erpenbeck/von Rosenstiel 2003, X). Auf Chomsky geht dabei die Unterscheidung zwischen Kompetenz und Performanz zurück. Den sichtbaren Teil der Kompetenz, die Oberflächenstruktur, bezeichnet Chomsky als Performanz, die Tiefenstruktur selbst als Kompetenz. Bezogen auf Chomskys Forschungsinteresse bedeutet dies: Kompetenz beschreibt die Fähigkeit, über die Sprachmuster, -elemente und -regeln situationsgerecht zu verfügen, Performanz beschreibt hingegen die Fähigkeit, diese anzuwenden.

Der Erziehungswissenschaftler Heinrich Roth führte die Basiskompetenzen der Sach-, Selbst- und Sozialkompetenz vor dem Hintergrund bildungstheoretischer Überlegungen ein. Das Ziel von Erziehung sieht er in der „Mündigkeit als Kompetenz für verantwortliche Handlungsfähigkeit" (Roth 1971, 180). Um

Handlungsfähigkeit differenziert beschreiben zu können, nutzt Roth den Kompetenzbegriff. Dieser steht daher gerade nicht in Opposition zum Bildungsbegriff. Die drei genannten Kompetenzdimensionen sind überfachlich angelegt, also nicht domänenspezifisch. Damit hebt Roth die Bedeutung von Handlungskompetenz hervor, die jenseits fachlicher Lernziele liegt. Durch den Einfluss Roths auf den zweiten Deutschen Bildungsrat (1974) fand der Kompetenzbegriff Verbreitung in der Schulpädagogik. Besonders wirksam wurde sein Ansatz in der Berufsbildung und der Erwachsenenbildung. Sowohl das fachübergreifende Verständnis von Handlungskompetenz als auch die genannten Kompetenzdimensionen wurden aufgegriffen und weiterentwickelt.

Ein Interesse der Diskussion bestand vor allem an einem schlüssigen Konzept der Kompetenzdimensionen. Der Begriff der Fachkompetenz wird dabei synonym zur Sachkompetenz verwendet, ebenso Personalkompetenz für Selbstkompetenz. Hinzu kam in vielen Modellen eine vierte Kompetenzdimension, die der Methodenkompetenz. Es ist allerdings fraglich, ob es eine von der Fachkompetenz unabhängige Methodenkompetenz geben kann, oder ob diese nicht grundsätzlich auf die Fachkompetenz bezogen ist. John Erpenbeck und Lutz von Rosenstiel fassen daher die fachliche und die methodische Kompetenz zu einer Kompetenzklasse zusammen. Ihr Modell unterscheidet die folgenden vier Kompetenzklassen: fachlich-methodische Kompetenz, personale Kompetenz, sozial-kommunikative Kompetenz und schließlich die aktivitäts- und umsetzungsorientierte Kompetenz. Die Umsetzungskompetenz bildet hier nicht das Integral der Kompetenzdimensionen, sondern stellt eine eigenständige Kompetenzklasse dar. Erpenbeck/von Rosenstiel begründen eine eigenständige Dimension der Umsetzungskompetenz damit, dass sie entsprechende Fähigkeiten beobachten, die sich nicht durch die anderen Dimensionen abdecken lassen.

Seit den 1980er Jahren setzt sich Kompetenz als Leitidee in der beruflichen Bildung zunehmend durch. In den 1990er Jahren kam es zu einer kompetenzorientierten Wende in der Weiterbildung, die um die Stichworte Subjektorientierung, Ganzheitlichkeit und Selbstorganisation kreiste (vgl. Arnold/Schüßler 2001). Kompetenz wird in der beruflichen Bildung als Selbstorganisationsdisposition verstanden. Kompetent sein meint die Fähigkeit, ein zukünftiges Problem zu lösen oder in einer zukünftigen Situation angemessen zu handeln. Zentrales Moment ist dabei die Fähigkeit „sich in offenen, unüberschaubaren, komplexen und dynamischen Situationen selbstorganisiert zurechtzufinden“ (Erpenbeck/von Rosenstiel 2003, XIII). Kompetenzen sind daher unabgeschlossen und situationsbezogen. Gefordert werden Kompetenzen in Systemen mit hoher Komplexität. Rolf Arnold beschreibt das Gemeinsame der verschiedenen Kompetenzbegriffe als „die Entwicklung eines subjektiven Potenzials zum selbständigen Handeln in unterschiedlichen Gesellschaftsbereichen. Dieses subjektive Handlungsvermögen ist nicht allein an Wissenserwerb gebunden, es umfasst vielmehr auch die Aneignung von Orientierungsmaßstäben und die Weiterentwicklung der Persönlichkeit“ (Arnold 2001b, 176).

In der beruflichen Weiterbildung wird diskutiert, den Begriff der Weiterbildung eben durch den der Kompetenzentwicklung zu ersetzen.[53] Rolf Arnold und Ingeborg Schüßler sprechen dabei von einer „dreifachen Entgrenzung der Kompetenzentwicklung" in der beruflichen Weiterbildung. Zum einen geht es um eine Entgrenzung bzw. Erweiterung der *Lerninhalte*. Während beim Qualifikationslernen vor allem Wissen und dessen konkrete Anwendung im Vordergrund stehen, will Kompetenzentwicklung auch Werte als Bildungsdimension mit einbeziehen. Des Weiteren wird die traditionelle Begrenzung der *Lernorte* aufgebrochen, der Weg führt vom institutionalisierten zum entinstitutionalisierten Lernen. Somit ist die Selbstorganisationsfähigkeit nicht nur ein Merkmal, sondern das entscheidende Moment bei der Kompetenzentwicklung. Und schließlich geht es um eine Entgrenzung der *Lernsubjekte*. Kompetenzentwicklung bezieht sich nicht nur auf Individuen, sondern auch auf Gruppen, Organisationen und sogar gesellschaftliche Einheiten. Der Kompetenzbegriff deutet damit drei Lernbewegungen an: hin zum Werte-Lernen, hin zur Selbstorganisation, hin zum Gesellschaftsbezug (vgl. Arnold/Schüßler 1998, 106).[54]

Das Kompetenzmodell von Heinrich Roth und die Weiterführung im Bereich der beruflichen Bildung gehen von einem allgemeinen, d.h. fachübergreifenden Kompetenzkonzept aus. Demgegenüber stehen Kompetenzverständnisse, die domänenspezifisch ansetzen. Der Psychologe Franz Weinert hat Ende der 1990er Jahre einen bedeutenden Beitrag für die Entwicklung fachspezifischer Kompetenzansätze geleistet. Weinert suchte innerhalb der ausufernden Breite an Kompetenzansätzen nach einem tragfähigen Modell. Fündig wurde er dabei in der Expertiseforschung. Kompetenz ist nach Weinert zwingend domänenspezifisch, weil nur so die innere Struktur dessen, was als Kompetenz bezeichnet wird, überhaupt dargestellt werden kann. Kognitive Fähigkeiten und Fertigkeiten nehmen eine Vorrangstellung ein, sie werden in Bezug gesetzt zur

---

53 Angestoßen 1995 von der „Arbeitsgemeinschaft Qualifikations-Entwicklungs-Management". Sowohl der Weiterbildungs- als auch der Qualifikationsbegriff soll durch den Kompetenzbegriff ersetzt werden (vgl. Sauter 2001, 42). Zur Geschichte des Kompetenzbegriffs in der Berufsbildung siehe Arnold/Schüßler 2001.

54 Sowohl das Sammeln von Kompetenzen entlang der Berufsbiografie, als auch das zentrale Merkmal der Kompetenz – die Selbstorganisationsfähigkeit – begünstigen letztlich eine Entwicklung, in der der Beruf als strukturierendes Prinzip in den Hintergrund rückt. Es bilden sich „berufslose, aber kompetente Mitarbeiter" (Arnold/Schüßler 1998, 108-109). Entscheidend ist nicht mehr, welcher Beruf erlernt und ausgeübt wird, sondern welche Kompetenzen erworben werden. Möglicherweise wird mit einer zunehmenden Kompetenzorientierung das Ende der berufsförmigen Arbeit eingeleitet (vgl. Arnold/Schüßler 1998, 108-109). Dieses Phänomen wird als ‚Japanisierung' der Berufswelt bezeichnet, denn in Japan ist die Berufsbildung verbetrieblicht, so dass die Arbeitsorganisation die Berufsbildung strukturiert. Dies entspricht der Wirklichkeit der Diakonie. Die neuen Tarifsysteme gruppieren die Diakonie-Mitarbeitenden nicht mehr aufgrund seiner beruflichen Ausbildung, sondern seiner ausgeübten Tätigkeit ein. Daneben ist zu beobachten, dass die von den unterschiedlichen Professionen bestimmten Handlungsvollzüge (pädagogische, therapeutische, sozialarbeiterische, pflegerische etc.) zunehmend verschmelzen.

motivationalen, sozialen und volitionalen – also willentlichen – Fähigkeit und Bereitschaft, Probleme situativ und eigenverantwortlich lösen zu können. Weinert definiert Kompetenzen als „die bei Individuen verfügbaren oder durch sie erlernbaren kognitiven Fähigkeiten und Fertigkeiten, um bestimmte Probleme zu lösen, sowie die damit verbundenen motivationalen, volitionalen und sozialen Bereitschaften und Fähigkeiten, um die Problemlösungen in variablen Situationen erfolgreich und verantwortungsvoll nutzen zu können“ (Weinert 2001, 27-28).

In die aktuelle Bildungsdiskussion zog der Kompetenzbegriff vor allem über die PISA-Studie ein. Die Studie nutzt Kompetenztests, um eine Kombination aus Grundfertigkeiten, Wissen, emotionalem Nachvollzug, Denken in Zusammenhängen, Anwendung von Fertigkeiten, Wissen und Fähigkeiten zum Urteilen und Handeln zu beurteilen. Daneben haben die OECD-Bildungsminister den Kompetenzbegriff aufgegriffen und ihn zu einem bildungspolitischen Schlüsselbegriff erhoben (vgl. OECD-Bildungsminister 2001, 1). Sie führen damit ihre Übereinkunft zum lebensbegleitenden Lernen aus dem Jahr 1996 fort. Kompetenzen werden dabei verstanden als das Zusammenspiel von Wissen, Qualifikationen, Verhaltensweisen und Wertvorstellungen. Der rasche Übergang zu einer wissensbasierten Gesellschaft führt zu wachsenden Kompetenzanforderungen in Gesellschaft und Beruf, ohne die nachhaltige Entwicklung und sozialer Zusammenhalt nur schwer gelingen kann. Neben Grundqualifikationen und einem möglichst hohen Bildungsniveau ist „zunehmend auch ein breites Spektrum anderer Kompetenzen gefragt“, wobei die Identifikation eben dieser Kompetenzen eine wesentliche Herausforderung in der Wissensgesellschaft darstellt (a.a.O., 3).

Der Kompetenzbegriff ist mittlerweile der zentrale und zudem auch international anschlussfähige Begriff in der Schulbildung und Bildungspolitik geworden. Für die Schule wird damit der Begriff der Lernziele abgelöst. Die bildungspolitische Diskussion um den Kompetenzbegriff im Zuge des ‚Pisa-Schocks‘ geht von nationalen Bildungsstandards aus, die anhand von Kompetenzen aufgeschlüsselt werden. Die Entwicklung eines tragfähigen Kompetenzmodells geschieht daher vor dem Hintergrund der empirischen Überprüfbarkeit der Kompetenzentwicklung und -messung. Das bildungspolitische Interesse besteht dabei in einer erhofften europäischen Vergleichbarkeit von Bildungsstandards und der Frage nach der Steuerbarkeit des Bildungswesens. Das vom Bundesministerium für Bildung und Forschung in Auftrag gegebene Gutachten zur Umsetzung von Bildungsstandards – die sogenannte Klieme-Expertise – schließt sich Weinerts domänenspezifischem Kompetenzverständnis an: „Aufgrund der zentralen Rolle fachbezogener Fähigkeiten und fachbezogenen Wissens sind Kompetenzen in hohem Maße domänenspezifisch“ (Bundesministerium für Bildung und Forschung 2007, 75).

Die verschiedenen Linien der Kompetenzforschung sollten deutlich geworden sein: Der Kompetenzgedanke bei Heinrich Roth will darauf hinweisen, dass die Entwicklung von Mündigkeit nicht mittels fachlicher Lernziele möglich ist, sondern ein fachübergreifendes Konzept braucht. Noam Chomsky will den Unterschied einer performanten (Verhaltens-)Oberfläche und einer Tiefenstruktur von Kompetenz deutlich machen. Die Berufs- und Erwachsenenbildung versteht Kompetenz als Selbstorganisationsdisposition und setzt Handlungskompetenz rein funktionalen Qualifikationen gegenüber. Die gegenwärtige bildungspolitische Diskussion nutzt den Kompetenzbegriff, um Bildungsziele zu konkretisieren und Einfluss auf die Steuerbarkeit des Bildungswesens zu nehmen. Allen Kompetenzverständnissen ist gemeinsam, dass sie das Zusammenspiel von Fähigkeiten, Einstellungen, Motivationen, Wissen, Werten und Erfahrungen voraussetzen. Außerdem heben sich die unterschiedlichen Kompetenzmodelle deutlich von anderen Konstrukten wie *Qualifikation* oder *Fertigkeit* ab, die von Fremdorganisation geprägt sind. Kompetenzen lassen sich von einem ganzheitlichen Anspruch leiten, Qualifikationen isolieren individuelle Fähigkeiten, um diese zertifizieren zu können.

Zentrales Merkmal der Kompetenz ist die *Selbstorganisationsfähigkeit*. Sie stellt eine Analogie zur *Mündigkeit* des Bildungsbegriffs dar. Eine auszubildende Mündigkeit soll es dem Individuum ermöglichen, „unter den Bedingungen der Unentscheidbarkeit und Unbestimmtheit, Offenheit und Pluralität handlungsfähig zu sein“ (Bundesministerium für Bildung und Forschung 2007, 65). An dieser Stelle begegnen sich die Ideen von Mündigkeit und Selbstorganisationsfähigkeit. Kompetenzen beschreiben nichts anderes als solche Fähigkeiten der Subjekte, die auch der Bildungsbegriff meint und unterstellt: „Erworbene, also nicht von der Natur aus gegebene Fähigkeiten, die an und in bestimmten Dimensionen der gesellschaftlichen Wirklichkeit erfahren wurden und zu ihrer Gestaltung geeignet sind“ (ebd.).

Damit ist der Kompetenzbegriff grundsätzlich – allerdings nicht zwingend – anschlussfähig an ein Bildungsverständnis, wie es auch in der evangelischen Bildungsdenkschrift beschrieben wird. Denn dort wird gerade der Zusammenhang von „Wissen, Können, Wertbewusstsein, Haltung, Handlungsfähigkeit und Sinn“ betont (Kirchenamt der EKD 2003, 71), eben genau den Aspekten, die auch den Kompetenzbegriff kennzeichnen. Allerdings geht der Bildungsbegriff über den Kompetenzbegriff hinaus: Die Betonung der Person als ‚ganzen Menschen‘ und das Moment einer kritischen Verantwortung und Weltgestaltung sind im Kompetenzbegriff nicht angelegt – allerdings auch keineswegs ausgeschlossen.

2.5. Diakonische Bildung

Diakonie kann sowohl als Dimension von Bildung charakterisiert werden wie auch Bildung als Dimension von Diakonie (vgl. Zitt 2006, 342). Bildung und Diakonie sind daher nicht eindeutig auseinanderzudividieren. Die Verbindung von Bildung und Diakonie zeigt sich zum einen durch vielfältige geschichtliche Bezüge, zum anderen stellt Bildung sowohl ein Arbeitsfeld als auch eine Querschnittsaufgabe der Diakonie dar.

Bildung ist schon immer ein wichtiges Thema von Diakonie gewesen. Die soziale Not hat zu allen Zeiten die Christenheit herausgefordert. Vielfach wurde der Not mit Bildungsmaßnahmen begegnet, Höhepunkte von Bildungsbemühungen finden sich immer wieder in der Kirchen- und der Diakoniegeschichte. Diakonische Initiativen reagierten auf Not sowohl mit Berufsbildung als auch mit Persönlichkeitsbildung.

Zudem hat Diakonie einen expliziten Bezug zur Bildung in all den Arbeitsfeldern, in denen es unmittelbar um Erziehung, Pädagogik oder Berufsbildung geht. Wenn sich zugleich auch Beraten, Begleiten und Fördern als Bildungsprozesse verstehen lassen (vgl. Nipkow 2006, 28) kann man von einer impliziten Bildungsdimension in nahezu allen diakonischen Arbeitsbereichen ausgehen.

Doch auch wenn es diese unmittelbaren Bezüge zwischen Diakonie und Bildung gibt, ist die Debatte über eine spezifische diakonische Bildung noch jung. So konstatiert Hans-Günther Heimbrock noch Mitte der 1980er Jahre, dass in der Diskussion über die Diakonie eine pädagogische Perspektive fehle.[55] Es gäbe einen Mangel an theologischer Reflexion zur Beziehung von Diakonie und Erziehung, was schließlich dazu führte, dass „die Erziehung aus ihrem kirchlichen-diakonischen Ursprung ausgewandert" sei (Heimbrock 1986, 7). Ähnlich sieht es Gottfried Adam: „Obwohl in der diakonischen Praxis viele Bildungsaktivitäten ihren Ort haben, wurde Bildung in theoretischer Hinsicht kaum bearbeitet. Gegenwärtig ist jedoch eine Veränderung festzustellen, was sich z.B. deutlich in der Frage des diakonischen Lernens als einem Neuaufbruch bemerkbar macht. [...] Für den künftigen Weg von Diakonie und Diakoniewissenschaft ist es wichtig, die Bildungsfrage noch stärker zu rezipieren und intensiver zu bearbeiten, als dies bisher geschehen ist" (Adam 2004, 41). Mittlerweile hat eine intensive Diskussion um diakonische Bildung eingesetzt. Allein im Jahr 2008 sind zwei Sammelbände zu dem Thema erschienen (vgl. Beck/Schmidt 2008; Eurich/Oelschlägel 2008).

Silke Köser unterscheidet vier verschiedene Verwendungen des Begriffs „diakonische Bildung":

a. sämtliche Fort- und Weiterbildungsmaßnahmen im Bereich der Diakonie,
b. spezifische Bildungsmaßnahmen, die die Frage nach dem diakonischen Profil in den Mittelpunkt stellen,
c. diakonisch-soziale Bildungsprojekte im Kontext allgemeinbildender Schulen („diakonisches Lernen") und schließlich
d. ein Bildungsverständnis mit „diakonischem Antlitz" (Köser 2008, 78).

Die ersten beiden Verwendungszusammenhänge sehen in diakonischer Bildung die Bildungsverantwortung der Diakonie „nach ‚innen' auf die eigenen Mitarbeiterinnen und Mitarbeiter" (Haas 2005, 450). Auf den Unterschied zwischen den beiden Verständnissen wurde bereits in Abschnitt 3.1. dieser Studie

---

[55] Heimbrocks Überlegungen zielen hauptsächlich auf Sonderpädagogik, Heilpädagogik und Rehabilitation.

hingewiesen. Während das erste Verständnis als zu ausufernd gelten kann – nicht jede Fortbildung in der Diakonie kann als diakonische Bildung verstanden werden – entspricht das zweite Verständnis bereits dem Kern dieser Studie. In Kapitel 8 wird diakonische Bildung in diesem Sinne beschrieben. Daher soll an dieser Stelle noch ein abschließender Blick auf die beiden zuletzt genannten Bildungsverständnisse geworfen werden: diakonische Bildung im Kontext diakonischen Lernens (2.5.1.) und diakonische Bildung als eine Bildung mit „diakonischem Antlitz" (2.5.2.).

2.5.1. Diakonisches Lernen

Seit Beginn der 1990er Jahren entstehen an konfessionellen, zum Teil aber auch an staatlichen Schulen Projekte zum diakonischen Lernen. Dies sind in der Regel Schulpraktika im diakonisch-sozialen Bereich, die meist im Kontext des Religionsunterrichts vor- und nachbereitet werden. Die Projekte rund um diakonisches Lernen wurden vielfach aufgegriffen und diskutiert: Das Diakonische Werk der EKD hat hierzu mehrere Bildungsforen veranstaltet[56] und in der Religionspädagogik und Diakoniewissenschaft wurde die Debatte weitergeführt.[57]

Die Diakonie-Denkschrift sieht eine doppelte Herausforderung zum diakonischen Lernen: Der „Verlust ganz unmittelbarer sozialer Erfahrungen im Alltag" erfordert „neue ‚soziale Lernarrangements', in denen Formen der Solidarität gelernt und erfahren werden". Daneben braucht auch die Diakonie in ihrer organisierten und institutionalisierten Form Menschen, die sich für eine Mitarbeit in der Diakonie entscheiden.[58]

Die persönlichen Begegnungen und Erfahrungen in den Praktika tragen nach Adam besonders dazu bei, „die Auseinandersetzung mit Fragen des Sozialen zu fördern, Kompetenzen im Umgang mit sich selbst auszubilden und Fähigkeiten im Umgang mit anderen [...] zu fördern" (Adam 2006, 81). Darüber hinaus werden „gesellschaftsrelevantes Wissen und professionelle Kenntnisse erworben, Verhaltensweisen und Einstellungen geformt und grundlegende existenzielle Fragen reflektiert" (Schmidt 2006, 7). So will diakonisches Lernen über rein funktionale Lernziele im Sinne einer Aneignung von Kenntnissen oder Fertigkeiten hinausgehen, da es bewusst auf Sinnorientierung, Dialogfähigkeit, Toleranz, Empathie zielt (vgl. Schmidt/Zitt 2003, 225).

---

56 „Schule – Diakonie – Kirche" (1998), „Schule und Diakonie – Orte sozialen Lernens" (1999) und „Diakonisches Lernen in der Schule" (2000).

57 Vgl. hierzu den Band „Diakonische Bildung" des Diakoniewissenschaftlichen Instituts, hg. von Helmut Hanisch/Heinz Schmidt (2004) und das Handbuch zum diakonisch-sozialen Lernen „Unterwegs zu einer Kultur des Helfens", hg. von Gottfried Adam/Helmut Hanisch/Heinz Schmidt/Renate Zitt (2006).

58 Es gibt darüber hinaus auch schulpolitische Gründe. So sieht z.B. der Lehrplan der baden-württembergischen Realschulen „themenorientierte Projekte soziale[n] Engagement[s]" (TOP SE) verbindlich vor und viele Schulen entwickeln daraufhin eigene Schulprofile. Projekte zum diakonischen Lernen fügen sich hier zum Teil gut ein und werden gerne aufgegriffen (vgl. Borck/Charbonnier 2008).

Die Projekte zum diakonischen Lernen beschränken sich nicht auf die Absolvierung von Diakonie-Praktika. „Diese bestanden im Wesentlichen darin, an den Ort des Praktikums zu gehen und dieses ‚vor Ort' zu absolvieren. Beim neuen Ansatz gehen Erfahrung und Reflexion ein eigenes Bündnis ein. Diakonisch-soziales Lernen besteht darum strukturell aus zwei Bestandteilen: Diakonie praktisch und Diakonie theoretisch. Die richtige Zuordnung ist wesentlich, weil im gelungenen Falle die von der praktischen Erfahrung kommende Motivation für das Erarbeiten von Sachverhalten fruchtbar gemacht werden kann" (Adam 2006, 82). So entstehen auch neue Bildungsgegenstände, die bis dahin im System Schule nicht vorkamen, wie Zivilgesellschaft und Sozialsysteme, soziales Engagement und Sozialberufe oder konkrete Fragen der sozialen Gerechtigkeit. Damit leistet diakonisches Lernen nicht nur einen Beitrag für die Schüler, das Profil der jeweiligen Schule oder für die Diakonie als Wohlfahrtsverband, sondern es wird ein Beitrag für das Bildungswesen im Ganzen und für die Zukunft der Gesellschaft geleistet (vgl. Schmidt 2006, 8). So soll diakonisches Lernen auch als Beitrag zur Allgemeinbildung und nicht als Teil des Religionsunterrichts verstanden werden (vgl. Mletzko 2002, 102).

Die Grundthese des diakonischen Lernens besteht darin, dass Kenntnisse und Fähigkeiten zu verdorren drohen, wenn sie nicht in konkreten Situationen erprobt und ausgebildet werden, diakonisches Lernen richtet sich gegen kognitive Einseitigkeit, gegen simuliertes Lernen auf Probe und gegen die Abgeschlossenheit eines geschützten Lernraums (vgl. Noormann 2009, 57).

Helmut Hanisch beschreibt als Ziele des diakonischen Lernens die Sensibilisierung für hilfsbedürftige Menschen, die Wahrnehmung eigener Hilfe-Motivationen, die Veranschaulichung des neutestamentlichen Begriffs *diakonein*, das Kennenlernen diakonischen Handelns und die Motivation zu eben diesem Handeln (vgl. Hanisch 2000, 18). So reicht *diakonisches Lernen* über *Diakonie (kennen-) lernen* weit hinaus (vgl. Noormann 2009, 54). Während sich eine informative Diakoniekunde durchaus „mit dem üblichen didaktisch-methodischen Repertoire im Unterrichtsraum" bearbeiten lässt, meint diakonisches Lernen gerade den besonderen Bildungsprozess, der in und durch ein Praktikum ausgelöst wird und vor- und nachbereitend reflektiert wird (Noormann 2009, 54). Der zentrale Bezugspunkt diakonischen Lernens ist daher auch die Persönlichkeitsentwicklung (vgl. Adam 2006, 81, 85; Hanisch/Gramzow/Hoppe-Graff 2004, 128-133).

Nach Schmidt umfasst das diakonische Lernen „die kognitiv-kritischen wie die affektiv-handlungsbezogenen Aspekte des soziomoralischen und ethischen Lernens. Diakonisches Lernen meint aber noch mehr. Es integriert und überschreitet die soziomoralischen und die ethischen Aspekte des Lernens insofern, als es perspektivisch auf die alltagsbezogene Spiritualität bezogen ist, von der das diakonische Handeln getragen wird" (Schmidt 2004, 10). Auch der „Arbeitskreis Diakonisches Lernen" benennt diese drei Lernebenen diakonischen Lernens: die affektiv-handlungsorientierte Ebene, die kognitive Ebene und schließlich die spirituelle Ebene (vgl. Adam 2006, 85).

Da es des Ziel diakonischen Lernens ist, eine Kultur des Helfens zu entwickeln (vgl. Schmidt 2006, 8), stellt sich die Frage nach dem Verhältnis von sozialem und diakonischem Lernen. Diakonisches Lernen unterscheidet sich in der Praxis nicht grundsätzlich von anderen Formen sozialen Lernens. Ein Unterschied ist der Bezug auf die biblische Tradition: „Im Allgemeinen wird diakonisches Lernen als eine spezielle Art sozialen Lernens betrachtet, als ein inhaltlich durch das helfende und versöhnende Handeln Jesu qualifizierter Modus eines sozialen Lernverhaltens" (Schmidt 2004, 9). Für Uwe Mletzko ist das diakonische Lernen „eine spezifische Ausformung des sozialen Lernens, insofern es hier um soziale Einstellungen und christliche Orientierungen geht" (Mletzko 2002, 106). Regine Walter will von diakonischem Lernen sprechen, wenn die Maßstäbe für den Umgang des Miteinanders aus dem Evangelium gewonnen werden (vgl. Walter 2002, 63). Daneben steht diakonisches Lernen in einem bestimmten Kontext. Dies ist entweder der Ort kirchlicher bzw. diakonischer Einrichtungen oder das Zusammenwirken mit christlichen Personen (vgl. Rupp/Knapp/Damman 2006, 59). Gottfried Adam betont, dass das diakonische Lernen mit dem sozialen Lernen eng verwandt ist, aber die „christlich-ethische Dimension in seiner Begründung und Motivation" mit einschließt (Adam 2006, 84).

Die Debatte um diakonisches Lernen wirft eine Reihe Fragen auf, von denen hier zwei abschließend benannt werden sollen:

(1) Erschließt sich die religiöse Dimension diakonischen Lernens unmittelbar und von selbst aus der Praxis bzw. aus der Begegnung oder bedarf es einer christlichen Interpretation? Ein praktisches diakonisches Lernen bietet nicht automatisch die Möglichkeit, christliches oder kirchliches Leben zu erleben. Schmidt hält diese Chancen sogar für relativ gering (vgl. Schmidt 2004, 13). Allerdings kann die Zurückhaltung, die diesem Thema in der Diakonie zuteil wird, ebenso wenig automatisch den christlichen oder geistlichen Hintergrund des diakonischen Handelns verschwinden lassen.

(2) Kurzfristige Praktika können zwar eine Erstmotivation darstellen, führen aber nicht zu langfristigen Verhaltensänderungen, weil es zur Aneignung sozialer Kompetenz eines längeren Zeitraumes bedarf. Die plötzlichen sinnhaften Erfahrungen können ein Anfang, nicht aber das alleinige Ziel diakonischen Lernens sein (vgl. Diakonisches Werk der EKD 2002, 16).[59] „Eine diakonische Bildungstheorie dürfe nicht nur an ‚diakonischen Erweckungserlebnissen' interessiert sein, sondern müsse sich auch an komplexeren Lernzielen wie der Einordnung diakonischer Arbeit in politischen Zusammenhängen orientieren" (ebd.).

2.5.2. Bildung mit „diakonischem Antlitz"

Die Formulierung „Bildung mit diakonischem Antlitz" (Köser 2008, 78) bezieht sich auf ein Bildungsverständnis, das als diakonisch qualifiziert werden kann. Natürlich unterscheidet sich ein diakonischer Bildungsbegriff nicht grundlegend von einem christlichen Bildungsverständnis, hebt aber einige Akzente beson-

---

59 Hingegen vertritt Gottfried Adam die These, dass „bereits ein kurzer Zeitraum ausreicht, um nachhaltige Eindrücke bei den Jugendlichen zu hinterlassen" (Adam 2006, 82).

ders hervor. Sichtet man die mittlerweile umfangreiche Literatur zur diakonischen Bildung, lassen sich zusammenfassend folgende Akzente herausstreichen:

– Diakonische Bildung betont das Zusammenleben, -arbeiten und -lernen (vgl. Schmidt/ Zitt 2004, 65). Bezogen auf die institutionellen Bedingungen diakonischer Bildung geht es daher besonders um die Ermöglichung einer diakonischen Lern- und Lebenskultur.

– Diakonische Bildung bedeutet auch eine Abkehr von kognitiver Einseitigkeit. Stattdessen geht es um den die gesamte Person ergreifenden Charakter des Lernens, kennzeichnend dafür ist: „Das Lernen ‚bewegt' die Person ‚mit Haut und Haaren', erfüllt ihre Gefühle und ihr Denken – Lernen mit ‚Pathos' und Leidenschaft" (Noormann 2009, 57).

– Diakonische Erfahrungen können existenziell berühren. Daher will diakonische Bildung dazu befähigen, sich anrühren zu lassen und gerade aus diesen Begegnungen heraus nach christlichen Deutungshorizonten zu fragen (vgl. Zitt/Müller 2004, 553). Diakonische Bildung muss sich für die Bearbeitung von Widerfahrnissen öffnen, muss wach sein „für Ereignisse, die den Lehrfahrplan durcheinanderbringen" (Nipkow 2006, 32).

– Diakonische Bildung kritisiert das falsch verstandene Ideal eines Menschen, der sich beständig weiterentwickelt zur eigenen Vervollkommnung. „Der diakonische Horizont von Bildung heißt im Sinne biblischer Tradition auch, besonders achtsam auf das Schwache und das Kleine zu sein, sich zu sorgen, mitzuleiden, das ‚Andere' und den anderen an sich heranzulassen und sich für Gerechtigkeit einzusetzen" (Zitt 2006, 344).

– Schließlich ist vor allem entscheidend, dass eine diakonische Bildung besonders das Moment der Teilhabe und Befähigung akzentuiert (vgl. Köser 2008). Diakonische Bildung wird so als „Befähigungspädagogik" verstanden, die auf gesellschaftliche Teilhabe von Exklusion bedrohter oder betroffener Menschen zielt (vgl. Schulz/Schmidt 2008).

Gerade wenn der Bildungsanspruch ernst genommen wird, Menschen zu begleiten, um sie zur gesellschaftlichen Teilhabe zu befähigen, rücken auch Bildungsziele in den Blick, die in Bildungsdiskussionen sonst eher selten zu finden sind. Wird diakonische Bildung als Befähigungspädagogik verstanden (vgl. Schulz/Schmid 2008), wird neben gerechter Teilhabe auch Resilienz zum Gegenstand des Bildungsverständnisses (vgl. a.a.O., 108-109). Menschen sollen zur Beziehungsfähigkeit angeleitetet, auf Regeln und Strukturen vorbereitet und ihre Orientierungsfähigkeit soll durch Internalisierung von Werten und Normen erhöht werden, ohne dabei einem funktionalistischen Denken anheimzufallen (vgl. a.a.O., 111-114). Das Bildungsziel des freien und selbstbestimmten Menschen soll dabei nicht aufgegeben werden, die Prioritäten werden aber zurechtgerückt. Denn gerade dort, „wo das deutsche Bildungsideal besonders humanistisch ist, wo es die höchsten Ideale feiert, genau dort grenzt es massiv aus" (Wegner 2010, 149).

B. Bestandsaufnahmen

3. Das Feld diakonischer Fort- und Weiterbildung

Als erste Bestandsaufnahme soll nun das Feld diakonischer Fort- und Weiterbildung wahrgenommen und vorgestellt werden. Daher muss zunächst (3.1.) geklärt werden, worauf sich diese Bestandsaufnahme bezieht: Was genau fällt in das Suchraster? Das Ergebnis dieser ersten Sichtung der diakonischen Fort- und Weiterbildungslandschaft wird systematisch dargestellt (3.2.), um schließlich nach Konsequenzen für eine didaktische Struktur diakonischer Bildung im Kontext der organisierten Diakonie zu fragen (3.3.).

3.1. Vorüberlegungen zur Sichtung diakonischer Bildungsangebote

Diakonische Fort- und Weiterbildungen können thematisch nach drei Bereichen unterschieden werden: Angebote zu Unternehmensphilosophie, Profil und Corporate Identity der Diakonie; sozialberuflich-fachliche Fortbildungen innerhalb der einzelnen Arbeitsfelder und schließlich persönlichkeitsorientierte Fortbildungen (vgl. Götzelmann 1998, 312). Die Gesamtheit dieser Angebote wird in der Regel als „diakonische Fortbildungen" bzw. „diakonische Weiterbildungen" bezeichnet. Das Adjektiv „diakonisch" markiert hier den Bereich, in dem die Bildungsmaßnahmen durchgeführt werden bzw. für den sie Relevanz haben sollen – eben den Bereich der organisierten Diakonie. In dieser Studie sind hingegen nur die Bildungsmaßnahmen und -prozesse von Interesse, die den inhaltlichen Gehalt der Diakonie zum Ausgangspunkt und Ziel haben, also implizit oder explizit dem Essentiellen diakonischer Identität nachgehen. In der Typologie Götzelmanns entspricht dies dem ersten Anschein nach der ersten Gruppe. Daraus ergeben sich zwei Schwierigkeiten:

– Inhaltlich überschneiden sich die drei genannten Bereiche, so dass sowohl die einzelnen Angebote nicht immer eindeutig zugeordnet werden können, als auch die Suche nicht auf Angebote beschränkt bleiben darf, die zweifelsfrei zu der erstgenannten Gruppe zählen. Bei fachlich-sozialberuflichen Angeboten wie bei den persönlichkeitsorientierten Angeboten kann es sich durchaus – ob erkennbar oder nicht – um diakonische Bildungsprozesse handeln. Schließlich können in sozial-fachlichen oder persönlichkeitsbildenden Seminaren diakonisch-theologische Aspekte integriert sein.

– Diakonische Bildung darf nicht gleichgesetzt werden mit diakonischen Bildungsangeboten. Diakonische Bildungsprozesse können auch jenseits von Seminaren, Fort- und Weiterbildungen stattfinden. Selbst eine akribische Auflistung aller diakonischen Bildungsmaßnahmen würde daher kein Gesamtbild diakonischer Bildung ermöglichen.

Das zuletzt genannte methodische Problem kann bei dieser ersten Bestandsaufnahme im Feld diakonischer Bildung nicht gelöst werden. Daher muss bei den in Abschnitt 3.2. dargestellten Erkenntnissen berücksichtigt werden, dass sie lediglich eine Aussagekraft zu den Bildungs*angeboten* besitzen, nicht aber über weitergehende Bildungs*prozesse*. Trotzdem ist eine solche Bestandsaufnahme und die im Folgenden vorgenommene Systematisierung wichtig und relevant, da diakonische Bildung zwar nicht in den Bildungsmaßnahmen und -angeboten aufgeht, aber gleichwohl auf sie angewiesen ist. Denn der Umkehrschluss, dem entsprechend sich Bildung vor allem in nicht-formalisierten Prozessen vollzöge, führt freilich ebenfalls nicht weiter. Diakonische Bildung ist auch auf Formen und Formate angewiesen. Vonseiten diakonischer Bildungsanbieter wird oft betont, dass die Fragen diakonischer Identität grundsätzlich in den sozialberuflichen und persönlichkeitsbildenden Angeboten integriert seien und dort implizit zum Tragen kommen. Allerdings sollte diesen Äußerungen mit Skepsis begegnet werden.[60] Da jedoch auch Implizites explizit benennbar sein sollte (vgl. Götzelmann 1998, 315), werden an dieser Stelle lediglich solche Bildungsangebote in die Sichtung einbezogen, bei denen inhaltlich-diakonische Aspekte auch tatsächlich benannt werden.

Zunächst sollen die unterschiedlichen diakonischen Bildungsangebote, -veranstaltungen und -maßnahmen in ihrer Breite vorgestellt werden. Diakonische Bildungsmaßnahmen können sowohl zur Fort- wie auch zur Weiterbildung gezählt werden. Im allgemeinen Sprachgebrauch bezeichnet der Begriff Weiterbildung die Gesamtheit von Erwachsenenbildung, Umschulung und Fortbildung (vgl. Schultz 2001, 271). Umgangssprachlich umfasst der Begriff der Weiterbildung also auch den Bereich der Fortbildungen. Wird der Begriff Weiterbildung hingegen als Pendant zum Begriff Fortbildung verstanden, meint der Begriff eine Höher- oder Zusatzqualifikation, die auf dem erlernten Beruf aufbaut, in der Regel mehrjährig angelegt ist und mit einem Zertifikat abschließt,[61] als gängige Differenzierung gilt dabei die Unterscheidung in allgemeine und berufliche Weiterbildung.[62] Der Begriff Fortbildung meint hingegen im Sinne des SGB III und des Berufsbildungsgesetzes den Erwerb einer beruflichen Qualifikation, die nicht in der Ausbildung erworben wurde.[63] In der Personal- und Organisationsentwicklung zählen Fortbildungen zu einer spezifischen (Interventions-)Form

---

60 Der Wunsch nach einer Integration diakonisch-theologischer Anteile innerhalb der Bildungsangebote führt anscheinend schnell zu der Behauptung solch einer Integration. Die Skepsis bezieht sich daher weniger darauf, dass dies didaktisch äußerst anspruchsvoll ist, sondern entsteht vielmehr dadurch, dass konkrete Ansätze, die dies auch tatsächlich leisten – sowohl auf pragmatisch-methodischer Ebene wie auch auf der Ebene didaktischer Modelle – mir nicht bekannt sind.

61 „Der Bildungsgesamtplan der Bund-Länder-Kommission für Bildungsplanung und Forschungsförderung definiert: Weiterbildung ist die Fortsetzung oder Wiederaufnahme organisierten Lernens nach Abschluss einer ersten Bildungsphase und nach Aufnahme einer Berufstätigkeit" (Bund-Länder-Kommission für Bildungsplanung und Forschungsförderung 1974, 11).

62 Dies entspricht der Unterscheidung des Berichtssystems Weiterbildung des Bundesministeriums für Bildung und Forschung.

63 Zum Folgenden vgl. Baer 2007a und 2007b.

neben Supervision, Qualitätszirkel oder kollegialer Beratung. Im Fokus stehen meist berufsspezifische Kenntnisse, Einstellungen, Fertigkeiten oder Fähigkeiten, die erworben, vertieft oder reflektiert werden sollen.

Gegenwärtig wird der Begriff der Weiterbildung in einem umfassenden Sinne verstanden. So hat das Sekretariat der Ständigen Konferenz der Kultusminister 2001 eine erweiterte Definition des Begriffs Weiterbildung vorgelegt, die nun auch den Bereich des informellen Lernens umfasst. Lediglich beiläufiges Lernen ‚en passant' und Erfahrungslernen werden ausgeschlossen.[64] Für diese Bestandsaufnahme wird die angesprochene Unterscheidung von Bildungsmaßnahmen nach Fort- und Weiterbildungsangeboten daher auch nicht getroffen. Die bereits erwähnte Nähe der Fortbildungen zu Supervision, kollegialer Beratung und ähnlichen Formen weist noch einmal darauf hin, dass auch gerade dort diakonische Bildungsprozesse stattfinden können. Deshalb wäre hier eine weitere Bestandsaufnahme durchaus wünschenswert, allerdings müssten dann nicht die Angebote von Supervision oder kollegialer Beratung gesichtet werden, sondern die methodisch-didaktischen Modelle, mit denen dort gearbeitet wird. Eben diese scheinen aber nicht vorhanden zu sein.

Um nun die Landschaft diakonischer Bildungsmaßnahmen wahrzunehmen, wird von folgender Arbeitsdefinition ausgegangen:

Unter „diakonischen Bildungsmaßnahmen" werden in dieser Studie alle Angebote verstanden, die im Bereich der organisierten Diakonie den inhaltlich-substanziellen Gehalt diakonischer Arbeit zum Gegenstand haben, und dazu beitragen, ihn zu klären, zu reflektieren und weiterzuentwickeln. Das Adjektiv diakonisch beschreibt somit sowohl den Gegenstand (Diakonie als theologische Größe) als auch den Kontext der Bildungsmaßnahmen (Diakonie als Organisation).

Anbieter diakonisch-theologischer Bildungsangebote sind in allererster Linie die diakonischen Einrichtungen und Unternehmen. Alle größeren Einrichtungen unterhalten eigene Fortbildungsabteilungen. Daneben bieten fast alle Diakonie-Landesverbände Fort- und Weiterbildungsprogramme an. Diakonie-Fachverbände bieten hingegen kaum speziell diakonisch-theologisch ausgerichtete Veranstaltungen an, ihr eindeutiger Schwerpunkt liegt auf der Entwicklung gesundheits- bzw. sozialberuflicher Fachlichkeit. Daneben bieten die Mitglieds-

---

[64] „Definition: Weiterbildung ist die Fortsetzung oder Wiederaufnahme organisierten Lernens nach Abschluss einer unterschiedlich ausgedehnten ersten Bildungsphase und in der Regel nach Aufnahme einer Erwerbs- oder Familientätigkeit. Weiterbildung in diesem Sinne liegt auch vor, wenn die Einzelnen ihr Lernen selbst steuern. Weiterbildung umfasst die allgemeine, politische, kulturelle und wissenschaftliche Weiterbildung. Weiterbildung kann in Präsenzform, in der Form der Fernlehre des computergestützten Lernens, des selbst gesteuerten Lernens oder in kombinierten Formen stattfinden" (Sekretariat der Ständigen Konferenz der Kultusminister der Länder in der BRD 2001, 4).

einrichtungen der Verbände im Diakonat diakonische Bildungsangebote an.[65] Des Weiteren geben die Führungsakademie für Kirche und Diakonie (FAKD), die Bundesakademie für Kirche und Diakonie (BAKD), die Bundesfachakademie (Bufa) und das Burckhardthaus Gelnhausen ein gemeinsames Fort- und Weiterbildungsprogramm heraus, das diakonisch-theologische Veranstaltungen enthält. Mittlerweile kooperieren einzelne Bildungsanbieter,[66] unterhalten gemeinsame Bildungseinrichtungen[67] oder treten mit einem gemeinsamen Internetauftritt an die Öffentlichkeit.[68]

Bei der Sichtung der Angebote, bei denen aufgrund der genannten Arbeitsdefinition von diakonischen Bildungsmaßnahmen ausgegangen werden kann, wurden die Ausschreibungen aus den Jahren 2006 bis 2009 von allen Diakonie-Landesverbänden, Einrichtungen der Unternehmensdiakonie (Stichproben), der FAKD/BAKD/Bufa, den Verbänden im Diakonat und den diakonischen Gemeinschaften herangezogen.[69] Bei der Recherche zu den Fachverbänden im Diakonischen Werk der EKD bestätigte sich, dass hier vor allem sozialfachliche (und verwandte) Themen angeboten werden.

An dieser Stelle wird nicht die *Angebotstiefe* dargestellt – also das Gesamtangebot aller diakonischen Bildungsmaßnahmen – sondern die *Angebotsbreite* in ihren Formen und Inhalten. Einzelne Seminare werden jeweils exemplarisch genannt. Eine komplette Auflistung aller Angebote in Deutschland ist kaum möglich, da Veranstaltungen mit aktuellen Bezügen, Vorträge, teilweise auch Kurzformate wie Halbtagesveranstaltungen und vor allem der Bereich der Inhouse-Veranstaltungen in den Fortbildungsprogrammen der Bildungsanbieter oft nicht ausgeschrieben werden. Hinzu kommt, dass einige Bildungsangebote auch innerhalb der diakonieinternen Strukturen nicht kommuniziert werden.[70] Auch im Segment der diakonischen Bildungsmaßnahmen scheint sich der Trend von der Angebots- zur Nachfrageorientierung durchzusetzen. Bildungsmaßnahmen werden zunehmend auf Anfrage einzelner Organisationseinheiten konzipiert und durchgeführt. Diese Angebote tauchen dann in allgemein zugänglichen Ausschreibungen nicht auf.[71] Außerdem wäre solch eine Auflistung aufgrund der

---

65 Kaiserswerther Verband deutscher Diakonissenmutterhäuser e.V., Berlin; Zehlendorfer Verband für Evangelische Diakonie, Berlin; Verband evangelischer Diakonen-, Diakoninnen und Diakonatsgemeinschaften (VEDD).

66 Z.B. mehrere Träger der Behindertenhilfe in Württemberg als *Bildungsforum Diakonie*.

67 Z.B. die Diakonie in Sachsen, Brandenburg und Berlin als *Diakonische Akademie für Fort- und Weiterbildung*.

68 Z.B. www.diakonie-bildung-hessen.de.

69 Hierzu wurde über den VEDD im Frühjahr 2008 eine Anfrage an dessen Mitgliedsgemeinschaften gestartet, mit der Bitte um Nennung diakonischer Bildungsangebote, die in Verantwortung der einzelnen Gemeinschaften durchgeführt werden.

70 Selbst für das mittlerweile recht bekannte Format „Basiskurs Diakonie“ gibt es keine Gesamtübersicht.

71 Dies ist ein grundsätzliches Problem der Weiterbildungsstatistik; vgl. dazu den Integrierten Gesamtbericht der Weiterbildungssituation in Deutschland (Bundesministerium für Bildung und Forschung 2006, 8).

großen Redundanz wenig ertragreich, da aus der Quantität der Angebote weder auf die tatsächliche Nachfrage noch auf die didaktische Güte rückgeschlossen werden kann.

3.2. Die Angebotsstruktur diakonischer Fort- und Weiterbildungen

Die Angebotsstruktur diakonischer Bildungsmaßnahmen kann nach Zielgruppen (3.2.1.), Themen (3.2.2.) und Formaten (3.2.3.) unterschieden werden. Es soll dabei noch einmal betont werden, dass sich die folgende Systematisierung der Angebote an den öffentlich zugänglichen Ausschreibungen der Bildungsanbieter orientiert, nicht an der tatsächlichen Durchführung.

3.2.1. Zielgruppen

Erstaunlicherweise sind die Zielgruppen in den Ausschreibungstexten recht allgemein gehalten, es finden sich lediglich Konkretisierungen durch Einschränkungen auf bestimmte Arbeitsfelder. Grundsätzlich werden nach dem Verantwortungs- bzw. Aufgabenbereich der Mitarbeitenden zunächst *Mitarbeitende in Sozial- und Gesundheitsberufen* und *Führungskräfte* unterschieden. Damit wird einerseits ihren unterschiedlichen Anforderungen Rechnung getragen. Zudem soll den Führungskräften ein geschützter Raum für ihren Bildungsprozess ermöglicht werden.[72] Um Diakonie zu organisieren und zu gestalten, müssen zum einen gängige Managementmethoden diakonisch ausgerichtet und sozialethisch bewertet werden. Zum anderen sollen Führungskräfte ihre Haltung und Rolle angemessen reflektieren und entwickeln können. In diakonischen Einrichtungen und Diensten wird dabei erwartet, dies mit einer christlich reflektierten Haltung zu verbinden und gegebenenfalls dabei auch eigene spirituelle Ausdrucksformen zu finden. Mittlerweile wird von Seiten der Vorstände zunehmend Interesse an diakonisch-theologischer Bildung der Führungskräfte geäußert. In diesem Zusammenhang sei auf das Gesprächsforum *Diakonie up(to)date* hingewiesen, ein Fortbildungsprogramm für Vorstände und Aufsichtsräte von großen und mittleren diakonischen Einrichtungen.[73]

Von diakonischen Einrichtungen werden oft spezielle Veranstaltungen für *neue Mitarbeitende* angeboten. Und schließlich richtet sich ein kleiner und sehr spezieller Anteil der Angebote an Mitarbeitende, die als *Multiplikatoren* selbst im Bereich diakonischer Bildung oder diakonischer Kulturentwicklung tätig sind.[74]

---

[72] Z.B. Diakonische Identität entwickeln – Diakonie gestalten. Grundwissen Diakonie für Führungskräfte; ähnlich auch: Diakonieseminar für Führungskräfte. Führungshandeln in der Diakonie. Beide Veranstaltungen aus dem Kursprogramm Evangelisches Johanneswerk, Bielefeld/Evangelisches Pertheswerk, Münster, 2007.

[73] Diakonie up(to)date, entwickelt von einer Projektgruppe des Diakonischen Werkes der EKD in Kooperation mit der Führungsakademie für Kirche und Diakonie, Konzeptpapier, Berlin 2008.

[74] Z.B. Multiplikatorenschulung für den Einführungskurs Diakonie – Leben verbinden, Diakonische Akademie für Fort- und Weiterbildung in Sachsen, Brandenburg u. Berlin, 2009.

3.2.2. Themen und Inhalte

Bei den Inhalten und Themen diakonisch-theologischer Bildungsangebote zeigt sich eine große Vielfalt. Wird in den Fortbildungsprogrammen thematisch nach diakonischen, theologischen, spirituellen bzw. christlichen Inhalten gesucht, können neun Themenkreise unterschieden werden, auf die die eingangs vorgestellte Arbeitsdefinition diakonischer Bildung zutrifft. Auch wenn es inhaltliche Schnittmengen gibt, können die einzelnen Bildungsangebote in der Regel einem dieser neun thematischen Typen zugeordnet werden.

Bei den ersten drei Themenbereichen steht die Frage nach der Gestaltung des diakonischen Profils im Vordergrund. Dabei werden Hintergrundinformationen zur Diakonie gegeben (Typ A), christliche Werte im diakonischen Handeln reflektiert (Typ B) oder zur Gestaltung diakonischer Kultur befähigt (Typ C). Für die beiden folgenden Themenbereiche ist der Erfahrungs- und Biografiebezug kennzeichnend, im Zentrum stehen spirituelle Erfahrungen (Typ D) oder allgemein persönlichkeitsbildende Aspekte (Typ E). Darauf folgen zwei Themenbereiche, bei denen in unterschiedlichem Zuschnitt theologische Inhalte im Vordergrund stehen: theologisches Grundlagenwissen (Typ F) und Informationen über den christlichen Glauben (Typ G). Es schließen sich zwei Themenbereiche an, bei denen die Entwicklung von konkreten Fähigkeiten im Vordergrund steht (Typen H und I).

Typ A: Vermittlung von Grundlagenwissen über die Diakonie. Angebote, die inhaltlich diesem Typ zuzuordnen sind, vermitteln grundlegende Informationen über die Diakonie. Dies kann als ‚klassischer' Inhalt diakonisch-theologischer Bildung angesehen werden. Das Wissen speist sich vor allem aus der Diakoniewissenschaft. Der Schwerpunkt liegt dabei oft auf historischen und biblisch-theologischen Zugängen und der Auseinandersetzung mit der Frage nach diakonischem Profil im gegenwärtigen Sozialmarkt: Grundlagen diakonischen Handelns, Unterscheidung von anderen Trägern der Freien Wohlfahrtspflege, zugrunde liegendes Menschenbild und leitende Glaubensbilder[75] oder Geschichte der Diakonie, sozialethische Grundlagen der Diakonie und sozialpolitische Standortbestimmung.[76] Systematisch-theologische Aspekte finden sich abgesehen von der Frage nach dem leitenden Menschenbild in der Diakonie eher weniger. Inhalte dieses Typs können gut als Informationsbausteine oder Hintergrundwissen in andere Angebote einfließen und eingebaut werden. Seminare, die ausschließlich Diakonie-Grundlagenwissen vermitteln, scheinen seltener angeboten zu werden.

Typ B: Reflexion christlicher Werte im diakonischen Handeln. Bei diesem Typ steht das diakonische Handeln im Mittelpunkt des Interesses. Christliche Werte, Motive und Haltungen sind Inhalte dieser Seminare und nicht Grundinformationen

---

75 Diakonische Akademie für Fort- und Weiterbildung in Sachsen, Brandenburg und Berlin: Gesamtübersicht über die Programmbereiche der Fort- und Weiterbildung 2009, 129.

76 Was ist Diakonie? Diakonisches Werk der EKHN, Fortbildungsveranstaltungen 2009, www.diakonie-hessen-nassau.de/DWHN/Fortbildung/2009/Zielgruppen/Z-3096.pdf.

über die Diakonie wie bei Typ A. Die Inhalte speisen sich vor allem aus systematisch-theologischen Zugängen, insbesondere aus der Ethik, und werden in Verbindung mit Professionstheorien gesetzt. So soll in dem Angebot *Theologie für Kirchenkreissozialarbeiter* das Profil der Kirchenbezirkssozialarbeit unter theologischen, ethischen, politischen und professionellen Aspekten reflektiert und entwickelt werden.[77] In dem Seminar *Biblisch-theologische Motive in ihrer Funktion zur Begründung eigener beruflicher Praxis* werden eben diese Motive in ihrem Einfluss auf die Gestaltung beruflicher Praxis wahrgenommen und reflektiert.[78]

Typ C: Entwicklung diakonischer Kultur im Kontext von Organisationsentwicklung. Diese Inhalte ähneln denen von Typ B, hier liegt der Fokus allerdings weniger auf dem diakonischen Handeln sondern auf der Gestaltung der Organisation, in der diakonisches Handeln ermöglicht werden soll. Die Teilnehmenden sollen befähigt werden, eine diakonische Kultur zu gestalten. Diese Themen finden sich z.B. in Angeboten wie *Entwicklung eines Leitbildes: Mit Werten Orientierung geben!* [79] oder *Profil haben – Profil zeigen.*[80] Ziel ist es, diakonisches Profil zu entdecken und zu entwickeln oder Leitbildprozesse eigenständig zu gestalten. Angesprochen werden hier Führungskräfte und Mitarbeitende, die als Multiplikatoren für die Gestaltung diakonischer Kultur verantwortlich sind.

Typ D: Ermöglichung und Reflexion von spirituellen Erfahrungen. Spirituelle Erfahrungen im Kontext der diakonischen Tätigkeit stehen bei diesem Themenkreis im Mittelpunkt. Christliche Glaubensinhalte und spirituelle Übungen sind Bestandteile dieser Angebote. Diese Angebote werden meist als Einkehrtage oder Kursreihen konzipiert. Die Veranstaltung *Geistliches Leben im Alltag* des Evangelischen Diakonievereins Berlin-Zehlendorf will beispielsweise „Gott mitten im Alltag wahrnehmen und in seiner Gegenwart den Alltag leben".[81] Als Beispiel für eine Kursreihe sei der Kurs der Evangelischen Diakonissenanstalt Speyer zu *Fragen des Lebens, des Glaubens und der eigenen Spiritualität* genannt.[82] Die Themen der sechs Module lauten:

– Sehnsucht gestalten – Kirche und Diakonie gestalten
– Gottes Liebe erfahren – Seelsorge praktizieren
– Aufmerksame Wege – Bekenntnisse der Nachfolge
– Geistliches Leben einüben – Spiritualität im Alltag erleben
– Kreuz und Auferstehung – Wege der Nacht und des Lebens
– Das Evangelium kommunizieren – Verkündigung leben.

---

[77] Diakonische Akademie für Fort- und Weiterbildung in Sachsen, Brandenburg und Berlin, Gesamtübersicht über die Programmbereiche der Fort- und Weiterbildung 2009, 134.

[78] Angebot auf der Seite www.diakonie-bildung-hessen.de (Zugriff 24.03.2009).

[79] Bundesfachakademie (BuFa), Programmbuch 2009, 286.

[80] Diakonische Akademie für Fort- und Weiterbildung in Sachsen, Brandenburg und Berlin, Gesamtübersicht über die Programmbereiche der Fort- und Weiterbildung 2009, 137.

[81] „Glauben stärken – diakonisch handeln", 2009, Flyer, www.ev-diakonieverein.de.

[82] „Christsein mit Kompetenz", Kurs 2005/2006, laut Ausschreibungsbroschüre.

Angebote dieses Typs scheinen Anklänge einer sich entwickelnden Spiritualitätsdidaktik aufzuweisen.[83]

Typ E: Förderung personaler Kompetenz. Personale Kompetenz ist für die Arbeit in der Diakonie von grundlegender Bedeutung. In der Regel soll sie in den entsprechenden Fachberufen mit ausgebildet werden. Zunehmend bieten diakonische Einrichtungen Seminare an, die die Personalkompetenz im Horizont christlicher Spiritualität reflektieren. Der Schwerpunkt liegt dabei eindeutig auf Fragen der Bewältigung von Belastungssituationen des diakonischen Berufsalltags und *Burn-out*-Prävention. Beispiele für diese Angebote sind *Was uns hilft, Lasten zu tragen – Die Kraft geistlichen Lebens angesichts drohender Erschöpfung.*[84]

Typ F: Vermittlung von theologischem Grundlagenwissen. Hierbei handelt es sich um eine Einführung in die Systematik wissenschaftlicher Theologie. Der explizit theologische Wissenserwerb steht im Vordergrund. Ein bekanntes Kursangebot, das dieser Themengruppe zuzuordnen ist, ist der Kurs *Basiswissen Theologie für Führungskräfte in der Diakonie.*[85] Anhand „ausgewählter Glaubensinhalte der jüdisch-christlichen Überlieferung" wird „Basiswissen im Sinne eines Koordinatensystems Theologie" erarbeitet. Dies geschieht mit Bezugnahme auf diakonische Kontexte, es handelt sich aber nicht um eine Einführung in die Diakonie wie beim Typ A. Die Inhalte orientieren sich an den klassischen theologischen Disziplinen Biblische Theologie, Systematische Theologie und Kirchengeschichte, ergänzt um einen Anteil Religionswissenschaft:

- Geschichte Israels,
- Theologie der hebräischen Bibel,
- Psalmen und Psalter (Klagepsalmen),
- Jesus von Nazareth,
- Paulus von Tarsos,
- Rechtfertigung des Menschen,
- Welt als Schöpfung,
- Religionen der Welt,
- Leiden und Theodizee.

Ziel des Kurses ist es, „dass die TeilnehmerInnen nach dem Kurs ein Grundgerüst theologischer Inhalte erhalten und das Interesse an der Lektüre, Erarbeitung und Umsetzung theologischer Inhalte entwickelt haben".[86]

Typ G: Informationen zum christlichen Glauben. Bei vielen Mitarbeitenden in der Diakonie herrscht oft ein Unwissen über Grundlagen des christlichen Glaubens.

---

83 Zur Spiritualitätsdidaktik siehe Gottfried Bitter 2004 und den Sammelband „Christliche Spiritualität lehren, lernen, leben" (Altmeyer/Boschki/Theis/Woppowa 2006), der einen Überblick zum aktuellen Stand dieses didaktischen Ansatzes bietet.

84 Diakonische Akademie für Fort- und Weiterbildung in Sachsen, Brandenburg und Berlin, Gesamtübersicht über die Programmbereiche der Fort- und Weiterbildung 2009, 133.

85 Viertägiges Seminar der Führungskräfteakademie für Diakonie und Kirche (FAKD); vgl. Programmheft der FAKD für 2008, 36 und für 2009, 49.

86 Ebd.

Daher bieten spezielle Seminare eine Grundalphabetisierung an. Beispielsweise soll mit dem Kurs *Das Kirchenjahr neu entdecken* der christliche Glaube anhand christlicher Feste (Ostern, Pfingsten, Erntedank) kennengelernt werden.[87] Neben dem Kirchenjahr sind auch *Bibel, Losung und Gesangbuch*[88] klassische Inhalte dieses Thementyps.

Typ H: Entwicklung von konkreten Fähigkeiten. Eine Großzahl der Angebote richtet sich auf die Ausbildung liturgischer oder homiletischer Handlungskompetenz. Dabei zeigt sich gegenwärtig eine Tendenz zu rituell-liturgisch ausgerichteten Seminaren. Zum einen geht es dabei um Möglichkeiten der Lebensdeutung und Lebensbewältigung aufseiten der Klienten, zum anderen um den gestaltenden Einsatz von Ritualen, so z.B. *Liturgische Kompetenz in der Krankenhausseelsorge,*[89] *Passagen – Übergänge rituell und performativ gestalten*[90] oder *Rituale und Liturgien als Lebenshilfe.*[91] Daneben finden sich Angebote zur Gestaltung von Andachten oder *geistlichen Impulsen im diakonischen Alltag.*[92] Angebote zu religionspädagogischer Handlungskompetenz sind in der Regel auf konkrete Zielgruppen zugeschnitten, z.B. *Symbole und biblische Bilder in Andachten und Gruppenarbeiten mit älteren Menschen und Menschen mit Behinderungen.*[93]

Typ I: Förderung von Seelsorgekompetenz. Einen verhältnismäßig großen Anteil bilden die Angebote zur Entwicklung von Seelsorgekompetenz. Diese Angebote gehören von der Systematik eigentlich zum vorgenannten Typ H, werden hier aber als eigenständige Gruppe aufgeführt, da sie in einigen Fortbildungsprogrammen als eigenständige (Unter-)Rubrik geführt werden.[94] Zu unterscheiden sind dabei Angebote zur Seelsorgekompetenz für spezielle Arbeitsfelder (hier vor allem in der Altenarbeit und der Hospizarbeit) und Seelsorge als grundlegendes Querschnittsthema im diakonischen Alltag: *Seelsorge im Alltag der Einrichtungen.*[95]

Sichtet man sämtliche Angebote diakonischer Bildungsanbieter, die religiöse Themen zum Gegenstand haben, lassen sich noch zwei Themenbereiche ergänzen, die allerdings nicht dem hier vertretenen Verständnis diakonischer Bildung entsprechen: (1) Vermittlung religionskundlichen Wissens und (2) Glaubenskur-

---

[87] Evangelischer Diakonieverein Berlin-Zehlendorf e.V, Ausschreibung auf der Internetseite www.ev-diakonieverein.de, 2009.

[88] Diakonische Akademie für Fort- und Weiterbildung in Sachsen, Brandenburg und Berlin, Gesamtübersicht über die Programmbereiche der Fort- und Weiterbildung 2009, 132.

[89] BAKD, Programmbuch 2009, 181.

[90] Burckhardthaus, Programmbuch 2009, 235.

[91] Diakonische Akademie für Fort- und Weiterbildung in Sachsen, Brandenburg und Berlin, Gesamtübersicht über die Programmbereiche der Fort- und Weiterbildung 2009, 128.

[92] Bildung & Beratung Bethel, Jahresprogramm 2009, 16.

[93] Diakonische Akademie für Fort- und Weiterbildung in Sachsen, Brandenburg und Berlin, Gesamtübersicht über die Programmbereiche der Fort- und Weiterbildung 2009, 124.

[94] So z.B. im gemeinsamen Jahresprogramm des Evangelischen Johanneswerkes und Evangelischen Pertheswerk (Jahresprogramme 2007, 2008, 2009).

[95] Fort- und Weiterbildung, Jahresprogramm 2007, Evangelisches Johanneswerk (Bielefeld) und Evangelisches Pertheswerk (Münster), 80.

se. Die Vermittlung religionskundlichen Wissens berührt zwar religiöse Themen, fragt aber eben nicht nach dem substanziellen Kern des Diakonischen. Glaubenskurse sind vom didaktischen Ansatz und von ihrer Intention gänzlich anders gelagert als diakonische Bildungsangebote.

(1) *Vermittlung religionskundlichen Wissens:* Seit einigen Jahren wird der Religiosität der Klienten mehr Beachtung geschenkt. Das Eingehen auf die Religiosität entspricht nicht nur der Beachtung der Identität und Würde des Gegenübers, sondern wird auch als Ressource im Hilfeprozess erkannt. Die Soziale Arbeit ist in zunehmendem Maße mit religiösen Fragen und Auswirkungen gelebter Religion konfrontiert, insofern das Alltagsleben der Klienten religiös geprägt ist. Für einen fachgerechten Umgang braucht es daher religionskundliche Kenntnisse, vor allem in Hinblick auf die religiös bestimmte Kultur und Religionsausübung des Gegenübers. Angebote wie *Hilfe, mein Klient ist religiös!* wollen „Informationen über verschiedene Religionen und Konfessionen und die Bedürfnisse, die daraus erwachsen" vermitteln.[96]

(2) *Glaubenskurse in der Diakonie:* Schließlich seien noch Glaubenskurse erwähnt, die im Bereich der Diakonie angeboten werden bzw. den diakonischen Berufsalltag zum Ausgangspunkt haben. Im Kurs *Glauben verstehen,* einem Glaubenskurs für kirchennahe und -ferne Mitarbeitende, werden beispielsweise „einführende Informationen und vertiefende Vergewisserung in wichtigen Glaubensthemen verknüpft mit Erfahrungen diakonischen Handelns".[97] Glaubenskurse erleben derzeit Konjunktur.[98] Diese werden oft von Einrichtungen der Evangelischen Erwachsenenbildung angeboten, werden aber von diesen auch kritisch gesehen (vgl. Schlag 2007, 487).

3.2.3. Formate

Diakonische Bildungsmaßnahmen unterscheiden sich auch hinsichtlich ihrer Formate. Insgesamt können sieben Formate unterschieden werden, die bereits durch die Vorstellung der thematischen Ausrichtung der Angebote anklangen.

Einführungsveranstaltungen für neue Mitarbeitende: Die meisten diakonischen Einrichtungen bieten spezielle Einführungsveranstaltungen für neue Mitarbeitende an. Hier werden in der Regel auch diakonisch-theologische Grundlagen zur Diakonie vermittelt. Oft wird dabei der Weg über die eigene Einrichtungsgeschichte gewählt.

Diakonisch-theologische Seminarreihen: In vielen diakonischen Einrichtungen werden Bildungsformate angeboten, die als Seminarreihe angelegt sind. Sie werden oft als Fortsetzung eines Einführungsseminars konzipiert. Beispielsweise will

---

[96] Diakonische Akademie für Fort- und Weiterbildung in Sachsen, Brandenburg und Berlin, Gesamtübersicht über die Programmbereiche der Fort- und Weiterbildung 2009, 125.

[97] A.a.O., 123.

[98] Vgl. dazu für einen Überblick die Internetseite www.glaubenskursfinder.de und die Ausgabe 01/2009 der Zeitschrift Forum Erwachsenenbildung der Deutschen Evangelischen Arbeitsgemeinschaft Erwachsenenbildung (DEAE).

die Diakonie Mitteldeutschland mit ihrem Angebot „DiakoNIE ALLEIN" den Einführungstag weiterführen und bietet dazu ein 25-stündiges Programm an, das in einer festen Gruppe von ca. 15 Mitarbeitenden über mehrere Monate als Inhouse-Veranstaltung durchgeführt wird. Es sollen sowohl Grundkenntnisse der Diakonie vermittelt werden, als auch Raum für Fragen gegeben werden, die sonst selten einen Platz haben: „Wozu brauchen wir ein Leitbild? Welche Grundlagen hat der christliche Glaube? Was ist eigentlich die Bibel? Woran glauben andere Religionen? Gibt es überhaupt einen Unterschied zwischen sozialer Arbeit der Diakonie und sozialer Arbeit anderer Anbieter?" (Krause 2008, 21.)

Einzelseminare zu diakonisch-theologischen Themen sind eine gängige Form diakonischer Bildungsmaßnahmen. Inhaltlich finden sich hier fast alle zuvor genannten Themenbereiche. Ausschreibungen mit Schwerpunkt auf Informations- und Wissensvermittlung sind mittlerweile seltener zu finden.[99] Dafür nimmt die Anzahl der Ausschreibungen von Seminaren zu, in denen diakonisch relevante Handlungskompetenz im Vordergrund steht.[100] Der stärkere Handlungsbezug ist bereits daran zu erkennen, dass solche Seminare oft unter der Rubrik „Seelsorge"[101] angeboten werden.

Diakonisch-theologische Anteile in sozialfachlichen Fortbildungen: Dieses Format wurde bereits in der Einleitung zu diesem Kapitel erwähnt: Es handelt sich um allgemein sozialfachliche Fortbildungen, in denen diakonisch-theologische Essentials einfließen. Über diese Angebote kann gerade im Hinblick auf die diakonischen Anteile, vor allem deren didaktischen Ansätze, am wenigsten Auskunft gegeben werden. Grundsätzlich sind zwei Ansätze möglich: zum einen diakonisch-theologische (Einzel-)Bausteine, zum anderen integrativ durch entsprechende Diskussionsanteile oder Reflexionsmodelle.[102] Teilweise werden auch die Haltung der Lehrenden, besondere Lehrformen oder ein spirituelles Rahmenprogramm als diakonisch-theologische Grundlagen des Seminars aufgefasst.

Vorträge, Diskussionsrunden und Gesprächsforen: Ähnlich wie die Einzelseminare greift dieses Format konkrete Themen auf, die diakonische Relevanz besitzen.

---

99 Z.B. „Diakonie – Biblische Grundlagen und Konzepte der Diakonie", Erwachsenenbildung Bethel, Kursprogramm 2003; „Diakonie in systemtheoretischer Sicht", Erwachsenenbildung Bethel, Kursprogramm 2004.

100 Zwei Beispiele statt vieler: Rituale in der Begleitung alter Menschen, Fort- und Weiterbildung Jahresprogramm 2009, Evangelisches Johanneswerk (Bielefeld) und Evangelisches Pertheswerk (Münster), 76; Mit Grenzen umgehen, Bildung & Beratung Bethel, Jahresprogramm 2009, 17.

101 So z.B. im gemeinsamen Fortbildungsprogramm Evangelisches Johanneswerk, Bielefeld, und Evangelisches Pertheswerk, Münster.

102 Vgl. hierzu den in Abschnitt 4.4.1. erwähnten Anspruch an Dozenten diakonischer Fortbildungen: „Die religiöse bzw. weltanschauliche, insbesondere die christlich-diakonische Dimension wird nicht tabuisiert, sondern durch den/die Dozent/in aktiv thematisiert" (Qualitätskriterien 2000, 18).

Der Informationsgehalt ist in der Regel hoch, es wird oft die Form des Vortrages gewählt. Die thematische Auswahl ergibt sich vor allem aus der inhaltlichen Brisanz des Themas. So bietet die Diakonie Braunschweig das vierstündige Format „Ruhepunkte" an.[103] Bildung & Beratung Bethel führt das Angebot „Pulsschlag – Theologie für den diakonischen Alltag" durch. Exemplarisch seien hier die Themen der ersten Reihe aus dem Jahr 2008 genannt:

– Wissen Sie, was Sie unterschrieben haben?
– Wandel ethischer Werte in Gesellschaft und Diakonie
– Kirchen- und Konfessionszugehörigkeit
– Gibt es ein christliches Menschenbild in der Diakonie?
– Die „6. Dimension" strategisch nutzen[104]

Einkehrtage und Oasentage stellen ein eigenes Format dar. In der Regel handelt es sich um ein- oder zweitägige Angebote, meist an einem Wochenende. Die Einkehrtage sind daher von ihrem zeitlichen Umfang den Einzelseminaren ähnlich, unterscheiden sich aber vor allem in ihrer Gestaltung von den Angeboten mit Seminarcharakter. Besonders wird dabei auf die ästhetische Gestaltung des Raumes und die zeitliche Strukturierung des Tages (z.B. durch Stundengebete) Wert gelegt. Daher finden sie auch häufig an Orten statt, die einen spirituellen Charakter haben (z.B. klosterähnliche Einkehrhäuser).

Zertifikatskurse: Die Zertifikatskurse unterscheiden sich von diakonisch-theologischen Seminarreihen vor allem durch ihren Umfang, verfügen über ein festgelegtes Curriculum und schließen mit einem Zertifikat ab, das zwar keinen formalen Abschluss darstellt, aber im innerdiakonischen Bereich anerkannt ist. Die Idee, umfangreichere Kursreihen zu konzipieren und mittels eines Zertifikats und eines eingängigen Namens zu etablieren, ist erst wenige Jahre alt. Das von den Verbänden im Diakonat herausgegebenen Papier „Bildungswege im Diakonat" (vgl. Abschnitt 4.4.2.) scheint diesbezüglich für einen entsprechenden Anschub in der diakonischen Bildungslandschaft gesorgt zu haben. Derzeit gibt es drei Zertifikatskurse in der Diakonie, die abschließend vorgestellt werden sollen.

(1) Der *Basiskurs Diakonie* ist das bekannteste Format einer diakonisch-theologischen Fortbildung. Der VEDD hat zusammen mit dem Kaiserswerther Verband und dem Zehlendorfer Verband die organisatorischen Grundlagen festgelegt: 120 Unterrichtsstunden werden auf mehrere Blöcke verteilt, die in der Regel innerhalb eines Jahres durchgeführt werden. Die Durchführung liegt dabei komplett in der Verantwortlichkeit der Anbieter. So unterscheidet sich sowohl die zeitliche Strukturierung als auch die konkrete Auswahl der Inhalte.[105] Die Angebote führen dabei nicht immer ausdrücklich den Titel „Basiskurs Diako-

[103] Diakonie Braunschweig, Fortbildung 2009, 112.

[104] Bildung & Beratung Bethel, Jahresprogramm 2008, 31-32. Mit dem Begriff der „6. Dimension" ist die Frage nach der diakonischen Identität im Zusammenhang mit der in Bethel verwendeten Balanced Scorecard gemeint.

[105] Des Weiteren unterscheiden sich die Kosten der einzelnen Anbieter zum Teil deutlich.

nie". Im Folgenden werden die Themen der einzelnen Blöcke von drei Angeboten genannt:

Basiskurs Diakonie der Kreuznacher Diakonie[106] (acht Blöcke à zwei Tage):
- Wurzeln meines Glaubens
- Gottesbilder
- Die Bibel entdecken – zur Bibel motivieren
- Was ist der Mensch? Meinem Menschenbild auf die Spur kommen
- Welche Werte leiten mich?
- Was ist Seele? Sorge für die Seele – Seelsorge
- Hoffnung über das Leben hinaus
- Gottesdienst

Basiskurs Diakonie der Evangelischen Bildungsstätte für Diakonie und Gemeinde[107] (sechs Blöcke à zweieinhalb Tage):
- Biblische Theologie
- Kirchen- und Diakoniegeschichte
- Seelsorge und Gesprächsführung
- Geistliches Leben – Andacht – Gottesdienst
- Diakonie und Gesellschaft
- Diakonie und Gemeinschaft

Basiskurs Diakonie, Das Rauhe Haus[108] (fünf Blöcke à drei Tage):
- Biblische Grundorientierung
- Diakonische Grundorientierung
- Gottesbilder – Menschenbilder
- Diakonie heute
- Gemeinschaft in Kirche und Diakonie

Exemplarisch seien hier die Lernziele des Basiskurses der *Rummelsberger* aufgeführt:[109]
- Stärkung und Halt für die eigene Arbeit bei den Rummelsbergern
- Orientierung und Kenntnisse über die diakonische Identität, die ethischen Herausforderungen und die biblisch relevanten Inhalte
- Bestärkung im eigenen Glauben
- Erleben von spirituellen Angeboten und Gemeinschaft

---

[106] Referat Diakonik-Ethik der Diakonenausbildung in der Kreuznacher Diakonie, Bad Kreuznach, Kurs 2007/2008 laut Ausschreibung.

[107] Evangelische Bildungsstätte für Diakonie und Gemeinde der Stiftungen Sarepta und Nazareth in den von Bodelschwinghschen Anstalten Bethel, Bielefeld, Kurs 2007/2008 laut Ausschreibung.

[108] Evangelische Hochschule für Soziale Arbeit, Zentrum Diakonische Bildung, Hamburg, Kurs 2007/2008 laut Ausschreibung.

[109] Studienkurs Diakonische Beauftragung, Die Rummelsberger, Diakonische Profilierung, Schwarzenbruck, Kurs 2007/2008 laut Ausschreibung. Dieser Kurs unterscheidet sich von den anderen Basiskursen dadurch, dass die Zugehörigkeit zu einer christlichen Kirche vorausgesetzt wird und mit einer „diakonischen Beauftragung" abgeschlossen wird, beides entspricht in der Systematik der „Bildungswege im Diakonat" dem Diakonikum. Der zeitliche Umfang entspricht jedoch genau dem eines Basiskurses. Der Kurs läuft in 5 Blöcken über zwei Jahre.

– Vermittlung von biblisch-diakonischem Grundwissen
– Grundlagen der Seelsorge und der Gesprächsführung
– Orientierung an aktuellen ethischen Themen und Herausforderungen
– Gestaltung von Andachten und Ritualen

(2) Bei dem *Diakonikum* handelt es sich wie bei dem Basiskurs Diakonie um ein diakonisch-theologisches Bildungsangebot in Kursform, das ebenfalls von den Verbänden im Diakonat definiert wird. Es unterscheidet sich allerdings mit 650 Unterrichtsstunden im Umfang deutlich vom Basiskurs. Aufgrund dieses zeitlichen Umfangs scheint das Diakonikum allerdings wenig attraktiv zu sein. Zudem wird mit dem Abschluss des Kurses weder eine zertifizierte Handlungskompetenz erreicht noch ist eine Einsegnung ins Diakonenamt möglich.

(3) Der *Diakonische Grundkurs*[110] der Diakonischen Arbeitsgemeinschaft Evangelischer Kirchen (DAEK), dem Verband der freikirchlichen Diakonischen Werke, besteht aus sechs Blöcken à drei Seminartage, verteilt auf anderthalb Jahre. Begleitend dazu werden zehn Studienbriefe in Lerngruppen bearbeitet.[111] Auffallend ist der im Gegensatz zu anderen Formaten und Angeboten vergleichsweise hohe Anteil Systematischer Theologie. In den sechs Kursblöcken wird dies ergänzt um biblisch-theologische Grundlagen, diakonische Handlungsfelder (Armut, Wohnungslosigkeit, Gewalt und Missbrauch), Seelsorge und Kommunikation und weitere diakonierelevante Themen (Profession und Ehrenamt, Theologie des Gemeindeaufbaus, Spiritualität in der Diakonie). Die Themen werden nicht pro Block abgeschlossen, sondern ziehen sich durch alle sechs Blöcke hindurch. Damit unterscheidet sich der Diakonische Grundkurs in didaktischer bzw. organisatorischer Hinsicht vom Basiskurs Diakonie.

3.3. Didaktischer Ertrag

Festgehalten werden kann, dass das Angebot an diakonischen Bildungsveranstaltungen mittlerweile recht vielfältig ist. Dies darf aber nicht darüber hinwegtäuschen, dass die Angebote im Allgemeinen wenig Zulauf verbuchen. So wird auch von den Bildungsanbietern selbst die „deutlich nachlassende Anfrage intern wie extern" beklagt und eingestanden, dass auch Initiativangebote und Neuentwicklungen der letzten Jahre zu keiner Nachfrage führen.[112]

Außerdem darf nicht übersehen werden, dass bei dieser Sichtung die Angebotsausschreibungen im Blickpunkt standen, nicht die tatsächliche Durchfüh-

---

110 Angaben laut Infoblatt und Ausschreibung Kurs 2008-2010.

111 Die Studienbriefe bereiten Hintergrundwissen zu folgenden Themen auf: Armut und Reichtum, Heil und Heilung, Leid (Theodizee), Macht und Ohnmacht, Überblick Diakoniegeschichte unter besonderer Berücksichtigung freikirchlicher Diakoniegeschichte, anwaltschaftliche Diakonie vor Ort, anwaltschaftliche Diakonie weltweit, Grundlagen der Seelsorge, Seelsorge an alten Menschen (mit Exkurs: Demenz), Psychische Erkrankungen im Kontext von Familie und Gemeinden (Psychosen, Depression).

112 Entwicklung einer Rahmenkonzeption für den Bereich „Diakonie-Theologie-Sozialethik" in der Bildung & Beratung Bethel, Mai 2006.

rung der Maßnahmen. Diese Bestandsaufnahme ist aber insofern aussagekräftig, als die entstandene Systematisierung von Formaten und Themen auch unabhängig grundsätzlich plausibel ist. Die Erkenntnisse seien nun noch einmal zusammengefasst.

In der diakonischen Bildungslandschaft können für den Bereich der diakonisch-theologischen Bildungsangebote zunächst *vier Zielgruppen* unterschieden werden: a) Mitarbeitende in den Sozial- und Gesundheitsberufen, b) Führungskräfte, c) neue Mitarbeitende und schließlich d) Multiplikatoren im Bereich der Entwicklung diakonischer Kultur.

Bei den Angeboten können insgesamt *neun Themenbereiche* unterschieden werden, die im engeren oder weiteren Sinne diakonisch-theologische Fragestellungen berühren: a) Vermittlung von Grundlagenwissen über die Diakonie, b) Reflexion christlicher Werte im diakonischen Handeln, c) Entwicklung diakonischer Kultur, d) Ermöglichung und Reflexion spiritueller Erfahrungen, e) Förderung personaler Kompetenz, f) Vermittlung von theologischem Grundlagenwissen, g) Informationen zum christlichen Glauben, h) Entwicklung konkreter Fähigkeiten und i) Förderung von Seelsorgekompetenz.

Bei der Durchführung können *sieben Formate* unterschieden werden: a) Einführungsveranstaltungen für neue Mitarbeitende, b) diakonisch-theologische Seminarreihen, c) Einzelseminare zu diakonischen Themen, d) diakonisch-theologische Anteile in sozialfachlichen Fortbildungen, e) Vorträge, Diskussionsrunden und Gesprächsforen, f) Einkehrtage und g) Zertifikatskurse.

Ebenfalls unterscheiden sich die Kurse im Hinblick auf die *verschiedenen Bildungsdimensionen:* (Grundlagen-)Wissen, Haltungen, Werte und Fähigkeiten werden in den Ausschreibungen immer wieder genannt. Allerdings bieten die Ausschreibungstexte keinen Aufschluss darüber, wie diese Dimensionen zueinander stehen und welche Lernziele mit den Bildungsangeboten erreicht werden sollen und tatsächlich erreicht werden können. Dies weist darauf hin, dass diese Dimensionen im weiteren Verlauf der Arbeit didaktisch reflektiert werden müssen.

Schon allein bei der Wissensdimension fällt das Problem der Stofffülle ins Auge. Wie verhalten sich darüber hinaus allgemein-theologische und spezifisch-diakonische Inhalte zueinander? Nach welcher Struktur ist das Wissen organisiert? Gerade die umfangreicheren Bildungsangebote scheinen – bewusst oder unbewusst – am akademisch-theologischen Ordnungsschema orientiert zu sein.[113] Dies führt zur Frage nach der *Auswahl der Inhalte* dieser Fortbildungen.

---

[113] So findet sich beispielsweise in den Basiskursen in aller Regel ein biblisch-theologischer Block, ein kirchengeschichtlicher Block, ein praktisch-theologischer Block (Homiletik, Seelsorge), ergänzt um sozialwissenschaftliche/-politische Fragen. Wesentliche theologische Grundlagen (Diakoniewissenschaft, Kirchen- und Diakoniegeschichte, biblische und systematische Theologie) scheinen in erster Linie zusammengefasst und für das Seminargeschehen methodisch aufbereitet zu sein.

4. Didaktische Reflexionen in der diakoniewissenschaftlichen Literatur

Die erste Bestandsaufnahme (Kapitel 3) ging von den tatsächlich angebotenen Bildungsmaßnahmen in der Diakonie aus. Über die zugrunde liegenden didaktischen Überlegungen, die in das Angebot der Veranstaltungen eingeflossen sind, konnte an dieser Stelle nichts ausgesagt werden, wohl aber, welche Inhalte, Themen, Formate und Zielgruppen bedient werden. Dies soll nun mit einer zweiten Bestandsaufnahme ergänzt werden, um die angedeutete Leerstelle – didaktische Überlegungen und Reflexionen – beheben zu können. Gesucht wird nun in der diakoniewissenschaftlichen Literatur nach Hinweisen und Impulsen, die für eine zu entwickelnde Didaktik diakonischer Bildung im Kontext organisierter Diakonie konstruktiv und anregend sein können.

Zunächst soll kurz dargestellt werden, worauf sich diese Sichtung konzentriert und wie die Auswahl bergündet wird (4.1.). In den darauf folgenden Abschnitten werden dann elf Veröffentlichungen aus drei zu unterscheidenden Kontexten vorgestellt, die hilfreiche didaktische Reflexionen bieten (4.2.-4.4.). Nachdem jeweils der Erkenntnisgewinn der Publikationen zusammengefasst wird, wird der gesammelte Ertrag an didaktischer Reflexion systematisiert (4.5.). So werden einerseits die bisher geleisteten Ansätze didaktischer Reflexion wahrgenommen, andererseits können Lücken, Schwierigkeiten und weiterführende Fragen benannt werden. Diese sollen dann im Teil III die weiteren, grundsätzlichen Überlegungen lenken.

4.1. Vorüberlegungen zur Sichtung didaktischer Hinweise

Das lateinische Wort *didactica* stammt ursprünglich aus dem Griechischen. Das Verb *didaskein* bedeutet lehren, lernen und unterrichten. Es kann sowohl den Prozess des Belehrens als auch den des Lernens bezeichnen, meist ist jedoch der Vorgang des Lehrens und Unterrichtens gemeint. Da die Theoriebildung in der Didaktik weit fortgeschritten ist, sind drei Differenzierungen hilfreich, um das Didaktikverständnis, von dem in dieser Studie ausgegangen wird, zu bestimmen:

– Grundsätzlich wird zwischen Allgemeindidaktik und Fachdidaktik unterschieden. Die allgemeindidaktischen Theorien fragen nach dem Lehren und Lernen an sich, die Fachdidaktiken konkretisieren dies für einzelne Fächer (sofern es sich um Schulfächer handelt) oder Bereiche (z.B. Umwelt, Medien, Verkehrserziehung etc.).

– Didaktik im weiteren und im engeren Sinne: Wolfgang Memmert unterscheidet vier Verständnisse didaktischer Theorien nach der Weite ihres Gegenstandes (vgl. Memmert 1983): Die weiteste Definition versteht unter Didaktik die Wissenschaft vom Lernen und Lehren generell, die engste Definition sieht in der Didaktik die Wissenschaft vom Lehrplan (Curriculumsforschung). Zwischen diesen beiden Ansätzen ist die Didaktik als Wissenschaft vom Unterricht und die Didaktik als Theorie der Bildungsinhalte einzuordnen.

– In der Erwachsenenbildung wird im Unterschied zur schulpädagogischen Diskussion zwischen Mikro- und Makrodidaktik unterschieden. Die Mikrodidaktik betrifft die Reflexion der Lehr-/Lernsituation, die Makrodidaktik bezieht sich auf Programmplanung und Angebotsgestaltung.

Das Interesse dieser Studie liegt in einer *fachdidaktischen* Reflexion der diakonischen Bildung. Wenn in diesem Kapitel von „didaktischen Hinweisen" gesprochen wird, auf die die diakoniewissenschaftliche Literatur untersucht werden soll, sind daher vor allem Reflexionen gemeint, die sich auf eine (zu entwickelnde) fachdidaktische Struktur diakonischer Bildung beziehen. An dieser Stelle soll allerdings keine Diakonie-Fachdidaktik entwickelt werden, die die gesamte Breite des Phänomens Diakonie aufarbeitet. Es gelten zwei Einschränkungen: Von Bedeutung ist hier nur ein – wenn auch wesentlicher – diakonischer Kontext, nämlich der Bereich der *organisierten Diakonie*. Zudem stehen die *Diakonie-Mitarbeitenden* im Mittelpunkt der didaktischen Reflexionen. Schulpädagogische oder hochschuldidaktische Fragen zum Diakonie-Lernen werden in dieser Studie nicht berücksichtigt, wohl aber als Inspirationsquelle genutzt (wie es ja in den Abschnitten 4.2. und 4.3.4. auch geschehen soll).

Die allgemeindidaktische Theoriebildung ist mittlerweile weit fortgeschritten, einige Autoren sehen die allgemeindidaktische Diskussion derweil an ein vorläufiges Ende gelangt. Eine Diakonie-Didaktik kann sich grundsätzlich auf vorhandene allgemeindidaktische Theorien stützen. Diesbezüglich bieten sich bildungstheoretische und konstruktivistische Ansätze der Allgemeindidaktiken an; diese werden im Abschnitt 8.4. aufgegriffen.

Schließlich muss nach der Weite des Didaktikbegriffs gefragt werden. In dieser Studie wird die Auffassung vertreten, dass Didaktik über eine Reflexion der Unterrichts- (bzw. Seminar-)gestaltung hinausgeht. Ziel ist es somit auch nicht, Lehrpläne, Moduleinheiten oder Seminare methodisch zu durchdenken und zu entwickeln. Da auf der anderen Seite keine allgemeindidaktische Theoriebildung angestrebt wird, handelt es sich um ein Didaktikverständnis mittlerer Reichweite. Zu einer fachdidaktischen Reflexion diakonischer Bildung innerhalb der organisierten Diakonie gehören die Begründung diakonischer Bildung, besonders im Hinblick auf ihre Ziele und Inhalte, aber auch auf ihre Legitimation und Bildungsrelevanz. Grundlegende didaktische Leitlinien oder Prinzipien müssen erarbeitet werden, die den Möglichkeiten und Grenzen des Lehrens und Lernens in dem gegebenen Kontext gerecht werden. Außerdem müssen mögliche Inhalte bestimmt und begründet werden, samz der Klärung, welcher Art diese Inhalte sind und wie sie strukturiert sind.[1]

Auch wenn es nicht Ziel einer Didaktik diakonischer Bildung im Kontext organisierter Diakonie ist, Seminareinheiten zu entwickeln und methodische Vor-

---

1 Vgl. dazu auch die Kriterien einer Fachdidaktik bei Kiper/Mischke 2004, 156.

schläge auszuarbeiten, muss trotzdem die Konzeption von Angeboten, Formaten und Bildungssettings reflektiert werden, gerade wenn es darum geht, mögliche Anschlussstellen für diakonische Bildungsprozesse zu reflektieren. Denn anders als im schulischen Kontext ist dies in der Erwachsenenbildung eine wesentliche Aufgabe didaktischer Arbeit. Daher ist für das Vorhaben dieser Studie die Unterscheidung von Mikro- und Makrodidaktik hilfreich und erforderlich. Als Leitdifferenz wird daher vorgeschlagen, zwischen dem mikrodidaktischen Inszenieren von Bildungsprozessen und dem makrodidaktischen Disponieren von Bildungsangeboten zu unterscheiden.

Entsprechend der Arbeitsdefinition der ersten Bestandsaufnahme dieser Studie (Kapitel 3) wird nun eine Arbeitsdefintion für diese zweite Bestandsaufnahme bei der Suche nach didaktischen Hinweisen formuliert:

Unter „didaktischen Hinweisen" werden im Folgenden alle Reflexionen, Überlegungen oder Analysen verstanden, die im Zusammenhang mit diakonischen Lern- und Bildungsprozessen Fragen nach den Inhalten, den Zielen, den Lernprozessen, den Lernenden und Lehrenden und den Rahmenbedingungen und Kontexten betreffen und entweder substanziell-inhaltlicher, systematisch-strukturierender oder kritisch-problematisierender Art sind.

Die Sichtung der diakoniewissenschaftlichen Literatur hat ergeben, dass entsprechende didaktische Hinweise in drei zu unterscheidenden Kontexten zu finden sind:

- Grundlegende didaktische Reflexionen finden sich in der Debatte um diakonisches Lernen (vgl. Abschnitt 2.5.1.).
- Die Schnittstelle, an der Soziale Arbeit und theologische Reflexion aufeinandertreffen, bietet einen fruchtbaren Nährboden für die gesuchten Hinweise.
- Schließlich halten auch bildungspolitische Papiere aus der Diakonie wichtige Impulse bereit.

Insgesamt wurden elf Veröffentlichungen ausgewählt, die in besonderem Maße der formulierten Suchrichtung entsprechen. Sie bieten in der Regel keine direkten Antworten auf die Fragen einer Fachdidaktik diakonischer Bildung im Kontext organisierter Diakonie, geben aber gleichwohl wertvolle Impulse. Dazu muss jedoch ihr jeweiliger Kontext beachtet werden, so dass die Veröffentlichungen entsprechend den drei genannten Bereichen in den folgenden Abschnitten getrennt vorgestellt werden. Dabei wird jeweils gefragt, welcher Beitrag sich für die Reflexion einer Didaktik diakonischer Bildung im Kontext organisierter Diakonie ergibt. Abschließend werden diese Hinweise noch einmal systematisch zusammengefasst (4.5.).

Zunächst werden vier Artikel vorgestellt, die der Debatte um „diakonisches Lernen" entstammen (Hanisch 2000, Schmidt 2004, Schmidt/Zitt 2004 und Klappenecker 2008).[2] Diese Texte sind am wenigsten auf die Situation diakoni-

2 Zum diakonischen Lernen siehe auch den Abschnitt in Kapitel 2.5.1.

scher Fort- und Weiterbildung übertragbar, bieten aber die ausgereiftesten didaktischen Reflexionen (4.2.).

Danach werden Veröffentlichungen vorgestellt, die die Situation an der Schnittstelle von Theologie und Sozialer Arbeit reflektieren. Damit beziehen sich diese Texte bereits auf den Kontext, in dem sich diakonische Fort- und Weiterbildung vollzieht. Es handelt sich um die Frage nach einer Theologie für Sozialarbeiter im kirchlichen Dienst (Bäumler 1968), für „Nichttheologen" in der Diakonie (Hofmann/Kleinert 2004), zur Theologie in der Diakonenausbildung (Europäische Diakonenkonferenz 1992) und zur Theologie im Studium an konfessionellen Fachhochschulen (Lechner 2000). Außerdem werden hochschuldidaktische Überlegungen in den Blick genommen (Zitt 2004) (4.3.).

Im darauf folgenden Abschnitt werden zwei bildungspolitische Papiere aus der Diakonie dargestellt, die *Grundsätze und Standards der Bundesarbeitsgemeinschaft Fort- und Weiterbildung in der Diakonie* und das Papier *Bildungswege im Diakonat* der Verbände im Diakonat. Diese Überlegungen sind pragmatisch orientiert. Sie entsprechen am ehesten dem Anliegen dieser Studie, können sich aber nicht auf ein ausgereiftes didaktisches Fundament stützen (4.4.).

4.2. Hinweise aus der Debatte um ‚diakonisches Lernen'

4.2.1. Helmut Hanisch: Dimensionen diakonischen Lernens

Bei diesem Text von Helmut Hanisch handelt es sich um einen Grundsatzbeitrag für das zweite Bildungsforum des Diakonischen Werkes der EKD im Jahr 1999. Es ist damit einer der ersten Artikel, der die Projekte diakonischen Lernens überhaupt didaktisch in den Blick nimmt. Hanisch widersteht vorschnellen methodischen Empfehlungen und baut seine Überlegungen in drei Schritten auf: Zunächst ergründet er die Bedeutung des für die Diakonie grundlegenden Begriffs *diakonein.* Nachdem er dessen Gehalt entfaltet hat, fragt er nach der Perspektive der Schüler. Er vergleicht den theologischen Gehalt des Begriffs *diakonein* mit empirischen Befunden zu dessen Deutung aus Schülersicht. Erst in einem dritten Schritt benennt er didaktische Konsequenzen.

Zwei wichtige Erkenntnisse seien an dieser Stelle hervorgehoben. Schüler orientieren sich vor allem an moralischen Erfahrungen, die im Alltag vermittelt werden. Daher wird das Wesen der Diakonie leicht mit „Wohlverhalten, Nettigkeit und allgemeiner Hilfsbereitschaft" gleichgesetzt (Hanisch 2000, 16). Gerade vor diesem Hintergrund besteht die Gefahr, dass es nicht zu einer sensiblen und differenzierten Wahrnehmung des anderen kommt, sondern dass sich stereotype Rollen von Helfer und Bedürftigem verfestigen, da die Helfer oft „vorab schon zu wissen scheinen, wie die Zuwendung zum anderen zu erfolgen hat" (ebd.). Statt „sensibler Wahrnehmung und adäquater Hilfe" tritt an die Stelle bestenfalls ein „blinder Aktionismus" (ebd.). Die Schüler – dies ist die zweite Erkenntnis – haben in der Regel „keinen unmittelbaren Zugang" zu dem, „was ‚diakonein' theologisch bedeutet" (ebd.). Kinder interpretieren Nächstenliebe eben vor dem Hintergrund alltagsweltlich moralischer Erfahrungen und nicht im Zusammenhang mit dem Doppelgebot der Liebe (a.a.O., 15).[3]

Hanisch zieht daraus die lerntheoretische Konsequenz, dass an die Stelle der Assimilation die Akkomodation zu treten habe (a.a.O., 17), und gesteht sogleich ein, dass dies freilich leichter gesagt als getan sei. Die moralisierenden Vorstellungen, die an Begriffe wie *diakonein* oder Nächstenliebe herangetragen werden, müssen entsprechend modifiziert werden, um den Bedeutungsgehalt dieser Begriffe erschließen zu können. Daher schlägt er fünf Schritte vor, wie dies gelingen kann: Im ersten Schritt soll in einem Praxisfeld erfahren werden, was Diakonie bedeutet. Danach soll die Möglichkeit gegeben werden, an den biografischen Erfahrungen anderer zu lernen. Dies erfolgt hauptsächlich in Gesprächen, in denen nach den Motiven der Handelnden gefragt wird. Im dritten Schritt werden die gesammelten Motive der Gesprächspartner in einem theologischen Horizont reflektiert und auf die bislang gewonnen Erfahrungen bezogen. Viertens soll die Verbindung der erlebten Formen diakonischen Bemühens im Alltag mit dem theologischen Gehalt von *diakonein* geschaffen werden. Schließlich sollen im fünften Schritt junge Menschen dazu eingeladen werden, konkret diakonische Aktivitäten zu unterstützen.

Abschließend fasst Hanisch seine Überlegungen zu fünf Dimensionen diakonischen Lernens zusammen (a.a.O., 18):

- Sensibilisierung für hilfsbedürftige Menschen,
- Motivation zum diakonischen Handeln wecken,
- Wahrnehmung eigener Hilfe-Motivationen,
- Kennenlernen diakonischen Handelns und
- Veranschaulichung der Bedeutung von *diakonein*.

Erkenntnisgewinn für eine didaktische Reflexion diakonischer Bildung im Kontext organisierter Diakonie: Die genannten Schritte und Dimensionen beziehen sich auf Schulprojekte diakonischen Lernens, sie sind nicht ohne Weiteres auf diakonisch-theologische Fortbildungen für Diakonie-Mitarbeitende übertragbar. Hanischs Ausführungen zum neutestamentlichen *diakonein*- bzw. *diakonia*-Begriff unterscheiden sich deutlich von dem in Abschnitt 1.1. Dargestellten, da die Debatte zur Ausdeutung des neutestamentlichen Befundes erst ab 2000 einsetzte. Hanischs lerntheoretische Hinweise sind jedoch grundsätzlich für diakonische Bildung von Bedeutung. Die Erkenntnis, dass sich das Handeln und Deuten vor allem alltagsweltlich-moralisierend orientiert und sich eben nicht theologischer Reflexion bedient, hat für die weiteren didaktischen Überlegungen einen zentralen Stellenwert.

---

[3] In einem späteren Artikel, den Helmut Hanisch zusammen mit Christoph Gramzow und Siegfried Hoppe-Graff verfasst hat, werden diese Zusammenhänge noch einmal ausführlicher dargelegt (Hanisch/Gramzow/Hoppe-Graff 2004, 85-90).

4.2.2. Heinz Schmidt: Diakonisches Lernen: Grundlagen, Kontexte, Motive und Formen

Heinz Schmidt beschreibt 2004 die Grundlagen, Kontexte, Motive und Formen des diakonischen Lernens. Systematisch verortet Schmidt zunächst diakonisches Lernen als ein Lernen, das die kognitiv-kritischen Aspekte des ethischen Lernens und die affektiv-handlungsbezogenen Aspekte des moralischen Lernens verbindet. Beides wird aber nicht nur integriert, sondern durch die Bezugnahme auf alltagsbezogene Spiritualität überschritten (vgl. Schmidt 2004, 10).

Als biblisch-theologische Grundlage bezieht sich Schmidt vor allem auf die jüdisch-christliche Anthropologie. Jeder Mensch verfügt über die „gleiche unzerstörbare Würde, die zur Kommunikation mit Gott und der Mitkreatur berechtigt und befähigt" (a.a.O., 11). Schmidt rückt dieses Kommunikationsgeschehen in den Vordergrund und betont dessen Sinnlichkeit. Dazu bezieht er sich auf den Reichtum alttestamentlicher Belege über die Hinwendungsorgane. Neutestamentlich lenkt Schmidt den Blick auf die Rehabilitationsbedürftigkeit der Menschen. Dem korrespondiert Rettung als zentrales Thema des Neuen Testaments. Die von Christus geschenkte Hoffnung verspricht kein Wohlbefinden sondern „Frieden für Leib, Seele und Geist" (a.a.O., 12). Die biblisch-anthropologischen Grundlagen stehen im Zusammenhang mit der Ausbildung von Kommunikations- und Handlungsfähigkeit.

Schmidt benennt als zweite theologische Grundlage des diakonischen Lernens den ekklesiologischen Kontext. Diakonisches Handeln ist insofern Teil der Ekklesiologie, da die christliche Gemeinde bzw. Kirche „Zentrum und Kontext dieses Handelns" ist (a.a.O., 13). Und so befindet sich jeder, der diakonisch handelt, „schon in einer wie immer gearteten Beziehung zur christlichen Gemeinde und auch zur verfassten Kirche" (ebd.). Diese Beziehung kann gerade auch im Hinblick auf das diakonische Lernen „hochproblematisch" (ebd.) sein. Denn da die Beziehung vieler Mitarbeitender in diakonischen Einrichtungen zu Kirche, Religion und Glaube „stark individualisiert und meist hoch selektiv" ist, sind die „Chancen, beim praktischen diakonischen Lernen Glauben und kirchliches Leben zu thematisieren" dementsprechend gering (ebd.). Trotzdem relativiert oder eliminiert dies keineswegs den geistlichen Gehalt diakonischen Handelns. Hiermit ist die didaktische Herausforderung des diakonischen Lernens beschrieben. Auch wenn sich diakonisches Handeln weltlich gibt, kann der geistliche Gehalt nicht einfach durch eine „Sozialität des Menschen" ersetzt werden. Für alle diakonisch Handelnden bedeutet ihr Handeln „immer auch diakonisches Lernen. Es impliziert die Bereitschaft, sich gegebenenfalls mit den ekklesiologischen und geistlichen Gehalten der eigenen Praxis auseinanderzusetzen" (a.a.O., 14).

Daraufhin reflektiert Schmidt nun Aspekte des Helfens aus der Perspektive diakonischer Lernerfahrungen. Zunächst fragt er nach Interaktionsmustern des Helfens. Im Rückgriff auf Hans Werner Bierhoff skizziert er vier solcher Muster: Helfen als Randereignis, Helfen als wechselseitige Vorteilsgewährung, Helfen als Zupacken in akuten Notsituationen und schließlich Helfen als Ausdruck normativer Orientierung (vgl. a.a.O., 14-16). Er widerspricht dabei dem Vorurteil, dass diakonisches Lernen erst bei dem letztgenannten Muster ansetzen würde. Die Idee, dass Helfen Fehlformen ausbilden würde, wenn nicht eine theologisch legitime Motivation dahinter läge, weist Schmidt zurück und kritisiert Überlegungen Gerhard Uhlhorns, der vier Fehlformen des Helfens beschreibt. Uhlhorns Überlegungen nutzt Schmidt, um auf einen gängigen Kategorienfehler in der Reflexion diakonischen Handelns bzw. Lernens hinzuweisen: der mangelnden Unterscheidung psychologischer und theologischer Begriffe. Im diakonischen Lernen wird „die ganze Breite möglicher Motivationen und Alltagsroutinen" integriert. Auch setzt diakonisches Lernen weder eine komplexe Stufe normativer Orientierung voraus noch eine Bekehrung zum christlichen Glauben (vgl. a.a.O., 19).

Schmidt sucht daraufhin nach dem faszinierenden Moment des Helfens. Mit der Befriedigung von Beschützer-, Sinn-, Dominanz- oder Anerkennungsbedürfnissen ist dies allein nicht zu erklären. Schmidt findet dieses Moment in der Intimität als existenzieller Grunderfahrung, die er als „Grundlage und Auslöser einer Erotik des Mitempfindens" charakterisiert (a.a.O., 22). Hiervon ausgehend fragt Schmidt nach den daraus entstehenden Lernprozessen und beschreibt Imitationslernen, Identifikationslernen, Lernen durch Einsicht und Lernen durch Aneignung sozial-kognitiver Schemata. Abschließend stellt Schmidt Bezüge her zwischen diakonischem Lernen und Grundformen ethischen Lernens nach Friedrich Schweitzer, die stark von den Voraussetzungen des diakonischen Lernens geprägt sind und an dieser Stelle daher nicht vertieft werden müssen.

Erkenntnisgewinn für eine didaktische Reflexion diakonischer Bildung im Kontext organisierter Diakonie: Die Überlegungen Heinz Schmidts zum diakonischen Lernen sind unmittelbar übertragbar auf die didaktischen Fragen, die sich im Zusammenhang mit Diakonie-Mitarbeitenden stellen. Zu nennen ist zunächst die Verbindung von kognitiven und affektiven Momenten des Lernens, die gerade im Zusammenhang mit Erwachsenenlernen bedeutsam ist (siehe dazu auch Abschnitt 9.1.). Schmidt kritisiert die Haltung, dass erst vermeintlich hehre Formen des Helfens zu diakonischen Lernprozessen führen würden, stattdessen würdigt er grundsätzlich die unterschiedlichen Formen des Helfens. Wesentliches Moment in der Diakonie ist daher auch nicht das Helfen selbst, dessen zugrunde liegende Bedürfnisse oder eine normative Orientierung, sondern die in der diakonischen Begegnung liegende Grunderfahrung. Diese hat eine deutliche Nähe zum Ansatz der *Compassion* (vgl. Abschnitt 1.2.). Vor dem Hintergrund des ekklesiologischen Kontextes der Diakonie problematisiert Schmidt die Mitarbeitendenfrage, allerdings ohne die in der Diakonie oft gehörten Vorwürfen gegenüber ‚nicht-christlichen' Mitarbeitenden (siehe hierzu auch Abschnitt 5.2.). Auch setzt er für das Gelingen diakonischer Lernprozesse keine Bekehrung zum christlichen Glauben voraus. Bei alledem ist bei Schmidt deutlich ein kritischer wie konstruktiver Realismus ob der Situation der gegenwärtigen Diakonie erkennbar, der didaktisch fruchtbar ist.

4.2.3. Heinz Schmidt/Renate Zitt: Diakonisches Lernen – diakonische Bildung

Ausgehend vom diakonischen Lernen entwickeln Heinz Schmidt und Renate Zitt 2004 ein Verständnis diakonischer Bildung. Damit stellen sie die Debatte um *diakonisches Lernen* in den größeren Kontext *diakonischer Bildung*. Diese besteht für Schmidt/Zitt „in einer sinn- und wertorientierten reflexiven Durchdringung diakonisch-sozialer Handlungsfelder und Herausforderungen unter Beachtung ihrer Vermittelbarkeit in gesellschaftlichen Diskursen" (Schmidt/Zitt 2004, 68). Dabei stellen sie fest, dass sowohl die Entwicklung als auch die Implementierung didaktischer Kategorien noch am Anfang stehen (vgl. a.a.O., 70). Um hier Grundlagen zu legen, gehen sie in zwei Schritten vor: Zunächst stellen sie „Konturen eines diakonischen Bildungsbegriffs" dar (a.a.O., 65-70), danach beschreiben sie konkrete „Strukturelemente diakonisch-sozialer Bildungsprozesse" (a.a.O., 70-74).

Diakonische Bildung wird nach Schmidt/Zitt durch die folgenden sechs Aspekte konturiert: Ausgang und Ziel ist eine *integrative diakonische Lebenskultur:* Integrative Bildung setzt beim Zusammenleben, -arbeiten und -lernen an und „nötigt zu einer Umgestaltung aller Verhältnisse und Institutionen zu einer diakonischen Lebenskultur, in der sich jeder und jede als unendlich wertvoll erfahren kann, weil Gott und Mensch unwiderruflich das ‚Du gehörst zu uns' sagen und praktizieren" (a.a.O., 65). Dabei wird gesellschaftskonformes funktionales Lernen kritisch gesehen und stattdessen eine „ganzheitlich-erfahrungs-hermeneutische Bildungskonzeption" (a.a.O., 66) befürwortet. Solch eine *kritische und erfahrungsbezogene Bildung* steht in der Tradition der deutschen Bildungstheorie. Schmidt/Zitt beziehen sich auf die von Karl-Ernst Nipkow beschriebenen Dimensionen eines kritischen Bildungsbegriffs: Bildung und Politik, Bildung und Utopie, Bildung und Subjektivität, Bildung und Überlieferung, Bildung und Verständigung. Bei einer *erfahrungsbezogenen Subjektivität in Abgrenzung zur Funktionalisierung* sind die Lernenden nicht Adressaten, sondern Subjekte der eigenen Lernprozesse. Jenseits eines minimalen Grundkonsenses sind damit homogene und grundsätzlich gültige Sinnkonstruktionen gar nicht möglich. Der sinnstiftende Bildungsgehalt ist damit von subjektiver Aneignung abhängig, darf aber nicht willkürlich und beliebig sein und muss gesellschaftlich kommunizierbar und plausibilisierbar sein. Das *Profil diakonischer Bildung* liegt für Schmidt/Zitt in der reflexiven Durchdringung der Handlungsfelder, die drei Dimensionen einschließt: die Motive und Lebensgeschichten der Helfenden und Hilfsbedürftigen, die gesellschaftliche Situation und Traditionen, Werte und Normen. Spuren eines diakonischen Ethos machen die beiden Autoren im „konnektiven Gerechtigkeitsdenken" (Wolfgang Huber) des Alten Testaments aus, im „universalen Hilfsethos" (Gerd Theißen) des Neuen Testaments, in der Option für die Armen und in der Bewahrung der Schöpfung. *Didaktische Ansätze und methodische Perspektiven* sollten zunächst vom Bewährten des Religions- und Ethikunterrichts ausgehen. Elementarisierung und Symboldidaktik sind in ihren Augen nahe liegende Konzepte. Auf methodischer Ebene denken sie vor allem an Bibeldidaktik, Dilemma-Diskussionen, sokratische Didaktik und Morallernen. Didaktische Prinzipien sind für sie Problem- und Erfahrungsorientierung und schließlich *Handlungsorientierung und Selbstorganisation.*

Den beiden Autoren geht es nicht um eine ausschließliche Sach- oder Wissenschaftsorientierung. Daher stellen Schmidt/Zitt auch keine Themenauswahl zusammen, sondern schlagen stattdessen acht „didaktische Strukturelemente" vor, die den Weg diakonisch-sozialer Bildung markieren. Im Einzelnen: Da Erfahrungen nicht bedingungslos geschehen, bedarf es der *Analyse der Kontexte, Räume und Rahmenbedingungen*, in denen Erfahrungen gemacht werden. Die gemachten Erfahrungen führen zu einer *Verarbeitung in subjektiver Perspektive*, die Betroffenheit, Vorverständnisse, Einstellungen und Interpretationsmuster bewusst machen kann. Die *Konfrontation mit Erfahrungen und Bewertungen anderer* soll zu genauem Zuhören, Wahrnehmung anderer Perspektiven und zur eigenen Urteilsbildung führen. Die *Information über soziale Strukturen und Systeme* gehört zum Grundwissen diakonischer Bildung, das auch das „Bewusstsein der Mitverantwortung für ihre zukünftige Gestaltung" (a.a.O., 72) mit einschließt. Unzweifelhaft bedarf es einer *Reflexion unter normativen Gesichtspunkten*, die auf religiöse und weltanschauliche Traditionen zurückgreift. Daran schließt sich direkt die *Auseinandersetzung mit Traditionen humaner Sinn- und Wertorientierung* an. Hierbei geht es um das „Potenzial existenziell grundlegender und geschichtlich umfassender Gesamtorientierung" der großen religiösen und weltanschaulichen Traditionen jenseits einer rein funktionalen Bedeutung; dies setzt allerdings ein „gewisses Maß an Vertrautheit mit deren Sprach- und Ausdrucksformen" voraus. *Handlungsperspektiven für Lernende und Betroffene in unterschiedlichen Kontexten*: Die Entwicklung von Handlungs- und Verhaltensperspektiven unter Einbeziehung aller Beteiligten ist „unabdingbarer Bestandteil jedes diakonisch-sozialen Lernprozesses" (a.a.O., 73); mittelfristig sollten dabei Wirkungen im Verhalten und in Strukturen weiterer gesellschaftlicher Bereiche erzielt werden, die als „zivilgesellschaftlicher Fortschritt" bewertet werden können (a.a.O., 74). Und schließlich sind Formen der *Präsentation und Kommunikation* notwendig, um „gesellschaftliche Aufmerksamkeit und Relevanz zu erreichen" (ebd.).

Erkenntnisgewinn für eine didaktische Reflexion diakonischer Bildung im Kontext organisierter Diakonie: Auch die Überlegungen von Heinz Schmidt und Renate Zitt bieten unmittelbare Anknüpfungsmöglichkeiten für weitergehende didaktische Reflexionen. Schmidt und Zitt stellen diakonisches Lernen in den größeren Zusammenhang der diakonischen Bildung (vgl. Abschnitt 2.5.1. und 2.5.2.). Drei Aspekte sollen hierbei noch einmal hervorgehoben werden: Sie betonen, dass die Lernenden Subjekte ihrer eigenen Bildungsprozesse sind und nicht Adressaten eines zu vermittelnden Lerninhaltes; gerade diese Selbstverständlichkeit wird im Bezug auf die in der Diakonie Tätigen oft vernachlässigt. Diakonische Bildung setzt so auch bei der reflexiven Durchdringung des Handelns an, dabei kommt auch den biografischen Motiven als Reflexionskategorie Bedeutung zu. Schmidt und Zitt suchen darüber hinaus auch nach konkreten didaktischen Strukturelementen diakonischer Bildung. Dabei lehnen sie eine Themenauswahl ab, die quasi ein diakonisches Grundwissen abbildet, und heben stattdessen den Erfahrungsbezug und die Perspektiven der Lernenden hervor. Sie machen zudem Vorschläge für didaktische Modelle, die für diakonisches Lernen angemessen sind; sie finden sie in der Religionspädagogik.

4.2.4. Gabriele Klappenecker: Religiöse Wahrnehmung und Deutung als Voraussetzung diakonisch-sozialer Bildung

Innerhalb der Fachdebatte um diakonisches Lernen hat das Diakonie-Schulprofil des Evangelischen Schulzentrums Michelbach/Bilz Aufmerksamkeit erlangt. Das Curriculum des sogenannten „Michelbacher Modells" fand Einzug in das Handbuch diakonisch-sozialen Lernens (Gronbach 2006). In einem 2008 erschienenen Aufsatz beschreibt Gabriele Klappenecker, Gymnasiallehrerin am Schulzentrum Michelbach, die didaktischen Herausforderungen dieses Modells. Sie setzt mit einer Bestimmung diakonischer Bildung ein:

> „Diakonisch-soziale Bildung ist dann christliche Bildung, wenn der Unterricht es erlaubt, die religiöse Selbst- und Fremdwahrnehmung in den jüdisch-christlichen Horizont von Barmherzigkeit und Gerechtigkeit zu stellen und somit aufmerksam zu werden für das, was an Heilung und Heilungsbedürftigem, an Gerechtigkeit und Barmherzigkeit in sozialen Einrichtungen begegnet, oder für das, was als Mangel an Gerechtigkeit und Barmherzigkeit einzuklagen ist" (Klappenecker 2008, 394).

Die didaktische Aufgabe besteht darin, den religiösen Gehalt in der gegenwärtigen (Hilfe-)Kultur reflektieren zu können und dabei der lebensgeschichtlichen Situation der Schüler Rechnung zu tragen. Bei den begleiteten und in den Unterricht eingebundenen Projekten diakonischen Lernens verlassen die Schüler die vertraute Lernumgebung und nähern sich durch bereichernde wie auch erschütternde Erfahrungen einem biblisch fundierten Ethos diakonischen Handelns. Entscheidende Momente sind dabei die Wahrnehmungs- und Deutungsfähigkeiten der Lernenden, sie sind – so bereits der Titel des Aufsatzes – die Voraussetzung für diakonisch-soziale Bildung. Für diese Prozesse bedarf es aber theologischer Orientierung. Die didaktische Herausforderung besteht nun darin, die Lernenden nicht zu Objekten des Lernprozesses zu machen, denen theologische Inhalte bloß vermittelt werden, gleichzeitig aber nicht auf theologische religiöse Orientierung zu verzichten (vgl. Klappenecker 2008, 393). Einen Ansatzpunkt sieht Klappenecker in einer phänomenologisch orientierten theologischen Didaktik. Ein phänomenologischer Ansatz will dabei die Wahrnehmung der Lernenden schulen, und zwar grundsätzlich und nicht nur in kirchlich vermittelten Ausdrucksformen von Religion. Die Schüler sollen so auch für Ausdrucksformen in ihrer Lebenswelt sensibel werden. Die Gefahr eines phänomenologischen Ansatzes liegt allerdings darin, dass es unter Umständen bei einer „additiven Zusammenstellung oberflächlich wahrgenommener Alltäglichkeiten" bleibt.

„Es ist das große Manko der bisherigen phänomenologisch orientierten Religionspädagogik, dass sie darüber hinaus – vermutlich aus einer Überängstlichkeit davor, eine reine Behauptungstheologie zu vertreten – kaum zu explizieren vermag, dass es in der Auseinandersetzung mit der Lebenswelt um Wahrnehmung von christlicher Theologie und christlicher Religion geht. […] Nur wenn es gelingt, theologisch-phänomenologisch die Lebenswelt zu erschließen, wird es auch möglich sein, dass die Jugendlichen ein Stück weit christlich-religiöse Phänomene erkennen, sie theologisch zu deuten vermögen und damit in diakonisch-soziale Bildungsprozesse eintreten können" (Klappenecker 2008, 393).

Klappenecker formuliert zwei didaktische Bedingungen: Zum einen muss die religiöse Wahrnehmungskompetenz der Jugendlichen anerkannt werden (a.a.O., 395-396), zum anderen müssen Wahrnehmungshorizonte für diakonisch-soziale Erfahrungen eröffnet werden (a.a.O., 396-401). Um solche Wahrnehmungshorizonte anbieten zu können, braucht es Wahrnehmungseinstellungen, die bereits „den Phänomenen gegenüber, die im Bereich diakonisch-sozialer Arbeitsfelder begegnen, christlich-religiös qualifiziert" sind. Klappenecker verweist auf den Philosophen und Pädagogen Otto Friedrich Bollnow und entdeckt in seinem Werk „Existenzialien einer religiösen Grundlage jeder Erfahrung, die eine Anerkennung des Getragen- und Ermöglichtseins einschließt" (a.a.O., 394). Fünf solcher Existenzialien bieten sich als didaktische Kategorien an: Gestimmtsein; Widerfahrnissen ausgesetzt sein; wohnen; üben; das Wort hören und verantwortlich gebrauchen. Klappeneckers Ausführungen seien hier in Gänze wiedergegeben:

„1. Gestimmtsein: Wir können nicht nicht in einer Stimmung sein, sei sie gehoben oder gedrückt. Stimmungen sind ein Resonanzgeschehen. Resonanz entsteht durch ein Angesprochensein. Alle Lernprozesse, insbesondere religiöse, sind davon geprägt.

2. Widerfahrnissen ausgesetzt sein: Erschütterungserfahrungen stellen sich durch Ereignisse ein, die krisen- oder schicksalhaft von außen auf Menschen hereinbrechen. Sie sind Folge eines Krieges, einer Begegnung mit einem anderen Menschen, mit einer anderen Kultur oder Religion oder gar mit dem Heiligen als *fascinosum et tremendum*. Widerfahrnisse fordern dazu heraus, danach zu fragen, was dem Leben eines einzelnen Menschen oder einer Gemeinschaft Halt geben kann.

3. Wohnen: Wohnen heißt, die Mitte gefunden zu haben zwischen dem Sich-Verlieren im Außenraum auf der einen und dem spießerhaften Sich-Verschanzen auf der anderen Seite. Im freien Raum, im Haus, im Leib, kann der Mensch wohnen, d.h. in einem Bewusstsein des Getragenseins sich einrichten und auf diese Weise anderen zum Wohnen verhelfen. Wohnen in der Zeit bedeutet, mitten in der Ungeborgenheit auch dankbar in die Vergangenheit blicken zu können, vertrauend in der Gegenwart zu leben und hoffend auf die bildlose Zukunft zu schauen.

4. Üben: Das germanische ‚ob', auf welches unser heutiges Wort ‚üben' zurückgeht, bezeichnete ursprünglich den Ackerbau, eine Tätigkeit, die als kultische Handlung begriffen wurde. Jedes auch noch so profane Üben, nicht nur das liturgische, ist auch heute noch Ausdruck einer irgendwie ‚frommen' Haltung. Man löst sich in einem regelmäßigen Tun vom kleinen, machthungrigen Alltags-Ich und geht auf in einem großen Ganzen, was als Gewinn von Freiheit erlebt wird.

5. Das Wort hören und verantwortlich gebrauchen: Sprache schafft Wirklichkeit, auch religiöse, und bildet sie nicht einfach nur ab. Mit dem Gebrauch des Wortes steht und fällt

auch unsere Wahrhaftigkeit. Unter der Leitung des Wortes bildet sich das Wesen des Menschen" (Klappenecker 2008, 394-395).

Erkenntnisgewinn für eine didaktische Reflexion diakonischer Bildung im Kontext organisierter Diakonie: Gabriele Klappeneckers Grundthese ist, dass diakonische Bildungsprozesse auf die Wahrnehmungs- und Deutungsfähigkeiten der Lernenden angewiesen sind. Dazu empfiehlt sie phänomenologisch orientierte Ansätze der Religionspädagogik. Die erforderlichen Wahrnehmungs- und Reflexionskategorien müssen dem Phänomen der Diakonie auch tatsächlich gerecht werden, gleichzeitig müssen diese Kategorien bereits christlich-religiös qualifiziert sein. Hierzu bietet sie, in Rückgriff auf Bollnow, Reflexionskategorien für den diakonischen Bildungsprozess an, die sich deutlich von gängigen Ansätzen abheben und damit eine anregende Alternative zur Reflexion diakonischen Geschehens bieten. Wie und ob dies tatsächlich gelingt, ist an dieser Stelle nicht erkennbar. Ihr Ansatz sollte daher auf jeden Fall weiter im Blick bleiben.

4.3. Hinweise von der Schnittstelle ‚Theologie und Soziale Arbeit'

4.3.1. Christof Bäumler: Zur Funktion der Theologie in der Ausbildung von Sozialarbeitern im kirchlichen Dienst

Bereits 1968 fragte Christof Bäumler nach der Funktion der Theologie in der Ausbildung von Sozialarbeitern im kirchlichen Dienst. Da er die Methoden soziale Einzelfallhilfe, soziale Gruppenarbeit und *social community organization* bzw. -*developement* hervorhebt, geht es Bäumler in erster Linie um die „Nichttheologen" in Kirchengemeinden und örtlichen Diakonischen Werken. Mitarbeitende diakonischer Komplexeinrichtungen und stationär geprägter Arbeitsfelder scheinen nicht Bäumlers Reflexionsgegenstand zu sein. Er stellt in drei Schritten Überlegungen an, die für die didaktische Reflexion diakonischer Bildung hilfreich sind.

Bäumler unterscheidet zunächst zwischen einer textgeleiteten und einer situationsgeleiteten Theologie: „Der Denkweg der Theologie für Theologen führt in der Regel vom Text zur Situation, der Nichttheologe fragt in der Situation nach dem Text" (Bäumler 1968, 120). Daraus folgt, dass eine situationsgeleitete Theologie zum einen eigenständig betrieben werden muss, zum anderen muss sie anders strukturiert sein.[4] Dieser Frage geht Bäumler in drei Schritten nach. In einem ersten Schritt fragt er nach dem Thema einer solchen Theologie, im zweiten Schritt konkretisiert er dies ausgehend von den Methoden der Sozialarbeit und im dritten Schritt sucht er nach Eckpunkten einer biblischen Hermeneutik für Nichttheologen.

---

4 Dabei sind diese beiden Weisen dialektisch aufeinander bezogen, so dass es sich nicht um eine statisch abgrenzbare Arbeitsteilung handeln kann. Der Vorrang einer textgeleiteten Theologie führt im Berufsalltag zwischen Theologen und Sozialarbeitern zu einem lähmenden Lehrer-Schüler-Verhältnis.

Eine situationsgeleitete Theologie wird nach Bäumler von der Dialektik von Heil und Wohl bestimmt. Dabei kann freilich das biblisch verheißene Wohl nicht mit einer Art Wohlbefinden gleichgesetzt werden, andererseits kann noch weniger behauptet werden, dass das ewige Heil und das zeitliche Wohl nichts miteinander zu tun hätten. Die Reflexion der Konsequenzen dieser Dialektik ist „die Grundfunktion der Theologie in der Ausbildung der Sozialarbeiter im kirchlichen Dienst" (Bäumler 1968, 121). Dazu nennt Bäumler drei wesentliche Fragen: Worin besteht der Unterschied zwischen Heil und Wohl? Wie kann eine theologische Vermittlung in dieser Dialektik geschehen? Wie sollte sich eine Gemeinde – der er diese Aufgabe durch ihre Nachfolge in der Gegenwart Christi zuschreibt – konkret dieser Vermittlung stellen?

Im zweiten Schritt wendet Bäumler seine Überlegungen nun auf die Methoden der Sozialarbeit an.[5] Zentral ist dabei sein Grundgedanke, dass die Funktion der Theologie darin besteht, die Methoden der Sozialarbeit zu interpretieren.

Schließlich fragt Bäumler nach den Eckpunkten einer biblischen Hermeneutik für „Nichttheologen", denn die Mitarbeitenden in der kirchlichen Sozialarbeit müssen „so weit in das Verstehen biblischer Texte eingeführt werden, daß sie in der Lage sind, ihre eigene Praxis im Kontext des kirchlichen Handelns theologisch zu überprüfen und zu verantworten" (a.a.O., 126). Bäumler will mithilfe der historisch-kritischen Methode die Funktion der biblischen Texte verdeutlichen (den Ruf in die Nachfolge des Gekreuzigten) und den Zusammenhang von Christologie und Ekklesiologie, die anthropologischen Perspektiven und den Zukunftshorizont der Verheißungsgeschichte in den Blick rücken. Bäumler gibt zudem eine sehr knappe Auswahl an Bibelstellen an, die Kristallisationspunkte dieser vier Aspekte darstellen.

Im Zusammenhang der biblischen Hermeneutik möchte Bäumler ekklesiologische Denkmodelle vorstellen, die „an einigen markanten Punkten durch die Kirchengeschichte verfolgt und zur kritischen Durchleuchtung gegenwärtiger kirchlicher Praxis verwandt werden" (a.a.O., 127).[6] Kirchengeschichte ist für ihn also kein eigenständiges und damit in Bildungsprozessen de facto oft ausuferndes Thema, sondern es werden in Bezug auf eine konkrete theologische Dimen-

---

5 Der damalige Methodenbegriff unterscheidet sich von dem heutigen Verständnis in der Sozialen Arbeit. Bei den drei „Methoden" soziale Einzelfallhilfe, soziale Gruppenarbeit und Gemeinwesenarbeit (Bäumler nutzt stattdessen die beiden Begriffe *Social Community Organization* und *Social Community Development* als die beiden amerikanischen Wurzeln der Gemeinwesenarbeit) handelt es sich nach heutigem Verständnis um Sozialformen. Dies ändert nichts an Bäumlers Ansatz. Im Gegenteil, die von Bäumler geforderte theologische Interpretation der Methoden der Sozialarbeit wird bei dem heutigen Methodenverständnis nur noch dringender.

6 Bäumler nennt als Beispiele „a) Kirche als Zufluchtsstätte der Frommen inmitten der bösen Gesellschaft, b) Kirche als Instrument der Christianisierung der Gesellschaft, c) Kirche als wanderndes Gottesvolk, an den Brennpunkten gesellschaftlicher Konflikte prophetisch existierend" (Bäumler 1968, 127).

sion – hier die ekklesiologische – einzelne Denkmodelle identifiziert, die dann exemplarisch kirchengeschichtlich verdeutlicht werden.

Für Bäumler ist die beschriebene biblische Hermeneutik für „Nichttheologen“ grundlegend, nicht jedoch Predigt und Katechese: „Da Predigt und Katechese aber nicht zu ihren Aufgaben gehören, entfallen Homiletik und Katechetik in dieser Ausbildung“ (a.a.O., 126). Dies ist in Bäumlers Sicht auch nur konsequent. Da der theologische Bezugspunkt der Sozialarbeiter in kirchlichem Dienst eben eine situationsgeleitete Theologie ist, braucht es keine Kompetenzen, die explizit von einem textgeleiteten Zugang ausgehen. Unbenommen davon bleibt die Kompetenz, eigenständig mit biblischen Texten umgehen zu können.

Erkenntnisgewinn für eine didaktische Reflexion diakonischer Bildung im Kontext organisierter Diakonie: Bäumler erkennt, dass die „Denkwege der Theologie“ im Sozialen Bereich grundsätzlich von der Situation zum Text verlaufen und eben nicht, wie in der Theologie üblich, beim biblischen Text ansetzen. Daraus folgt dann auch, dass solch eine Theologie ein anderes, ein eigenständiges Ordnungsschema aufweisen muss. Das von ihm vorgeschlagene Denkmodell von „Heil und Wohl“ gilt in der Diakoniewissenschaft allerdings mittlerweile als veraltet. Hervorzuheben ist auch Bäumlers Hinweis, nicht kirchengeschichtliches (Hintergrund-)Wissen, sondern ekklesiologische Denkmodelle vorzustellen. Seine knappen Ausführungen diesbezüglich erinnern an den didaktischen Ansatz des genetischen Lernens (vgl. Berg 1995b).

4.3.2. Europäische Diakonenkonferenz: Theologie in der Diakonenausbildung

1992 stellt sich die Europäische Diakonenkonferenz der Frage nach der Theologie in der Diakonenausbildung. Vor allem die Vorträge von Georg Klinzing und Kjell Nordstokke bieten bedenkenswerte Hinweise.

Georg Klinzing fragt in seinem Vortrag nach der Ausrichtung der Theologie in der Diakonenausbildung. Der konkrete Anlass ist die Überarbeitung des Lehrplans für Theologie an der Fachhochschule des Rauen Hauses. Der eigentliche Grund für die Frage nach der Theologie in der Diakonenausbildung liegt in der Erkenntnis, dass es sich nicht um „Universitätstheologie mit quantitativen Abstrichen“ (Klinzing 1992, 69) handeln kann. Dies kann einerseits berufspolitisch begründet werden (denn dann wäre der Diakon letztlich ein Pfarrer mit ‚quantitativen Abstrichen‘), andererseits sprechen auch inhaltliche Gründe dafür. Das ‚Diakonische‘ könne eben „nicht nur Sache eines einzelnen Faches sein“ (a.a.O., 72) – also Diakonik als Unterdisziplin der Praktischen Theologie –, sondern es „müsse in allen Fächern präsent sein“ (ebd.). Klinzing ist nun auf der Suche nach „einem Leitfaden, der eine Auswahl zuläßt, nach einem spezifisch diakonischen Profil“ (a.a.O., 77). Dazu benennt er drei Punke:

„Das Fach Theologie in der Diakonenausbildung soll zu einem diakonischen Lebens- und Berufsverständnis beitragen

1. durch die Orientierung an Jesus als dem Ursprung und Modell eines diakonischen Lebens im Anbruch und in der Perspektive des Reiches Gottes
2. durch die Entwicklung und Reflexion diakonischen Lebens und Handelns in der gegenwärtigen Situation
3. durch die Vermittlung von Kenntnissen und Erfahrungen über die Institution Kirche, insbesondere ihre diakonische Dimension, und hinsichtlich diakonischer Arbeitsfelder" (a.a.O., 70).

Hieraus will Klinzing nun konkrete Inhalte ableiten, die im Fach Theologie gelehrt werden müssten. An dieser Stelle bleibt es jedoch bei Andeutungen. Interessant ist hingegen eine andere Spur in seinem Vortrag. Klinzing berichtet von zwei Befragungen in Predigerseminaren: „Sehr häufig, wenn ich nach diakonischen Inhalten der Ausbildung fragte, bewegte sich das Gespräch schnell in eine andere Richtung. Es ging um den *Prozeß des Lernens und Verstehens*" (a.a.O., 73). Damit rücken diakonische Themen und Inhalte eher an den Rand, ein diakonischer Lernprozess hingegen ins Zentrum der Reflexion (vgl. a.a.O., 77). Wie sieht solch ein diakonischer Lernprozess konkret aus? Klinzing gibt zwei Hinweise: Zum einen scheint der „diakonische Ansatz" vor allem ein hermeneutisches Prinzip zu sein, mit dem „eine ganz neue Sicht der Theologie gewonnen" werden kann (ebd.), zum anderen liegt das Diakonische in der Art des Lernens, das umschrieben wird als „gemeinsames, gegenseitiges, selbständiges, kritisches, analytisches, methodisches, persönliches und praxisbezogenes Lernen" (ebd.).

Als weiterer Beitrag der Europäischen Diakonenkonferenz soll der Vortrag von Kjell Nordstokke aufgegriffen werden (Nordstokke 1992). Nordstokke sieht in der Befreiungstheologie „Impulse für die diakonische Arbeit und die Diakonenausbildung". Auch Nordstokke geht es nicht um die Benennung konkreter Themen oder Inhalte, sondern er versteht die Befreiungstheologie als diakonische Theologie und versucht diesen theologischen Ansatz in der Diakonenausbildung stark zu machen. Grundsätzlich geht es ihm um eine Herangehensweise, eine besondere Art Theologie zu betreiben: „Die Theologie der Befreiung ist sich nicht nur der Kontextbezogenheit bewußt, sie wird von ihr gerade betont und räumt der induktiven Methode beim Nachdenken über das Verhältnis zwischen Theorie und Praxis den Vorrang ein" (a.a.O., 18). Zwei Aspekte qualifizieren die Befreiungstheologie als diakonische Theologie: Zum einen ist es der befreiungstheologische Dreischritt „sieh – beurteile – handle", der die grundlegende theologische Herangehensweise darstellt, zum anderen ist es der kirchliche Charakter der Theologie, der sich in einem ständigen Bezug zur Kirche als Gemeinschaft zeigt. „Dieser Hinweis auf die Praxis und die Kirche als Gemeinschaft ist es, der es selbstverständlich werden läßt, die Theologie der Befreiung als diakonische Theologie zu sehen" (a.a.O., 19). Das Charakteristische der Befreiungstheologie liegt nicht in ihrem politischen, radikal sozialen oder seelsorgerlich kontextuellen Bezug, sondern in ihrem diakonischen Merkmal.

Erkenntnisgewinn für eine didaktische Reflexion diakonischer Bildung im Kontext organisierter Diakonie: Georg Klinzing verwehrt sich gegen den Ansatz, dass es sich bei der Theologie in der Diakonenausbildung einfach um eine Reduktion der universitären Theologie handelt. Klinzing ist sich mit Kjell Nordstokke darüber einig, dass das ‚Diakonische' in der Ausbildung nicht bestimmte theologische (Sonder-)Themen sind, sondern ein Prozess des Denkens, eine eigene Art Theologie zu treiben. Dies entspricht dem in Abschnitt 1.3.2. vorgestellten Verwendungszusammenhang des Diakoniebegriffs als hermeneutischem Prinzip. Die Hervorhebung der Befreiungstheologie, wie es Nordstokke ein Anliegen ist, scheint im Bereich der Diakonenausbildung konsensfähig zu sein. Hier sei allerdings die kritische Rückfrage erlaubt, ob die von der Befreiungstheologie erarbeiteten Optionen, Haltungen und Perspektiven tatsächlich die Situation der Diakonie in Deutschland angemessen aufgreifen und gewinnbringend reflektieren. Die Frage, die sich die Europäische Diakonenkonferenz vor fast zwei Jahrzehnten gestellt hat, entspricht unmittelbar dem Anliegen dieser Studie bei der Suche nach Strukturen und Anknüpfungsmöglichkeiten didaktischer Theoriebildung. Diese Überlegungen wurden allerdings meines Wissens – bedauerlicherweise – nicht wieder aufgegriffen und weitergeführt.[7]

4.3.3. Martin Lechner: Theologie in der Sozialen Arbeit

Martin Lechners Studie (2000) ist eine grundlegende Auseinandersetzung mit der Frage nach den Essentials einer Theologie in (der Ausbildung) der Sozialen Arbeit. Theologie kommt laut Lechner an den Fachhochschulen für Soziale Arbeit zwar vor, zumindest an den konfessionellen Fachhochschulen, aber er vermisst eine gründliche Reflexion des Verhältnisses von Theologie und Sozialer Arbeit. So stellt er sich der Aufgabe, eine Theologie für Soziale Arbeit zu entwickeln und zu begründen. Dabei geht Lechner auch Fragen nach, die besonders für die Suche nach einer fachdidaktischen Struktur diakonischer Bildung relevant sind: Er stellt mit seiner Studie ein „inhaltliches Angebot einer Theologie in der Sozialen Arbeit" vor, er bietet damit einen konkreten Vorschlag, welche theologischen Themen für die Soziale Arbeit wesentlich sind. Dabei sind Lechners Vorarbeiten aufschlussreich: Er sucht nach Spuren einer Theologie in der Sozialen Arbeit, fragt nach dem Nutzen, den Zielen und Aufgaben der Theologie für die Soziale Arbeit, stellt Konvergenzen zwischen (Praktischer) Theologie und Sozialer Arbeit dar und definiert Eckpunkte einer Theologie in der Sozialen Arbeit. Kurz: Es finden sich bei ihm Überlegungen, denen auch eine Diakonie-Fachdidaktik nachgehen muss. Im Folgenden werden aus

---

7 Anderthalb Jahrzehnte später wurde wieder der Frage nach der „Theologie in der Ausbildung von Diakonen und Diakoninnen" nachgegangen (Suhr 2008), allerdings als Einzelbeitrag und nicht als Gesamtanliegen der Diakonenausbildungsstätten. Vergleicht man Suhrs Überlegungen mit denen der Europäischen Diakonenkonferenz, zeigt sich, dass die herausgehobene Stellung der Befreiungstheologie fortgeführt wird (vgl. a.a.O., 181) und Fragen der Spiritualität stärker in den Mittelpunkt gerückt werden (vgl. a.a.O., 181-183).

Lechners umfangreicher Studie nur die Erkenntnisse erwähnt, die unmittelbar für diakonische Bildungsmaßnahmen didaktisch relevant sind.

Bei der Ausbildung im Sozialen Bereich steht das Erlangen einer professionellen Kompetenz im Mittelpunkt. Lechner unterscheidet nun zwischen dem allgemeinen Nutzen der Theologie für eine sozialberufliche Handlungskompetenz und dem speziellen Nutzen für eine sozialpastorale Kompetenz. Hierin unterscheiden sich Fachhochschulen in staatlicher und in konfessioneller Trägerschaft. Die professionelle Kompetenz in der Sozialen Arbeit besteht nach Lechner aus drei Dimensionen: der fachlichen, der personalen und der institutionellen Kompetenz. Die Theologie kann ihren Beitrag in allen drei Dimensionen leisten. Daher muss sie „an *allen* Fachhochschulen als eine für *alle* Studierenden relevante Disziplin angeboten werden, um fachliches Können, personale Authentizität und institutionelle Kompetenz unter Einbeziehung der Realität von Religion, Glaube und Kirche erwerben zu können" (Lechner 2000, 244). An konfessionellen Fachhochschulen kommt der Theologie noch eine spezielle Aufgabe zu: „jenen Studierenden, die ihr Christsein im Sozialberuf verwirklichen möchten, Möglichkeiten zu einer vertieften Reflexion der caritativen Sendung der Kirche im Kontext einer sozialen Pastoral oder Evangelisierung bereitzustellen". Damit übernimmt sie eine zusätzliche Aufgabe, die „Vermittlung einer sozial-pastoralen Kompetenz".

Lechner bezieht sich auf das Paradigma der „konvergierenden Optionen", das Norbert Mette und Hermann Steinkamp als eine von vier Verhältnisbestimmungen von Praktischer Theologie und Sozialwissenschaften beschreiben (Mette/Steinkamp 1983), und sucht nach Konvergenzen zwischen Theologie und Sozialer Arbeit. Er findet sechs solcher wissenschaftstheoretischer Konvergenzpunkte und schließt mit dem Nachweis der inhaltlichen Nähe zwischen beiden und der Erkenntnis, dass die Theologie als Praktische Theologie bzw. Pastoraltheologie verstanden werden muss. Damit kommt er zur Frage nach der Art und Weise einer Theologie der Sozialen Arbeit. Er nennt sechs Eckpunkte, die den Charakter solch einer Theologie beschreiben: Es handelt sich um eine explizit *christliche* Theologie – und nicht um Religionswissenschaft; die Theologie muss sich *bezugswissenschaftlich* verstehen – sie hat in der Sozialen Arbeit „Gastrecht", aber kein „Heimrecht" wie an der theologischen Fakultät; sie muss in Inhalt und Form *kontextuell* ausgerichtet sein; da sie nach den elementaren Sinnzusammenhängen und dem Entscheidend-Inhaltlichen fragt, handelt es sich um eine *elementarisierte* Theologie; die „Gottesrede im Angesicht von erfahrenem menschlichen Leiden" führt zu einer *diakonischen* Theologie; und schließlich handelt es sich um die bereits erwähnte „praktische Ausrichtung der Theologie im Sinne einer ‚Pastoraltheologie in der Sozialen Arbeit'", die jedoch weder als „Rezepttheologie mißverstanden werden noch in ihrer Relevanz auf die ausschließlich kirchlich-religiösen Aspekte der Sozialen Arbeit reduziert werden" darf (Lechner 2000, 235).[8]

Lechner beschreibt schließlich das inhaltliche Angebot christlicher Theologie, das er thematisch in acht Schwerpunkten vorstellt. Dazu sucht er zunächst innerhalb der Sozialarbeitswissenschaft nach möglichen theologischen Anschlussstellen. Lechner identifiziert dazu acht explizite und implizite theologische Anschlussstellen in der Sozialarbeitswissenschaft (vgl. a.a.O., 157), um davon ausgehend in der Breite der christlichen Theologie und Tradition nach thematisch relevanten Inhalten zu suchen. Er identifiziert als Anschlussstellen:

- Interdisziplinäre Theorie,
- Menschen- und Gesellschaftsbild,
- Wertewissen und moralisch inspirierte Kasuistik,
- Soziale Gerechtigkeit,
- Professionalität und Lebenswelthermeneutik,
- Spiritualität – Sinn – Kontingenzbewältigung,
- Institution,
- Geschichts- und Erinnerungsarbeit (vgl. a.a.O., 157-197).

Hiervon ausgehend entwickelt Lechner ein inhaltliches Angebot einer Theologie in der Sozialen Arbeit.

Erkenntnisgewinn für eine didaktische Reflexion diakonischer Bildung im Kontext organisierter Diakonie: Martin Lechner beleuchtet das Verhältnis von Theologie und Sozialer Arbeit und erarbeitet ein inhaltlich dichtes und kompaktes Angebot der Theologie für die Soziale Arbeit. Lechners Studie kann daher auch als Grundlage für vielfältige Überlegungen zur Ausgestaltung einer Diakonie-Didaktik dienen. Ebenso wie Bäumler ist sich Lechner darüber im Klaren, dass eine Theologie in der sozialen Arbeit eines eigenständig strukturierten Ordnungssystems bedarf. Auch sind Lechners Überlegungen zum Kompetenzverständnis hilfreich, auf sie wird in Abschnitt 8.5. wieder zurückgegriffen. Auch der Frage nach dem inhaltlichen Angebot der Theologie wird in dieser Studie Aufmerksamkeit geschenkt und sie wird in Abschnitt 7.3.2. vorgestellt.

4.3.4. Renate Zitt: Diakonische Perspektiven für theologische Bildung und Ausbildung

Renate Zitt geht 2004 der Frage „Ist Diakonie lehrbar?" aus hochschuldidaktischer Sicht nach.[9] Da der Diakoniebegriff „schillernd" sei (Zitt 2004, 195), nähert sie sich ihm zunächst mehrperspektivisch und greift folgende Linien auf:

---

[8] Lechner bezieht sich ausdrücklich auf Karl Rahners „anonymes Christentum"; ihm geht es darum, dass „nicht nur die explizit christlich motivierten oder kirchlichen Gestalten der Sozialen Arbeit, sondern auch deren anonym-christlichen Vollzüge" reflektiert werden (a.a.O., 235).

[9] Renate Zitt ist dieser Frage bereits mehrfach nachgegangen (vgl. Zitt 1998, 2003, 2006, 2008), auch als Co-Autorin verschiedener Beiträge (vgl. Zitt/Pompey/Walter 2002 und

– biblisch-theologische Aspekte,
– geschichtliche Dimensionen,
– Strukturen des Diakonischen Werkes der EKD als freier Wohlfahrtsverband,
– Diakonie als Lebens- und Wesensäußerung der Kirche.

An anderer Stelle weist sie neben diesen genannten noch auf weitere Perspektiven hin (vgl. Zitt/Pompey/Walter 2002, 523-529):

– Diakonie in der Gesellschaft zwischen Markt und Sozialstaat,
– Kirche, Diakonie, Profession und Diakonat,
– gegenwärtige Herausforderungen,
– sozialethische Aspekte der Diakonie aus der Ökumene.

Zitt fragt nach der Verhältnisbestimmung von Praktischer Theologie und Diakonie und von Diakoniewissenschaft und Theologie (vgl. Zitt 2004, 198-200; 200-202). Sie versteht Diakoniewissenschaft dabei als „wahrnehmende, reflektierende und erinnernde, erfahrungs- und sachbezogene, interdisziplinäre, handlungsorientierende Theorie diakonisch-sozialer Prozesse in der Gesellschaft“ (a.a.O., 200). Sie beschreibt damit Diakoniewissenschaft als Reflexionsperspektive, die augenscheinlich eine Nähe zur Sozialarbeitswissenschaft hat. Für die Reflexion diakonisch-sozialer Handlungsfelder ist eine Interdisziplinarität erforderlich, deren Korrespondenzdisziplinen sich aus dem jeweiligen Kontext ergeben. Explizit nennt sie dabei human- und sozialwissenschaftliche, theologische und historische, soziologische, psychologische und gesellschaftstheoretische Perspektiven (vgl. a.a.O., 200). In ihrer Bildungsaufgabe wird Diakoniewissenschaft durch fünf Systemreferenzen bestimmt:

– Gesellschaftsbezug (Kultur des Helfens),
– Institutionen- und Organisationsbezug (institutionalisierte Formen helfenden Handelns),
– Wertbezug und Sinnhorizont (Ethik, Religionen),
– Selbstbezug (Kirche und Diakonie),
– eigene Praxis (Identitätsbildung und Verständigungsfähigkeit).

In einem nächsten Schritt untersucht Zitt die Rolle der Diakonie in theologischen Bildungs- und Ausbildungskontexten an Universitäten und Fachhochschulen. Sie unterscheidet dabei zwischen den drei Ausbildungsphasen des Pfarramtes, den Aufbaustudiengängen der Caritas- und Diakoniewissenschaft, Weiterbildungs- und Masterstudiengängen für spezielle Kompetenzen und schließlich der Diakoniewissenschaft an Evangelischen Fachhochschulen. Vor dem Hintergrund der hochschulpolitischen Entwicklungen an den Evangelischen Fachhochschulen betont sie die zentrale Aufgabe, theologische, religionspädagogische, diakoniewissenschaftliche und sozialarbeitswissenschaftliche Per-

---

Zitt/Müller 2004). Der hier ausgewählte Artikel (Zitt 2004) ist dabei für die hier verfolgten Interessen am aufschlussreichsten.

spektiven zu integrieren. Schließlich formuliert Zitt sechs didaktische Grundsätze für das Diakonie-Lernen in Bildungssettings von Hochschulen:

- Integration unterschiedlicher Wahrnehmungsperspektiven,
- Anknüpfen an die biografischen Erfahrungen der Lernenden (hierzu verweist Renate Zitt auf vier biografische Zugänge: die eigenen Erfahrungen von Helfen und Hilfsbedürftigkeit, die Begegnung unterschiedlicher Formen und Kontexte der Diakonie, die erinnernde Auseinandersetzung mit geschichtlichen und aktuellen Ausprägungen der Diakonie und die Wahrnehmung der Vielfalt und Komplexität der Diakonie),
- interdisziplinärer Theoriebezug,
- institutionelle und rechtliche Reflexion des Verhältnisses von Diakonie und Kirche,
- Kombination von angeleiteter Praxis und diakoniewissenschaftlicher Reflexion;
- Professionsreflexion der eigenen Rolle (vgl. a.a.O., 209).

Erkenntnisgewinn für eine didaktische Reflexion diakonischer Bildung im Kontext organisierter Diakonie: Renate Zitt nähert sich dem Diakoniebegriff mehrperspektivisch und weist damit gleichzeitig auf mögliche thematische Dimensionen hin. Sie weist mehrfach auf die Erfordernis interdisziplinärer Reflexion hin und bietet erste Ansätze, wie dies gelingen kann. An dieser Stelle wären weiterführende Konkretionen, wie dies tatsächlich im Bildungsgeschehen geleistet werden kann, wünschenswert. Renate Zitt ist die einzige Autorin, die konkrete didaktische Grundsätze für ein Diakonie-Lernen an Hochschulen vorstellt. Ihre Prinzipien sind angemessen und bieten auch für eine didaktische Struktur diakonischer Bildung im Kontext organisierter Diakonie fruchtbare Impulse.

4.3.5. Beate Hofmann/Ulfrid Kleinert: Theologie für Nichttheologen in der Diakonie

Bei diesem Doppelbeitrag handelt es sich um zwei eigenständige Artikel, die 2004 gemeinsam unter dem Titel „Theologie für Nichttheologen in der Diakonie“ veröffentlich wurden.

Beate Hofmann nennt als Ziele diakonisch-theologischer Fortbildung die Einübung von theologisch reflektierter Sprachfähigkeit, die Förderung ethischer Kompetenz und die Ausbildung spiritueller Kompetenz. Dazu braucht es die Vermittlung theologischen Grundwissens aus den Bereichen Bibel, Glaubenslehre, Kirchen- und Diakoniegeschichte und Religionskunde. Als didaktische Eckpunkte nennt sie erfahrungsbezogenes und exemplarisches Lernen (vgl. Hofmann 2004, 559, 560).

Hofmann fragt trotz aller Unterschiede in zeitlicher, organisatorischer und arbeitsfeldbezogener Hinsicht bei den diakonisch-theologischen Bildungsmaßnahmen[10] nach einem „gemeinsamen Nenner“. Sie fordert dabei „von den Lehrenden eine hohe Kunst in der Reduktion theologischer Komplexität ohne zu

---

[10] Hofmann nennt als Kurzprogramm die diakonischen Basiskurse, zeitlich aufwendiger ist das Diakonikum; sie unterscheidet des Weiteren zwischen Angeboten für Mitarbeitende in Kirchengemeinden und in der institutionalisierten Diakonie und berufsbegleitende bzw. grundständige Ausbildungen zum Diakon, zur Diakonin und zur Diakonisse. Mit Letzterem ist zudem die Unterscheidung von Ausbildung und Fort- bzw. Weiterbildung genannt.

verfälschen oder unangemessen zu verflachen“ (a.a.O., 563). Allerdings stellt sie dabei keine Kriterien vor, an denen sich eine didaktische Analyse orientiert, sondern beschreibt diesen gemeinsamen Nenner, indem sie für ein „Curriculum einer gründlichen Vermittlung von Theologie an Nichttheologen“ insgesamt folgende elf Elemente aufzählt:

– Aufbau und Entstehung der Bibel,
– diakonische Kerntexte der Bibel,
– Leitbilder und Herausforderungen der Diakonie,
– Gottesdienst und Kirchenjahr,
– zentrale dogmatische Themen (Gottesbild, Christologie, Trinität, Schöpfung, Soteriologie, Ekklesiologie, Eschatologie),
– christliches Menschenbild,
– Diakonie- und Kirchengeschichte,
– Ökumene,
– Ethik,
– christliche Seelsorge,
– andere Religionen und Sekten.

Dies kann in sieben Dimensionen systematisiert werden, die von einem unterschiedlichen „Sitz im Leben“ in der Diakonie ausgehen:

– Spiritualität,
– Seelsorge,
– Sinngebung,
– Gerechtigkeit und Barmherzigkeit,
– Reflexion und Ethik,
– religiöse Phänomene,
– Diakonie und Kirche.

Hofmann schließt mit der Überlegung eines wechselseitigen Nutzens von „Nichttheologen“ und Theologie. Die Theologie bringt dabei den „Nichttheologen“ neben der Wissenserweiterung eine allgemeine Horizonterweiterung, Anleitung zur Glaubenspraxis, Persönlichkeitsbildung, Ermutigung zur Positionierung in politischen und ethischen Diskursen, Toleranz gegenüber der Glaubensvielfalt und eine wachsende Bereitschaft, geistliches Leben mitzugestalten. Umgekehrt sieht sie die Möglichkeit, dass die „Nichttheologen“ zur Kontextualisierung der Theologie beitragen können.

Ulfrid Kleinert ergänzt Hofmanns Ausführungen um zweierlei: Er beschreibt die strukturellen Rahmenbedingungen der Aus- und Fortbildung von Menschen in diakonischen Arbeitsfeldern und stellt grundlegende didaktische Überlegungen an.

Zunächst unterscheidet Kleinert drei verschiedene Zielgruppen: Neben dem hauptberuflich tätigen Mitarbeitenden mit sozialberuflicher Qualifikation und diakonischem Selbstverständnis („D“) nennt er „Menschen in Leitungsfunktionen“ („L“) und ehrenamtliche Mitarbeitende („E“). Für die E-Mitarbeitende sieht er Einführungs- und Fortbildungsmaßnahmen vor, die mit einem Zertifikat abschließen, für die D- und L-Mitarbeitenden ein Studium an (Fach-)Hochschulen. Interessant sind zwei Unterscheidungen, die er zwischen den letztgenannten vornimmt: D-Mitarbeitende schließen mit einem Bachelor oder Diplom ab, L-Mitarbeitende mit einem Master; in Anlehnung an Wicherns Diakonatskonzept entsprechen die ersten dem Diakon, die zweiten dem Archidiakon.[11]

Kleinert betont mehrfach, dass die theologischen Inhalte nicht additiv, sondern integrativ einzubringen seien, dass sie „im Prozess der fachlichen Ausbildung und auf diese bezogen“ stattfinden. Gleichzeitig räumt er ein, dass sich die Ausbildungsstätten im Bereich des VEDD, die sich mit einer Rahmenrichtlinie von 1973 auf ein solch integratives Modell für die Diakonenausbildung verpflichtet haben, selbst nicht immer an ihre fachlichen Empfehlungen haben halten können (vgl. Kleinert 2004, 567). Im gleichen Zusammenhang bemerkt allerdings auch Kleinert: „Zu den staatlich anerkannten Abschlussprüfungen kommen theologische Prüfungen *hinzu*, die speziell die *integriert*-theologischen Anteile des Studiums zum Gegenstand haben“ (Hervorhebungen M.H.). Damit ist genau der Sachverhalt beschrieben, dass den rhetorischen Appellen für ein integratives Modell die Realität des faktisch vorherrschenden additiven Modells gegenübersteht. Kleinert bemerkt dann auch in Bezug auf seine Co-Autorin, dass die von Hofmann genannten Themen „sicher nicht der Reihe nach in Aus- und Fortbildungsmaßnahmen abgearbeitet werden“ sollen, denn „[s]o etwas ließe sich sonst durchaus auch additiv, also als Vor- oder Nachkurs zu anderweitigen Ausbildungen, absolvieren“ (a.a.O., 568).

Wie sieht nun Kleinerts Verständnis eines integrierten Modells konkret aus? Die eigentliche Integration wird über den Erfahrungsbezug der Teilnehmer geleistet, in dem diese ihre beruflichen und persönlichen Erfahrungen in den Bildungsprozess einbringen (a.a.O., 569). Zur Auswahl der Themen gibt Kleinert zwei Hinweise: Zum einen handelt es sich um einen Aushandlungsprozess mit den Teilnehmern, zum anderen arbeiten die jeweiligen Fachdozenten für Theologie bestimmte „Schnittpunkte“ der verschiedenen Lehr- und Forschungsbereiche heraus, die ihrer Meinung nach von besonderer Bedeutung sind.[12] Bei der konkreten Durchführung der Seminare scheinen Korrelationsmodelle zum Einsatz zu kommen, die allerdings nicht näher expliziert werden.

Um ein integriertes Modell entwickeln zu können, sucht er neben den Schnittpunkten verschiedener disziplinärer Perspektiven nach Denkmodellen, wie sich verschiedene Wissenschaftsbereiche miteinander verbinden lassen. Auch wenn Ulfrid Kleinert die zuletzt genannten Aspekte leider nicht weiter ausführt, bietet er einen Ansatzpunkt, wie eine didaktische Analyse strukturell verfahren kann: Er identifiziert mehrperspektivische Schnittpunkte (in seinem

---

[11] Vgl. zu Wicherns Diakonatsverständnis Kaiser 2006a, 232-233.

[12] Dies ähnelt der Vorgehensweise Lechners, konkrete Schnittstellen zwischen Sozialer Arbeit und Theologie zu identifizieren und erinnert an das Paradigma der „konvergierenden Optionen“ nach Mette/Steinkamp 1983, 170-175.

Beispiel: *Zeit*), denen er sich mithilfe konvergierender Themen inhaltlich nähern will (hier nennt er bezogen auf das Beispiel Zeit die Denkmuster von *Fragment* und *Stellvertretung*).

Erkenntnisgewinn für eine didaktische Reflexion diakonischer Bildung im Kontext organisierter Diakonie: Mit den beiden Einzelbeiträgen dieses Doppelartikels liegen sehr unterschiedliche Überlegungen zur Frage nach der Theologie für sogenannte „Nichttheologen" vor. Dies zeigt sich beispielsweise in den beiden vorgeschlagenen Modi der Themen- bzw. Inhaltsauswahl: Beate Hofmann reduziert vor allem das Angebot der universitären Theologie (wenngleich sie dies auch problematisiert, da es nicht zu einer „Verflachung" kommen darf), Ulfrid Kleinert fragt hingegen nach mehrperspektivischen Schnittpunkten und Konvergenzen. Hofmann greift als eine der Wenigen den Kompetenzbegriff auf, indem sie die Erfordernis spiritueller und ethischer Kompetenz benennt. Ihr Beharren auf dem Terminus des „Nichttheologen" sollte allerdings als problematisch gelten. Anders verfährt Ulfrid Kleinert, der zwischen Diakonie-Mitarbeitenden mit einem Fachberuf, leitenden Mitarbeitenden und ehrenamtlichen Mitarbeitenden unterscheidet.

4.4. Hinweise aus diakonieinternen Bildungspapieren

Abschließend werden nun zwei diakonieinterne bildungspolitische Texte vorgestellt, die *Grundsätze und Standards der Bundesarbeitsgemeinschaft Fort- und Weiterbildung in der Diakonie* und das Papier *Bildungswege im Diakonat* der Verbände im Diakonat. Die Papiere haben einen normativen Charakter. Daher spiegeln sie auch nicht den tatsächlichen Stand der Bildungsbemühungen in der organisierten Diakonie. „Gegenwärtig ist noch völlig unentschieden, wer in der Diakonie Bildungsverantwortung hat und wahrnimmt. Auch wenn Satzungen bis hin zum Bundesspitzenverband Zuständigkeiten beschreiben, wird die Gestaltung der Bildungslandschaft gegenwärtig eher dem freien Spiel der Kräfte überlassen" (Haas 2005, 449).[13]

4.4.1. Grundsätze und Standards der Bundesarbeitsgemeinschaft Fort- und Weiterbildung in der Diakonie

Im Jahr 2000 veröffentlichte die Bundesarbeitsgemeinschaft Fort- und Weiterbildung in der Diakonie eine Broschüre zu den Grundsätzen und Standards diakonischer Fort- und Weiterbildung.[14] Sie enthält drei Texte, die in den Jahren 1996, 1997 und 2000, teilweise als Fortentwicklung, entstanden sind:

---

13 Verwunderlich ist allerdings, dass sowohl die Verbände im Diakonat wie auch die Bundesarbeitsgemeinschaft die Umsetzung der eigenen konzeptionellen Ideen nicht entschiedener vorantreiben.

14 Im Folgenden kurz Bundesarbeitsgemeinschaft (BAG) genannt.

Die *Grundsatzaussagen zur Bedeutung diakonischer Aus-, Fort- und Weiterbildung*[15] wurden im Mai 1996 vom Vorläufer der Bundesarbeitsgemeinschaft, dem Runden Tisch „Aus-, Fort- und Weiterbildung in der Diakonie", erarbeitet. In äußerst knapper Form stellen sie Herausforderungen und Konsequenzen für die diakonische Bildungslandschaft dar. Das Papier will vor allem ein Bewusstsein für die Notwendigkeit und den Stellenwert diakonischer Aus-, Fort- und Weiterbildung in der diakonischen Fachöffentlichkeit wecken.

Ein Jahr später wurden von der sich nun in Gründung befindenden Bundesarbeitsgemeinschaft die *Qualitätsstandards für die Fort- und Weiterbildung von Leitungs- und Führungskräften in der Diakonie*[16] beschlossen. Diese unterscheiden sich in zweifacher Hinsicht von den *Grundsätzen* (1996): Ausgangspunkt ist das Führungshandeln in der Diakonie, außerdem erfolgt eine Beschränkung auf die Fort- und Weiterbildung. Der Text folgt einem Dreischritt: Zuerst wird die Qualität der Leitung in der Diakonie beschrieben, darauf folgend die Qualität der Fort- und Weiterbildung für Leitungskräfte (getrennt nach Themen und Qualitätskriterien), um schließlich die Qualität der Rahmenbedingungen (u.a. die Qualifikation der Lehrenden) zu beschreiben.

Im Jahr 2000 wurden dann die *Qualitätsstandards für Fort- und Weiterbildung in der Diakonie* beschlossen.[17] Das Papier stellt eine Überarbeitung und Weiterentwicklung der *Qualitätsstandards* von 1997 dar. Nun wird der Fokus allerdings wieder auf den gesamten Bereich der Fort- und Weiterbildung gelegt, die Einschränkung auf Führungskräftefortbildung besteht hier nicht mehr. Der Bereich der Ausbildung bleibt wie im Vorgängerpapier aber weiterhin unberührt. Ziel des Papiers ist eine ausführliche Auflistung von Qualitätskriterien diakonischer Fort- und Weiterbildung.

Die drei Papiere stellen eine Selbstverpflichtung der Fortbildungsanbieter dar. Ein Konsens über diakonische Standards in der Fort- und Weiterbildung ist so allenfalls auf dem Papier zu finden. Auf breiter Fläche wurde er de facto nicht umgesetzt, denn der Vorsitzende der Bundesarbeitsgemeinschaft formulierte fünf Jahre nach dem Erscheinen der Qualitätskriterien: „Zur Zeit stehen Versuche, unverzichtbare Qualitätsstandards zu beschreiben, noch in den Anfängen und haben bisher nur Selbstverpflichtungscharakter" (Haas 2005, 449).

Grundgedanke aller drei Papiere ist, dass Fort- und Weiterbildung in der Diakonie einen eigenen Qualitätsanspruch haben, der sowohl die Inhalte als auch den Prozess des Lernens betrifft (vgl. auch a.a.O., 448). Wesentliche Aspekte der *Grundsätze* (1996), *Qualitätsstandards* (1997) und *Qualitätskriterien* (2000) werden nun kurz vorgestellt. Da sich diese drei Texte auf den gesamten Bereich der Fort- und Weiterbildung in der Diakonie beziehen, wird an dieser Stelle nur auf

---

15 Im Folgenden kurz *Grundsätze* genannt. Dieser und die folgenden Kurztitel entsprechen dem Sprachgebrauch der BAG.

16 Im Folgenden kurz *Qualitätsstandards* genannt.

17 Gemeinsam mit der Arbeitsgemeinschaft Fortbildung in der Altenarbeit im Bereich der Diakonie (AGFA-DEVAP). Im Folgenden kurz *Qualitätskriterien* genannt.

Aspekte eingegangen, die auch für den speziellen Bereich der diakonisch-theologischen Bildungsmaßnahmen relevant sind.

Der BAG zufolge ist die diakonische Aus-, Fort- und Weiterbildung ein fester Bestandteil der Personalentwicklung in der organisierten Diakonie. Die Bildungsmaßnahmen bieten einen hohen „Nutzen für die Erreichung der diakonischen Unternehmensziele in den einzelnen Einrichtungen und Diensten" und sind für die „diakonische Qualitäts- und Profilsicherung unabdingbar" (Grundsätze 1996; Bundesarbeitsgemeinschaft 2000, 4). Bildungsmaßnahmen sind in dieser Sichtweise nicht Selbstzweck, sondern mit einem konkreten Nutzen verbunden, der sie zum einen legitimiert, an dem sie aber auch gemessen werden können. Die Verwertbarkeit der Fortbildung und die Evaluation der Maßnahmen rücken somit ins Interesse einer didaktischen Reflexion.

Sowohl Profil- und Organisationsentwicklung als auch Förderung von Fachlichkeit und Persönlichkeitsentwicklung sind nötig, um den aktuellen Herausforderungen, denen diakonische Unternehmen ausgesetzt sind, zu begegnen (vgl. Grundsätze 1996; Bundesarbeitsgemeinschaft 2000, 5).

Die *Grundsätze* heben als Herausforderungen diakonischer Unternehmen die eingeschränkten materiellen Ressourcen hervor. Daher ist u.a. die „Bewahrung und Entwicklung hoher Kompetenzen" der Mitarbeitenden ein Ziel diakonischer Fort- und Weiterbildung, eine bedarfsgerechte und kreative Fachlichkeit („innovative Gestaltung pädagogischer Konzepte") soll entwickelt und gefördert werden. Des Weiteren wird die Psychohygiene betont: „Umgang mit Grenzsituationen im pädagogischen Handeln". Leitungskräfte sollen gefördert werden in ihrer Kompetenz im Umgang mit Mitarbeitenden, externen Partnern, Trägerstrukturen und Qualitätsanforderungen.

Die Orientierung an den Werten des Christentums soll für Mitarbeitende „zentraler Bezugspunkt sein, auch wenn sich ihr Engagement möglicherweise aus anderen geistlichen, historischen, philosophischen oder ethischen Quellen speist" (Qualitätsstandards 1997; Bundesarbeitsgemeinschaft 2000, 7). Somit wird davon ausgegangen, dass eine Orientierung an christlichen Werten möglich ist, ohne dass dazu der christliche Glaube vorausgesetzt werden muss.

Auch für die Fragen nach einer inhaltlichen Auswahl der zu vermittelnden Themen ist dies relevant. Der Glaube selbst ist demnach nicht Gegenstand (oder gar Ziel) diakonisch-theologischer Bildung. Das theologisch Relevante ist in einer christlichen Werteorientierung zu suchen und nicht in Glaubensvollzügen oder -inhalten. Die weitere Bestimmung dieser christlichen Werte fällt in dem Papier allerdings eher schwach aus; genannt werden: die Unveräußerlichkeit der Menschenwürde und der solidarische Umgang zwischen Starken und Schwachen (in Konvergenz mit den Werten der Aufklärung, des Humanismus und der Arbeiterbewegung) und als explizit christliche Begriffe Nächstenliebe und Vergebung. In dem Papier wird besonders die Nächstenliebe hervorgehoben, denn gerade dieser Begriff biete die Chance, sich immer wieder aufs Neue befragen zu lassen. An anderer Stelle werden als inhaltlich-theologische Bezugspunkte „ein christlich-humanistisches Menschenbild und eine diakonische Ethik“ genannt (Qualitätsstandards 1997; Bundesarbeitsgemeinschaft 2000, 14).

In den *Qualitätskriterien* (2000) finden sich auch weitere Hinweise auf theologische bzw. religiöse Aspekte der Fort- und Weiterbildungen:

– „Es werden den TN geistliche Angebote (Besinnungen, Andachten) gemacht, die der persönlichen Orientierung und Entlastung dienen können“ (Qualitätskriterien 2000; Bundesarbeitsgemeinschaft 2000, 20).

– „Die Auseinandersetzung mit kirchlich-diakonischen Aspekten der zu behandelnden Themen (z.B. bezüglich des Menschenbildes, berufs- und alltagsethische Fragen, Mitarbeiterführung …) ist integraler Bestandteil der Konzeption“ (a.a.O., 18).

– „Die religiöse bzw. weltanschauliche, insbesondere die christlich-diakonische Dimension wird nicht tabuisiert, sondern durch den/die Dozent/in aktiv thematisiert. Dies bezieht sich auch auf die Auseinandersetzung mit dem ‚diakonischen Profil‘ oder einer anderen weltanschaulichen Ausrichtung des Trägers“ (ebd.).

Der letztgenannte Aspekt leitet zu einer weiteren Überlegung für diakonisch-theologische Bildungsmaßnahmen über: Die *Qualitätsstandards* (1997) und *Qualitätskriterien* (2000) benennen sieben Qualifikationsmerkmale der hauptamtlich Lehrenden. Die ersten sechs finden sich (fast) wortgleich in beiden Texten: Hochschulabschluss; Aktualität des Wissens und der Methoden; mehrjährige Erfahrung sowohl in der Lehre als auch in der Sozialen Arbeit oder Leitung; erwachsenenpädagogische Zusatzqualifikation im weitesten Sinne; personale Kompetenz; Kenntnis kirchlich-diakonischer Strukturen. Das siebte Qualifikationsmerkmal erfuhr eine Umformulierung: Die hauptamtlichen Lehrenden verfügen über eine „religiös-spirituelle Identität“ (Qualitätsstandards 1997; Bundesarbeitsgemeinschaft 2000, 15) bzw. haben eine „reflektierte Einstellung zum christlichen Glauben“ (Qualitätskriterien 2000; Bundesarbeitsgemeinschaft 2000, 21).

Die *Qualitätsstandards* (1997) und die *Qualitätskriterien* (2000) nennen als durchgängiges Ziel der Bildungsmaßnahmen die Kompetenzentwicklung: Gefördert werden sollen dabei Fachkompetenz, personale Kompetenz und Handlungskompetenz.[18]

In den Qualitätsstandards (1997) werden erste didaktische Prinzipien erwähnt,[19] die in den Qualitätskriterien (2000) präzisiert werden:

– Teilnehmer- und Erfahrungsorientierung,
– Handlungsrelevanz und Handlungsorientierung,
– Reflexionsförderung,
– Entwicklungsförderung.

Erkenntnisgewinn für eine didaktische Reflexion diakonischer Bildung im Kontext organisierter Diakonie: Die drei Papiere der Bundesarbeitsgemeinschaft bieten eine Fül-

[18] Verwunderlich ist an dieser Stelle allerdings, dass die Sozialkompetenz unerwähnt bleibt.

[19] Teilnehmerorientierung, Erlebnis- und Erfahrungslernen (vgl. Qualitätsstandard 1997, 14).

le an Anregungen für die didaktischen Reflexionen, die diese Studie leisten will. Da es sich allerdings um Papiere mit einem normativen Charakter handelt, werden didaktische Aspekte hauptsächlich als Anforderungen formuliert. Eine grundlegende didaktische Reflexion können diese Papiere nicht leisten, trotzdem ist die Erarbeitung der dargestellten Programmatik seitens der Arbeitsgemeinschaft positiv hervorzuheben. Einige Einzelaspekte sollen an dieser Stelle noch einmal betont werden: Die Bundesarbeitsgemeinschaft betont – im Gegensatz zu allen anderen vorgestellten Texten und Papieren – die Orientierung am Nutzen der Bildungsmaßnahmen. In den drei Papieren wird auch deutlich, dass die diakonisch-theologischen Anteile der Bildungsmaßnahmen sowohl auf den Bereich der Profilentwicklung und der Förderung der Fachlichkeit als auch auf den der Persönlichkeitsentwicklung zu beziehen sind (vgl. hierzu die Überlegungen zur Definition „diakonischer Bildungsmaßnahmen" in Abschnitt 3.1.). Bemerkenswert ist außerdem, dass nur die Bundesarbeitsgemeinschaft das Anforderungsprofil der Lehrenden thematisiert.

4.4.2. Bildungswege im Diakonat

Der Verband Evangelischer Diakoninnen-, Diakonen- und Diakonatsgemeinschaften (VEDD) hat im Jahr 2001 ein Impulspapier zu Bildungswegen im Diakonat veröffentlicht. 2004 wurde dieses Papier zusammen mit dem Kaiserswerther und dem Zehlendorfer Verband fortgeschrieben und stellt den derzeitigen Stand dar. Das Papier ist ausschließlich auf den Bereich der diakonisch-theologischen Bildung bezogen. Damit ist es das einzige seiner Art. Verfolgt wird mit diesem Papier ein doppeltes Ziel: In diakonatspolitischer Sicht soll es dazu beitragen, den Diakonat inhaltlich weiter auszugestalten, in bildungspolitischer Sicht sollen sich die diakonatsrelevanten Bildungsanbieter auf eine einheitliche Terminologie und verbindliche Standards einigen. Durch den gestuften Charakter der Bildungsangebote sollen Bildungsketten ermöglicht werden. Auch dieses bildungspolitische Papier hat einen Selbstverpflichtungscharakter.

Unter den gängigen diakonatsrelevanten Bildungsangeboten werden insgesamt vier Konzepte auf drei Stufen konzipiert:

Der *Basiskurs Diakonie* stellt die unterste Stufe des Systems dar. Der Kurs will Grundlagenwissen zur Diakonie vermitteln. Der Basiskurs besteht aus insgesamt 120 Unterrichtsstunden. Er schließt mit einer Bescheinigung und einer Beteiligung der Teilnehmer an einem Gottesdienst ab. Neben der Vermittlung grundlegender Informationen zur Diakonie ist das Ziel vor allem eine Sensibilisierung für den christlichen Glauben, Stärkung der Eigenreflexion und Wahrnehmung der eigenen Tätigkeit als diakonisches Handeln.

Das *Diakonikum* steht auf der zweiten Stufe der Bildungswegesystematik. Es beinhaltet 650 Unterrichtsstunden. Der Kurs wird mit einem Zertifikat abgeschlossen und die Teilnehmenden werden in einem Gottesdienst als „Mitarbeitende im Diakonat" beauftragt. Wesentlich ist eine Einführung in ausgewählte Grundlagen Systematischer und Biblischer Theologie, diakonisch-theologische Reflexionsfähigkeit und exemplarische Darstellung diakonischer Identität.

Ebenfalls auf der zweiten Stufe wird die *theologisch-diakonische Weiterbildung für Frauen/Diakonissenausbildung* angesetzt. Vom Diakonikum unterscheidet sich dieses Angebot vor allem durch die Zielgruppe (Frauen zwischen Ende 20 und Ende 50), die stärkere Betonung geistlichen Lebens und die Schwerpunktsetzung in der Themenauswahl.

Schließlich stellt die *Diakonenausbildung* die dritte Stufe des Bildungswege-Papiers dar. Hier wird von einem Stundenumfang von mindestens 1.200 Unterrichtsstunden ausgegangen und die Ausbildung schließt mit der Einsegnung in das Diakonenamt.

Neben der dreistufigen Systematik bietet das Bildungswege-Papier noch einige grundlegende Überlegungen zu diakonischer Bildung in Thesenform, die nun kurz vorgestellt werden: Für ein abgestimmtes Konzept sind eindeutige Definitionen, Abgrenzungen und Zuordnungen und verbindliche Standards erforderlich. Diese will das Papier beschreiben. Das Papier formuliert den Anspruch der Durchlässigkeit der einzelnen Bildungsangebote. Dabei sind vier Verhältnisbestimmungen notwendig: die gegenseitige Zuordnung und Durchlässigkeit der beschriebenen Bildungsangebote; die gegenseitige Anerkennung durch die unterschiedlichen Bildungsanbieter; die Anschlussmöglichkeiten an das Hochschulsystem; die Einbindung in die europäische Bildungslandschaft. In dem Papier wird auch auf die Konkurrenzsituation der Bildungsanbieter untereinander hingewiesen.

Bezogen auf das Verständnis diakonisch-theologischer Bildung wird unterschieden zwischen diakonisch-theologischer Ausbildung, Weiterbildung und Grundorientierung. Diakonisch-theologische Bildung im Diakonat muss sich dabei vierfach verantworten: gegenüber dem kirchlich-diakonischen Auftrag bzw. Selbstverständnis, gegenüber den individuellen Bildungsbedürfnissen, gegenüber der personal- und arbeitsmarktpolitischen Entwicklung und im Kontext der europäischen Bildungsanforderungen, sowohl in der Modularisierung als auch in der Systematik.

Ein einheitliches abgestimmtes und gestuftes Konzept für Bildung im Diakonat ergibt sich aufgrund der unterschiedlichen Personen, die im Diakonat tätig sind, mit ihren je eigenen Bildungswegen. Darüber hinaus haben diese Personen auch verschiedene Professionen inne. Diakonisch-theologische Bildung muss die Unterschiede der Mitarbeitenden in ihren Konfessionen aber auch in ihren verschiedenen Religionen und Weltanschauungen berücksichtigen. Nicht nur die christlichen Mitarbeitenden werden zu diesen Bildungsangeboten eingeladen. In dem Papier wird die Idee eines gestuften Systems konfessioneller Voraussetzungen entwickelt: Der Basiskurs steht allen Mitarbeitenden offen, das Diakonikum Mitarbeitenden, die zu einer ACK-Kirche gehören und die Diakonenausbildung wendet sich ausschließlich an evangelische Mitarbeitende.

Erkenntnisgewinn für eine didaktische Reflexion diakonischer Bildung im Kontext organisierter Diakonie: Das Bildungswege-Papier will einen bildungspolitischen Impuls im Bereich der Ausbildungsstätten im Diakonat geben. Da dieses Papier vor allem strukturelle Vorgaben macht, werden konkrete Inhalte nicht näher ausgeführt. Ebenso legt das Papier ausschließlich quantitative Standards fest. Qualitative Standards, wie in den Impulsen der Bundesarbeitsgemeinschaft Fort- und Weiterbildung in der Diakonie, finden sich nicht. Die didaktischen Überlegungen beziehen sich vor allem auf Fragen der Organisation und Durchführung von Bildungsveranstaltungen. Gewinnbringend sind vor allem die Überlegungen zu einem gestuften und damit durchlässigen Bildungssystem in der Diakonie, der Hinweis auf europäische Bildungsbedingungen und der Vorschlag, dass aufgrund der unterschiedlichen Verantwortung der Mitarbeitenden im Diakonat entsprechende Bildungsangebote erforderlich sind.

4.5. Didaktischer Ertrag

Die Einzelhinweise und -erkenntnisse sollen nun noch einmal systematisierend in den Blick genommen werden. In den Blick rücken die Intentionen des Bildungsprozesses, die Auswahl der Bildungsinhalte, die Frage nach der Theologie in der diakonischen Bildung und die möglichen didaktischen Prinzipien.

Die wohl grundlegendste Frage ist die nach dem *Ziel diakonischer Bildung*. In den einzelnen Ausführungen der verschiedenen Autoren werden sowohl explizit wie auch implizit verschiedene Lernziele formuliert. Diese sollen nun nicht alle noch einmal summarisch aufgezählt werden, sondern nach grundlegenden Gruppen von Lernzielen unterschieden werden. Insgesamt lassen sich so vier Lernzielgruppen identifizieren:

- Vermittlung von Grundkenntnissen über die Diakonie,
- Vermittlung einer christlichen Werteorientierung,
- Entwicklung von (diakonischer) Kompetenz und
- Reflexion diakonischen Handelns, um den religiösen Gehalt dieses Handelns wahrnehmen und verstehen zu können.

Dass die Vermittlung von Grundkenntnissen über die Diakonie Ziel diakonischer Bildungsangebote ist, erscheint mehr als einleuchtend, wird explizit aber nur im Bildungswege-Papier der Verbände im Diakonat in Bezug auf den Basiskurs und das Diakonikum hervorgehoben. Die Bundesarbeitsgemeinschaft für Fort- und Weiterbildung benennt als Lernziel die Vermittlung christlicher Werte, die zu einer Orientierung im Handeln führen soll.

Daneben wird mehrfach die Kompetenzentwicklung als Ziel der Fort- und Weiterbildungsmaßnahmen betont. So sehen beispielsweise die Qualitätsstandards (1997) und die Qualitätskriterien (2000) der Bundesarbeitsgemeinschaft diakonischer Fort- und Weiterbildung als Ziel der Bildungsmaßnahmen die Kompetenzentwicklung: Genannt werden Fachkompetenz, personale Kompetenz und Handlungskompetenz. Damit wird anscheinend auf das Kompetenzmodell von John Erpenbeck und Lutz von Rosenstiel zurückgegriffen, ohne allerdings die sozial-kommunikative Kompetenz mit aufzuführen. Beate Hofmann weist auf die Bedeutung spiritueller und ethischer Kompetenz als Bildungsziel hin. Hier deutet sich ein ganz anderes Kompetenzmodell an, nämlich im Gegensatz zu dem bereichsübergreifenden Modell von Erpenbeck und von Rosenstiel ein sogenanntes domänenspezifisches Modell. Martin Lechner macht an der Frage der Kompetenzen den Unterschied von Mitarbeitenden im Sozialen Bereich gegenüber solchen Mitarbeitenden deutlich, die zusätzlich eine christliche Grundhaltung in die Soziale Arbeit einbringen möchten. Lechners Modell entwickelt dazu ein weiteres Kompetenzmodell, das den beiden genannten Modelltypen nicht direkt zugeordnet werden kann.[20]

Ein weiteres Lernziel besteht darin, den religiösen Gehalt im diakonischen Handeln erkennen und reflektieren zu können. Dabei muss der lebensgeschichtlichen Situation der Lernenden bzw. der gegenwärtigen (Hilfe-)Kultur Rechnung getragen werden. Heinz Schmidt und Renate Zitt sehen daher das Ziel diakonischer Bildung „in einer sinn- und wertorientierten reflexiven Durchdringung diakonisch-sozialer Handlungsfelder und Herausforderungen unter Beachtung ihrer Vermittelbarkeit in gesellschaftlichen Diskursen“ (Schmidt/Zitt 2004, 68). Gabriele Klappeneckers Hinweise schließen sich hieran an. Christlich-religiöse Phänomene sollen erkannt werden und die Schüler sollen in die Lage versetzt werden, diese Phänomene theologisch deuten zu können. Auch Helmut Hanisch will zum Nachdenken über diakonisches Handeln anleiten mit dem Ziel, dass die Schüler den Gehalt des neutestamentlichen *diakonein* erfassen.

Die Breite des inhaltlichen Angebots diakonischer Bildung begegnete bereits in den neun Themenfeldern der Fortbildungsangebote (vgl. Abschnitt 3.2.2.) und zeigt sich in den hier ausgewählten Texten wiederum sehr deutlich. Die mögliche Stofffülle verweist daher auf die zu leistende Themenauswahl bzw. *Auswahl der Lerninhalte*. Die einzelnen Autoren gehen unterschiedlich mit diesem Problem um. Es lassen sich drei grundsätzlich zu unterscheidende Ansätze einer Themenauswahl erkennen:

- quantitative Reduzierung des inhaltlichen Angebots der akademischen Theologie,
- Identifizierung diakonisch-theologischer Schlüsselbegriffe,
- Auswahl von Inhalten aufgrund der Konvergenzen von Theologie und Sozialwissenschaften.

Für die von Beate Hofmann beschriebenen Kompetenzen braucht es die Vermittlung eines umfassenden theologischen Grundwissens. Die Art und Weise einer Themenauswahl besteht bei ihr in einer quantitativ reduzierten Form der wissenschaftlichen Theologie. Dies wird besonders deutlich bei dem Hinweis auf „zentrale dogmatische Themen“, die lediglich eins von insgesamt elf Elementen eines möglichen Curriculums darstellen: Mit den Themen Gottesbild, Christologie, Trinität, Schöpfung, Soteriologie, Ekklesiologie und Eschatologie wird fast die gesamte Bandbreite der Dogmatik abgedeckt. Hofmann betont daher auch die Notwendigkeit der exemplarischen Auswahl.

---

[20] Vgl. hierzu auch die Überlegungen zur diakonischen Kompetenz im konzeptionellen Teil dieser Studie (8.5.).

Ein anderes Vorgehen besteht in der Identifizierung einzelner theologischer Begriffe, die gerade in der Diakonie eine hohe Relevanz haben. Die Reflexion dieser – diakonisch interpretierten – theologischen Topoi führt so zu diakonischen Schlüsselbegriffen. Hanisch nennt wie bereits erwähnt den Begriff *diakonein*, die Europäische Diakonenkonferenz will Diakonie aus der Perspektive des Reiches Gottes beschreiben, Bäumler hebt die dialektische Struktur von Heil und Wohl hervor, die BAG-Papiere den Begriff der Nächstenliebe. Ebenfalls werden die Begriffe Barmherzigkeit und Gerechtigkeit mehrfach genannt und können wohl als diakonische Schlüsselbegriffe gelten; eine prominente Stellung nimmt auch der Begriff des biblischen Menschenbildes ein. Weitere diakonisch-theologische Schlüsselbegriffe sind denkbar. Heinz Schmidt und Renate Zitt sehen den zentralen Inhalt diakonischer Bildung in einem diakonischen Ethos, sie machen dazu Spuren eines solchen Ethos im „konnektiven Gerechtigkeitsdenken" (Wolfgang Huber) des Alten Testaments, im „universalen Hilfsethos" (Gerd Theißen) des Neuen Testaments, in der Option für die Armen und in der Bewahrung der Schöpfung aus.

Des Weiteren bieten die Reibungsflächen von Theologie und Sozialwissenschaft Ansatzpunkte für eine Auswahl der Bildungsinhalte. Martin Lechner sucht in der Sozialarbeitswissenschaft nach theologischen Anschlussstellen. Lechner entdeckt dabei Konvergenzen zwischen Theologie und Sozialer Arbeit. Seine Überlegungen zu Anschlussstellen und Konvergenzpunkten von Theologie und Sozialer Arbeit zeigen dabei einen Weg, wie ein inhaltliches Angebot einer Theologie vorgelegt werden kann, ohne sich von der disziplinären Ordnung der universitären Theologie leiten zu lassen, um gerade so dem Wesen der Sozialen Arbeit gerecht zu werden. Ulfrid Kleinert will relevante Themen beschreiben, in dem er aus einer mehrperspektivischen Betrachtung Schnittpunkte identifiziert, die er mit konvergierenden theologischen Denkfiguren verbindet. Zudem nennt Kleinert Aushandlungsprozesse zwischen verschiedenen Dozenten und auch den Teilnehmenden als möglichen Modus der Themenauswahl. Renate Zitt sieht ebenfalls den interdisziplinären Diskurs erforderlich, um diakoniewissenschaftliche Reflexion betreiben zu können.

Die *Theologie* nimmt in der diakonischen Bildung ohne Frage eine zentrale Rolle ein. Dabei werden in den Texten und Papieren folgende Aspekte reflektiert:

- die Frage nach einem angemessenen Ordnungsschema,
- die Frage nach Möglichkeiten einer angemessenen Integration theologischer Inhalte,
- die Frage nach dem grundsätzlichen Theologieverständnis der diakonischen Bildung.

Wie erwähnt bleibt Hofmann weitgehend bei dem universitären theologischen Ordnungsschema, das sie lediglich dem diakonischen Bereich anpasst. Kleinert weist hingegen darauf hin, dass eine Orientierung an der akademischen Theologie didaktisch nicht geboten ist, und auch Klinzing betont, dass es sich nicht um „Universitätstheologie mit quantitativen Abstrichen“ (Klinzing 1992, 69) handeln kann. Lechner will ebenfalls nicht nach dem Muster der akademischen Systematik vorgehen, sondern hält eine thematische Orientierung für sinnvoll. Bäumler hält es für problematisch, von der vorherrschenden Form einer textgeleiteten Theologie auszugehen. Konsequenterweise unterscheidet er zwischen textgeleiteter und situationsgeleiteter Theologie. Dabei muss eine situationsgeleitete Theologie eigenständig strukturiert und betrieben werden.

Kleinert betont mehrfach, dass die theologischen Inhalte nicht additiv, sondern integrativ einzubringen seien, eine Forderung, der sich sicherlich alle Autoren anschließen können. Allerdings liegen hier kaum konkrete und weiterführende Hinweise vor. Die Erkenntnis, dass die Theologie nicht einfach an soziale Themen additiv angedockt werden kann, sondern quasi hierzu quer liegt und daher ein wie auch immer geartetes integratives didaktisches Modell erforderlich ist, ist nicht neu. Allerdings scheint ein didaktisches Modell, *wie* dies konkret geschehen soll, gerade noch nicht gefunden zu sein. Korrelationsmodelle aus der Religionspädagogik lägen hier von der Sache her nahe, werden aber in den ausgewerteten Artikeln nicht genannt.

Der Anschluss an Erfahrungen aus der Religionspädagogik liegt daher nahe. So finden sich auch Hinweise auf religionsdidaktische Konzepte: Heinz Schmidt und Renate Zitt empfehlen, auf die Erfahrungen der religionsdidaktischen Ansätze der Elementarisierung und der Symboldidaktik zu nutzen. Die konkrete Anwendung für den diakonischen Bereich führen sie nicht weiter aus, hier wären genauere Details interessant. Gabriele Klappenecker verweist auf eine phänomenologisch orientierte theologische Didaktik, die vor allem die Wahrnehmung der Lernenden für religiöse Phänomene schulen will. Gleichzeitig weist Klappenecker auf die Gefahr eines solchen Ansatzes hin, dass unter Umständen die Theologie wie ‚angeheftet‘ wirken kann.

Zuletzt sei noch auf das Theologieverständnis in der diakonischen Bildung hingewiesen. Martin Lechner lehnt ein Verständnis der Theologie als Normenlehre für die Soziale Arbeit ab. Kjell Nordstokke hebt hervor, dass es in der diakonischen Bildung grundsätzlich um eine Herangehensweise, eine besondere Art Theologie zu betreiben, geht.

Welche Beobachtungen lassen sich bezogen auf die Gestaltung des Bildungsprozesses anstellen? Die bildungspolitischen Papiere und diakoniewissenschaftlichen Texte formulieren bereits einige grundsätzliche *didaktische Prinzipien*. Hervorzuheben sind dabei folgende Beobachtungen:

- die Vielzahl an Nennungen didaktischer Prinzipien,
- die Betonung erfahrungsorientierter Ansätze
- und schließlich – wenn auch nur vereinzelt – die Frage nach der Verwendungsorientierung des Gelernten.

Zunächst fällt ins Auge, dass an didaktischen Prinzipien nicht gespart wird. So kennzeichnet Klinzing beispielsweise einen diakonischen Lernprozess als

„gemeinsames, gegenseitiges, selbständiges, kritisches, analytisches, methodisches, persönliches und praxisbezogenes Lernen“ (Klinzing 1992, 77), die Bundesarbeitsgemeinschaft für Fort- und Weiterbildung in der Diakonie nennt Teilnehmer- und Erfahrungsorientierung, Handlungsrelevanz und Handlungsorientierung, Reflexionsförderung und Entwicklungsförderung. Insgesamt ist eine breite Palette an didaktischen Prinzipien benannt. Diese Breite mag auch daher kommen, dass die einzelnen Prinzipien nicht immer trennscharf sind und sich so oft überschneiden. Außerdem bedienen die Formulierungen didaktischer Prinzipien immer positive Konnotationen. Didaktische Prinzipien lassen sich leicht aufzählen, da sie selten grundlegende Kritik hervorrufen werden. Die Herausforderung für eine Didaktik diakonischer Bildung besteht demnach darin, *wenige aber grundlegende Prinzipien* für die Gestaltung eines Bildungsprozesses in diakonischer Fort- und Weiterbildung zu benennen.

Grundsätzlich scheint Konsens darin zu bestehen, dass von einer erfahrungshermeneutischen Orientierung ausgegangen werden kann (vgl. Schmidt 2004 und Schmidt/Zitt 2004). Entscheidend scheinen dabei die biografischen Erfahrungen der Diakonie-Mitarbeitenden zu sein (vgl. Zitt 2004, 208).

In den bildungspolitischen Texten wird ein Aspekt thematisiert, der für eine Didaktik diakonischer Fort- und Weiterbildung nicht unwichtig zu sein scheint, aber in den diakoniewissenschaftlichen Artikeln kaum auftaucht: Die bildungspolitischen Papiere betonen den Nutzen diakonischer Fort- und Weiterbildung. Bildungsmaßnahmen sind in diesem Verständnis kein Selbstzweck, sondern das Gelernte soll für die Teilnehmenden relevant und anwendbar sein. Der Nutzen legitimiert diese Angebote, an ihm können sie sich aber auch messen lassen. Verwertbarkeit und Evaluation der Maßnahmen rücken somit ins Interesse einer didaktischen Reflexion.

Abschließend soll noch eine *eigentümliche Lücke* in den untersuchten Texten und Papieren benannt werden: Die Mitarbeitenden[21] werden kaum als Subjekte des Bildungsgeschehens wahrgenommen. Es scheint, als ob Diakonie-Mitarbeitende im diakonischen Lern- und Bildungsgeschehen eher als Bildungsobjekte betrachtet werden, denen ein ‚Diakonie-Stoff‘ vermittelt werden soll. Die konkrete Situation der Mitarbeitenden, wie z.B. Bildungswünsche und Lerninteressen, Arbeitssituation, organisationale Einbindung, Bildungsvoraussetzungen, Wertehaltungen oder Fachlichkeit werden nicht reflektiert! Einzig Heinz Schmidt benennt in dieser Hinsicht eine grundlegende Schwierigkeit, die didaktisch bearbeitet werden muss, nämlich den ekklesiologischen Kontext, in den die Mitarbeitenden in der Diakonie unweigerlich gestellt sind. Hinzu kommt ein Weiteres: In der diakoniewissenschaftlichen Literatur wird gelegentlich zwischen Theologen und „Nichttheologen“ unterschieden. Gerade wenn dies in beschreibender Absicht geschieht, wird hiermit der Beruf des Theologen als

---

21 Diese Beobachtungen beziehen sich auf die Texte in den Abschnitten 4.2. und 4.3. und nicht auf die Texte zum diakonischen Lernen.

strukturbildende Leitunterscheidung in der Diakonie unterstellt. Dies wird jedoch in meinen Augen der Wirklichkeit der Diakonie keineswegs gerecht. Im Kapitel 5 wird sich daher ausführlich der Frage nach den diakonischen Mitarbeitenden gewidmet.

Nach der Sichtung der Bestandsaufnahmen zeigen sich noch zwei weitere Aspekte, die genauerer Betrachtung bedürfen, bevor didaktische Schlüsse gezogen und Konkretionen formuliert werden können:

Sowohl die Durchsicht der Angebote als auch die diakoniewissenschaftliche Literatur führen zu der Einsicht, dass für diakonische Bildungsmaßnahmen Wissen, Haltungen und Können eine zentrale Rolle spielen. Es lässt sich allerdings aus den beiden Schritten der Bestandsaufnahmen nicht ableiten, wie sich diese – im folgenden *Bildungsdimensionen* genannten – Aspekte zueinander verhalten, welche möglichen Inhalte sie evtl. bedingen und wie sie gefördert oder entwickelt werden können. Einige Lernziele scheinen zudem auffallend anspruchsvoll, besonders vor dem Hintergrund des meist geringen zeitlichen Umfangs der Angebote. Die Bildungsdimensionen diakonischer Bildung müssen daher eingehender betrachtet werden. Dies geschieht in Kapitel 6.

Des Weiteren muss genauer untersucht werden, welche Rolle die *Theologie* in der diakonischen Bildung einnimmt. Diakonische Bildung wird in dieser Studie nicht als *explizit theologische Bildung* konzipiert, wohl aber als Bildung, die theologischer Reflexion bedarf, theologische Ideen und Elemente aufnimmt und durchaus auch dazu ermutigen will, selbstständig Theologie zu treiben. Was kann Theologie zur diakonischen Bildung beitragen? Dieser Frage wird in Kapitel 7 nachgegangen.

C. Analysen

5. Diakonische Mitarbeitende

In der Diakoniewissenschaft klafft eine bedeutsame Forschungslücke: Im gesamten Bereich der Diakonie in Deutschland gibt es (fast) keine empirischen Studien zu Einstellungen, Erwartungen oder Motiven der Mitarbeitenden. Was Diakonie-Mitarbeitende in ihrem Handeln leitet, welche Einstellungen sie zu Glauben, Religiosität oder Spiritualität haben, welche Haltungen ihr Handeln prägen, wie sie ihr Verhältnis zur organisierten Diakonie oder verfassten Kirche beschreiben – all dies bewegt sich weitgehend im Bereich der Vermutungen.[1] Diese Forschungslücke irritiert, da die Bedeutung der Mitarbeitenden in der Diakonie stets hervorgehoben wird.

Auch die statistische Datenlage ist äußerst gering, um nicht zu sagen: Sie ist so gut wie nicht vorhanden. Der Grund hierfür liegt darin, dass es keine zentrale Stelle gibt, die statistische Daten über die Mitarbeitenden in der Diakonie sammelt und auswertet. Die einzelnen diakonischen Träger sind für sich autonom, der Diakonie-Bundesverband darf nicht eigenständig Daten erheben.

Daher können in diesem Kapitel nur einige vergleichsweise allgemeine Erkenntnisse über die Mitarbeitenden in der Diakonie zusammengetragen werden. Diese werden um empirische Daten ergänzt, die die allgemeine religiöse Situation in Deutschland beschreiben und von denen anzunehmen ist, dass sie auch für die Tätigen in der Diakonie zutreffen. Gleichzeitig fordert dieser Tatbestand aber dazu auf, die Unkenntnis über Mitarbeitende auch zum Gegenstand der didaktischen Reflexion zu machen.

Das wenige vorhandene empirische Material über die Mitarbeitenden in der Diakonie verursacht meist Besorgnis. So hat beispielsweise eine im vergangenen Jahr in der Zeitschrift „Arbeitsrecht und Kirche“ veröffentlichte Auszählung einer Fragebogenaktion an den Tag gebracht, dass ein Großteil der Mitarbeitenden aus rein pragmatischen Gründen bei einem kirchlichen Arbeitgeber arbeiten.[2] Doch überrascht diese Erkenntnis wirklich? Und vor allem: Ist damit ein

---

[1] Es gibt zwei Studien über Diakone und Diakoninnen (vgl. Kleinert 1991; Merz 2007a), deren Erkenntnisse allerdings nur bedingt auf Diakonie-Mitarbeitende zu übertragen sind. Daneben gibt es vereinzelt Studien zu Auszubildenden oder Studierenden, also zu künftigen Mitarbeitenden, wie beispielsweise von Ziebertz (1993) oder dem Diakonischen Werk der EKD (2005). Untersuchungen von diakonischen Einrichtungen haben einen anderen Interessenschwerpunkt. Die einzige Studie zu Diakonie-Mitarbeitenden ist von Hans Ulrich Nübel (1994). Nübels Erkenntnisse sind sehr hilfreich, allerdings mittlerweile über 15 Jahre alt, daher werden nur einige Erkenntnisse aufgegriffen, bei denen davon ausgegangen werden kann, dass sie grundlegender Natur sind, vgl. Abschnitt 5.2.

[2] Gegenwärtig wird in der Diakonie gerne diese Auswertung zitiert, mit dem Hinweis darauf, dass nur knapp 3 % der Mitarbeitenden bewusst in der Diakonie arbeiten. Es stimmt

Anlass zur Sorge gegeben? Wäre nicht eher der umgekehrte Fall besorgniserregend, wenn sich Mitarbeitende *nicht* aufgrund pragmatischer Erwägungen bei der Diakonie verdingen würden?

In diesem Kapitel soll nun der Versuch unternommen werden, trotz der dünnen Daten- und Erkenntnislage zu didaktischen Konsequenzen vorzudringen. Zunächst wird das Wenige, das zur Struktur der Mitarbeitenden in der Diakonie bekannt ist, zusammengetragen (5.1.), danach werden die möglichen Motivhintergründe und Einstellungen zur Diakonie diskutiert (5.2.), um abschließend einen Blick auf die volkskirchlich geprägte Situation der Protestanten in Deutschland zu werfen (5.3.). Dieser dritte Schritt ist notwendig, weil über die religiöse Situation der Diakonie-Mitarbeitenden eben keine Erkenntnisse vorliegen. Daher können hier nur – in aller Vorsicht – einige wenige allgemeingültige Aussagen getroffen werden.

5.1. Zur Struktur der Mitarbeitenden in der Diakonie

Zum Jahresanfang 2006 waren in den Einrichtungen, die formalrechtlich zur Diakonie zählen, insgesamt 436.228 hauptamtliche Mitarbeitende beschäftigt, davon etwas mehr als die Hälfte in Vollzeit, etwas weniger als die Hälfte in Teilzeit.[3] Während in den stationären Einrichtungen annähernd gleich viele Voll- und Teilzeitbeschäftigte arbeiten, finden sich in den Beratungsstellen und ambulanten Diensten doppelt so viele Teilzeitbeschäftigte wie Vollzeitbeschäftigte.[4]

Gemessen an der Zahl der hauptamtlichen Mitarbeitenden ist die Krankenhilfe der größte Arbeitsbereich mit 107.044 Mitarbeitenden, gefolgt von der Jugendhilfe (99.169), der Altenhilfe (97.302) und der Behindertenhilfe (76.774). Deutlich weniger Mitarbeitende sind in der Familienhilfe (32.066), in der Hilfe für Personen in besonderen sozialen Schwierigkeiten (11.796) und den sonstigen Hilfen (12.077) angestellt.

Statistiken zum Anteil von Protestanten und ACK-Mitgliedern unter den Diakonie-Mitarbeitenden, zu den einzelnen Sozialberufen, zum Verhältnis von an- und ungelernten Mitarbeitenden und auch zur Zugehörigkeitsdauer zu Einrichtungen der Diakonie liegen allgemein zugänglich nicht vor.

Um die Strutkur der Mitarbeitenden angemessen wahrnehmen zu können, sollten besonders die Arbeitsverhältnisse, die Erwerbsformen und die unterschiedlichen Jobwelten ins Auge gefasst werden.

---

zwar, dass nur 2,8 % der Befragten sich nicht vorstellen können, für einen nicht-kirchlichen Arbeitgeber zu arbeiten. Doch der genannte Umkehrschluss kann daraus meines Erachtens nicht gezogen werden. So wird auch an einer anderen Stelle in der Umfrage deutlich, dass mehr als die Hälfte der Mitarbeitenden (54,2 %) der Frage, ob sie bewusst in einer kirchlichen Einrichtung arbeiten, zustimmen oder zum Teil zustimmen (vgl. Arbeitsrecht und Kirche, 3/2009, 26).

3 Vollzeit: 223.984, Teilzeit: 212.244 (vgl. Diakonisches Werk der EKD 2007).

4 Stationäre Einrichtungen: Vollzeit: 142.482, Teilzeit: 132.299; Beratungsstellen und ambulante Dienste: Vollzeit: 15.315, Teilzeit: 32.993 (vgl. ebd.).

Bei den Erwerbsformen muss zunächst zwischen befristeten und unbefristeten Arbeitsverträgen unterschieden werden. Typisch für die Diakonie ist außerdem eine Vielzahl an Honorartätigen mit geringem Stellenanteil. Diese Arbeitsverhältnisse führen zum Entstehen einer Kultur von *Patchwork-Jobbern*, einer urbanen Schicht von ‚Durchwurschtlern', die keine lineare Arbeitsbiographie aufweisen. Es ist zu vermuten, dass sie ebenso wie befristet Beschäftigte andere Einstellungen zu ihrer Tätigkeit in der Diakonie aufweisen.

Daneben gibt es weitere diakonietypische Mitarbeitendengruppen: Zivildienstleistende und junge Erwachsene, die ein Freiwilliges Soziales Jahr (FSJ) bzw. Diakonisches Jahr (DJ) absolvieren. Diese Mitarbeitendengruppe verdient eine besondere Beachtung: Sie leistet nicht nur einen wichtigen und großen Teil der Basisarbeit in der Diakonie, sondern aus ihr erwächst auch zu einem großen Teil der künftige Mitarbeitendennachwuchs.

Darüber hinaus finden sich – wie in anderen Branchen auch – nicht nur unterschiedliche berufliche Disziplinen, sondern auch unterschiedliche Jobwelten: Neben dem eigentlichen Kern professionalisierter Diakonie, den fachlich ausgebildeten Mitarbeitenden (hier vor allem der Sozialberufe), sind dies das Top-Management, das mittlere Management, Mitarbeitende von Stabsstellen und Projekten, die billig Angelernten und zwei Gruppen Outgesourcter, die unterschiedlicher nicht sein können: einerseits *low level workers* wie z.B. Hauswirtschaftskräfte, andererseits *high performance workers*, wie Therapeuten, Supervisoren, IT-Spezialisten, Trainer oder Berater.[5] Bezüglich ihrer Handlungslogik, ihres Habitus, ihrer Arbeitsbedingungen und Anstellungsverhältnisse leben und arbeiten die Mitarbeitenden dieser Jobwelten eher wie in Parallelwelten nebeneinander, als – wie immer noch gern behauptet – in dem ideologischen Konstrukt einer Dienstgemeinschaft zusammen.

Die Sturktur der Mitarbeitenden in der Diakonie kann anhand folgender fünf Unterscheidungen erfasst werden:[6]

- Position: leitende Mitarbeitende – Mitarbeitende jenseits der Linienorganisation („Stäbe") – Basismitarbeitende,
- Anstellungsverhältnis: unbefristete Anstellung – befristete Anstellung – Honorartätigkeit – Leiharbeit – ‚entliehene' Pfarrer/Pfarrerinnen (meist verbeamtet),

---

[5] Beachtenswert ist hierbei auch, dass gerade die strategische Unternehmensausrichtung oft in einem hohem Maße von Menschen geprägt wird, die gar nicht zur Stammbelegschaft des Unternehmens gehören, wie z.B. von freiberuflichen Organisationsentwicklern und Beratern. Das heißt, diese Menschen beeinflussen Rahmenbedingungen und Voraussetzungen, die aller Wahrscheinlichkeit nach identifikationsrelevant sind, ohne dass von ihnen selbst Identifikation erwartet wird.

[6] Vielleicht mag auch schon allein diese Systematik erklären, warum die statistische Datenlage so gering bzw. nicht vorhanden ist: Die Erkenntnisse wären arbeitsmarktpolitisch brisant, vor allem bei den Honorartätigkeiten (die juristisch u.U. auch als Scheinselbstständigkeit zu bewerten sind) und den Beschäftigungsverhältnissen (vgl. z.B. die im Frühjahr/Sommer 2009 mit großer medialer Aufmerksamkeit begleitete Auseinandersetzung um die Diakonie als Arbeitgeberin).

– Beschäftigungsumfang: Vollzeit – Teilzeit,
– Eingebundenheit: Mitarbeitende von Fremdunternehmen – Praktikanten – Projektmitarbeitende – Stammbelegschaft,
– Qualifikation: ausgebildet – angelernt – ungelernt.

5.2. Zu Motiven und Einstellungen von Mitarbeitenden

5.2.1. Motivhintergründe von Mitarbeitenden

In der diakoniewissenschaftlichen Literatur finden sich vereinzelt Systematisierungen von Mitarbeitenden anhand ihrer leitenden Motive.

Hans-Günter Heimbrock unterscheidet beispielsweise Mitarbeitende aufgrund verschiedener Motivationshintergründe: Neben dem klassischen Helfertyp und dem Selbsterfahrungsanhänger gibt es den Mitarbeitenden mit (reiner) Versorgungsmentalität, für den das Bedürfnis nach materieller Versorgung durch die Erwerbstätigkeit kennzeichnend ist (vgl. Heimbrock 1991).[7] Solche Zuordnungen sind in der Regel stark vereinfacht und werden den Mitarbeitenden und der realen Situation in der Diakonie kaum gerecht. Stattdessen ist davon auszugehen, dass die individuellen Motivbündel der einzelnen Mitarbeitenden vielschichtig und vor allem biografisch geprägt sind.

Die Diakonie-Denkschrift *Herz und Mund und Tat und Leben* unterscheidet ebenfalls drei Gruppen von Mitarbeitenden: In der Diakonie arbeiten sowohl vom christlichen Glauben geprägte Menschen, solche, die aus humanistischen Motiven in der Diakonie arbeiten und schließlich Menschen, die mehr oder weniger zufällig zur Diakonie gekommen sind, weil sie nur dort Beschäftigung gefunden haben (vgl. Kirchenamt der EKD 1998, 58-59). Hervorzuheben ist, dass die Denkschrift allen drei Gruppen ihren Respekt ausspricht.

In vielen ähnlichen Aufzählungen wird eine Unterscheidung angedeutet, die im Zuge des Ringens um diakonisches Profil immer wieder getroffen wird: die Einteilung in ‚christliche' und ‚säkulare' Mitarbeitende. An dem Erkenntnisgewinn solcher Unterscheidungen darf allerdings gezweifelt werden. Reinhard Turre unterscheidet deutlich zwischen diesen beiden Mitarbeitendentypen: „Die einen wollen sich in der Arbeit an Menschen selbst verwirklichen. […] Die anderen wählen den Beruf aus innerer Berufung" (Turre 2004, 460). Auch wenn Turre bemüht ist, die Beweggründe des ersten Typs nicht negativ darzustellen, wird deutlich, dass er den Letztgenannten den Vorzug gibt:

> „Sie haben den Ruf Jesu in seine Nachfolge als Aufruf zur Hilfe an Menschen in der Not gehört. Sie wollen Mitarbeiter Gottes sein zum Heil und zum Wohl der hilfebedürftigen Mitmenschen. Sie sind dazu zu persönlichen Opfern bereit unter der Voraussetzung, dass Jesus Christus für sie schon das wichtigste Opfer am Kreuz gebracht hat. Sie verstehen ihren

---

7 Heimbrocks Einschätzung zu der letztgenannten Gruppe ist gewagt: „Die Identifikation mit dem Beruf, ganz gleich ob über traditionell christliche oder gesellschaftsdiakonische Ideale, gelingt nur sehr zögerlich" (Heimbrock 1991, 174). Heimbrock führt für diese Interpretation keine empirischen Belege an. Diese Mitarbeitenden können natürlich durchaus eine Identifikation mit den von Heimbrock genannten Idealen aufweisen.

Beruf als Nachfolge auch mit der Bereitschaft zum Opfer eigener Wünsche (Mt. 16,24; Mk 8,34ff.)" (ebd.).

Doch auch wenn die Einteilung der Mitarbeitenden nach diesem Muster in der Tat abwegig ist, sind ähnliche Argumentationsfiguren im Alltag der diakonischen Unternehmensführung immer wieder anzutreffen. Daher sollen an dieser Stelle fünf grundsätzliche Einwände gegen die Unterscheidung zwischen ‚christlichen' und ‚säkularen' Mitarbeitenden vorgebracht werden.

Erstens: Es gibt Mitarbeitende in der Diakonie, die sich zwar als Christen verstehen, aber das Bekenntnis, als Christ in der Diakonie zu arbeiten, eher scheuen. Da sich die Motive für die Arbeit in der Diakonie aus unterschiedlichen Quellen speisen – z.B. aus dem persönlichen Glauben, christlichen Werten, säkularen Wertvorstellungen, berufsständischen Normen, sozialberuflicher Fachlichkeit etc. – werden unter Umständen die explizit christlichen nicht öffentlich gemacht. Dies muss allerdings nicht heißen, dass sie nicht vorhanden sind. Es lässt sich zunächst nur ableiten, dass die Arbeit in der Diakonie nicht in erster Linie Glaubens*zeugnis* ist. Inwieweit das diakonische Handeln trotzdem im Horizont des christlichen Glaubens steht, bleibt verborgen.

Zweitens: Ein weiteres Argument findet sich in einer Studie von Hans Ulrich Nübel. Nübel beobachtet, dass das Selbstverständnis der Mitarbeitenden „keineswegs einen Mangel an christlichem Wollen und Motivation verrät", sondern dass vielmehr reflektierte Einstellungen zu finden sind (Nübel 1994, 7). Dabei wird auch durchaus nach eigenständigen Übersetzungen oder Interpretationen des Christlichen gesucht.[8] Mitarbeitende, die so zu eigenständigen Formulierungen ihres Selbstverständnisses greifen, kann kaum ein Rückgang an Christlichkeit angelastet werden. Die Identifikation mit christlichen Werten mag daher an mancher Stelle durchaus höher sein, auch wenn explizit christliches Vokabular gemieden wird.

Drittens: Die Tätigkeit in der Diakonie gründet sich auf unterschiedlichen Motivationen. Heinz Lorenz (1981, 493) sieht zwei Motivationsquellen: den „natürlichen ‚Hilfstrieb'" und die „Christusgeschichte". Bereits Gerhard Noske (1971) weist auf diese „beiden Quellen der Diakonie" hin. Allerdings darf dies nicht zu dem Fehlschluss verleiten, daraus einlinig auf Mitarbeitendentypen zu schließen. Menschen handeln in der Regel aufgrund komplexer Motivbündel. Für das soziale Engagement von Kirchenmitgliedern gilt daher, dass sie sich „säkularen und religiösen Gründen zugleich" engagieren können. Somit kann nicht eindeutig darüber Auskunft gegeben werden, ob sie sich als Christenmenschen oder Staatsbürger engagieren (Höhmann/Krech 2006, 168).

Viertens: Alfred Jäger betont, dass im Kontext der Diakonie als „christliches Unternehmen" eben nicht mehr die rechte gläubige Motivation der *Mitarbeiten-*

[8] So zitiert Nübel beispielsweise einen Diakonie-Mitarbeiter, der sich gerade aufgrund seiner christlichen Einstellung und Auseinandersetzung vom traditionellen Verständnis des Dienens distanziert (vgl. Nübel 1994, 114).

den im Vordergrund steht, wie noch zu patriarchalen Zeiten der Diakonie, sondern dass die zentrale Frage mittlerweile vielmehr ist, ob sich das *Unternehmen* „als Ort versteht, an welchem Liebe zum Heil und zur Heilung von Menschen, auch der Betreuenden, gelingen kann" (Jäger 1998, 238). Jäger verschiebt damit den Akzent vom Motiv der Mitarbeitenden auf das Motiv des Unternehmens.

Und schließlich kann *fünftens* auch ein bedeutsames theologisches Argument gegen die Unterscheidung von ‚christlichen' und ‚säkularen' Mitarbeitenden hervorgebracht werden. Gerd Theißen hat exegetisch herausgearbeitet, dass das oft zur Magna Charta der Diakonie erhobene Gleichnis vom barmherzigen Samariter gerade keine Sonderbegründung christlicher Motivation abgibt: „Man kann diese Komposition so verstehen, dass die von Gott erwartete Nächstenliebe vorbildlich von dem ausgeübt werden kann, der keine manifesten religiösen Motive hat" (Theißen 2006, 95). Das Geschehen zwischen Samariter und Opfer ist gerade kein religiöses. Im Mittelpunkt steht einzig die Beseitigung der Not. Theißen spricht von einer Konvergenz zwischen theologischen und humanen Motiven, von „einer Konvergenz, die den handelnden Menschen nicht unbedingt bewusst sein muss" (ebd.).

Anstelle des Dualismus von ‚christlichen' und ‚säkularen' Mitarbeitenden oder der vereinfachenden Kategorien wie bei Heimbrock oder in der Diakonie-Denkschrift sollte von differenzierten Unterscheidungen ausgegangen werden und den tatsächlichen Einstellungen und Haltungen der Mitarbeitenden ein aufrichtiges Interesse entgegengebracht werden.

Die individuellen Wege der Mitarbeitenden in Bezug auf Glaube, Religiosität und Spiritualität und auch ihre „kritische Halbdistanz" gegenüber der Kirche – kurz: die volkskirchliche Situation der Diakonie – können nicht nur hingenommen werden, sondern sollten ernst genommen werden. „Sie sind als eigene bedeutsame Lebensformen anzuerkennen, die diakonischer Arbeit durchaus gemäß sind" (Hauschildt 2000, 415). So betont auch Heinz Schmidt, dass die persönlichen Motive zur Mitarbeit in der Diakonie vielfältig sind: „soziale Anerkennung, berufliches Fortkommen, selbstbestimmtes Arbeiten oder eine allgemeine altruistische Einstellung" (Schmidt 2004, 13). All diese Motive müssen als legitime Bedürfnisse anerkannt werden, nicht etwa nur eine altruistische Einstellung. Selbst diese ist wiederum vielfältig: Helfen kann sich als Randereignis, als wechselseitige Vorteilsgewährung, als Zupacken in aktuellen Notlagen oder als Ausdruck normativer Orientierung zeigen (vgl. a.a.O., 14-15). Helfen aufgrund normativer Orientierung liegt bei diakonischem Handeln sicherlich nahe, aber es handelt sich deswegen bei den anderen Ausprägungen keineswegs um Fehlformen (vgl. a.a.O., 16-18).[9]

Eine zufriedenstellende Typologie von Mitarbeitenden oder wenigstens eine Unterscheidung nach Motivhintergründen ist bisher nicht gefunden worden. Für eine didaktische Reflexion diakonischer Bildungsangebote wäre dies allerdings hilfreich. Daher sollen an dieser Stelle Erkenntnisse aus zwei empirischen

9 Siehe hierzu auch die Ausführungen in Abschnitt 4.2.2.

Untersuchungen von Hans Ulrich Nübel (1994) und Hans-Georg Ziebertz (1993) vorgetragen werden. Beide Studien sind Anfang der 1990er Jahre erstellt worden. Da ähnliche Untersuchungen allerdings in den letzten Jahren nicht durchgeführt worden sind, finden die Studien von Nübel und Ziebertz hier Erwähnung.

Hans Ulrich Nübel befragt Mitarbeitende in der Diakonie nach ihrer eigenständigen Formulierungen des „Wesentlichen an der Diakonie" (Nübel 1994, 27). Er identifiziert acht Gruppen von Antworten. Diese beziehen sich auf (1) ausdrücklich christliche Formulierungen, (2) auf den Begriff des Dienens, (3) auf die Menschenwürde, (4) auf das Wohl des Klienten, (5) auf allgemeine Wertvorstellungen, (6) auf Fachlichkeit und (7) auf den Arbeitgeber bzw. den Arbeitsplatz. Außerdem gibt es eine kleine Gruppe mit abwertenden Formulierungen[10] (8). Eine weitere – und dabei sehr große Gruppe (ca. ein Drittel) – hat auf diese Frage nicht geantwortet. Nübel fasst nun diese acht Gruppen zu vier Mitarbeitenden-Typen zusammen:

– missionarisch-diakonische Mitarbeitende im Sinne der Tradition des Dienens (Gruppe 1-2),
– eigenständig formulierende Mitarbeitende (Gruppe 3-5),
– Mitarbeitende mit vorherrschender Arbeitsplatzorientierung (Gruppe 6-7),
– Mitarbeitende mit ablehnender Haltung gegenüber der Diakonie (Gruppe 8).

Problematisch ist hier allerdings, dass aus der Aufforderung, das Wesentliche der Diakonie zu benennen, nicht direkt auf Mitarbeitenden-Typen geschlossen werden kann. Zudem stellen die acht (bzw. neun) identifizierten Antwortmöglichkeiten einen höheren Gewinn dar als die vorgenommene Zusammenfassung zu den vier Mitarbeitendengruppen.

Hans-Georg Ziebertz untersucht die Berufsorientierung von künftigen Mitarbeitenden in kirchlich-sozialen Arbeitsfeldern (vgl. Ziebertz 1993).[11] Ziebertz setzt mit der Beobachtung ein, dass die dualistische Gegenüberstellung von professionsorientierter und verkündigungsorientierter Berufsausrichtung zu kurz greift. Er entwickelt auf induktivem Wege fünf Berufsorientierungen. Ausgangspunkt ist die Frage, ob bzw. inwiefern eine religiöse Orientierung im Handeln erkennbar sein muss. Ziebertz charakterisiert diese fünf Typen stichwortartig und teilt ihnen eine Kurzbezeichnung zu:

– Der professionalitätsorientierte Typ (PROF) stellt in den Vordergrund, „dass die Sozialarbeit in der Kirche in erster Linie dem Anspruch genügen muss, die persönliche Fachlichkeit höchstmöglich auszubilden" (a.a.O., 122).

– Bei dem klientenzentrierten Konzept (KLIENT) wird hingegen der Hilfesuchende in den Mittelpunkt gestellt. Diese Orientierung wird anthropologisch begründet und betont Werte wie Empathie und Zuwendung.

---

[10] Nübel bezeichnet dies als „abwertende Äußerungen" (Nübel 1994, 27), es könnte aber auch neutraler von „kritischen Äußerungen" gesprochen werden.

[11] Er bezieht sich auf die katholische Situation. Seine Erkenntnisse dürften übertragbar sein.

– Der Situationsreligiöse (RELSIT) „placiert die Möglichkeit, religiösen Fragen nachzugehen, in einen situativen Kontext. Es besteht weder eine Verpflichtung, noch ein Zwang, religiös zu arbeiten, aber wenn es die Situation erlaubt oder wenn religiöse Zusammenhänge von Klienten selbst aufgeworfen werden, dann ist es gut, ihnen nachzugehen" (a.a.O., 122).

– Den untrennbaren Zusammenhang von Sozialarbeit und Verkündigung betont die zeugnisgebende Berufsausrichtung bzw. Sozialarbeit als integrierte Verkündigung (ZEUGNIS). Begründungen dieses Ansatzes finden sich in vielen gängigen Formulierungen der Diakonieliteratur. Motivhintergrund ist der christliche Glaube.

– Schließlich beschreibt Ziebertz eine Berufsorientierung, bei der die Offenlegung der persönlichen Motivation des Handelns im Vordergrund steht (MOTIV). Sie greift dabei nicht auf fachliche Motive wie beim professionsorientierten Typus oder auf christliche Motive wie beim zeugnisgebenden Typus zurück und nimmt inhaltlich keine konkrete Gestalt an, betont aber die Notwendigkeit, den eigenen Hintergrund gegenüber Klienten zu benennen.

Folgende Erkenntnisse der Studie sind an dieser Stelle von Bedeutung: Die oft angenommene Spannung zwischen der professionellen Berufsausrichtung des PROF-Typs und des integrierten Verständnisses des ZEUGNIS-Typs lässt sich empirisch nicht nachweisen. Eine Wechselwirkung in dem Sinne, dass sich professionell orientiertes und verkündigend orientiertes Handeln ausschließen, besteht demnach nicht. Es handelt sich um zwei unabhängige Kategorien, die allerdings eine andere Gemeinsamkeit aufweisen: Bei der Frage, wie sehr diese Orientierungen das Bewusstsein der künftigen Mitarbeitenden prägen, rangieren sie auf den letzten beiden Plätzen. Sie haben also eine geringere handlungsleitende Kraft als die anderen drei Berufsorientierungen. Eine negative Korrelation besteht zwischen der situativ-religiösen und der zeugnisgebenden Ausrichtung. Dies bedeutet, dass sich diese beiden Berufsorientierungen weitgehend ausschließen: Entweder betont man den grundsätzlichen Zusammenhang von Sozialarbeit und Verkündigung *oder* man reagiert ausschließlich situativ auf religiöse Belange. Bei dem RELSIT-Typus erscheint Religiosität als möglicher Inhalt der Interaktion. Bei dem ZEUGNIS-Typus geht Religiosität nicht nur in einem möglichen religiösen Inhalt auf, sondern beeinflusst vor allem die eigene Grundhaltung. Dies hat der ZEUGNIS-Typus mit dem MOTIV-Typus gemeinsam, der – allerdings ohne explizit christliche Motive – den Bekenntnischarakter des eigenen Handelns betont.

Eine Befragung von Auszubildenden der Kranken- und Altenpflege des Diakonischen Werkes der EKD aus dem Jahr 2004 führt zu einer ähnlichen und beachtenswerten Erkenntnis. Neben soziodemographischen Informationen sollten auch Aufschlüsse über die Motive erlangt werden, die zur Wahl dieser Berufe geführt haben.[12] Religiöse Motive rangieren abgeschlagen auf dem letzten (Altenpflegeschüler) bzw. auf dem vorletzten Platz (Krankenpflegeschüler); und dies obwohl sich die Hälfte der Befragten selbst als mehr oder weniger religiös bezeichnet. Mit Menschen arbeiten zu wollen, helfen zu wollen und der Wunsch nach einer sinnvollen Tätigkeit verzeichnen hingegen die höchsten

---

12 Den Auszubildenden wurden getrennt nach den beiden Ausbildungen 17 verschiedene Motive vorgelegt, die sie auf einer sechsstufigen Skala bewerten sollten.

Bewertungen. Religiöse Motive scheinen für die Wahl des Berufs keine signifikante Rolle zu spielen, selbst dann nicht, wenn sich die Befragten selbst als religiös empfinden. Dies bedeutet ebenfalls, dass eine Einteilung in religiös bzw. nicht religiös motivierte Mitarbeitende nicht sinnvoll ist.

5.2.2. Einstellungen zur Frage nach dem ‚diakonischen Profil'

Diakonie-Mitarbeitende scheinen „ganz persönliche Vorstellungen" von dem zu haben, was Diakonie eigentlich bedeutet (Nübel 1994, 29). So stellt Hans Ulrich Nübel in seiner Untersuchung zu den Einstellungen von Diakonie-Mitarbeitenden fest, dass nur ein Achtel der befragten Diakonie-Mitarbeitenden *keine* eigenständigen Vorstellungen des Diakonischen hätten. Er vermutet, dass dies auch daher rührt, „dass ein Gedankenaustausch mit dem Ziel einer gemeinsamen Meinungsbildung nicht im Gang ist" (ebd.). Dies scheint sich auch darin zu bestätigen, dass bei der Frage, ob die Vorstellungen von Diakonie mit denen der Arbeitskollegen übereinstimmen, 40 % der Mitarbeitenden weder zustimmen noch ablehnen (vgl. Nübel 1994, 34).

Die Einstellungen zu diakonischem Profil und der eigenen Tätigkeit in der Diakonie werden von den biografischen Vorerfahrungen der Mitarbeitenden geprägt. Bei den Vorerfahrungen ist zu fragen, woraus sie resultieren und worauf sie sich beziehen. Eine hohe Prägekraft ist vermutlich zwei Erfahrungsbereichen zu unterstellen: Zum einen die Erfahrungen der Mitarbeitenden mit der Kultur und dem Alltag in diakonischen Einrichtungen, zum anderen die Erfahrungen mit eigener Hilfsbedürftigkeit (vgl. Zitt 2004, 208). Des Weiteren sind die Erfahrungen mit Religion – im weitesten Sinne – aller Wahrscheinlichkeit nach ebenfalls bedeutsam.[13] Hier bietet es sich an, zwischen der ‚Innenseite' und ‚Außenseite' von Religion zu unterscheiden: die gelebte Religion[14] und die institutionellen Ausprägungen der Religion. Um an die biographischen Erfahrungen der Lernenden anknüpfen zu können, sollten daher folgende vier relevante Erfahrungsfelder aufgegriffen werden:

– die Erfahrungsdomäne des Helfens und der eigenen Hilfsbedürftigkeit,
– die Erfahrungsdomäne der organisierten Diakonie,

---

[13] In Seminaren in der Diakonie haben Mitarbeitende oft das Bedürfnis, ihre Geschichte mit der Institution Kirche zu erzählen. Nicht selten stößt man dann auf Biografien, die Bezüge zur verfassten Kirche und zum christlichen Glauben hatten, diese aber aufgrund von Enttäuschungen oder Verletzungen bewusst abgebrochen haben. Die Arbeit in der Diakonie kann dann als erneuter Versuch interpretiert werden, sich mit christlichen, religiösen bzw. spirituellen Fragen zu beschäftigen. Dies dann allerdings bewusst in einem Kontext impliziter Christlichkeit (Diakonie) und nicht expliziter Christlichkeit (Kirche) (vgl. Abschnitt 1.5.). Vor diesem Hintergrund müssen diakonische Unternehmen ihre Mitarbeitenden auch nicht näher an die Kirche heranführen, um als diakonisch gelten zu können. „Das Drängen der Kirche auf mehr ‚Verkirchlichung' in der Diakonie kommt in der Mitarbeiterschaft der Diakonieunternehmen eher als eine Misstrauenserklärung an und ist alles andere als Ausdruck einer einladenden Botschaft" (Degen 2008, 323).

[14] Kobler-Komorowski 2006; vgl. Abschnitt 5.3.2.

– die Erfahrungsdomäne von Glaube und Spiritualität und
– die Erfahrungsdomäne institutioneller Formen von Religion (wie die verfasste Kirche).

Diese Erfahrungsfelder bestimmen vermutlich die Reaktionen der Mitarbeitenden gegenüber den Appellen der Einrichtungsleitungen, diakonisches Profil zu entwickeln. Drei gängige Einstellungen seien kurz zitiert:[15]

Abwehr: „Wir sind es leid, dass von uns neben fachlich guter Arbeit und persönlichem Engagement immer auch noch eine besondere Christlichkeit gefordert wird. Wir wollen gute Arbeit leisten und stehen mit unserer inneren Haltung hinter dem Haus, das wir verantworten oder in dem wir arbeiten. Doch wir wollen uns nicht auch noch zu theologischen Aussagen herangezogen sehen" (Fleßa/Städtler-Mach 2001, 14).

Skepsis: „Wir würden ja gerne diesen diakonischen [...] Anspruch verwirklichen. Doch die praktischen Zwänge verhindern dies und nehmen uns den Elan" (ebd.).

Enttäuschung: „Als diakonischer Mitarbeiter fühle ich mich vor die Alternative gestellt, diese Worte [wie sie in Leitbildern u.Ä. formuliert werden; M.H.] entweder ganz schnell abzutun und als hohle Phrasen zu entlarven oder sie ernst zu nehmen und dann ebenso schnell zu merken, dass ich diesem Anspruch doch nie und nimmer gerecht werden kann" (Klessmann 2006, 188).

Allen drei ist gemeinsam, dass sich der vermutete Anspruch der Diakonie in der Realität nicht wiederfindet. Die Diakonie wird als nicht authentisch wahrgenommen. „Mitarbeiter identifizieren sich zum überwiegenden Teil deshalb mit diakonischen Einrichtungen, weil sie sich mit den sozialen und gesellschaftspolitischen Organisationszielen identifizieren, die für sie in ihrer persönlichen Lebensorientierung anschlussfähig sind" (Maaser 2008, 256). Die in Abschnitt 1.5. genannte Bedeutung der gesellschaftlichen Ebene für das diakonische Handeln scheint also für die Einstellung der Diakonie-Mitarbeitenden besonders bedeutsam zu sein. Doch gerade im Alltag der organisierten Diakonie ist diese wohl oft wenig präsent. Vor diesem Hintergrund werden dann Leitbildaussagen kritisch bewertet. Darüber hinaus sind vor allem zwei Faktoren für die oben beschriebene Distanz der Mitarbeitenden gegenüber der Einforderung diakonischen Profils maßgeblich. Zum einen ändern auch neu formulierte und „vermeintlich mit den Mitarbeitern gemeinsam entwickelte Leitbilder […] nichts an der Tatsache, dass die klassischen Kategorien, mit denen diakonisches Handeln beschrieben wird, bei den Mitarbeitern an der Hilfebasis kaum Aufnahmen finden – und zwar auch bei denen nicht, die ihr Handeln durchaus christlich-diakonisch verstehen wollen" (Weber 2001, 10-11).

---

15 Hilfreich sind an dieser Stelle auch die von Andreas Strunk genannten sechs möglichen Haltungen von Mitarbeitenden gegenüber Leitbildern: Engagement, echte Einwilligung, formelle Einwilligung, widerstrebende Einwilligung, Nicht-Einwilligung und Apathie (vgl. Strunk 2007, 616).

Zum anderen gilt es auch eine elementare sozialpsychologische Erkenntnis zu beachten: Mitarbeitende entziehen sich in der Regel den an sie gestellten Erwartungen – zumindest bis zu einem gewissen Grad. Dies tun sie, da Menschen grundsätzlich bemüht sind, in erster Linie die eigene Identität aufrechtzuerhalten. Diese hat Vorrang vor der einer Organisation. Das bedeutet aber auch, dass das „Bekenntnis zu organisationseigenen Werten und Normen durch die Mitarbeiter [...] nicht auf deren identifikatorische und loyale Einstellung zur Organisation hinweist, sondern [...] vielmehr Teil eines strategischen Spiels sein [kann], in dem Organisationsteilnehmer unter Wahrung innerer Distanz die Durchsetzung eigener Interessen erreichen wollen“ (Hanft 1991, 137). Wenn dies erkannt wird, muss darauf vonseiten der diakonischen Einrichtungen reagiert werden. Es geht dann weniger um die Aufforderung zur Identifikation der Mitarbeitenden mit der Diakonie, sonder vielmehr um die Anschlussfähigkeit der postulierten ‚diakonischen‘ Einstellungen an die grundlegenden Bedürfnisse der Mitarbeitenden.

Was bedeutet dies für die didaktische Reflexion diakonischer Bildungsangebote? Die verschiedenen Interessenlagen der Diakonie-Mitarbeitenden bezüglich solcher Bildungsangebote müssen wahr- und ernst genommen werden. Warum nehmen Mitarbeitende an diakonischen Bildungsangeboten teil? Drei Kategorien von Motiven können angenommen werden: Mitarbeitende können ein grundlegendes Interesse an den entsprechenden Fragen und Auseinandersetzungen haben;[16] sie können sich von der Anwendung und Umsetzung des in den Bildungsmaßnahmen Gelernten und Erfahrenen leiten lassen;[17] sie können auch an den Angeboten aus Gründen teilnehmen, die nicht in den Inhalten der Angebote selbst liegen, sondern einen strategischen Nutzen versprechen.[18] Man kann diese Motive als *interessenorientiert*, *verwendungsorientiert* und *kalkülorientiert* bezeichnen.

Es ist hilfreich, in der didaktischen Reflexion und bei der Entwicklung diakonischer Bildungsangebote diese drei Motivgruppen zu berücksichtigen. Alle die-

---

16 Z.B. Erweiterung des Wissens über die Diakonie; Möglichkeit, existenzielle Fragen zu stellen; Entdecken von Sinnpotenzialen für das eigene Leben und Arbeiten; Raum zur Selbstreflexion; Möglichkeit, eigenen Kraftquellen nachzuspüren (vgl. Hofmann 2002, 73).

17 Hofmann nennt z.B. Stärkung der Motivation für den diakonischen Berufsalltag, Burnout-Prävention, konkrete Hilfestellungen bei ethischen Wertentscheidungen und Reflexion des Berufsalltags (vgl. Hofmann 2004, 555-556).

18 Folgende Kalküle wären beispielsweise denkbar: Die Angebote werden besucht weil für die Dauer der Durchführung die Teilnehmer aus der konkreten Arbeitssituation herausgenommen sind, die Teilnahme selbst also bereits eine Entlastung darstellt; der Anspruch auf Bildungstage noch nicht genommen wurde („Bloß nichts dem Unternehmen schenken!“); eine Vertragsverlängerung ansteht und so dem Arbeitgeber das Interesse an der Diakonie bewiesen werden soll; es eine latente Erwartung des Vorgesetzten gibt, damit dieser – selbst kalkülorientiert! – die Kennzahlen seiner eigenen Zielvereinbarungen erfüllen kann; in der gegenwärtigen angespannten arbeitsrechtlichen Situation in der Diakonie ein Raum gesucht wird, um den ganzen Frust über den Arbeitgeber loszuwerden, vielleicht auch, um das Seminar „mal richtig aufzumischen“ etc.

se Motive müssen dabei als legitim anerkannt werden, auch die kalkülorientierten (vgl. Romberg 1992). Denn auch wenn bei letzterem die Inhalte für den Teilnehmenden nicht im Vordergrund stehen, werden sie dadurch trotzdem nicht geschmälert. Alle drei Motive können den Bildungsprozess destruktiv wie konstruktiv beeinflussen.

Als problematisch können sich folgende Aspekte darstellen: Interesse stellt sich in der Regel immer erst dann ein, wenn bereits an Vorheriges angeschlossen werden kann. An etwas, das man nicht kennt, kann kaum Interesse bestehen. Die Entwicklung von Angeboten und die didaktische Reflexion darf sich daher auch nicht ausschließlich von den Interessen der potenziellen Teilnehmer fehlleiten lassen.[19] Eine Kalkülorientierung stellt didaktisch vor die Herausforderung, dass die Kalküle – im Gegensatz zu Interessen und Verwendungswünschen – in der Regel nicht offengelegt werden, aber gleichwohl bedeutend für den Erschließungsprozess sind. Eine Verwendungsorientierung läuft Gefahr, die Erwartungen falsch zu lenken. Direkt umsetzbare ‚Rezepte' wird es in der diakonischen Bildung kaum geben.

Gleichzeitig tragen die drei genannten Motive aber auch dazu bei, diakonische Bildung zu ermöglichen: Das Interesse ist ein wesentlicher Antrieb für aktives Lernen und eigenständige Konstruktionsleistungen, die Kalkülorientierung veranlasst vermutlich nicht wenige Mitarbeitende dazu, überhaupt an diakonischen Bildungsmaßnahmen teilzunehmen und der Wunsch nach Umsetzung, Anwendung und Verwendbarkeit stellt eine Voraussetzung dar, dass das Gelernte einen Bezug zum diakonischen Alltag aufweist.

5.3. Zu Fragen der Religiosität der Mitarbeitenden

5.3.1. Das volkskirchliche Profil

Auch wenn über die Religiosität und Spiritualität der Diakonie-Mitarbeitenden keine Untersuchungen vorliegen, dürfte zu vermuten sein, dass sich die volkskirchliche Situation auch in der Diakonie abbildet (vgl. Daiber 1988, 147).[20] Dazu sollen nun einige Aspekte genannt werden.

---

[19] Das führt zur Infragestellung gängiger Annahmen in den Konzepten von Teilnehmer-, Adressaten- oder Zielgruppenorientierung. Wenn Teilnehmerorientierung lediglich meint, die Teilnehmenden und ihre Bedürfnisse ernst zu nehmen und zu berücksichtigen, dann ist dies trivial, denn ohne dies würden Bildungsveranstaltungen für Erwachsene wohl kaum zustande kommen (vgl. Siebert 2003a, 98). Und Teilnehmende einfach „direkt nach ihren Wünschen zu befragen, ist oft keineswegs teilnehmerorientiert. Wenn es ein Lernbedürfnis ist, etwas Neues kennen zu lernen, kann man vorweg kaum sagen, was dieses Neue denn sein soll" (a.a.O., 100).

[20] Diese Sicht wird auch grundsätzlich innerhalb der Diakonie geteilt. So stellte bereits vor 20 Jahren der damalige Diakonie-Präsident Karl-Heinz Neukamm klar: „Wenn Bischöfe und Kirchenpräsidenten Klage führen, dass das Abc des Glaubens nicht mehr bekannt ist und Elementarkurse begonnen werden müssen, dann können wir an diakonische Mitarbeiter keine anderen Maßstäbe anlegen" (Neukamm 1990, 16).

Die Beschreibung eines protestantischen Profils im volkskirchlichen Kontext ist differenziert und komplex, es lassen sich kaum Verallgemeinerungen anstellen (vgl. Ahrens/Schulz/Wegner 2009, 551). Die Beteiligung am kirchlichen Leben fällt gering aus, ohne dass allerdings die Kirche grundsätzlich abgelehnt wird (vgl. a.a.O., 539). Auch die eigene religiöse Praxis ist eher schwach ausgeprägt, wobei allerdings beachtet werden muss, dass die eigene Bewertung der Intensität in der Religionsausübung oft geringer ausfällt, als sie der Wirklichkeit entspricht. Die volkskirchliche Situation kann als tolerant und offen bezeichnet werden, fundamentalistische Positionen haben im volkskirchlichen Kontext kaum eine Chance. Religion ist gewissermaßen zivilisiert, dies hat allerdings auch seinen Preis: Starke Identifikation oder eine prägende Wirkung des Glaubens auf das ganze Leben sind kaum zu erwarten (vgl. a.a.O., 551). Grundsätzlich kann vermutet werden, dass die eigene religiöse Überzeugung wenig Auswirkungen auf die praktische Lebensführung hat. Zu diesem Schluss kommen sowohl Petra Ahrens, Gerhard Wegner und Claudia Schulz bei der Auswertung der Daten des Religionsmonitors der Bertelsmann Stiftung in Bezug auf ein protestantisches Profil in Deutschland bzw. Mitteleuropa als auch die vierte Mitgliederbefragung der EKD (vgl. Höhmann/Krech 2006, 173).

Die konfessionelle Situation in Deutschland wird von drei Hauptgruppen geprägt: den Evangelischen, den Katholischen und den Konfessionslosen.[21] Die Konfessionslosen haben mittlerweile gesellschafts- und kulturpolitisches Gewicht (vgl. Pittkowski 2006, 89, 91). Hierbei gibt es allerdings große regionale Unterschiede, die sich geografisch entlang zweier Achsen niederschlagen: Der Norden Deutschlands ist eher protestantisch geprägt, der Süden katholisch; entlang der Ost-West-Achse verläuft der Unterschied von konfessionsloser Dominanz vs. Kirchenmitgliedschaft (vgl. Pittkowski 2006, 89). Deutliche Unterschiede gibt es im Osten zwischen den Konfessionen: Der Anteil der Katholiken in Ostdeutschland ist mit 3 % mittlerweile geringer als der Anteil der Muslime in Gesamtdeutschland (4 %).[22]

Die Konfessionslosigkeit in Ostdeutschland verteilt sich über alle Bevölkerungsschichten und stellt für den Osten den Normalzustand dar. Es scheint so, als werde die Konfessionslosigkeit als zu bewahrendes DDR-Erbe gepflegt und vererbt (vgl. Rinn 2006, 4). Nun ist die Religiosität nicht an eine Kirchenmitgliedschaft gebunden. Aber auch 79 % der Bevölkerung im Osten Deutschlands bezeichnen sich als nicht religiös (vgl. Zulehner 2009, 352).[23] Interessant ist da-

---

[21] Der Anteil der Christen an der Gesamtbevölkerung liegt bei knapp 64 %. In Westdeutschland liegt ihr Anteil bei rund 70 %, im Osten Deutschlands bei gut 25 %; die erste Zahl nach Kirchenamt der EKD 2008, 4, Stand 2006, die letzten beiden Zahlen nach Pittkowski 2006, 89, Stand 2002.

[22] Über die Anzahl der Muslime in Deutschland liegen keine genauen Zahlen vor, da es keine muslimische (Zentral-)Organisation gibt, die diese Daten erfasst; die Angabe ist entnommen aus Cipriani 2009, 114.

[23] Während dies in Westdeutschland auf 42 % zutrifft; dies entspricht auch der österreichischen (39 %) und schweizerischen (41 %) Situation.

her auch eine Berechnung von Maren Rinn: Während sich evangelische Kirchenmitglieder in Ost- und Westdeutschland als ungefähr gleich religiös einstufen, sprechen sich westdeutsche Konfessionslose eine deutlich höhere Religiosität zu als die ostdeutschen Konfessionslosen (vgl. Rinn 2006). Im Rückgriff auf die Terminologie Dahrendorfs kann die Konfessionslosigkeit der Westdeutschen als Option, die der Ostdeutschen als Ligatur verstanden werden (vgl. Pittkowski 2006, 91). Damit trifft für Ostdeutsche nicht das Phänomen der Individualisierung der Religion zu, wie es Thomas Luckmann beschrieben hat. Eine „Abkehr der Menschen von der Kirche hin zu einer außerkirchlichen Form der Religiosität [...] lässt sich empirisch [...] nicht nachweisen" (Rinn 2006, 17-18). Inwiefern bei ostdeutschen Konfessionslosen eine religiöse Dimension nachweisbar ist und in welchen Inhalten diese sich ausdrücken könnte, ist unerforscht (vgl. Rinn 2006, 18).[24]

Im Folgenden sollen zwei religionssoziologische Typologien vorgestellt werden, die bei der didaktischen Reflexion diakonischer Bildungsangebote hilfreich sein können: die Typologie von Klaus-Peter Jörns aus dessen Studie „Die neuen Gesichter Gottes" (1997) und eine Typologie von Paul M. Zulehner, basierend auf den Daten des Religionsmonitors der Bertelsmann Stiftung (2009).

Der Religionssoziologe Klaus-Peter Jörns untersuchte kurz nach der Wiedervereinigung Deutschlands, „was die Menschen wirklich glauben". 1997 veröffentlichte er die Auswertung unter dem Titel „Die neuen Gesichter Gottes". Jörns greift als theoretische Grundlage auf die Quaternität der Lebensbeziehungen im Anschluss an Thomas Luckmann zurück. Leben vollzieht sich in Beziehungen, diese Beziehungen können vier verschiedenen Bereichen zugeordnet werden: personale Beziehungen, Beziehungen zur Erde, Beziehungen zu Werten und Ordnungen und schließlich die Beziehung zum Transzendenten.

> „Im Geflecht der Lebensbeziehungen korrespondieren alle wesentlichen Perspektiven unserer Existenz. Denn wenn Menschen zu anderen Menschen, zur Erde und zu Tieren, zu Werten und zu Gott bzw. zu einem ‚Heiligen Kosmos' in Beziehung leben, müssen diese Größen aufeinander bezogen gedacht und geglaubt werden können. Wie sie korrespondieren, hängt von den verbundenen Beziehungsgrößen ab und kennzeichnet die besondere Art des Beziehungsgeflechts" (Jörns 1997, 20).

Der Bereich der Transzendenz ist der Bereich, der die ersten drei übersteigt. „Nach dem Verständnis der Offenbarungsreligionen ist dies Gott. Gemeint sein kann damit aber auch ein geglaubter nicht-personaler göttlicher oder heiliger Geist. In diesen Bereich gehört auch die Vorstellung von einem objektiv vorge-

---

[24] Zieht man den Vergleich von West- und Ostdeutschland anhand der Typologie von Zulehner heran, fällt Folgendes auf: Die quantitative Verteilung von Christen und Syn-Christen unterscheidet sich nur marginal, allerdings gibt es deutliche Unterschiede bei den Pilgern und Atheisierenden. Während in Westdeutschland 34 % der Evangelischen zur Gruppe der Atheisierenden gezählt werden können, sind dies in Ostdeutschland 55 %. Dementsprechend ist der Anteil der Pilger dort wesentlich geringer, 17 % der evangelischen Ostdeutschen gehören zu dieser Gruppe, aber 35 % der Westdeutschen.

gebenen *‚Sinn des Lebens'* als philosophischer Setzung und das Konstrukt eines *‚Heiligen Kosmos'*, obwohl damit kein ansprechbares Gegenüber zur Welt verbunden ist" (Jörns 1997, 23).

Neben einer Vielzahl von Einzelerkenntnissen ist vor allem Jörns Glaubenstypisierung plausibel und hilfreich, gerade auch im Hinblick auf unterschiedliche Angebote und Zugänge bei diakonisch-theologischen Bildungsmaßnahmen. Dabei geht es um vier verschiedene Weisen, sich Gott und Transzendenz gegenüber zu verhalten (vgl. Jörns 1997, 56-67).[25] Jörns unterscheidet

- die Gottgläubigen,
- die Transzendenzgläubigen,
- die Unentschiedenen und
- die Atheisten.

Die wohl wichtigste Erkenntnis aus Jörns Studie betrifft die quantitative Verteilung der Befragten auf die vier Glaubenstypen. Während bei den 16- bis 24-Jährigen die vier Typen mit jeweils ca. einem Viertel vertreten sind, finden sich bei den über 45-Jährigen mehr als die Hälfte Gottgläubige, bei den über 64-Jährigen sogar zwei Drittel. Umgekehrt lässt sich formulieren: Je jünger, desto höher ist der Anteil der Unentschiedenen und der Transzendenzgläubigen.

Paul M. Zulehner leitet basierend auf den Datensätzen des Religionsmonitors (vgl. Bertelsmann Stiftung 2007) eine vierteilige Typologie ab,[26] die er folgendermaßen unterscheidet und quantifiziert:[27]

- Atheisierende (43 % gesamt, 37 % Evangelische),
- Christen (23 % gesamt, 21 % Evangelische),
- Syn-Christen (13 % gesamt, 10 % Evangelische) und
- Pilger (21 % gesamt, 32 % Evangelische).

Die „Atheisierenden" halten sich weder für religiös noch spirituell, sind aber in einer toleranten Weise unreligiös. Gut die Hälfte der „Atheisierenden" gesteht jeder Religion einen wahren Kern zu, knapp drei Viertel wollen gegenüber

[25] Die Zuordnung zu einem dieser vier Typen ergibt sich durch die Auswertung der folgenden zwei Fragen: „Glauben Sie, dass es einen persönlichen Gott gibt?" (F1) und „Glauben Sie, dass es überirdische Wesen und Mächte gibt?" (F2). Gottgläubige Menschen antworten bei F1 mit ja, unabhängig wie sie in F2 geantwortet haben. Transzendenzgläubige stimmen hingegen F2 zu und beantworten F1 nicht mit ja (sondern mit nein oder vielleicht). Atheisten verneinen beide Fragen. Die Unentschiedenen bejahen ebenfalls nicht F1 oder F2, geben aber bei mindestens einer dieser Fragen ein vielleicht an.

[26] Dazu wertet er folgende acht Aspekte aus: Religiosität, Spiritualität, Gebetshäufigkeit, Meditationshäufigkeit, Stärke des Gottesglaubens, Stärke der Überzeugung von einem Leben nach dem Tod, Wichtigkeit von familialen Ritualen zu Heirat, Geburt und Tod, Kirchgang (vgl. Zulehner 2009, 367).

[27] Die erste Zahl bezieht sich jeweils zusammen auf evangelische, katholische und konfessionslose Deutsche, die zweite Zahl bezieht sich ausschließlich auf Protestanten in Deutschland.

anderen Religionen offen sein. Die „Christen“ erzielen hohe Werte bei den explizit christlichen Indikatoren, fühlen sich eher als religiös denn als spirituell und kultivieren eine traditionelle Frömmigkeit. Die „Syn-Christen“ haben ebenfalls hohe christliche Werte, sind aber für andere religiöse Erfahrungen offen und erweitern ihre Religiosität in Richtung Spiritualität (vgl. Zulehner 209, 368-370). Die „Pilger“ weisen deutliche Spuren von Spiritualität und Religiosität auf, liegen bei den christlichen Werten aber deutlich unter denen der „Christen“ und „Syn-Christen“. Sie sind „religiös neugierig, zweifelnd glaubende und suchende Personen“ (Zulehner 2009, 372, 384).

Didaktisch relevant ist die Frage, wie sich religiöse Neugier bei diesen vier Typen verhält. Zulehner charakterisiert die „Syn-Christen“ als religiös sensibel und neugierig, über religiöse Themen denken zwei Drittel nach, ein Großteil davon kritisch (43 %), Fragen von Leid und Ungerechtigkeit beschäftigen vier von fünf „Syn-Christen“. Nicht ganz so religiös neugierig sind die „Christen“, gefolgt von den „Pilgern“. Auch wenn die „Atheisierenden“ kein großes religiöses Interesse zeigen, treiben sie doch die Themen von Leid und Ungerechtigkeit um (vgl. Zulehner 2009, 373).

Anhand dieser Systematik beschreibt Zulehner die spirituelle Dynamik. Er vermutet dabei ein beachtliches „spirituelles Feld“ zwischen den Polen der „kirchlich gut organisierten Christen und den kaum organisierten Atheisierenden“, das sich von zwei Seiten speist:

> „Auf der einen Seite wandern hier Kirchenmitglieder ein, ohne dabei ihrer Kirche die Verbundenheit zu kündigen – was rückwirkend auch die Kirchen in ihrer inneren Kultur mitverändert. Auf der anderen Seite kommen Menschen aus dem säkularen Feld. Es scheint eine ‚Spiritualität‘ zu entstehen, die aus der Säkularität (und eben nicht aus Kirchenerfahrungen) kommt“ (Zulehner 2009, 384).

Was bedeuten die dargestellten Erkenntnisse in Bezug auf didaktische Möglichkeiten und Grenzen diakonischer Bildung?

Die Offenheit gegenüber religiösen Fragen ist mit dem grundsätzlichen Interesse an Religiosität verknüpft: „Wer religiös ist, ist damit zugleich offen für neue Fragen, Anregungen oder auch fremde religiöse Elemente“ (Ahrens/Schulz/Wegner 2009, 13). Dies entspricht auch einer These Annette Nollers: „Entgegen einer gängigen Annahme erhöht die Distanz zur eigenen Spiritualität und religiösen Tradition nicht die Sensibilität für andere Religionen, sondern sie erhöht die Distanz zur Religiosität überhaupt. Voraussetzung für interreligiösen Dialog ist die Beheimatung in einer Religion, von deren Standpunkt aus der Dialog geführt werden kann“ (Noller 2005a, 76). Hieraus lässt sich weniger eine didaktische Konsequenz ableiten, als vielmehr eine grundlegende strategische Konsequenz der Diakonie: Die Diakonie sollte demnach ein größeres Interesse daran haben, dass in der Diakonie religiös reflektierende Menschen arbeiten – und zwar unabhängig ihrer Konfession oder Religion! – als dass die Mitarbeitenden zwar offiziell Kirchenmitglieder, aber „religiös unmusikalisch“ sind.

5.3.2. Religiöse Ansprechbarkeit der Mitarbeitenden

Die Beziehung vieler Mitarbeitenden in diakonischen Einrichtungen zu Kirche, Religion und Glaube ist „stark individualisiert und meist hoch selektiv. Über die moralischen oder religiösen Grundlagen des eigenen Handelns sprechen sie nur selten. Auch in der Diakonie ist Religion weitgehend Privatsache“ (Schmidt 2004, 13).

So haben viele Mitarbeitende in der Diakonie wenig oder keinen Anteil an den zentralen Vollzügen des kirchlichen Lebens (vgl. ebd.). Zudem kann von einer homogenen Mitarbeitendenschaft in Bezug auf Religiosität oder ethische Präferenzen heute nicht mehr ausgegangen werden (vgl. Schäfer 2006b, 92). Gerade dies würde eine Studie zur Bedeutung von Werten, Einstellungen, Religiosität und Spiritualität für diakonisches Handeln äußerst interessant machen. Denn es scheint einiges dafür zu sprechen, dass sich gerade „am Religiösen die Frage der diakonischen Identität, des Propriums der Diakonie entscheidet, weil der christliche Glaube, die Religion, das ist, was das Diakonische ausmacht“ (Kobler-von Komorowski 2006, 43).

Susanne Kobler-von Komorowski vermutet ein „eklatante[s] Missverhältnis zwischen diakonischem Anspruch und Mitarbeiterwirklichkeit“ (ebd.). Daher ist es ihrer Meinung nach aufschlussreich, nach der gelebten Religion von Diakonie-Mitarbeitenden zu fragen. Kobler-von Komorowski vermutet, dass Religion bei Mitarbeitenden in der Diakonie keineswegs „Fehlanzeige“ ist. Zwischen den Formen heutiger Religiosität und dem christlichen Glauben können Kohärenzen und Anknüpfungspunkte in der Perspektive einer „gelebten Religion“ der Diakonie-Mitarbeitenden betrachtet werden. Die subjektive Religiosität der Diakonie-Mitarbeitenden ist gerade Teil der gelebten Religion in der Diakonie und trägt so zur faktischen diakonischen Identität bei:

> „Mitarbeiterinnen und Mitarbeiter geben ihre Religion nicht an der Eingangstür zur Arbeitsstelle ab, sondern bringen sie, bewusst oder unbewusst, in den diakonischen Arbeitsalltag ein. Ob dabei Konformität mit der ‚offiziellen Religion‘ der Diakonie herrscht, ob es mehr oder minder große Schnittmengen gibt oder die subjektiv gelebte Religion ständig auf Kollisionskurs zur objektiv postulierten geht: Anknüpfungspunkte und Kohärenzen sind auf jeden Fall vorhanden“ (Kobler-von Komorowski 2006, 46).

Bereits Anfang der 1990er Jahre kamen Heinrich Beyer und Hans Nutzinger auf empirischer Grundlage zu der Erkenntnis, dass bei der Wahl der Diakonie als Arbeitgeber eher unspezifische Motive dominieren, „eine bewusste Wahl kirchlicher Einrichtungen, z.B. aufgrund religiöser Motive, findet sich nur bei einer Minderheit der Befragten“ (Beyer/Nutzinger 1991, 152). Einerseits ist dies also kein neues Phänomen. Andererseits kann aus der Tatsache, dass religiöse Motive bei der Wahl des Arbeitsplatzes nicht ausschlaggebend sind, keinesfalls rückgeschlossen werden, dass den Mitarbeitenden damit grundsätzlich religiöse Motive fremd sind.

In Bezug auf die religiöse Dimension ist eine Hermeneutik des Verdachts daher auch unangemessen: „Anstatt die Mitarbeiter einer fehlenden oder defizitären oder zweifelhaften Kirchlichkeit und Christlichkeit zu verdächtigen, sollte eine Hermeneutik des Zutrauens leitend sein, die nicht defizit-, sondern charismen- und kompetenzorientiert angelegt ist. Mitarbeiterinnen und Mitarbeiter sind als Trägerinnen und Träger des Geistes Gottes anzusehen" (Schäfer 2006b, 93). So fordert Schäfer konsequenterweise auch, die Privatisierung der Religion in diakonischen Einrichtungen aufzubrechen: „Inszeniert werden müssen Gelegenheiten, die es ermöglichen zu fragen und zu artikulieren, welche Bedeutung der Story Gottes für die eigene Lebensgeschichte und Berufspraxis zukommt" (ebd.).

Die Unterscheidung von ‚christlichen' und ‚säkularen' Mitarbeitenden ist daher wenig hilfreich und zudem theologisch fraglich, sie sollte ganz aufgegeben werden. Typologien, die auf dieser Unterscheidung basieren, sind daher auch kaum brauchbar für eine didaktische Reflexion. Mitarbeitende können zudem sehr wohl christliche Motive für ihr Handeln haben, ohne dass sie sich selbst als Christen bezeichnen. Und: Diakonie-Mitarbeitende können auch Christen sein, die es aber – aus welchen Gründen auch immer – vermeiden, dies in ihrer Arbeit nach außen zu tragen und zu benennen. Auf den Begriff „christliche Mitarbeitende" sollte daher ganz verzichtet werden.

Außerdem befinden sich unter den „Atheisierenden" in Zulehners Typologie nicht wenige formale Kirchenmitglieder (vgl. Zulehner 2009, 383). Auch wenn die formale Kirchenmitgliedschaft für die organisierte Diakonie aus verbandspolitischer Sicht ein durchaus wichtiger Aspekt ist, zeigt sich doch an diesem empirischen Befund, wie unerheblich die Kirchenmitgliedschaft zumindest für eine didaktische Reflexion ist. Auch für die Diakonie-Mitarbeitenden scheint die Zugehörigkeit zu einer ACK-Kirche keine hohe Relevanz zu haben. In der Untersuchung von Hans Ulrich Nübel lehnen 56 % der befragten Diakonie-Mitarbeitenden es ab, dass nur Mitglieder einer ACK-Kirche angestellt werden dürfen (vgl. Nübel 1994, 84). Religiöse Ansprechbarkeit und Offenheit sind wesentlich wichtigere Aspekte als formalrechtliche Mitgliedschaft.

Schmidt formuliert eine Minimalanforderung: „Der kirchliche Kontext ist offen für eine Vielfalt von Motivationen, solange diese die Prinzipien helfenden Handelns [...] nicht unterlaufen" (Schmidt 2004, 14) und die Mitarbeitenden „ihrerseits den christlich-religiösen Hintergrund der Diakonie respektieren" (a.a.O., 13).

Allerdings betont Maren Rinn für den Osten Deutschlands, dass sich kaum religiöse Anknüpfungspunkte ergeben. Denn Kenntnisse über christliche Symbole und Inhalte sind kaum vorhanden oder mit Vorurteilen besetzt, alternative weltanschauliche Denkmuster verzichten oft auf eine transzendente Dimension (vgl. Rinn 2006, 21, 36). Allenfalls kann dies über den Austausch leitender Werte gelingen. Denn trotz Desinteresse und Gleichgültigkeit wird an Kirche und Diakonie die Erwartung herangetragen, Werte vorzuleben und klare Orientierung zu geben (vgl. a.a.O., 47, 52).

Natürlich muss die Infragestellung von lange Zeit als klassisch geltenden Begründungen der Diakonie und Motivationen zur Diakonie grundsätzlich bedacht und diskutiert werden. Doch dies bedarf einer grundlegenden Reflexion in Diakoniewissenschaft und organisierter Diakonie. Hier werden sicherlich auch neue Möglichkeiten und Potenziale zu entdecken sein. Ein Alarmismus ist allerdings kaum förderlich.

Welche Schlüsse können nun aus den Überlegungen dieses Kapitels für die didaktische Reflexion diakonischer Bildung gezogen werden?

Zusammenfassend lässt sich festhalten:

– Die Motive der Mitarbeitenden für ihre Tätigkeit in der Diakonie sind höchstwahrscheinlich vielschichtig und biografisch geprägt. Alle Motive sollten als legitim anerkannt werden, nicht etwa nur Einstellungen, die als altruistisch oder gar als ‚christlich' gelten könnten.

– Religiöse Motive scheinen für die Wahl des Berufs eine wesentlich geringere Rolle zu spielen, als es oft vermutet wird. Dies bedeutet, dass eine Einteilung in religiös bzw. nicht-religiös motivierte Mitarbeitende nicht sinnvoll ist. Auch Bezeichnungen wie ‚christliche' und ‚säkulare' Mitarbeitende sind irreführend, theologisch fraglich und didaktisch unergiebig.

– Es kann davon ausgegangen werden, dass die Mitarbeitenden ein Interesse an eigenständigen Beschreibungsversuchen von diakonischer Identität haben. Dies sollte gewürdigt und gefördert werden. Es spricht außerdem einiges für die Vermutung, dass Mitarbeitende keinen Ort für solche Diskussionen haben. Diakonische Bildung kann hier für entsprechende Möglichkeiten und Räume sorgen.

– Für die didaktische Reflexion und bei der Entwicklung diakonischer Bildungsangebote ist es hilfreich, die verschiedenen Gründe für eine Teilnahme an diesen Angeboten zu berücksichtigen. Es können interessenorientierte, verwendungsorientierte und kalkülorientierte Motive vermutet werden, die allesamt als legitim anerkannt werden sollten.

– Die Beziehung vieler Mitarbeitenden in diakonischen Einrichtungen zu Kirche, Religion und Glaube ist individualisiert und meist privatisiert. Religiöse Neugier ist unter didaktischen Gesichtspunkten relevanter als die formale Kirchenmitgliedschaft.

– Bezüglich eines oft behaupteten (aber empirisch bisher nicht belegten!) Rückgangs der Religiosität der Mitarbeitenden ist weder ein Alarmismus noch eine Hermeneutik des Verdachts angemessen. Diakonische Bildung muss an dieser Stelle darauf bedacht sein, sich nicht von Fragen leiten zu lassen, die von Akteuren der organisierten Diakonie (Einrichtungsleiter, Verbandsvertreter) an sie herangetragen werden.

6. Diakonische Bildungsdimensionen

Die bereits erwähnte evangelische Denkschrift *Maße des Menschlichen* versteht Bildung als den „Zusammenhang von Wissen, Können, Wertebewusstsein, Haltung, Handlungsfähigkeit und Sinn" (Kirchenamt der EKD 2003, 71; vgl. 2.3.). Diese Begriffe können auch als zu unterscheidende Dimensionen des Bildungsbegriffs interpretiert werden. Erst in ihrer Gesamtheit machen sie das aus, was der Bildungsbegriff meint. Für eine didaktische Reflexion bietet sich aber eine – im Wortsinne – analytische, eine ‚zerlegte' Auseinandersetzung mit den genannten Dimensionen an. Dies soll nun in diesem Kapitel geschehen.

Jeder dieser Begriffe ist vieldeutig, daher müssen die Begriffe genauer bestimmt werden, um ihre didaktische Relevanz für die diakonische Bildung zu ergründen. Dabei wird aufgrund der sachlichen Nähe die *Handlungsfähigkeit* dem *Können* zugeordnet. Werden nun *Wissen, Können, Werte, Haltungen* und *Sinndeutungen* als diakonische Bildungsdimensionen verstanden, ruft dies die Frage nach einer materialen Beschreibung *diakonischen Wissens, diakonischen Könnens, diakonischer Werte, diakonischer Haltungen* und *diakonischer Sinndeutungen* auf den Plan. Diese Frage ist gleichermaßen problematisch wie notwendig: Sie ist problematisch, weil eine materiale Bestimmung in diesem Sinne kaum möglich ist, wie sich in den folgenden Abschnitten zeigen und begründen lassen wird. Diese Frage ist allerdings notwendig, weil in diakonischen Bildungsangeboten genau nach solchen materialen Bestimmungen gefragt wird. Daher ist eine didaktische Reflexion an dieser Stelle dringend erforderlich, wohl wissend, dass Begriffe wie „diakonische Werte", „diakonisches Können" etc. die Suche nach dem Essentiellen der Diakonie fehlleiten können.

In diesem sechsten Kapitel sind nun für jede dieser genannten Dimensionen zwei Fragen von Interesse:

– Können für die jeweilige Dimension konkrete Inhalte oder Themen benannt werden, die diakonisch relevant sind? Was kann innerhalb dieser Dimension jeweils zu einem möglichen inhaltlichen Kern des Diakonischen beitragen?

– Wie kann diakonische Bildung dieser Dimension didaktisch angemessen begegnen? Können grundsätzliche Möglichkeiten und Schwierigkeiten benannt werden?

Hierzu wird in der ganzen Breite diakoniewissenschaftlicher Literatur, aber auch in der sogenannten grauen Literatur (Materialhefte, Handreichungen o.Ä.) nach Hinweisen gesucht. Die vorgestellten Inhalte sollen dabei als exemplarisch gelten. Ausgewählt wurden jeweils typische Beispiele, die darstellen, wie im Bereich der Diakonie mit diesen Dimensionen umgegangen wird.

6.1. Zur Dimension ‚Wissen'

Um dem Phänomen Wissen näherzukommen gibt es mittlerweile eine Vielzahl von Systematisierungen und Leitunterscheidungen. An dieser Stelle soll auf folgende eingegangen werden:

- die Unterscheidung nach der Bewusstseinsform oder Verfügbarkeit des Wissens: *implizites und explizites Wissen*,
- die Unterscheidung nach dem Grad der Wertbeladenheit: *wertfreies und wertbeladenes Wissen*,
- die Unterscheidung nach dem Charakter der Gewissheit des Wissens: *subjektives und objektives Wissen*,
- die Unterscheidung nach Wissensarten: *deklaratives und prozedurales Wissen*,
- die Ordnung des Wissens: nach dessen *Herkunft* (unterschiedliche Fachdisziplinen und Domänen) und der jeweiligen *Ordnungsstruktur*.

Die bekannte Unterscheidung von *implizitem und explizitem Wissen* geht auf Michael Polanyi zurück. Unter explizitem Wissen wird der Teil des Wissens verstanden, über den bewusst verfügt werden kann. Das implizite Wissen meint das stillschweigende Wissen (*tacit knowing*) (vgl. Polanyi 1985). Implizites Wissen wird heute oft synonym mit dem Begriff des Erfahrungswissens gebraucht. Die Forschung rund um den Begriff des impliziten Wissens hat ein besonderes Interesse am Intuitiven, Nichtverbalisierbaren, Nichtformalisierbaren und Erfahrungsgebundenen (vgl. Neuweg 2006). Die Debatte um implizites Wissen sucht nach der „kategorialen Differenz zwischen Wissen und Können, den Binnenstrukturen des Erfahrungswissens und den Grenzen des Könnensaufbaus durch Belehrung und Beschulung" (a.a.O., 581).

Die Diskussion um implizites Wissen darf aber nicht zu einer Vernachlässigung der expliziten Dimension des Wissens führen „und von daher Gefahr laufen, jene Bestände expliziten Wissens aus dem Blick zu verlieren, über die verfügen muss, wer als mündiger Mensch freie und zugleich verantwortliche Urteile in einer komplexer werdenden Welt treffen möchte" (Neuweg 2006, 587).

Wenn von Wissen im engeren Sinne gesprochen wird, sind in der Regel Informationen und Daten gemeint. Wissen im weiteren Sinne meint alles, was gelernt und nicht vergessen wurde, also neben Daten und Informationen beispielsweise auch der Wertebezug dieser Informationen. Daher unterscheidet John Erpenbeck zwischen *wertfreiem und wertbeladenem Wissen*. Dies kombiniert er mit der bereits genannten Unterscheidung von implizitem und explizitem Wissen. Erpenbeck spannt mithilfe dieser beiden Koordinaten eine Vierermatrix auf, ein „Wissensquadrat" (Erpenbeck 2001, 106). Der Anteil expliziten wertfreien Wissens (Daten) ist wesentlich kleiner als das implizite wertbeladene Wissen, also Wissen, das nicht von dem Träger dieses Wissens ohne Weiteres getrennt werden kann, um es aufzuschreiben oder weiterzugeben. Beispielsweise wäre *Weisheit* ein implizit wertbeladenes Wissen, Weisheitssammlungen werden in dieser Systematisierung als explizit wertbeladenes Wissen verstanden.

Da aber Wissen letzten Endes fast immer wertbeladen ist, ist es sinnvoller – besonders im Hinblick auf didaktische Fragen – zwischen *subjektivem und objekti-*

vem Wissen zu unterscheiden. Diese beiden Formen des Wissens werden folgendermaßen charakterisiert: Subjektives Wissen ist integriert im Erfahrungshorizont des Einzelnen, objektives Wissen ist systematisiert. Der Geltungsanspruch subjektiven Wissens bezieht sich auf die einzelne Person, Kriterium ist subjektive Plausibilität, objektives Wissen muss allgemeingültig oder zumindest auf andere Personen übertragbar sein, Kriterium ist wissenschaftliche Objektivität. Subjektives Wissen bedient sich der Umgangssprache, objektives Wissen einer Fachsprache. Der Erkenntnisprozess des subjektiven Wissens bezieht sich auf individuelle Erfahrungen bei Betonung des Konkreten, beim objektiven Wissen werden subjektive Erfahrungen abstrahiert, das Regelhafte wird betont. Das Ziel der Wissensaneignung besteht in der Integration des Wissens in den subjektiven Erfahrungshorizont, das Ziel der Wissensaneignung beim objektiven Wissen besteht in der unverfälschten Aufnahme des neuen Wissens (vgl. Landwehr 2001, 23).

Schon Johann Amos Comenius stellt drei klassische Fragen zur Relevanz und Bedeutung des Wissens: Er fragt nach der Beschaffenheit der Sachverhalte (das *Was* des Wissens), nach der Herkunft des Wissens (das *Woher* des Wissens) und dem vernünftigen Gebrauch des Wissens (das *Wozu* des Wissen). In der Didaktik wird daher zwischen *deklarativem Wissen* („Wissen, dass“) und *prozeduralem Wissen* („Wissen, wie“) unterschieden. Einzelfakten wie Begriffe, aber auch einfache Gesetzmäßigkeiten stellen deklaratives Wissen dar. Bei dieser Wissensart dominieren meist die Strukturen der Fachwissenschaft. Beim prozeduralen Wissen geht es nicht um Fakten, sondern um Funktionen, die Anwendungsmöglichkeiten treten in den Vordergrund. Dieses Wissen wird daher auch eher durch die Gegebenheiten des Praxisfeldes strukturiert. Der Wissenstransfer unterscheidet sich ebenfalls bei diesen beiden Wissensarten: Deklaratives Wissen zieht oft den Wunsch nach sich, noch mehr Wissen dieser Art zu erwerben (sogenannter vertikaler Wissenstransfer); prozedurales Wissen will angewandt werden. Der horizontale Wissenstransfer bewährt sich bei der Anwendung des Gelernten.

In diesem Zusammenhang wird auch oft zwischen *Orientierungswissen, Verfügungswissen* und *Glaubenswissen* unterschieden (vgl. Huber 2006, 4). Glaubenswissen und Orientierungswissen „sind gerade angesichts der Zunahme des Verfügungswissens erforderlich, um Kriterien für das Wozu dieses Wissens zu entwickeln“ (Kirchenamt der EKD 2006, 52). Nach der EKD-Bildungsdenkschrift gehört zum evangelischen Bildungsauftrag „die Vermittlung von Glaubenswissen und Orientierungswissen. Beide sind gerade angesichts der Zunahme von Verfügungswissen erforderlich, um Kriterien für das Wozu dieses Wissens zu entwickeln. So wie Orientierung ohne Wissen leer ist, bleibt Wissen ohne Orientierung blind“ (Kirchenamt der EKD 2003, 52).

Gerhard K. Schäfer betont die „Operationalisierung des Glaubenswissens“: Es ist notwendig, „die Bedeutung des Glaubens für die Deutung von Not, den Umgang mit Leid und für die Lebensführung zu buchstabieren bzw. neu zu entdecken. Profilbildung vollzieht sich im Zusammenhang mit der praktischen

Operationalisierung des Glaubenswissens. Die praktische Operationalisierung des Glaubens schlägt sich nieder in bestimmten Haltungen, Optionen und Perspektiven.“ (Schäfer 2006b, 92). Wissen alleine ist nutzlos, es muss sich niederschlagen und Anwendung finden, bei Schäfer vor allem in der Dimension der Haltungen. Aber: Rainer Merz kommt in seiner Studie zum Verhältnis von Glauben und professionellem diakonischen Handeln zu dem Schluss, dass von theologischem Wissen im Berufsalltag kaum Gebrauch gemacht wird. Merz stieß vor allem auf „allgemeinchristliche Verständnisse und Begründungen“, differenzierte „Operationalisierungen des Glaubenswissens“ konnte er nicht entdecken (Merz 2007b, 84).[1]

Diakonie darf nicht als ein zu lernendes Thema verstanden werden, dass sich erschließt, wenn entsprechender Wissensstoff vermittelt wird. Ein ausschließlich wissensvermittelnder Ansatz kann dem Phänomen Diakonie nicht gerecht werden. Doch Wissen ist auch in der diakonischen Bildung eine zentrale Bildungsdimension. Ohne entsprechendes Grundlagenwissen und darauf aufbauendem begrifflichen Werkzeug können die im Folgenden beschriebenen Dimensionen (6.2. bis 6.5.) nicht reflektiert werden.

Ein grundlegendes Problem besteht darin, dass die Diakoniewissenschaft keine Taxonomie ‚diakonischen Wissens‘ anbieten kann. Eine einseitig theologisch orientierte Ordnungsstruktur ist unfruchtbar, da sie bezogen auf diakonische Bildungsprozesse de facto zu einem Theologiestudium mit (deutlichen) quantitativen Abstrichen führen wird (siehe hierzu die Hinweise in Abschnitt 4.5.!). Stattdessen werden in der diakonischen Bildungspraxis mögliche Wissensinhalte jeweils aufgrund der Lehr-/Lernsituation zusammengestellt.[2] Dabei ist oft eine Doppelstruktur von theologischen und sozialwissenschaftlichen (Wissens-)Grundlagen zu erkennen. Theologisches und sozialwissenschaftliches Wissen werden dann wiederum entsprechend ihrer jeweils eigenen Ordnungsstruktur gegliedert. Diese doppelseitige disziplinäre Struktur dürfte allerdings kaum der tatsächlichen Wissensanwendung im diakonischen Alltag gerecht werden. Zudem wird so diakoniewissenschaftliches Wissen de facto nach der Struktur abgebildet, wie Albert Mühlum und Joachim Walter grundsätzlich die Diakoniewissenschaft konzipiert sehen wollen – als Disziplin mit den beiden Referenzwissenschaften Theologie und Sozialarbeitswissenschaft (vgl. Mühlum/Walter 1998) –, was aber innerhalb der Diakoniewissenschaft durchaus kritisiert wird (vgl. Götzelmann/Herrmann 2004, 493-495). Eine eigenständige Ordnungsstruktur diakonischen (Grundlagen-)Wissens mit der Benennung von Anschlussstellen impliziten Wissens wäre daher wünschenswert, liegt aber nicht vor.

---

[1] Merz wertete dazu narrative Interviews aus, die er mit Diakon und Diakoninnen führte. Es kann aber davon ausgegangen werden, dass diese Schlussfolgerungen nicht nur für diese Berufsgruppe gelten, sondern auch grundsätzlich übertragbar sind.

[2] Siehe hierzu beispielsweise die verschiedenen Zusammenstellungen bei Zitt 2004, Zitt/Schmidt 2004 oder auch Hofmann 2004; vgl. Kapitel 4.

Aus den Überlegungen können folgende Schlussfolgerungen gezogen werden:

– Wenn Diakonie der kirchliche Handlungsvollzug ist, der sich durch seinen impliziten Charakter auszeichnet, sind gerade auch die Momente impliziten Wissens in den Blick zu nehmen. Die Aspekte des Intuitiven, Nichtverbalisierbaren, Nichtformalisierbaren und Erfahrungsgebundenen rücken damit ins Blickfeld.

– Wenn Diakonie nicht etwas zu Wissendes, sondern etwas zu Deutendes ist, besteht die Aufgabe didaktischer Reflexion darin, zu klären, welches Wissen geeignet ist, um Diakonisches wahrnehmen und deuten zu können.

– Einführungen in die „Grundlagen der Diakonie" (vgl. Kapitel 3) bestehen in der Regel aus allgemein-theologischen und diakoniegeschichtlichen Grundlagen. Beides trägt sicherlich zur Allgemeinbildung bei, bietet aber höchstwahrscheinlich wenig Hilfe, diakonischen Alltag deuten und reflektieren zu können. Eine eigene Ordnungsstruktur diakonischen Wissens könnte an dieser Stelle zur Klärung beitragen, liegt aber nicht vor.

6.2. Zur Dimension ‚Können'

Die grundlegende Problematik zur Frage nach ‚diakonischem Können' wurde bereits im Abschnitt 1.4. dargelegt: Auf phänomenologischer Ebene unterscheidet sich das, was langläufig als ‚diakonisches Handeln' bezeichnet wird, nicht von sozialberuflichem Handeln. Daher können auch keine konkreten Tätigkeiten oder Fähigkeiten genannt werden, die als diakonisch gelten können. Wohl aber gibt es Fähigkeiten, die diakonisch relevant sind. In diesem Sinne soll sich nun in diesem Abschnitt der Dimension des *Könnens* genähert werden.

„Es kann nicht übersehen werden, dass die diakonische Literatur keine genauen, aufzählbaren Fähigkeiten zur Verfügung stellt, die Mitarbeiterinnen und Mitarbeiter besitzen müssten" (Dreisbach 1999, 164). Dieter Dreisbach ist zuzustimmen, dass sich in der diakoniewissenschaftlichen Literatur keine eindeutige Beschreibung diakonischen Könnens findet. Allerdings lässt sich eine Vielzahl von Versuchen entdecken, die diakonisch relevanten Fähigkeiten aufzuzählen und – mehr oder weniger kanonisch – zusammenzustellen. Zusammenstellungen diakonischer Tätigkeiten haben eine lange Tradition. Am bekanntesten sind die bereits erwähnten *Sieben Werke der Barmherzigkeit*.[3] Zu großer Bekanntheit hat es auch die in den 1960er Jahren von Ernst Lange formulierte und befreiungstheologisch geprägte Trias *Schwache stützen, Unfreie befreien, Feinde versöhnen* gebracht (vgl. Lange 1980, 139).

Drei verschiedene Typen solcher Zusammenstellungen sind dabei zu unterscheiden, die im Folgenden exemplarisch vorgestellt werden: (1) konzeptionell orientierte Beschreibungen, fußend auf einem praktisch-theologischen Ansatz, (2) summarisch aufzählende Beschreibungen; charakteristisch hierfür ist in der Regel die Form einer Skizze ohne weitergehende konzeptionelle Überlegungen

---

[3] Siehe Abschnitt 1.4.

und (3) systematisierende Beschreibungen, deren zugrunde liegende Struktur oft heuristischer Natur ist.

Für den ersten Typ wird exemplarisch ein Ansatz von Albrecht Grözinger vorgestellt, exemplarisch für eine Vielzahl von summarischen Aufzählungen wird auf Überlegungen von Dieter Dreisbach verwiesen und für einen systematisierenden Entwurf wird auf die sogenannte Kompetenzmatrix aus dem Bereich der Diakonenausbildung zurückgegriffen.

(1) Als erstes sei ein Ansatz von Albrecht Grözinger vorgestellt (Grözinger 1998, 123-133). Sein Ansatz ist biografisch-narrativ geprägt und hat eine Nähe zur Seelsorgetheorie. Albrecht Grözinger verortet das Besondere der Diakonie in ihrer Geschichte, in die sie gestellt ist. Er hat damit weniger die Kirchengeschichte im Sinn, sondern bezieht sich auf die „Geschichte Gottes": „Christliche Diakonie hat – wie alles kirchliche Handeln – einen narrativen Grundzug. Sie kommt aus einer bestimmten Geschichte her und versucht, an dieser Geschichte auf ihre spezifische Weise weiterzuschreiben" (a.a.O., 123-124).

Erkennt man im narrativen Charakter der Diakonie ihr Wesentliches, wird Diakonie nicht über Aufgabenfelder, Funktionen oder Tätigkeiten beschrieben, sondern über die Grundvollzüge des Narrativen: das Lesen, das Erzählen und das Erinnern. „Es geht in der christlichen Diakonie um die *Lesbarkeit des menschlichen Lebens*, um die *Erzählbarkeit menschlicher Hoffnungen und Enttäuschungen* und um die *Erinnerbarkeit menschlicher Lebensgeschichte*" (a.a.O., 124). Dieser Dreiklang hebt sich von gängigen Tätigkeitsbeschreibungen ab und bietet gerade so Anregungen für die Frage nach diakonischen Kernkompetenzen.

Lesen – die Lesbarkeit des menschlichen Lebens. „Die Nötigung zur Erfindung des eigenen Lebens stellt in einen existenziellen Dauerstress, den es zu bewältigen gilt. Und nicht immer sind die Menschen diesem Stress gewachsen" (ebd.). Die Lebensgeschichte gleicht einem Labyrinth, in dem die eigenen Wege nicht immer erkennbar sind. Menschliches Leben will gelesen werden, also gesehen, erkannt, wahrgenommen werden. Dies setzt die Lesbarkeit des Lebens voraus. Mit der Lesbarkeit menschlichen Lebens steht zugleich die Humanität menschlichen Lebens auf dem Spiel. Wenn das Buch des Lebens (Offb 5) verschlossen bleibt, wenn der Mensch sich und andere nicht mehr zu lesen vermag, ist das Ende der Humanität erreicht. Menschen müssen ihr eigenes Leben buchstabieren, gerade in Zeiten der Individualisierung des Lebens und der Erfindung des eigenen Lebens, die mit dem Verlust der großen Erzählungen einhergehen. „In dieser Situation des risikoreichen Buchstabierens der eigenen Lebensgeschichte hat die christliche Diakonie ihre ganz spezifische Aufgabe. Sie ist Lektürehilfe für das eigene Leben. Das ist ein oft mühevoller Prozess, ein Prozess, der auch Rückschläge nicht ausschließt. Wobei diese Lese-Hilfe als Lebens-Hilfe immer wieder auch ganz praktische Züge annehmen wird" (a.a.O., 126). Die alltäglichen (Lebens-)Hilfen der Diakonie wollen die menschliche Lebensgeschichte wieder lesbar machen. In der Perspektive Jesu wird menschliches Leben gelesen. Wenn die Lesbarkeit des Lebens fragwürdig geworden ist, müssen gemeinsam Lebensspuren entziffert werden. Diakonische Kernkompetenz besteht in eine Entzifferungskompetenz. Allerdings geht es dabei nicht rein funktional um hermeneutische Kompetenz, die der Professionelle einbringt, sondern um das gemeinsame Suchen, Entziffern und (Wieder-)Herstellen der Lesbarkeit. Grözingers Hinweis für die Frage nach diakonischer Kompetenz lautet daher: „Einheit von Solidarität und Methode" (a.a.O., 128), oder mit anderen Worten: Hermeneutik im und durch Interaktionsgeschehen.

Erzählen – die Erzählbarkeit menschlicher Hoffnungen und Enttäuschungen. „Der in Geschichten verstricke Mensch, der aus seinen Geschichten herausfällt, gerät in eine fundamentale Lebenskrise, die sich in Aggression oder Depression [ich ergänze: oder Regression; M.H.] äußert. […] Ein Leben, das nicht erzählt werden kann, ist ein beschädigtes Leben“ (a.a.O., 129, 130). Eine postmoderne Gesellschaft, geprägt von Individualisierung und Enttraditionalisierung, kennt keinen institutionalisierten Ort narrativer Vergewisserung. Oder einfacher: Für das Erzählen von Geschichten gibt es keinen öffentlichen Ort mehr. Künstlich geschaffene Orte für eine kollektive Lebensvergewisserung sind ausgeschlossen, denn die Menschen empfinden dies als Bevormundung und lehnen sie ab. Solche Orte sind nur aus totalitären Systemen bekannt. Grözinger plädiert daher für „kleine Orte des Erzählens“: „Wenn es schon keine kollektiven Orte der lebensgeschichtlichen Vergewisserung mehr gibt, dann muss die Diakonie solche ‚kleinen‘ Orte narrativer Selbstvergewisserung anbieten. Diakonische Beratungsstellen benötigt unsere Gesellschaft dringender denn je. An den ‚kleinen‘ Orten des Erzählens, die christliche Diakonie zur Verfügung stellen sollte, kann Leben so zur Sprache kommen, dass es aufs Neue möglich wird, in das eigene Leben heimzukehren, ohne sich irgendwelchen großen Erzählungen zu verschreiben“ (a.a.O., 129-130). Für ein diakonisches Verständnis von Kompetenz bedeutet dies die Fähigkeit, erzählen zu können, Geschichten erzählen zu können, heilende Geschichten erzählen zu können. Diese Geschichten müssen um die Bruchstückhaftigkeit menschlichen Lebens wissen. Grözinger schließt mit dem Hinweis: „Nur wer selbst von Verwundung weiß, kann heilen“ (a.a.O., 130). Dies erinnert an die von Heinrich Popey und Paul-Stefan Roß beschriebene „existenzielle Gleichheit“ von Helfendem und Geholfenem (vgl. Pompey/Roß 1998, 188-190).

Erinnern – die Erinnerbarkeit menschlicher Lebensgeschichte. Grözinger schließt seinen Dreiklang mit der Forderung nach einer „Grammatik der liebenden Erinnerung“ (Grözinger 1998, 133). Die Grammatiken, die der postmoderne Mensch lernt, sind die der Leistung, des Fit-Seins, der Konkurrenz. Eine Grammatik der Niederlage, Gefährdung oder Krise ist nicht vorgesehen. Damit sind Teile der eigenen Geschichte nicht mehr les- und erzählbar, die Menschen werden zu Analphabeten. Die biblische Anthropologie siedelt den Menschen im Möglichkeitshorizont Gottes an, er ist mehr als das, was er realisieren kann. Ein fragmentarisches Leben ist kein verlorenes Leben. Denn „im Möglichkeitshorizont Gottes kann eine andere Sprache Laut bekommen. Es ist das ‚Gedenken Gottes‘, in dem gemäß der biblischen Sprache und Überlieferung menschliches Leben aufgehoben ist […]. Unsere Niederlagen, unsere Krisen, das Abgebrochene unseres Lebens wird von Gott mittels einer Grammatik der liebenden Erinnerung gelesen und so offen gehalten“ (a.a.O., 132). Das Aufgehobensein im Gedenken Gottes steht in Beziehung zum Jüngsten Gericht – einem altmodischen Bild, das aber gerade postmodern neue Lebensperspektiven eröffnen kann, sofern es nicht moralisch mit erhobenem Zeigefinger gebraucht wird. „Ich denke, dass christliche Diakonie ohne den Gedanken eines solchen jüngsten Tages nicht auskommen kann. Auf ihn vertrauend können wir uns selbst einüben in eine solche Grammatik der liebenden Erinnerung“ (a.a.O., 133). Wenn Diakonie an die Option Gottes für die Schwachen und Opfer erinnert, Bedürftigen an die Seite tritt und Niederlagen nicht einfach hinnimmt, wirkt sie dem inhumanen Vergessen entgegen. Diakonie wird damit politisch.

(2) Als Beispiel für die Vielzahl summarischer Auflistungen sei hier auf Überlegungen Dieter Dreisbachs verwiesen (Dreisbach 1999). Im Rahmen einer Ringvorlesung am Diakoniewissenschaftlichen Institut in Heidelberg zur Theologie der Diakonie ging Dreisbach der Frage nach, welche Anforderungen die diakonische Praxis an eine theologisch verantwortete Diakoniewissenschaft stellt. Er umschreibt stichwortartig zehn Fähigkeiten, die Mitarbeitende in der Diakonie besitzen sollten.

- *Sehen:* Sehen bedeutet, Perspektiven zu ändern, den Blick auf Dinge zu lenken, die bislang anders gesehen wurden.
- *Wahrnehmen:* Diese Fähigkeit schließt an das Sehen an. Wahrnehmen zu können setzt voraus, wahrnehmen zu wollen.
- *Empfinden:* Die Fähigkeit des Empfindens wendet sich nach Dreisbach gegen eine unangemessene Verobjektivierung menschlichen Verhaltens. Empfinden will das Subjektive des Menschseins ernst nehmen.
- *Erinnern:* Erinnerung ist eine Begründung des Glaubens, die Bibel betont immer wieder die Erinnerungsfähigkeit.
- *Vergessen:* Neben dem Erinnern bedarf es auch des Vergessens. Denn nicht vergessen zu können kann einem wirklichen Neubeginn entgegenstehen.
- *Lernen:* Die Fähigkeit des Lernens zielt auf Bildung, „die dieses Wort verdient" (a.a.O., 165). Dreisbach sieht eine diakonische Fähigkeit darin, sich weiterzubilden.
- *Verbinden:* Verbinden als Kommunizieren und Netzwerken.
- *Trennen und Unterscheiden:* Während Menschen miteinander verbunden werden sollen, müssen hingegen Sachverhalte getrennt werden können, es darf nicht willkürlich alles miteinander in Beziehung gesetzt werden, es bedarf sinnvoller Unterscheidungen.
- *Fragen:* Fragen leitet den Erkenntnisprozess und ist wesentlich für diakonisches Handeln.

(3) Für den Bereich der Diakonenausbildung hat die Ständige Konferenz der Ausbildungsleiter und -leiterinnen im VEDD (KAL) eine sogenannte Kompetenzmatrix entwickelt. Die Kompetenzmatrix strukturiert die Ausbildungsinhalte in einer 2x2-Matrix. Dazu werden zwei Achsen kombiniert: Die erste bezieht sich auf die Adressaten und unterscheidet Einzelne bzw. Gruppen und Organisationen bzw. Institutionen, die zweite bezieht sich auf Handlungsfelder und unterscheidet zwischen diakonischen bzw. kirchlichen (= nach innen gerichteten) Handlungsfeldern und gesellschaftlichen (= nach außen gerichteten) Handlungsfeldern. Die Makromodule (MM) lauten: Das Evangelium und die christliche Botschaft kommunizieren (MM1), Menschen in existenziellen Lebensfragen unterstützen (MM2), in Organisationen von Kirche und Diakonie handeln (MM3) und das Soziale gestalten (MM4).

Die folgende Übersicht ist dem Papier zur Kompetenzmatrix entnommen und konkretisiert die vier Makromodule.

„Makromodul 1: Das Evangelium und die christliche Religion kommunizieren

- Fähigkeit, die eigene religiöse Sozialisation und den eigenen konfessionellen Standort zu reflektieren und mit anderen Glaubensüberzeugungen und Weltanschauungen den Dialog aufzunehmen
- Wahrnehmungs- und Sprachfähigkeit für Religion im Alltag
- Fähigkeit, liturgische und homiletische Formen (z.B. Andachten) zielgruppen- und situationsgerecht zu gestalten
- Fähigkeit, religions- und gemeindepädagogisch zu handeln

Makromodul 2: Menschen in existenziellen Lebensfragen unterstützen

- Fähigkeit, den Vorrang der Personalität im Zusammenhang professionellen sozialstaatlichen Handelns auf Grundlage des christlichen Menschenbildes zur Geltung zu bringen
- Fähigkeit, eigene und fremde Lebensbrüche und -übergänge wahrzunehmen und zu deuten

– Fähigkeit, mit Klienten und Klientinnen ein Hilfeprogramm zu erarbeiten, das die biblischen Dimensionen (Symbole, Texte, Traditionen) von Klage und Hoffnung, Ermutigung, Trost und Verheißung, Lob und Dank berücksichtigt.
– Fähigkeit, die Lebenserfahrung von Klientinnen und Klienten behutsam unter Berücksichtigung ihrer Eigensinnigkeit wahrzunehmen und zu deuten

Makromodul 3: In Organisationen von Kirche und Diakonie handeln
– Feldkenntnis kirchlicher und diakonischer Organisationen
– Fähigkeit, Organisationen anhand grundlegender Texte, Symbole, Leitbilder kritisch darstellen, an der Praxis messen, ethisch beurteilen und weiter entwickeln zu können
– Fähigkeit, [eigene] Interessen, Motivationen und Prägungen konstruktiv auf Ziele und Interessen von Organisationen bzw. von Menschen in Organisationen/Institutionen beziehen zu können
– Selbstverständnis der eigenen Berufsrolle als Diakon(in) im Verhältnis zu anderen Berufsrollen innerhalb der jeweiligen Organisation entwickeln und darstellen können

Makromodul 4: Das Soziale gestalten
– Spürsinn und Aufmerksamkeit für verdeckte und ausgegrenzte Not
– Qualifizierung und Motivierung zu freiwilligem ehrenamtlichen bzw. bürgerschaftlichen Engagement
– Vernetzungskompetenz
– Sozialpolitische Diskussions- und Interventionsfähigkeit
– Fähigkeit, sozialpolitische Aktivität theologisch zu begründen und zu inszenieren
– Balance von Beistand und Empowerment" (Ständige Konferenz der Ausbildungsleiterinnen und -leiter im VEDD 2004, 8-9).

Für die Neuausrichtung der Diakonenausbildung stellt diese Kompetenzmatrix eine wichtige Weiterentwicklung bei der Frage nach den Ausbildungsinhalten dar. Allerdings ergibt sich eine Anfrage an die grundlegende Struktur der Matrix. Die Kommunikation der christlichen Religion stellt ein eigenes Makromodul dar (MM1). Der Verdacht liegt daher nahe, dass diese explizit religiöse Dimension damit isolierbar und somit letztlich etwas additiv ist. Wäre es nicht angebrachter, dass die religiöse Kommunikation gerade in die Prozesse der Begleitung von Menschen (MM2), dem Handeln in Organisationen (MM3) und der Gestaltung des Sozialen (MM4) verwoben ist?

Der Reiz dieses Ansatzes liegt darin, dass hier von einer eigenständigen Systematik ausgegangen wird, um diakonisch relevante Tätigkeiten zu beschreiben. Die Kompetenzmatrix geht dabei nicht von Handlungs*vollzügen* aus, sondern von Handlungs*bereichen*. Innerhalb dieser werden dann Tätigkeiten und entsprechende Fähigkeiten identifiziert, die für das Handeln der vier Handlungsbereiche bedeutsam sind. Die sich ergebenden vier Felder stellen Makromodule dar, die konkretisiert werden müssen. Hierzu liegt bereits ein von der KAL veröffentlichter Vorschlag vor (vgl. Ständige Konferenz der Ausbildungsleiterinnen und -leiter im VEDD 2008).

Die genannten Zusammenstellungen und Systematisierungen zeigen, dass es keine eindeutig beschreibbaren diakonischen Handlungsvollzüge gibt. Stattdessen werden Tätigkeiten aufgezählt, um das Handeln in der Diakonie näher zu beschreiben, aber eben nicht zu definieren. Da es eine Systematik diakonischer Handlungsvollzüge nicht gibt, ist eine verbindliche Beschreibung diakonischen Könnens nicht möglich.

Beruhigen mag an dieser Stelle zunächst einmal, dass sich offenbar von Anfang an im Christentum „nur unter großen Schwierigkeiten inhaltliche Festlegungen in Bezug auf konkretes Verhalten" benennen ließen (Starnitzke 2007, 252). Diese Ratlosigkeit scheint also nicht am Unvermögen der Diakonie zu liegen. Doch dies kann sich „durchaus als Problem darstellen, z.B. wenn man als diakonischer Mitarbeiter oder als christliche Gemeinde oder auch als diakonische Einrichtung gefragt wird, worin denn im konkreten Falle eigentlich das Christliche der eigenen Gesinnung und des eigenen Hilfehandelns bestehe" (Starnitzke 2007, 252).

Doch selbst wenn solch ein systematischer Entwurf vorliegen würde, stellt sich eine weitere Schwierigkeit ein: Die Dimension des Könnens impliziert immer das Moment der Erfahrungsgebundenheit. Dies führt dazu, situierte, implizite und informelle Lernprozesse besonders zu berücksichtigen, deren didaktische Strukturierung hochkomplex ist.[4]

In der diakoniewissenschaftlichen Diskussion hat es diesbezüglich der didaktische Ansatz des *situated learning* zu einer gewissen Berühmtheit gebracht. Die Grunderkenntnis dieses Ansatzes – die Situiertheit der Lernprozesse – ist gerade auch für die diakonisch-theologische Bildung wesentlich. Im Zusammenhang mit der Reflexion der Praxisprojekte des diakonischen Lernens (vgl. 2.5.1.; 4.1.) wird das *situated learning* gerne aufgegriffen und rezipiert. Für den Bereich der diakonischen Bildung ist dieses Modell allerdings weit weniger angemessen, als es auf den ersten Blick erscheinen mag, da Voraussetzungen erforderlich sind, die in der Wirklichkeit der organisierten Diakonie gerade nicht gegeben sind.

Situated learning betont die „historische Gewordenheit und soziale Strukturiertheit" des Praxisfeldes (Clases/Wehner 2006, 562). Problemlösungsprozesse sind demnach immer situiert. Damit kritisiert das *situated learning* Lernverständnisse, die ausschließlich kognitiv orientiert sind. Solche Ansätze gehen davon aus, dass das zu erwerbende Wissen von dem Verwendungskontext und dem Kontext, in dem es erworben wird, losgelöst werden kann. Wissen bestehe demnach gerade in der Abstraktion von konkreten Situationen. In kognitiven Lernansätzen ist Wissen demnach de-situiert. Die Wege der Wissensgenese sind daher auch nur Randbedingungen, die im Lernprozess vernachlässigt werden können. Dem widerspricht der Ansatz des situierten Lernens vehement. Situiertes Lernen unter-

---

[4] Vielleicht ist es daher einfacher, die Faktoren zu bearbeiten, die der Ausbildung diakonischer Handlungsfähigkeit entgegenstehen. So kann z.B. der viel betonte Erfahrungsbezug auch ein destruierender Faktor sein, nämlich dann, wenn die erlebte Nutz- oder Sinnlosigkeit des eigenen Bemühens in Mutlosigkeit oder Resignation umschlägt (vgl. Dreisbach 1999, 166). Weitere solcher Faktoren sind z.B. das Erleben des Ewiggleichen oder die Angst vor Nähe. Einige kurze Anregungen hierzu bei Dreisbach 1999, 166.

scheidet sich von instruiertem Lernen (vgl. Clases/Wehner 2006, 568). Besonders Jean Lave und Etienne Wenger haben mit ihren Arbeiten zum *situated learning* diesen Ansatz bekannt gemacht (vgl. Lave/Wenger 1991).

Lave und Wenger haben aus anthropologischem Interesse die sozialen Einflussfaktoren des Lernens untersucht. Sie beschreiben aufgrund ihrer Studie ein Modell, in dem ‚Novizen' durch die allmähliche Hineinnahme in eine tätige Praxisgemeinschaft lernen. Hervorgehoben wird die Bedeutung einer „tätigen Praxisgemeinschaft" (*community of practice*) als Lernort. *Situated learning* geht davon aus, dass der höhersymbolische Sinnbereich, in den es einzuführen gilt, durch die *communities of practice* repräsentiert wird und durch eine *peripheral participation* an den Praxisgemeinschaften erschließbar ist.

Doch wenn *situated learning* tatsächlich in der diakonischen Bildung im Kontext organisierter Diakonie Einzug halten sollte, müssten zuvor einige Anstrengungen zur Erforschung eben dieser Praxisgemeinschaften gemacht werden. Die soziale Struktur der Praxisgemeinschaft, die tradierten Erkenntnisse und Haltungen ihrer Mitglieder und auch deren Dysfunktionalitäten müssten erforscht werden. Wenn man allerdings berücksichtigt, dass selbst die grundlegendsten empirischen Erkenntnisse über Diakonie-Mitarbeitende nicht zur Verfügung stehen (vgl. Kapitel 5), zeigt dies, wie weit man hiervon noch entfernt ist. Schwerer wiegt allerdings ein grundsätzliches Argument: Die Autoren, die den Ansatz des *situated learning* für diakonisches Lernen fruchtbar machen wollen (z.B. Helmut Hanisch oder Christoph Gramzow), gehen anscheinend unhinterfragt von der Existenz solcher tätigen *communities of practice* im Sinne Laves und Wengers innerhalb der Diakonie aus und unterstellen zudem, dass diese auch tatsächlich den höhersymbolischen Sinnbereich des Diakonischen repräsentieren. Doch genau hieran kann gezweifelt werden, so dass die entscheidende Voraussetzung des *situated learning* gerade nicht gegeben ist.

Zusammenfassend kann somit festgehalten werden:

– Es gibt eine Vielzahl von Fähigkeiten, die in der Diakonie wichtig sind, ohne die Diakonie nicht denkbar wäre. Allerdings sind dies keine genuin ‚diakonischen' Tätigkeiten. Unterschiedliche Zusammenstellungen und Systematisierungsversuche wollen einen spezifischen Charakter des Diakonischen beschreiben. Dies ist jedoch nur auf konkrete Kontexte bezogen möglich. Eine allgemeine Systematik diakonischer Fähigkeiten gibt es nicht.

– Der Ansatz des *situated learning* ist für das hier verfolgte Vorhaben nicht geeignet, da die Voraussetzungen, die dieser Ansatz benötigt, um sein didaktisches Potenzial entfalten zu können, in der gegenwärtigen Diakonie eben nicht gegeben sind.

6.3. Zur Dimension ‚Werte'

Diakonische Einrichtungen zeigen ein großes Interesse an Werten: „Die christlichen und ethischen Werte der Diakonie stärken ihre Wettbewerbsfähigkeit auf den Arbeitsmärkten. ‚Werte werden wichtig wie Währung'" (Henke/Wienberg

2007, 9). Die Wertegrundlagen können nach ihren Quellen unterschieden werden, wie z.B. sozialstaatliche, gesellschaftliche, fachlich-sozialberufliche oder ökonomische Werte. Da sich mit einer ‚Werteorientierung' – ähnlich wie mit dem ‚diakonischen Profil' – die Hoffnung verbindet, den Kern diakonischer Identität zu beschreiben, werden oft spezifische ‚christliche' bzw. ‚diakonische' Werte hervorgehoben und aufgezählt. Doch die Begründung von solch ‚diakonischen Werten' ist eher schwach ausgeprägt, in aller Regel fehlt sie ganz. Ihre „Relevanz und Geltung im Horizont christlicher Ethik wird vielmehr undiskutiert vorausgesetzt" (Kobler-von Komorowski 2008, 131).[5] So gerne auch Forderungen nach einem christlichen Wertbezug gestellt werden (und in der Diakonie geschieht dies oft!), stellt sich doch die Frage, worin diese Werte bestehen.

„Wer über Werte reden will, bewegt sich in einem Minenfeld" (Vögele 2004, 96). Dieser Ausspruch weist bereits auf die Schwierigkeiten hin, die die Suche nach ‚diakonischen Werten' aufwirft. Denn obwohl in Kirche und Diakonie Wertediskurse überaus präsent sind, müssen zwei fundamentale Aspekte beachtet werden, die die Frage nach ‚christlichen' oder ‚diakonischen' Werten grundsätzlich in Frage stellen: Zum einen gilt der Wertebegriff aus theologischer Perspektive an sich bereits als belastet. Der Begriff hat einen „doppelsinnigen Klang" (Körtner 2004, 244), denn „Wert" ist ein ökonomischer Terminus, der nicht auf andere Bereiche des Lebens ausgedehnt werden sollte (vgl. Jüngel 1990). Zum anderen muss auch die Frage nach einem Spezifikum christlicher Ethik (vgl. Starnitzke 2007) verneint werden: „Es gibt, auf den Inhalt der moralischen Forderung gesehen, keine spezifisch christliche Ethik" (Bultmann 1965, 125). Eine materiale Zusammenstellung christlicher Werte lässt sich daher nicht formulieren.

Die Benennung diakonischer Werte setzt oft bei der tatsächlich gelebten Wertekultur der Einrichtung an. Solch ein induktives Vorgehen setzt aufwendige empirische Analysen voraus. Zudem steht es vor der Schwierigkeit, die identifizierten Werte plausibel mit einer theologischen Reflexion zu verbinden. Eine deduktive Bestimmung scheitert an der Tatsache, dass eine diakonische Wertetheorie eben nicht vorhanden ist. In der Praxis der diakonischen Unternehmensführung werden daher meist Wege beschritten, die sich – oft recht unkritisch – an Diakonie-Programmatik orientieren und gleichzeitig soweit konsensfähig formuliert sind, dass sie – meist unhinterfragt – akzeptiert werden können. Die diakonische Bildung tut daher gut daran, Wertediskurse aufzugreifen – wohl wissend, dass die Forderung nach einem Katalog expliziter ‚christlicher' Werte nicht erfüllt werden kann.

Allgemein gilt als Wert, was – je nach individueller oder kollektiver Einschätzung – als „erstrebenswert, gut, bereichernd, beglückend, nützlich und fördernd" gilt (Beirer 1995, 80). Werte können dabei als grundlegendes Gut, als

---

[5] So Kobler-von Komorowski in Bezug auf die Öffentlichkeitskampagnen der Diakonien, der sogenannten „Wertelinie I" und „Wertelinie II".

Maßstab oder als Ziel formuliert werden (vgl. Scholl-Schaaf 1975). Bei der Vielzahl an Wertetheorien müssen zwei grundlegende Zugänge unterschieden werden: Zum einen versuchen Wertetheorien eine schlüssige *Systematisierung von Werten* zu entwickeln, um die Vielzahl von Werten begrifflich fassen und inhaltlich unterscheiden zu können. Da heute nicht mehr von einem objektiv vorgegebenen ‚Wertehimmel' ausgegangen wird, gilt für alle Modelle, dass sie eine Konstruktionsleistung darstellen. Daneben gibt es Theorien zur *Entstehung von Werten.*

Als grundlegend gelten die empirischen Werteforschungen des amerikanischen Sozialpsychologen Milton Rokeach. Rokeach identifiziert 36 *basic assumptions*, die er nach ihrem substanziellen Gehalt in terminale Werte (*terminal values*, auch als Grund- oder Zielwerte bezeichnet) und instrumentelle Werte (*instrumental values*, auch als Dienstwerte bezeichnet) einteilt.[6] Letztere stellen Werte dar, die als Mittel zur Erreichung der Terminalwerte verstanden werden[7] (vgl. Rokeach 1973). Ausgehend von der Theorie Rokeachs hat Shalom H. Schwartz umfangreiche strukturanalytische Forschungen zur Universalität von Werten durchgeführt, die vor allem in der psychologischen Werteforschung einflussreich geworden sind. Er stellt dabei Wertegruppen bzw. Wertetypen zusammen, die er aufgrund ihres motivationalen Gehalts unterscheidet. Damit rücken die Konstrukte *Werte* und *Motive* näher zusammen.[8]

Der Soziologe Hans Joas widerspricht einer universalistischen Wertetheorie. Werte entstehen nach Joas' Verständnis durch die soziale Wechselwirkung von Individuum und Gesellschaft (vgl. Joas 1997, 114). Die Werteentwicklung ist unmittelbar an die eigenen kontingenten Erfahrungen gebunden, sie entsteht in der Erfahrung von Selbstbildung und Selbsttranszendenz (vgl. a.a.O., 255). Für eine Wertbindung ist das Erleben des Wertes wichtig: Langfristig muss sich ein Wert bewähren, sonst lässt die Wertbindung nach. Die Wertbindung manifestiert sich im Entwicklungsprozess und trägt zur Herausbildung des Selbst bei. Aber auch nachdem das Selbst geformt ist, können sich Werte noch verändern. Hierfür bedarf es Erfahrungen, die den Menschen über sich selbst hinausfüh-

---

6 Terminal values: a comfortable life; an exciting life; a sense of accomplishment; a world at peace; a world of beauty; equality; family security; freedom; happiness; inner harmony; mature love; national security; pleasure; salvation; self-respect; social recognition; true friendship; wisdom. – Instrumental values: ambitious; broadminded; capable; cheerful; clean; courageous; forgiving; helpful; honest; imaginative; independent; intellectual; logical; loving; obedient; polite; responsible; self-controlled.

7 Daher können Rokeachs Dienstwerte auch als Tugenden verstanden werden.

8 Diese motivationalen Werteklassen sind: Selbstbestimmung/Selbstentfaltung; Universalismus; prosoziales Verhalten/Wohlwollen; Tradition; Sicherheit; Macht; Leistung; Hedonismus; Stimulation/Anregung. Diese neun Wertetypen können nun kreisförmig aneinandergereiht werden, wobei Wertetypen, die nicht miteinander zu vereinbaren sind (zumindest nicht zeitgleich), im Kreisbogen gegenüber angeordnet werden. Dieser Wertekreis kann in einem Koordinatensystem angeordnet werden, das von den beiden Achsen Selbsttranszendenz und Selbststeigerung, Bewahrung und Offenheit für Wandel gebildet wird.

ren, also einen selbsttranszendenten Charakter haben. Hans Joas zählt zu diesen Erfahrungen beispielsweise die freie Kommunikation mit dem Göttlichen, soziales Engagement, Naturerlebnisse oder auch kollektive Ekstasen (vgl. Joas 2004).

Neben diese beiden viel beachteten Wertetheorien werden vor allem in der Managementtheorie pragmatisch-phänomenologisch orientierte Ordnungsversuche und Systematiken diskutiert. So unterscheidet beispielsweise Josef Wieland Leistungswerte (z.B. Profit, Leistungsbereitschaft, Innovation, Qualität), Kommunikationswerte (z.B. Respekt, Transparenz, Achtung), Kooperationswerte (z.B. Loyalität, Konfliktfähigkeit, Teamgeist) und moralische Werte (z.B. Integrität, Fairness, Verantwortung) (vgl. Wieland 2004, 24). Das theoretische Fundament solcher Wertetheorien ist oft dünn. Sichtet man die Literatur im Bereich der Managementtheorie, drängt sich der Eindruck auf, dass mit dem Aufgreifen und Artikulieren des Wertebegriffs eher (Selbst-)Marketing betrieben wird – hingewiesen sei hier nur auf ein Schlagwort wie „Wertemanagement"! –, ohne einen wirklich substanziellen Beitrag zur Wertedebatte zu leisten.

In der Diakonie wird weder auf die empirischen Forschungen um Shalom Schwartz,[9] noch auf Hans Joas' anthropologisch orientierte Theorie zur Werteentstehung Bezug genommen. Dabei bieten sich durchaus Anschlussstellen. Stattdessen wird bei der Suche nach möglichen ‚diakonischen Werten' entweder wider besseren Wissens der problematische Versuch unternommen, eine deduktiv-normative Zusammenstellung materialer Werte vorzunehmen, oder aber es wird an die pragmatisch orientierten Wertediskurse aus dem Bereich der Managementtheorien angeschlossen.

In der eher pragmatisch orientierten Unternehmensführung und den Kommunikations- und Marketingabteilungen diakonischer Einrichtungen wird immer wieder versucht, eine werteorientierte diakonische Unternehmenskultur zu beschreiben. Dabei werden oft allgemeingültige und unstrittige Annahmen über Werte mit christlichem Vokabular angereichert. Diese materialen Zusammenstellungen werden dann als christliche Werte kommuniziert. Hierzu werden nun einige Beispiele aufgeführt.

Paul G. Hanselmann beschreibt das Wertesystem diakonischer Kultur anhand von 13 Merkmalen, die in der Praxis der Diakonie wirksam seien (vgl. Hanselmann 2005, 39). Zusammen bilden sie den „Kreis diakonischer Werteprinzipien". Im Einzelnen nennt er: Teilhabe; Integration; Vielfalt; Begegnung; Sinnsuche und Sinnhaftigkeit; Eigenverantwortung/Kompetenz in eigener Sache; Rechtswahrung; Respekt, Gerechtigkeit, Fairness; Zuwendung, Zeit, Freundlichkeit; Entfaltung der Persönlichkeit, Würde und Normalität; Bereicherung; Verständigung.

Diese Werte seien mehr als bloße Absichtserklärungen, denen es an Substanz oder Verwurzelung in der Realität fehle, sondern stellten Wesensmerkmale der Diakonie dar (vgl.

---

9 Eine Ausnahme bilden hier die Arbeiten von Carsten Gennerich, der empirisch-psychologische Werteforschung mit praktisch-theologischer Reflexion verbindet (vgl. Gennerich 2007; auch Ammermann/Gennerich 2003).

ebd.). Gerade dies ist allerdings zu bezweifeln. Hanselmann identifiziert diese Werte weder aufgrund einer empirischen Analyse, noch leitet er sie theologisch ab. Stattdessen nimmt er Bezug auf unterschiedliche Schriften aus dem Bereich der Diakonie, die für dieses Vorhaben seiner Meinung nach einen „ausreichenden Bezugsrahmen" darstellen (Hanselmann 2005, 40): das Leitbild des Diakonischen Werkes der EKD, die Diakonie-Denkschrift und einen Artikel von Michael Schibilsky (vgl. Schibilsky 1998, 86-88). Schibilsky wiederum referiert die Werte der „Qualitätsgrundsätze für die Arbeit in den von Bodelschwinghschen Anstalten Bethel" (von Bodelschwinghsche Anstalten Bethel 1998).

Hanselmann verweist auf die zugrunde liegenden theologischen Konzepte wie „Versöhnung, Dienst am Nächsten, Barmherzigkeit, Mission" (Hanselmann 2005, 40), die sich in den 13 genannten Werteprinzipien konkretisieren, „z.B. ‚Mission' im Werteprinzip ‚Sinnsuche und Sinnhaftigkeit', ‚Barmherzigkeit' in ‚Respekt' und ‚Zuwendung' usw." (ebd.). Auch wenn explizit christlich-theologische Konzepte und grundlegende abendländische Werte in einem geschichtlich gewachsenen Zusammenhang stehen, kann die angedeutete Zuordnung allerdings nicht überzeugen. Die Betheler Qualitätsgrundsätze orientieren sich daher auch neben dem diakonischen Selbstverständnis Bethels vor allem an den Rechten, „die jedem Bürger und jeder Bürgerin in der Bundesrepublik Deutschland zustehen" (von Bodelschwinghsche Anstalten Bethel 1998, 5). Die in dem Bethel-Papier genannten Werte widerstehen daher gerade einer vorschnellen Ineinssetzung mit theologischen Begriffen bzw. einer deduktiv-theologischen Ableitung. Die „ganz besondere[n] Werte" der Diakonie (Hanselmann 2005, 40) – wie Hanselmann es formuliert – sind so besonders nicht.

In diesem Sinne betont auch Beate Hofmann, dass es nicht genügt, „einen christlichen oder diakonischen Wertekatalog aufzustellen und dann seine Umsetzung im diakonischen Alltag zu fordern" (Hofmann 2008c, 29). Diakonische Werte können weder einfach definiert werden, noch wäre es angemessen, ihre Handlungsleitung situationsunabhängig einzufordern.

Stattdessen plädiert Hofmann für eine Verantwortungsethik, die jeweils situativ abzuwägen hat, was angemessen ist. Trotzdem versucht auch Hofmann „bestimmte diakonische Grundwerte" zu benennen: „Wertschätzung, Transparenz und Ehrlichkeit, Respekt, Achtsamkeit und Vertrauenswürdigkeit" (Hofmann 2008c, 29). Die einzelnen Manifestationen diakonischer Unternehmenskultur wie Rituale, Symbole oder Strategien wollen eben diese Werte realisieren und dadurch „Diakonie ‚inkarnieren' bzw. gestalten" (ebd.).

Doch solch ein Wertekatalog entspricht eher allgemeingültiger Höflichkeit. An dieser Stelle sei noch einmal auf die Beobachtung Hanischs hingewiesen, dass Diakonie in einem alltagsweltlich-moralisierenden Verständnis leicht als reines Wohlverhalten und allgemeine Hilfsbereitschaft missverstanden wird (vgl. Abschnitt 4.2.1.). Dadurch bieten solche allgemeinen Grundwerte – so wichtig und wünschenswert sie auch in der Diakonie sein mögen – didaktisch wenig Potenzial.

Das häufige, aber oft diffuse Verweisen auf die Werteorientierung von Kirche und Diakonie „verbraucht das symbolische Kapital, das die Kirchen gesellschaftlich genießen, wenn es nicht auch organisatorisch nachvollziehbar eingelöst wird" (Maaser 2008, 256). Zudem kommt es schnell zu einer „moralinen Reduktion": Meist beziehen sich die Werte auf individuelles Verhalten, „bei gleichzeitigem Außerachtlassen von Werten im ökonomischen und gesellschaftlichen Handeln" (Kobler-von Komorowski 2008, 131).

2005 hat die Unternehmensberatung „Deep White" Manager-Tugenden („leadership values") u.a. in Krankenhäusern untersucht, die Mitglied im Deutschen Evangelischen Krankenhausverband e.V. (DEKV) sind. Dazu wurden Werte-Inventare faktorenanalytisch untersucht, mit dem Ergebnis, dass ein „Faktor C" eindeutig identifiziert werden konnte: Es bestehe „ein Erfolgszusammenhang des ‚Faktors C' mit hohen Korrelationskoeffizienten und hohen Signifikanzen". Demnach gebe es „aus christlicher Ethik ableitbare und messbare unternehmerische Erfolgsfaktoren" (Deutscher Evangelischer Krankenhausverband 2005, 19, 20). Als christliche Werte werden Personalität, Subsidiarität, dialogische Loyalität und Gemeinwohl benannt, da dies die tatsächlich gelebten Werte in „Unternehmen ‚C'" darstellten. Gleichzeitig würden mit diesen Werten die „Kernforderungen der Christlichen Soziallehre" wiedergegeben.

Es fällt auf, dass der Anteil allgemeingültiger Floskeln recht hoch ist, so bestehe beispielsweise ein grundlegender Faktor christlicher Ethik in der Wertschätzung des einzelnen Menschen, oder darin, den Menschen in den Mittelpunkt zu stellen. Auffällig ist eine mangelnde Begriffsschärfe, die nahezu bedeutungsgleiche Verwendung der Begriffe des christlichen und humanistischen Menschenbildes und die Ineinssetzung von „christlich" und „ethisch".

Die christliche Ethik bietet statt material-inhaltlich bestimmbarer Werte hingegen christliche Interpretationsmuster an. Und so kann man dann doch „in seiner ethischen Unsicherheit ein wenig Orientierung finden" (Starnitzke 2007, 252). Solche Interpretationsmuster sind beispielsweise die Bezugnahme ethischer Argumentation auf das Liebesgebot[10] oder die Indikativ-Imperativ-Struktur biblischer Texte.[11] Konstitutives Merkmal aller als christlich identifizierten

---

[10] Starnitzke greift dabei auf das Liebesgebot als „wesentliches Deutungsmuster christlichen Hilfehandelns" zurück (Starnitzke 2007, 255). Von diesem übergeordneten Deutungsmuster her sollen alle anderen biblischen Verhaltensmaximen verstanden und interpretiert werden. „Das Spezifikum christlicher Ethik bestünde dann gerade in dem Verzicht auf irgendwelche bestimmten Verhaltenscodices oder -normen zugunsten des übergeordneten Interpretationsmusters des Liebesgebotes" (Starnitzke 2007, 263). Die Konkretionen, also die unmittelbaren Verhaltensaufforderungen bleiben „bemerkenswert offen und variabel", (ebd.). Gerade eine Festlegung auf eine konkrete Verhaltensweise sollte daher aus christlicher Sicht eher skeptisch machen (vgl. a.a.O., 264).

[11] Okko Herlyn sieht in der Indikativ-Imperativ-Struktur der biblischen Texte das Besondere einer christlichen Ethik. Dabei geht einer ethischen Aufforderung (Imperativ) eine ‚nichtethische' Zusage (Indikativ) voraus. Die indikativische Zusage bezieht sich dabei stets auf das vorausgegangene Handeln Gottes. Die imperativische Aufforderung an den Menschen, sich entsprechend zu verhalten, folgt immer erst in einem zweiten Schritt. Das Besondere besteht also nicht im konkreten Inhalt des Imperativs, sondern im Verweisungscharakter auf das der Aufforderung „vorgeordnete befreiende Handeln Gottes, das sich im Alten Testament vor allem im Exodusgeschehen, im Neuen Testament vor allem im Christusgeschehen konkretisiert. […] Christliche Ethik hat ihre Besonderheit in ihrem allerdings nur für sie zutreffenden Verweisungscharakter. Indem christliches Handeln nicht mehr, aber auch nicht weniger sein will als der menschliche Versuch, etwas von dem bereits ergangenen Handeln Gottes deutlich zu machen […], hat es sein Besonderes, sein ‚Proprium', seine spezifische Würde" (Herlyn 1995, 31-32).

Werte ist ihr Gottesbezug. Der Gottesbezug muss zwar nicht immer expliziert werden, wenn er jedoch gänzlich fehlt, kann schwerlich noch von christlichen Werten gesprochen werden. Genau dieses Phänomen ist aber in der Diakonie zu beobachten. Die Vielzahl an Zusammenstellungen ‚diakonischer Werte' ist zwar anschlussfähig an die „Vorstellungswelt des spätmodernen Wertepluralismus", erweckt aber eher den Anschein, dass sie durch ihre weltanschauliche Neutralität vor allem keine Vorbehalte wecken will (vgl. Kobler-von Komorowski 2008, 132).

Welche Erkenntnisse didaktischer Natur können nun aus dem bisher Ausgeführten gezogen werden?

– Mit dem Wertebegriff verbinden sich vielfältige und schillernde Vorstellungen (vgl. Kobler-von Komorowski 2008, 131), der Begriff muss somit immer wieder ‚eingefangen' werden. Didaktisch ist es geboten, den Wertebegriff nicht überzustrapazieren.

– Das Zusammenstellen und Benennen von als ‚christlich' identifizierten Werten muss als problematisch gelten. Christliche Theologie verfolgt keine material-ethischen Ansätze.

– Andererseits darf der Wertebegriff auch nicht unterschätzt werden – gerade weil sich umgangssprachlich mit diesem Begriff etwas anderes verbindet, als er eigentlich darstellt. Der Wertebegriff ist sehnsuchtsbesetzt, er ist eine Wärmemetapher. Vielleicht stellt gerade dies die Kraft des Wertebegriffs dar: Er ist eine äußerst robuste Chiffre für eine gewollte, ersehnte Orientierung. Genau dies kann und muss didaktisch aufgegriffen und bearbeitet werden.

6.4. Zur Dimension ‚Haltungen'

Haltungen haben eine Nähe zu Werten, sind aber von diesen zu unterscheiden. Im Unterschied zu Werten sind Einstellungen konkreter, sie beziehen sich unmittelbar auf eine Situation, eine Person oder ein Objekt und sind oft handlungsbezogen. Während es daher unendlich viele Haltungen oder Einstellungen geben kann, sind Werte in ihrer Anzahl begrenzt.

Die Dimension der Haltungen ist von zentraler Bedeutung für die diakonische Bildung. Für Herbert Haslinger besteht das Eigentliche der Diakonie nicht in einem bestimmten Inhalt oder einer bestimmten Verhaltensweise, sondern ist Ausdruck eines „Bewusstseins oder einer Haltung des christlichen Glaubens" (Haslinger 1996, 704).

Der Deutsche Evangelische Verband für Altenarbeit und Pflege e.V. (DEVAP) hat eine Arbeitshilfe herausgegeben, die diakonisches Alltagsverhalten im Kontext der Altenpflege beschreibt. Auch wenn in der Arbeitshilfe begrifflich das Verhalten betont wird, handelt es sich inhaltlich vor allem um Haltungen, die beschrieben werden. Mit Hilfe eines induktiven Vorgehens wurden 14 Kategorien diakonischer Haltungen zusammengetragen, die sich in drei Gruppen gliedern. Sie sollen als Bausteine zur Profilbildung evangelischer Aus- und Weiterbildungsstätten und diakonischer Altenpflegeeinrichtungen dienen. So ist ein

„interessanter, umfassender und sicher nicht unstrittiger Katalog an Einstellungen und Verhaltensweisen“ entstanden (DEVAP 2005, 3).

Die drei Hauptgruppen beziehen sich „auf das ‚Selbst‘, die Person des Auszubildenden“, „auf Gott, auf Glauben und Religiosität“ und „auf den Anderen, den Mitmenschen“ (DEVAP 2005, 5) und werden auch als Persönlichkeitsmerkmale, Glaubensaspekte und Interaktionsverhalten bezeichnet (vgl. DEVAP 2005, 3). Konkretisiert werden sie durch jeweils vier bis fünf Unterkategorien:

„A. Im Blick auf das ‚Selbst‘, die Person des Auszubildenden

A 1. Diakonisches Verhalten im Alltag zeigt sich in der persönlichen Haltung der Mitarbeitenden.

A 2. Diakonisches Verhalten im Alltag zeigt sich in der Bereitschaft zu Reflexion, Entwicklung und Lernen.

A 3. Diakonisches Verhalten im Alltag zeigt sich in der Übernahme von Verantwortung für sich und andere.

A 4. Diakonisches Verhalten im Alltag zeigt sich im Einsatz für soziale Gerechtigkeit.

B. Im Blick auf Gott, Glauben und Religiosität

B 1. Diakonisches Verhalten im Alltag zeigt sich in der Echtheit des eigenen Glaubens und in der Unterstützung des Glaubens anderer.

B 2. Diakonisches Verhalten im Alltag zeigt sich in der Nächstenliebe ohne Erwarten von Gegenleistung.

B 3. Diakonisches Verhalten im Alltag zeigt sich in der Annahme von Sterben und Tod als Teil des Lebens.

B 4. Diakonisches Verhalten im Alltag zeigt sich im Angebot religiöser Rituale.

B 5. Diakonisches Verhalten im Alltag zeigt sich in kultureller Offenheit und religiöser Toleranz.

C. Im Blick auf den Anderen, den Mitmenschen

C 1. Diakonisches Verhalten im Alltag zeigt sich im Einfühlen in Situationen und Personen.

C 2. Diakonisches Verhalten im Alltag zeigt sich in der Wahrnehmung von Würde und Autonomie jedes Menschen.

C 3. Diakonisches Verhalten im Alltag zeigt sich in der Zuwendung und Sorge um Geborgenheit.

C 4. Diakonisches Verhalten im Alltag zeigt sich in der Entwicklung von Gemeinschaft.

C 5. Diakonisches Verhalten im Alltag zeigt sich in menschenorientierter Führung“ (a.a.O., 5).

Die Systematisierung erinnert an die Trias von Gottes-, Selbst- und Fremdbezug, die die Dimensionen des Glaubens beschreibt, unterscheidet sich aber hiervon dadurch, dass „Glauben und Religiosität“ eindeutig einer Gruppe zugeordnet wird und eben nicht auf alle drei bezogen ist. Dass die Glaubensaspekte dadurch von der Systematik her keinen Bezug auf die Persönlichkeitsmerkmale und das Interaktionsverhalten haben, erschließt sich nicht und kann sowohl inhaltlich als auch didaktisch als problematisch gelten. Positiv hervorzuheben ist, dass mit der Arbeitshilfe ein tatsächlich sehr konkreter Versuch vorliegt, der von der Alltagswirklichkeit diakonischer Einrichtungen ausgeht. Allerdings fehlt diesem Ansatz eine schlüssige Systematik, die über die Zusammenstellung von Erfahrungen und Beispielen hinausgeht und diese theoretisch einbindet und gewichtet.

Die Dimension der Einstellungen und Haltungen stellt sicherlich didaktisch die größte Herausforderung dar, denn sie entzieht sich am deutlichsten einer unmittelbaren Einflussnahme. Haltungen und Einstellungen kann man weder anordnen noch herbeiwünschen. Bildungsprozesse bestehen daher weniger im direkten Ausbilden dieser Haltungen, sondern in der Kultivierung eines angemessenen Rahmens, in dem sich diese Haltungen entfalten können. „[D]ie Veränderung von Haltungen entzieht sich pädagogischer Verfügbarkeit" (Hofmann 2008, 20). Zudem wird die in aller Regel unhinterfragt vorausgesetzte Annahme eines unmittelbaren Zusammenhangs von Haltung und Verhalten innerhalb der sozialpsychologischen Forschung hinterfragt. Die oft unterstellte Kausalität von inneren Haltungen und äußerem Verhalten darf als fraglich gelten (vgl. Hanft 1991, 135). Diese Erkenntnis ist nicht neu, scheint aber erstaunlicherweise immer wieder unbeachtet zu bleiben.[12]

Anke Hanft macht darauf aufmerksam, dass Handeln durch Interaktions- und Interpretationsprozesse bestimmt wird und man sich eben von der Vorstellung eines allzu einfachen linearen Zusammenhangs lösen müsse. Sie weist darauf hin, dass innerhalb der Sozialpsychologie die Gültigkeit dieses Zusammenhangs relativiert wurde: „Im Zentrum der Kritik stehen die Einstellungs-Verhaltens-Konsistenz und die Bewertung der Möglichkeiten zur zielgerichteten Einstellungsänderung. Zunehmend zeichnet sich ab, daß die klassische strukturfunktionalistische Sichtweise zugunsten eines interpretativen Paradigmas aufgehoben werden muß" (Hanft 1991, 5). Während die Sozialpsychologie den ursprünglich angenommenen Zusammenhang von Einstellung und Verhalten somit zunehmend einschränkt, scheint hingegen die Bedeutung im Bereich von Personal- und Organisationsentwicklung gerade zuzunehmen. Vielleicht liegt es daran, dass „die Hoffnung auf eine Organisation mit identifikationsbereiten und loyalen Mitarbeitern, deren Situationswahrnehmungen beliebig in der von der Organisation gewünschten Weise manipulierbar ist, [...] nicht einer gewissen Faszination" entbehrt (Hanft 1991, 81).

Ein Erklärungsversuch für die beschriebene Differenz zwischen Einstellung und Verhalten bietet das Konstrukt der „mentalen Modelle", das vor allem von

---

12 Beispielsweise untersuchten die amerikanischen Psychologen John Darley und Charles Bateson Anfang der 1970er Jahre das Hilfeverhalten von Theologiestudenten an der Universität Princeton. Diese wurden aufgefordert, unter vermeintlicher Prüfungsbedingung eine Predigt über das Gleichnis vom Barmherzigen Samariter zu halten. Auf dem Weg zum Seminargebäude wurde eine hilflos erscheinende Person positioniert, so dass sich die Studenten nun selbst in der Szenerie des Gleichnisses wiederfanden, freilich ohne es zu wissen. Die Studie von Darley und Bateson kam zu dem Schluss, dass das entscheidende Kriterium zur Hilfeleistung nicht die religiöse Einstellung zum Hilfehandeln ist, sondern schlicht, ob die Studenten noch genügend Zeit zum Helfen hatten. Der Einstellung konnte keine Kausalwirkung zum Handeln zugesprochen werden, vielmehr ist der situative Kontext die ausschlaggebende Größe (vgl. Darley/Bateson 1973).

Peter M. Senge geprägt wurde. Mentale Modelle sind „tief verwurzelte Annahmen, Verallgemeinerungen oder auch Bilder und Symbole, die großen Einfluss darauf haben, wie wir die Welt wahrnehmen und wie wir handeln" (Senge 2001, 17). Die inneren Bilder, die wir uns vom Wesen der Dinge machen, haben einen allumfassenden Einfluss auf unser Denken und Handeln.

Mentale Modelle sind meist verborgen und werden in der Regel nicht hinterfragt. Haben sich bestimmte mentale Modelle erst einmal bewährt, sind diese äußerst wirkmächtig (vgl. a.a.O., 217). Senge geht davon aus, dass sich die Diskrepanz zwischen verlautbartem Wunsch und faktischer Handlung mit der Annahme von mentalen Modellen erklären lässt: Menschen handeln in Übereinstimmung mit ihren mentalen Modellen, unabhängig davon, welche Grundannahmen und Einstellungen sie öffentlich machen (vgl. a.a.O, 214). Eine mögliche Verhaltensänderung braucht daher nicht nur das Bewusstmachen der Differenz zwischen Einstellung und Verhalten, sondern vor allem das Bewusstmachen des zugrunde liegenden mentalen Modells, um so gegebenenfalls falsche Grundannahmen zu erkennen.

Diakonische Bildung kann daher versuchen, im Bezug auf die Fragen diakonischer Identität und diakonischer Selbstverständnisse zugrunde liegende Annahmen zu reflektieren. Dies geschieht, indem diese Annahmen entdeckt und aufgedeckt werden, gegebenenfalls müssen sie auch konfrontiert und in Frage gestellt werden. „Die Disziplin der mentalen Modelle beginnt damit, dass man den Spiegel nach innen kehrt. Wir müssen lernen, unsere inneren Bilder von der Welt aufzudecken, sie an die Oberfläche zu holen und einer kritischen Betrachtung zu unterziehen" (Senge 2001, 18).

Zusammenfassend kann festgehalten werden:

– Die Dimension der Haltungen und Einstellungen ist für die Diakonie bedeutsam. Der Versuch, diakonisch relevante Haltungen zusammenzutragen, zu beschreiben und zu reflektieren, stellt bereits einen wichtigen Ansatz in der diakonischen Bildung dar.

– Allerdings darf man nicht dem Fehlschluss unterliegen, dass Haltung und Verhalten in unmittelbarem, gar kausalem Zusammenhang stehen. Eine lineare Wirkung von Haltungen auf Verhalten scheint es nicht zu geben – auch wenn dies zunächst plausibel erscheint und im diakonischen Bereich oft erhofft wird.

– Die den Haltungen zugrunde liegenden mentalen Modelle sind meist verborgen. Sie können aber – zu einem gewissen Teil – entdeckt und reflektiert werden. Die Reflexion des Diakonischen wird kaum angemessen gelingen, wenn nicht versucht wird, die zugrunde liegenden mentalen Modelle hinsichtlich des Diakonischen aufzudecken.

6.5. Zur Dimension ‚Sinndeutungen'

Die vier genannten Bildungsdimensionen stehen im „Horizont sinnstiftender Deutungen des Lebens" (Kirchenamt der EKD 2003, 66). Dieser Dimension kommt daher im wahrsten Sinne des Wortes eine besondere Be-Deutung zu.

Die Frage nach dem Sinn des Lebens ist die Frage nach der Deutung des Lebens. Bereits in Abschnitt 6.3. hat sich angedeutet, dass die Dimensionen „Sinn“ und „Werte“ nah beieinander liegen. Werte stellen die leitenden Ideale und Orientierungen dar, denen gefolgt wird; Sinn fragt hingegen, was das Leben bedeutungsvoll macht.

Für Viktor Frankl, dem Begründer der Logotherapie – also der Therapierichtung, die die Sinnfrage wie keine andere in den Mittelpunkt rückt – ist die Frage nach dem Sinn nicht eine geistige Spielerei, sondern vielmehr „eigentlicher Ausdruck des Menschlichsten im Menschen“ (Frankl 2005, 66). Frankl unterscheidet zwei verschiedene Weisen der Sinnfrage. Die erste Weise ist die Frage nach dem „‚Ziel und Zweck‘ der Welt im ganzen“ (a.a.O., 72), über die eigentlich nichts ausgesagt werden kann, die zweite Weise ist die Frage nach dem Sinn des einzelnen, des individuellen Lebens. Die Frage nach Sinn tritt in der Regel dann zutage, wenn der Mensch die Abwesenheit von Sinn deutlich verspürt. Die Sinnlosigkeit führt zur Auseinandersetzung mit möglichem Sinn. In diesem Zusammenhang sind besonders die von Frankl beschriebenen Einstellungswerte bedeutsam:[13] Das Leben kann sich schließlich auch dann noch als sinnvoll erweisen, „wenn es weder schöpferisch fruchtbar noch reich an Erleben ist“ (a.a.O., 92). Es geht um die Einstellung, wie der Mensch sich zu seiner Einschränkung im Leben verhält.

Auch für Paul Tillich ist die Sinnfrage die Grundfrage des Menschen am Ende der Moderne. Der Mensch sieht seine geistige Selbstbejahung bedroht und empfindet Angst vor der Leere und vor Sinnlosigkeit. Damit unterscheidet er sich vom Menschen am Ende des Mittelalters, der durch die Angst vor Schuld und Verdammnis seine sittliche Selbstbejahung bedroht sieht, und vom Menschen am Ende der Antike, der seine ontologische Selbstbejahung durch Schicksal und Tod bedroht sieht (vgl. Tillich 1953, 33, 102).

Was bedeutet die Frage nach dem Sinn und nach möglichen Sinndeutungen nun für die Diakonie?

> „Christliche Diakonie hat das Ziel, die konkrete Leidenssituation als Symbol der Situation des Menschen in der Welt zu deuten, d.h. dem Einzelnen zur Annahme seiner endlichen, vom Tod und Übel (Bösen) bedrohten Existenz zu verhelfen. Sie wird seinen Lebensmut (Paul Tillich sprach vom ‚Mut zum Sein‘) und damit auch Selbsteinsatz begründen, indem sie (in Verbindung mit seiner Beziehungs- und Gemeinschaftsfähigkeit) seine Handlungsfähigkeit und (in Verbindung mit seiner Hoffnungs- und Glaubensfähigkeit) seine Leidensfähigkeit stützt“ (Ringeling 2006, 115).

---

[13] Daneben nennt er die schöpferischen Werte: „Werte, die sich durch ein Schaffen verwirklichen lassen“ (Frankl 2005, 92). Diese unterscheidet er von den Erlebniswerten. Bei den Werten, die im Erleben verwirklicht werden, geht es um das „Aufnehmen von Welt“, so z.B. in der Hingabe bei dem Erleben der Schönheit von Natur oder Kunst (ebd.). „Einmal verlangt das Leben von uns, schöpferische Werte zu verwirklichen, ein andermal uns der Kategorie der Erlebniswerte zuzuwenden. Das eine Mal haben wir sozusagen die Welt reicher zu machen durch unser Tun, das andere Mal uns selbst reicher zu machen durch unser Erleben.“ (Frankl 2005, 93-94).

Diakonie hat nach Ringeling also die Aufgabe, den Menschen in seiner Handlungs- und Leidensfähigkeit zu stützen und zu begleiten. Diakonisches Handeln könnte demnach als Sorge um ein ‚sinngedeutetes' Leben verstanden werden.

Die Möglichkeit der Sinnsuche und die Erfahrung von Sinnhaftigkeit zählen zudem zu den Erwartungshaltungen gegenüber der Diakonie: „Wo Menschen als Betroffene, Angehörige, Nachbarn oder Öffentlichkeit diesen Teil des ‚Propriums' […] an Diakonie nicht erkennen können, wenden sie sich von Diakonie ab und stellen deren Glaubwürdigkeit in Frage" (Hanselmann 2005, 48).

Auf diese an die Diakonie herangetragene Erwartung nach Sinnerfahrung wird von Seiten diakonischer Einrichtungen reagiert, indem – meist in Broschüren und Prospekten – gerne auf die vielfältigen ‚Sinnangebote' der Einrichtung hingewiesen wird. Sinn wird als potenzieller Wettbewerbsvorteil vermarktet. Diakonische Bildung kann zwar durchaus dazu beitragen, sich existenziellen Sinnfragen zu stellen, allerdings ist grundsätzliche Kritik angebracht, wenn in Fortbildungen Mitarbeitende dazu qualifiziert werden, ‚Sinnangebote' für Klienten bereitzuhalten.

Auch Begriffe wie ‚Sinnerschließung' oder ‚Sinnerfahrung' – meist verstanden als eine besonders diakonisch qualifizierte Tätigkeit der Diakonie-Mitarbeitenden – sind problematisch. Sie unterstellen, dass der Diakonie ein quasi objektiver, grundlegender Sinn innewohne, den es lediglich zu entdecken und erfahrbar zu machen gelte (vgl. Schmidt 2010, 5). Mitarbeitende, so die Unterstellung, würden gerade aufgrund dieses Sinns zum Engagement in der Diakonie motiviert, der über rein alltagspraktische Aspekte – wie etwa das Ausüben einer Erwerbstätigkeit – weit hinausreiche. Doch allgemeingültige Sinndeutungen sind nicht möglich. Sinnstiftung ist von *subjektiver* Aneignung abhängig, Sinn kann nur *konstruiert* werden.

Rainer Merz sieht als wesentliche Sinnquellen für das diakonische Handeln (bzw. für die diakonisch Handelnden) die eigenen Lebensgeschichten der Helfenden und der Klienten. Sinn ist demnach eine biografische Konstruktionsarbeit (vgl. Merz 2007a, 284). Aber: „Wie diese Sinnquellen jedoch im diakonischen Berufsalltag methodisch gefasst, umgesetzt und unterstützt werden können und an welchen professionellen Standards das professionelle Handeln sich dabei orientieren sollte", ist kaum zu durchschauen (ebd.).

Christliche Theologie, nach Schibilsky verstanden als „‚Wissenschaft vom Leben' und ‚Deutekunst' zugleich" (Schibilsky 2003, 40), kann Erfahrungen anbieten und Menschen bei ihrer Sinnsuche begleiten: „Das Christentum als Erinnerungs- und Erzählgemeinschaft bietet Sinnperspektiven an. Allerdings können sie für das Subjekt nur relevant werden, wenn es die Möglichkeit hat, diese kennen zu lernen und sich damit in einem kreativen Spielraum in Beziehung zu setzen" (Zitt 2004, 248). Dies deutet bereits an, dass nicht jegliche Form von Theologie für Sinndeutungen hilfreich oder anschlussfähig ist.[14]

[14] Im Abschnitt 7.2. wird dies noch weiter ausgeführt.

Wird Diakonie als Sorge um die Sinndeutungen und als Hilfestellung zur Sinnkonstruktion verstanden, ist eine besondere Sensibilität gefragt. Nach Rainer Merz spiegeln oft die Berufswünsche im diakonischen Bereich das Anliegen wider, dem eigenen Leben Sinn zu vermitteln (vgl. Merz 2007a, 255). Dies ist förderlich wie problematisch zu gleich. Eine problematische Sichtweise liegt vor allem darin, wenn aus allgemeinen theologischen Einsichten direkt ‚Sinn im Leben' abgeleitet oder behauptet wird.[15] Denn dies widerspricht der Erkenntnis, dass Sinn nur subjektiv konstruiert werden kann.

Für die Konstruktionsleistung der eigenen Sinngebung ist ein Hinweis des Philosophen Wilhelm Schmid hilfreich. Schmid erkennt die Verzweiflung des Menschen beim Kämpfen gegen die Sinnlosigkeit besonders in dem modernen Streben nach Glück (vgl. Schmid 2007, 45):

> „Was aber ist Sinn? Davon, dass etwas ‚Sinn macht', ist immer dann die Rede, wenn Zusammenhänge erkennbar werden, wenn also einzelne Dinge, Menschen, Begebenheiten, Erfahrungen nicht isoliert für sich stehen, sondern in irgendeiner Weise aufeinander bezogen sind. So lässt sich sagen: Sinn, das ist Zusammenhang, Sinnlosigkeit demzufolge Zusammenhanglosigkeit" (a.a.O., 45-46).

Es geht also nicht darum, in allem einen ‚guten Sinn' zu sehen, sondern einen Zusammenhang zu entdecken (bzw. zu konstruieren), der ‚Sinn macht'. Gerade dieser auf den ersten Blick vielleicht schlicht anmutende Hinweis erweist sich didaktisch als tragfähig: Es wird kein Sinninhalt vorgegeben, sondern es wird davon ausgegangen, dass Sinn durch das Entdecken von Zusammenhängen hergestellt, konstruiert wird. „Subjektive Sinnkonstruktionen sind daher u.U. heterogen, prekär und auch zeitlich begrenzt, aber nicht willkürlich oder beliebig. Sie erwachsen aus Interaktion mit anderen Menschen in Lebens- und Sachbereichen. Sie müssen gleichzeitig gesamtgesellschaftlich kommunizierbar und bis zu einem gewissen Grad auch plausibilisierbar sein" (Schmidt/Zitt 2004, 67).

Zusammenfassend kann festgehalten werden:

– Die Möglichkeit der Sinnsuche und die Erfahrung von Sinnhaftigkeit zählen zur Erwartungshaltung gegenüber der Diakonie. Diakonie kann als Sorge um ein ‚sinngedeutetes' Leben verstanden werden.

– Allgemeingültige Sinndeutungen sind jedoch nicht möglich. Sinnstiftung ist von subjektiver Aneignung abhängig. Sinn kann immer nur konstruiert werden. Normative Sinn-‚Vorgaben' sind daher didaktisch wie inhaltlich unangemessen.

– Wenn Sinn eine Konstruktionsleistung ist, bedarf es didaktischer Ansätze, die eben das Konstruieren von (Sinn-)Deutungen in den Mittelpunkt stellen.

---

[15] So beschreibt Merz, dass die von ihm interviewten Diakone und Diakoninnen sich selbst und die Mitmenschen als Geschöpfe Gottes verstehen, „mit der Konsequenz, dass sie jeden Menschen als gewollt ansehen und in jedem Leben auch einen Sinn erkennen" (Merz 2007a, 272). Es mag ehrenhaft sein, in jedem Leben Sinn erkennen zu wollen. Allerdings liegt hier die Gefahr nahe, gerade die eigenen Sinndeutungen anderen zuzuschreiben.

7. Diakonische Theologie

Heinz-Dietrich Wendland bezeichnete Anfang der 1960er Jahre die mangelnde theologische Durchdringung der Diakonie als Bedrängnis der Diakonie (vgl. Wendland 2006, 272 [1962]). Sein Vorwurf, dass sich die entsprechenden theologischen Disziplinen, wie die Ethik und die Praktische Theologie, nicht dieser Pflicht angenommen haben, kann mittlerweile nicht mehr vorgebracht werden. Die Diakoniewissenschaft hat intensive und fruchtbare Beiträge geliefert. Trotzdem gilt aber immer noch David Lohmanns Beobachtung, dass die gegenwärtige Diakonie hinsichtlich einer die Praxis begleitenden Theorie „leider größtenteils immer noch ohne theologische Theoriebildung auskommen muss" (Lohmann 1997, 25). Diese These wird auch von Hanns-Stephan Haas gestützt (vgl. Haas 2006, 305). Ebenfalls fehlt auf der Ebene der Handlungskonzepte und Methoden theologische Reflexion. Leitbilder diakonischer Einrichtungen stellen keinen Ort einer ernsthaften Reflexion dar. Es wird so „in erschreckendem Maße deutlich, wie stark das diakonische Proprium nur verbal existiert" (Weber 2001, 10).

Die traditionellen Begründungen und theologischen Reflexionen diakonischer Praxis haben kaum noch Kontakt zur diakonischen Praxis, zum Alltagshandeln der diakonischen Mitarbeitenden. ‚Theologie' erreicht die Mitarbeitenden in der Diakonie allenfalls als normative Vorgabe. Joachim Weber spricht daher von „theologischen Imperativen". Auch die Mitarbeitenden, die bewusst in der Diakonie arbeiten und sich selbst als christlich bzw. ihr Handeln als diakonisch bezeichnen würden, finden sich in den gängigen theologischen Imperativen oft nicht wieder: „Diakonisches Denken scheint zunehmend den Kontakt zum diakonischen Handeln zu verlieren. Das diakonische Handeln an der Basis wiederum droht sprachlos zu werden in Bezug auf seinen theologischen Gehalt" (Weber 2001, 11). Für Weber geschieht dies vorrangig auf leitender Ebene. „Mit zunehmender Nähe zur Basis diakonischen Hilfehandelns ist eine wachsende Distanz zur theologischen Reflexion des diakonischen Tätigseins verbunden" (ebd.). – So auch David Lohmann:

> „Begriffe wie ‚Nachfolge' ‚Dienst', ‚Liebe', oder ‚Gemeinschaft' sind ihrer christlichen Tradition entwachsen und in einem professionalisierten Arbeitsalltag vom eigentlichen Bedeutungsgehalt her kaum noch verstanden. Dasselbe gilt auch für die zentralen christlichen Symbole der theologischen Sinnmitte, für die nicht mehr unvoreingenommen vorausgesetzt werden kann, dass sie von allen beteiligten Personen gleichermaßen verstanden werden. Die theologischen Begriffe und Bedeutungsinhalte müssen hermeneutisch mit Inhalt gefüllt werden und ihre Relevanz im praktischen Alltagsgeschäft diakonischen Handelns erweisen" (Lohmann 1997, 174).

Hanns-Stephan Haas beobachtet zudem in vielen Leitbildern „Ermäßigungsformulierungen“, die zu deutlichen Unschärfen des diakonischen Profils führen. Die meisten diakonischen Einrichtungen haben ein Unternehmensleitbild und in fast allen finden sich „standardisierte Sätze zur Gottesebenbildlichkeit und zur unantastbaren Würde des Menschen. Ganz wesentliche Grundaussagen aber, die zum biblischen Menschenbild und zur protestantischen Tradition dazugehören (z.B. Sündhaftigkeit, Rechtfertigung), finden sich kaum in den Formulierungen wieder“ (Haas 2004, 238). Ähnlich der Selbstsäkularisierungstendenz der Kirche gibt es auch in der Diakonie eine ausgeprägte Tradition, eigene christliche bzw. theologische Inhalte zu relativieren.

Auch in der Literatur, die praxisorientierter angelegt ist, finden sich lediglich einzelne Bibelstellen, die oft nur auf rein semantischer Ebene einen Bezug zum Handlungsfeld haben,[1] oder theologische Reflexionen, die in der Regel allgemein bleiben und letztlich auch austauschbar sind. Selbst die diakonischen Fachverbände scheinen kein gesteigertes Interesse an der theologischen Begründung oder Reflexion ihrer Arbeit zu haben.[2]

Albert Mühlum und Joachim Walter beklagen, dass die „Impulse zur Weiterentwicklung diakonischer Praxis bisher kaum aus der theologisch-wissenschaftlichen Reflexion“ kommen (Mühlum/Walter 1998, 278). So kann auch Werner Ruschkes Beobachtung, dass die diakonietypische Theologie eine Praxistheologie sei (vgl. Ruschke 1998, 74), gerade nicht zugestimmt werden. Die von diakonischen Praktikern oft in Kleinschriften entwickelte Theologie stellt eben kaum eine theologische Reflexion diakonischer Praxis dar, sondern ist viel eher eine religiös aufgeladene Reflexion über die Motivation zu dieser Praxis. Ihre Funktion sollte wohl in erster Linie sein, die bereits Tätigen ihres Dienstes zu vergewissern, neue Mitarbeitende zu motivieren und – so betont Ruschke selbst – sich Anerkennung in der Gesellschaft zu verschaffen. Auch Schibilskys Beobachtung eines sich entwickelnden professionellen diakonischen Ethos (vgl. Schibilsky 1999, 800) ist nur schwer nachzuvollziehen. Viel eher kann Joachim Weber zugestimmt werden, dass eine theologische Reflexion der Praxis gerade *nicht* stattfindet. Doch warum kommt Theologie in der Diakonie kaum vor? Zwei mögliche Gründe seien an dieser Stelle angedeutet: Historisch gesehen war die Diakonie kein Nährboden für theologische Reflexionen. Diese These mag verwundern, doch erscheint sie plausibel, wenn man sich in Erinnerung ruft, dass

---

1 Als Beispiel für diese Art des häufig vorkommenden ‚Bibelstellen-Droppings‘ sei auf die Diakoniefibel verwiesen. Im Abschnitt zur Kindererziehung findet sich der isolierte und unkommentierte Hinweis auf die „Wertschätzung und Achtung von Kindern, wie sie sich etwa in der Geschichte der Kindersegnung (Markus 10,13-16) zeigt“ (Höroldt 2008, 84). Die Kindersegnung kann wohl kaum zur theologischen Grundlegung des Arbeitsfeldes der Kindererziehung dienen, noch dieses Arbeitsfeld theologisch reflektieren helfen.

2 In den verschiedenen Positionspapieren der Fachverbände finden sich zwar durchaus auch theologische Hinweise. Sie gehen aber selten über das Bekenntnis zum ‚christlichen Menschenbild‘ hinaus. Daher erscheinen solche Formulierungen, in Präambeln oder als Textbausteine, oft als additiver Zusatz.

sich die Innere Mission eher als eine Gegenbewegung zur akademischen Theologie verstand. Das Verhältnis von Diakonie und Theologie war „weitgehend durch wechselseitige Indifferenz geprägt. Die Innere Mission entwickelte sich in Frontstellung zur akademischen Theologie. Die neuere wissenschaftliche Theologie blieb umgekehrt weitgehend diakonievergessen" (Schäfer 2005, 92). Schließlich liegt es auch an dem Selbstverständnis der Theologie. Theologie steht einer Verzweckung und Reduzierung auf ihre Funktionalität kritisch bis ablehnend gegenüber. Diakonische Einrichtungen verstehen sich jedoch als Organisationen und diese zeichnen sich gerade durch eine Zweckorientierung aus. Interventionen und Reflexionen werden im organisatorischen Kontext immer auf ihre Funktionalität geprüft. Gerade solch einer Haltung steht theologische Reflexion jedoch kritisch gegenüber.

Mit diesen einleitenden Bemerkungen ist das Spannungsfeld beschrieben, in dem die dritte Suchbewegung einsetzt. Zunächst wird der Frage nachgegangen, welche Aufgabe der Theologie in der Diakonie zukommt (7.1.). Daraus ergibt sich die Frage nach der Art einer Diakonie-Theologie: Ist in der Diakonie eine spezielle Art der Theologie erforderlich? Wenn ja, was für eine Theologie ist angemessen, um als ‚diakonische Theologie' gelten zu können (7.2.)? Die Überlegungen in diesen ersten beiden Abschnitten sind damit grundlegender Natur. Danach wird eine Frage wieder aufgenommen, die bereits im Zuge der Auswertung diakoniewissenschaftlicher Literatur beschäftigt hat (vgl. 4.5.): Ist es möglich, ein inhaltliches Angebot der Theologie für die Soziale Arbeit zu formulieren? Wie könnte es aussehen und welche Kriterien einer Themenauswahl werden dabei angesetzt? Hierzu werden drei Entwürfe vorgestellt (7.3.).

7.1. Zur Aufgabe der Theologie in der Diakonie

Das weitgehende Fehlen von ‚Theologie' in diakonischen Einrichtungen schlägt sich mehrfach nieder. Theologie erleidet einen *Ortsverlust* und einen *Funktionsverlust* (vgl. Jäger 2006). Dies kann zu einem *Akzeptanzverlust* führen, der sich – wenn ihm nicht begegnet wird – auch durchaus als *Relevanzverlust* niederschlagen kann. Über die Aufgaben und Funktionen der Theologie in der Diakonie ist bereits mehrfach nachgedacht worden. Allen voran ist Alfred Jäger zu nennen, der bereits in den 1980er Jahren nach dem Ort und der Funktion der Theologie in diakonischen Unternehmen fragte (vgl. Jäger 1986). In der jüngeren diakoniewissenschaftlichen Diskussion finden sich verschiedene Hinweise, die die möglichen Aufgaben der Theologie meist summarisch zusammenstellen (vgl. z.B. Hofmann 2003, Haas 2006). Im Folgenden soll nun eine Gesamtschau zu den wesentlichen Aufgaben der Theologie in der Diakonie unternommen werden.

Gerd Theißen sieht die Aufgabe der Theologie im diakonischen Kontext darin, eine *Theorie des Helfens* zu entwickeln (vgl. Theißen 2006, 89). Die Motivation zum Helfen ist brüchiger geworden und der Sinn des Helfens wird teilweise grundsätzlich in Frage gestellt, Theißen spricht daher von einer „Legitimitätskrise des Helfens". Die Diakonie ist hiervon doppelt betroffen. Einerseits wird das Proprium christlichen Helfens in Frage gestellt, andererseits wird auch grundsätzlich die Legitimität menschlicher Hilfsmotivationen kritisiert. Eine Theologie des Helfens könnte so dazu beitragen, dem Helfer selbst zu helfen. Theißen sieht die Theologie hierzu geradezu verpflichtet. Anika Albert hat sich dieser Aufgabe angenommen (vgl. Albert 2010).

Die Bedeutung der Theologie für die *Motivation des Handelns* wird immer wieder betont. Zentrale Antriebskraft in der Sozialen Arbeit stellen gerade die durch den Glauben vermittelten Motive dar. Diakonische Mitarbeitende handeln aus dem persönlichen Glauben heraus bzw. weil die theologische Auseinandersetzung sie zum Handeln auffordert und motiviert. Die Theologie hat ihre Aufgabe darin, die einzelnen Motive und deren handlungsleitende Kraft zu reflektieren und mit den Lebenserfahrungen der Mitarbeitenden zu verknüpfen (vgl. Krockauer 2006, 37). Pompey und Roß sprechen von der Integration des sozialen Engagements in „den größeren Bezugsrahmen der Gnade Gottes" (Pompey/Roß 1998, 178). Kritisch anzumerken ist, dass die theologische Reflexion der Motive des Helfens noch wenig über die Qualität des Handelns aussagt. Daher kann diese Reflexion leicht Gefahr laufen, das Handeln selbst gegenüber der Innerlichkeit der Handelnden zu vernachlässigen.

Eine wesentliche Aufgabe kommt der Theologie bei der *Hilfe zur Lebensdeutung* und der *Erschließung von Sinnpotenzialen* zu. Im Kern geht es darum, „eine implizite anthropologische, ethische oder spirituelle Dimension explizit sichtbar zu machen" (Krockauer 2006, 35). Bei einem Verständnis von Theologie als Sinndeutung muss allerdings der Gefahr einer theologischen ‚Lückenfüllung' gewehrt werden: Die Aufgabe der Theologie ist es nicht, bestehende Lücken in der Sinndeutung christlich zu ‚füllen'. Stattdessen kann die Theologie eine fremde und befremdende Perspektive zur Deutung der Welt anbieten (vgl. Bohlen 2006, 29). Den Gehalt religiöser Sprache gilt es dabei zu erhalten (Habermas): Wo Theologie keinen Ort hat, „ist auch kein Platz für das Sprechen von Rettung, Heil und Erlösung. Und wo der Begriff der Erlösung aus der Sprache ausgeklammert wird, verliert der Mensch das Bewusstsein für seine Erlösungsbedürftigkeit und am Ende auch die Sensibilität für ‚unheiles' Leben" (a.a.O., 30).

Des Weiteren wird die *inspirierende Kraft* der Theologie betont (vgl. Pompey/Roß 1998, 178-179; Hofmann 2003, 234). Theologische Auseinandersetzung inspiriert sowohl zu konkreten Modellen der Hilfe und des Helfens als auch zu Lebensbewältigung und Lebensgestaltung. Die Theologie liefert zwar weder Handlungsanweisungen noch Patentrezepte für die Gestaltung diakonischen Handelns, wohl aber bietet sie Modelle zur Wahrnehmung von Not und zur Praxis des Helfens aus dem Fundus der christlichen Tradition. Die Inspirationskraft sollte nicht unterschätzt werden: Kirchengeschichtliche Epochen, christliche Traditionen, theologische Schulen, ökumenische Erfahrungen u.v.m. bieten vielfältige Inspiration für den konkreten Umgang mit aktueller Not.[3] Die Er-

[3] Gleichwohl besteht die Gefahr eines ‚theologischen Romantizismus', wenn Sternstunden oder Gründergestalten der Diakonie nicht als Quelle der Inspiration, sondern als Gegenstand der Verklärung genutzt werden.

schließung von christlichen Traditionen, wie beispielsweise von Ritualen, ist gerade bei der Begleitung von Übergängen gefragt. Zudem kann die Diakonie hier einen Beitrag zur Debatte um (mögliche) „Neue Kasualien“ leisten.

Ein zunehmendes Thema stellt in der Sozialen Arbeit der Bereich von *Religiosität und Spiritualität* dar – wohlgemerkt: im gesamten Feld der Sozialen Arbeit, nicht nur in der Diakonie. Die Aufgabe christlicher Theologie ist es, diesen Zuwachs an Religiosität und Spiritualität kritisch und konstruktiv zu begleiten. Hier sind gerade auch religionspsychologisch und -soziologisch orientierte Reflexionen bezüglich der gegenwärtigen Sinndeutungsangebote zu nennen.

Eine *orientierende Funktion* kann die Theologie auf der Grundlage sozial- und individualethischer Reflexionen entwickeln.[4] Die theologische Reflexion in der Diakonie lässt sich dabei von dem dialektischen Verhältnis von Liebe und Gerechtigkeit als konstitutivem Grundmoment einer Diakonie der Versöhnung leiten (vgl. Schmidt 2006, 61). Von hier aus entwickelt die Theologie innerhalb der Diakonie ihre orientierende Funktion. Es geht um die „Umsetzung der biblischen Versöhnungsbotschaft in moralische Leitbegriffe, die in säkularen Kontexten Resonanz finden“ (ebd.). Die sich entfaltenden Orientierungen zielen auf ein gelingendes Leben bzw. auf eine gute Lebensordnung. Worin diese bestehen, muss immer wieder neu interpretiert werden. Die evangelische Sozialethik entfaltet ihre theologischen Orientierungen und ethischen Reflexionen vor dem Hintergrund verschiedener Leitbilder. Bedeutsam sind die „Option für die Armen“ und die „gerechte Teilhabe“.[5]

---

[4] Haas weist kritisch darauf hin, dass das oft beschworene Wächteramt allerdings meist nach außen gerichtet ist, jedoch weniger selbstkritisch nach innen (vgl. Haas 2006, 511).

[5] Zentrale Bedeutung hat in ökumenischen Diskussionen die *Option für die Armen*, Schwachen und Benachteiligten gewonnen. Besonders hervorzuheben ist das „Gemeinsame Wort der Kirchen zur wirtschaftlichen und sozialen Lage in Deutschland“ (Kirchenamt der EKD 1997b). Die Option für die Armen leitet sich aus zentralen biblischen Texten ab, die besonders in den Sozial- und Wirtschaftsgesetzen des Alten Testaments entfaltet werden. Die soziale Frage wird eng mit der Gottesfrage verknüpft. „In der vorrangigen Option für die Armen als Leitmotiv gesellschaftlichen Handelns konkretisiert sich die Einheit von Gottes- und Nächstenliebe. In der Perspektive einer christlichen Ethik muss darum alles Handeln und Entscheiden in Gesellschaft, Politik und Wirtschaft an der Frage gemessen werden, inwiefern es die Armen betrifft, ihnen nützt und sie zu eigenverantwortlichem Handeln befähigt“ (a.a.O., 44-45). Auch wenn die Option für die Armen als ethisches Richtungskriterium und Leitmotiv in der Diakonie oft betont (und zitiert) wird, hat es wenig handlungsleitende Kraft entfaltet. Zudem scheint die Rezeption innerhalb der katholischen Soziallehre stärker als in der evangelischen Sozialethik. *Gerechte Teilhabe* wird in der Diakonie gegenwärtig zu dem leitenden ethischen Richtungskriterium. Besonders die gleichlautende evangelische Denkschrift aus dem Jahr 2006 hat diesen zentralen Begriff herausgearbeitet. Die vielfältig diskutierten Aspekte einer Verteilungsgerechtigkeit, die auf solidarisch gewährte materielle Unterstützung zielt, muss um eine Befähigungsgerechtigkeit ergänzt werden. „Wer heute verantwortlich von sozialer Gerechtigkeit sprechen will, muss beide Aspekte aufeinander beziehen. In der Sozialethik hat sich als Grundlage dafür das Konzept der Teilhabe- oder Beteiligungsgerechtigkeit entwickelt. Es zielt wesentlich auf eine möglichst umfassende Integration aller Gesellschaftsglieder. Niemand darf von

Der Frage, inwieweit der Theologie allerdings über eine deutende oder orientierende Funktion hinaus auch eine konkrete *handlungsleitende Funktion* zukommt, sollte nicht so hohe Erwartungen entgegengebracht werden. Erstaunlicherweise wird der Aspekt einer handlungsleitenden Funktion der Theologie fast ausschließlich im Kontext von Grenzerfahrungen betont und kaum bei alltäglichen Situationen (so z.B. bei Hofmann 2003, 231). Den Fragennach den Grenzen des lebens muss ohne Frage eine hohe Aufmerksamkeit zukommen, doch befremdet es, wenn vor allem dann die Theologie ins Spiel gebracht wird, wenn sich Fragen der Sterbehilfe, Präimplantationsdiagnostik oder Bioethik stellen.

Auf der Ebene der diakonischen Organisation kann die Theologie auch bei der kritischen *Prüfung des unternehmerischen Handelns* einen Beitrag leisten, dies hat für ein diakonisches Unternehmen eine „unverzichtbare Funktion" (Haas 2006, 512). Als Erster hat hierauf Alfred Jäger hingewiesen. Jäger hat bereits in den 1980er Jahren diakonische Einrichtungen als „christliche Unternehmen" (Jäger 1986) verstanden. Jägers Anliegen war dabei, nicht einfach Managementkonzepte zu übertragen, sondern gerade mittels der Managementtheorie nach der eigenen inneren Mitte der Diakonie zu fragen, diese theologisch zu reflektieren und zu stärken. Dazu nutzte Jäger unter anderem das Bild der „theologischen Achse". Diese theologische Achse der diakonischen Unternehmenspolitik bildet die „innere, tragende, stabilisierende und zugleich dynamisierende, zukunftsgerichtete Mitte" (Jäger 2006, 177). Denn diakonische Unternehmenspolitik geht nicht in der juristischen Rahmensetzung und in der Alltagsroutine auf, sondern ist ein zentraler strategischer Prozess, der nach der Identität der Diakonie fragt, nach dem Woher und Wohin. Diese Aufgabe ist theologisch zu verantworten. Es ist für Jäger befremdlich, wenn sich „die theologische Seite einer diakonischen Einrichtung" in zahlreichen Gottesdiensten und Andachten zeigt, unternehmerisch aber kaum Wirkung entfaltet (Jäger 2006, 178):

> „Theologische Reflexion gehört in eigener Weise in den Kern einer Einrichtung, in welchem es um die Bestimmung der langfristig gültigen Entwicklungen geht. Darin werfen sich theologische Sinn- und ethische Wertfragen in großer Zahl auf, die darum in ihrer sachlichen Mitte auch theologisch verantwortet sein wollen. Je transparenter die theologische Klärung unternehmenspolitischer Leitfragen ausfällt, desto prägnanter wird das diakonische Profil nach innen und außen" (a.a.O., 181).

Die Theologie hat so auch die Aufgabe, „die – oft etwas unangenehme – Frage nach Sinn und Grenzen sozialen Handelns durch die Kirche zu stellen, also zu fragen: Was soll Diakonie heute tun, was nicht?" (Hofmann 2003, 237).

---

den grundlegenden Möglichkeiten zum Leben, weder materiell noch im Blick auf Chancen einer eigenständigen Lebensführung, ausgeschlossen werden" (Kirchenamt der EKD 2006b, 43). Gerechte Teilhabe wird dabei verstanden als „umfassende Beteiligung aller an Bildung und Ausbildung sowie an den wirtschaftlichen, sozialen und solidarischen Prozessen der Gesellschaft. Eine Verengung auf eine oder wenige Zieldimensionen der Teilhabe verbietet sich aus der Sache heraus" (a.a.O., 12).

An dieser Stelle muss jedoch nüchtern festgestellt werden, dass es wenig theologische Reflexion zur *Begründung und Begrenzung diakonischer Aufgaben* gibt. Orientierende Kraft kann die Theologie hierbei vor allem dann entfalten, wenn sie Kriterien anbietet, nach denen Arbeitsbereiche oder Aufgaben verantwortlich ausgewählt werden. Dazu gehört dann allerdings auch die Formulierung von Abbruchkriterien. Das bedeutet, dass diese Kriterien einen Operationalisierungsgrad aufweisen müssen, der in der organisatorischen Wirklichkeit der Diakonie auch tatsächlich handlungsleitend ist. Doch Theologie verweigert sich gerade aus theologischen Gründen einer solchen Kriteriologie. Hanns-Stephan Haas nennt dennoch die normative Funktion der Theologie als eine mögliche Aufgabe in diakonischen Unternehmen: „Die Frage, wie dies geschieht, kann unterschiedliche Beantwortungen von der normativistischen Direktionsfunktion bis hinzu hochdifferenzierten Verfahren einer moderierenden Diskursethik haben" (Haas 2006, 510).

Der Theologie fällt allerdings in weitaus höherem Maße die äußerst fragliche Aufgabe zu, *die Faktizität der diakonischen Wirklichkeit theologisch zu legitimieren.* Dies steht in direktem Zusammenhang mit der bereits von Ruschke vorgebrachten Beobachtung, dass die Theologie oft mit einer großen Verzögerung reagiert und erst nachträglich Orientierung anbieten kann. Da sich aber in der helfenden Zuwendung kaum unchristliches Gedankengut entdecken lassen wird, bleibt der Theologie letztlich kaum anderes als theologische Legitimation übrig – zumal, wenn die Personen, die die Theologie in diakonischen Organisationen vertreten, nicht permanent als ‚Spielverderber' auftreten wollen. Dabei handelt es sich in der Regel um eine nacheilende Legitimation: Theologie muss für die Diakonie das begründen, was in der Diakonie längst zum Normalfall geworden ist, es geht um die „ideologische Legitimierung des Faktischen" (Haas 2006, 511). Die grundsätzliche Gefahr besteht daher darin, sozialwissenschaftlich begründete Konzepte oder Methoden nachträglich christlich zu ‚taufen'.

Abschließend sei noch auf die Funktion der *Kontinuitätswahrung* hingewiesen. Theologie leistet einen wesentlichen Beitrag dazu, dass sich die Diakonie ihrer eigenen Wurzeln und ihres Verhältnisses zur Kirche vergewissert (vgl. Hofmann 2003, 229, 238). Die Theologie hält so die Fragen nach der Begründung der Diakonie wach, nach ihrer christlichen Fundierung und nach der möglichen Brücke zwischen Diakonie und Kirche. Die Verbindung von Traditionsaufweis und unmittelbarem Gegenwartsbezug ist ein „eminent identitäts- und kulturstiftender Faktor" (Haas 2006, 510).

Zusammenfassend kann festgehalten werden:

– Die Aufgabe der Theologie in der organisierten Diakonie geht deutlich über das hinaus, auf das sie de facto oft reduziert wird: zum einen die Wirklichkeit der Diakonie nachträglich zu legitimieren und zum anderen Deutungen anzubieten, wenn andere Erklärungsmuster nicht auszureichen scheinen.

– Theologie kann helfen, christliche Traditionen zu erschließen, sie kann Deutungsmuster zur Erschließung von Sinnpotenzialen anbieten und leistet eine orientierende Funktion bei sozial- und individualethischer Urteilsfindung. Außerdem kann die Theologie Kriterien entwickeln, um diakonische Aufgaben zu begründen und zu begrenzen und leistet damit auch einen Beitrag zur Reflexion unternehmerischen diakonischen Handelns. Im Kontext diakonischer Bildung ist der Beitrag der Theologie für eine Theorie des Helfens besonders relevant, um die motivationalen, interaktionalen und intentionalen Bedingungen diakonischen Tätigseins zu reflektieren, zu konfrontieren und anzuregen.

– Die wohl wichtigsten Funktionen, die sie dabei leisten kann, sind die der Irritation und der Orientierung. Auch in ihrer bisweilen befremdenden Anmutung kann sie helfen, Erfahrungen zu deuten. Sozial- wie individualethische Reflexionen können Orientierungen anbieten und entwickeln. Die Theologie wird sich in der diakonischen Bildung dabei weniger als Normenlehre verstanden wissen wollen, sondern als inspirierende und vitalisierende, als reflektierende und korrigierende Kraft.

7.2. Zur Art diakonischer Theologie

An den verschiedenen Funktionen wird bereits deutlich, dass anscheinend unterschiedliche Arten von Theologie gefordert sind. Wenn nach subjektiven Sinndeutungen gefragt wird, sind nicht nur andere theologische Themen gefragt, sondern auch eine grundsätzlich andere Art, Theologie zu treiben, als wenn die Unternehmenskultur der Einrichtung theologisch reflektiert wird. Die einzelnen Funktionen der Theologie bedürfen verschiedener Herangehensweisen und theologischer Begründungszusammenhänge. So ist also zu fragen, ob in der Diakonie eine bestimmte – vielleicht diakonietypische – Art der Theologie erforderlich ist. Gelegentlich wird der Begriff einer ‚diakonischen Theologie' bemüht. Dies kann missverstanden werden als Aufforderung, nach Spezialthemen innerhalb der Theologie zu suchen. Es geht allerdings gerade nicht um ein ‚diakonisches Sondergut', sondern um eine Art des Theologietreibens, das im diakonischen Alltag konstruktiv werden kann. Wie sollte solch eine Theologie aussehen?

Werner Ruschke beschreibt drei Anforderungen an eine Theologie, die in der Diakonie fruchtbar sein will. Diakonie braucht *erstens* eine induktive Theologie. Denn wenn sich die akademische Theologie mit dem Phänomen der Diakonie auseinandersetzt, geht sie in der Regel deduktiv vor: „Die Theologie leitet dabei exegetisch und dogmatisch ab, warum und zu welchem Zweck es Diakonie gibt und welche Gestalt sie annehmen sollte. Für die mit der Diakonie Vertrauten und in ihr Arbeitenden ist dieser methodische Zugang häufig wirklichkeitsfern" (Ruschke 1998, 75). Ausgangspunkt müssen stattdessen die konkreten diakonischen Handlungsfelder sein mit ihren Werten, Menschenbildern und Gottesverständnissen. Ruschke fordert, einen induktiven Ansatz mit einer deduktiven Tradition zu verbinden. Deduktive Ableitungen dienen dann dazu, „das induktiv Erfragte in ein neues Licht zu stellen" (Ruschke 1998, 76). *Zweitens* benötigt die Diakonie eine interdisziplinär ausgerichtete Theologie. Waren vor allem Philosophie, Philologie und Geschichtswissenschaft die etablierten Disziplinen eines wissenschaftlichen Dialogs, traten erst in jüngerer Zeit Psychologie und Soziologie als Dialogpartner hinzu. Ruschke fordert nun, weitere diakonierelevante Disziplinen zu berücksichtigen, besonders hebt er die Medizin und die Wirtschaftswissenschaften hervor. Dabei muss Theologie „dialogwillig und dialogfähig" sein (ebd.). *Drittens* braucht die Diakonie eine Theologie, „die sich in die Niederungen, Tiefen und manchmal auch Abgründe der diakonischen Fragestellung wagt" (ebd.).

Ruschke weist noch auf einen weiteren Punkt hin, der Beachtung finden sollte. Die jahrzehntelang vorherrschende Theologie in Innerer Mission und Diakonie war eine „einfache Theologie" (Ruschke 1998, 74). Ruschke sieht den Grund in der „diakonietypische[n] Verbindung von Herzensfrömmigkeit und tatkräftigem Durchsetzungswillen" (ebd.). Auch wenn diese beiden Aspekte heute nicht mehr der Grundlage eines angemessen Theologieverständnisses in der Diakonie entsprechen, ist der Gedanke einer „einfachen Theologie" weiterhin bedenkenswert. Es ist zu fragen, ob die Güte theologischer Reflexion nicht gerade an ihrer Einfachheit bemessen werden kann.

Christof Bäumler unterscheidet zwischen einer „textgeleiteten" und einer „situationsgeleiteten" Theologie.[6] Eine situationsgeleitete Theologie muss demnach anders strukturiert sein. Die Kernthemen solch einer Theologie werden vom Kontext her bestimmt und nicht von einer theologischen Systematik (vgl. Bohlen 2006, 29). Es ist eine „Theologie, die die Erfahrungen der Leidenden und ihrer Begleiter ausbuchstabiert – eine Theologie der Betten und der Rollstühle" (Zerfaß 1992, 31).

Michael Schibilsky erlebte in der Theologie viel „Routinegeschäft, Philologisierung und Historisierung der Theologie, aber zu wenig Kraft zu einer lebendigen Zeitgenossenschaft". Bewegende Fragen und leidenschaftliche Auseinandersetzungen, die wirklich beschäftigen und herausfordern, könnten vielleicht gerade von der Diakonie eingebracht werden (vgl. Schibilsky 1998, 85). Andererseits bietet aber auch die Theologie der Diakonie oft zu wenig konkrete Hilfe bei der Bearbeitung ihrer entscheidenden Fragen und Probleme. Oft werden Entscheidungen in der Diakonie auch gerade deshalb so tastend und unsicher getroffen, weil die Theologie meist erst mit großer Verzögerung reagiert. „Viele Fragestellungen berühren und bestimmen die diakonische Praxis lange bevor die Theologie sie überhaupt zur Kenntnis nimmt." (Ruschke 1998, 76). Dies steht in direktem Zusammenhang mit der Schwierigkeit, dass die Theologie den Gegebenheiten der organisierten Diakonie zeitlich oft hinterherhinkt: „Die Diakonie braucht eine Theologie auf der Höhe der Zeit" (ebd.).

Um nun eine ‚diakonische Theologie' bzw. Diakonie-Theologie näher zu beschreiben, seien im Folgenden skizzenhaft zwei Ansätze benannt, mit deren Hilfe eine theologische Reflexion und Durchdringung der Diakonie (besser) gelingen kann. Es handelt sich um eine *weisheitlich ausgerichtete Theologie der Lebenskunst* und um eine *Theologie der Sozialen Arbeit.* Nicht aufgegriffen wird an dieser

[6] Vgl. hierzu auch Abschnitt 4.3.1.

Stelle die Befreiungstheologie, auf die oft im diakonischen Bereich verwiesen wird. Ungeachtet der Inspirationskraft und der in der kurzen Zeit ihres Bestehens bereits beachtlichen Wirkungsgeschichte ist die kritische Rückfrage angebracht, ob eine Theologie in befreiungstheologischer Perspektive tatsächlich in der Lage ist, die gegenwärtige Situation der organisierten Diakonie zu reflektieren und bereichernd zu durchdringen.[7]

(1) *Theologie der Lebenskunst.* Um den oftmals ausschließlich legitimierenden Charakter der Theologie – den Theologie in der Diakonie immer wieder aufweist – zu überwinden, lohnt es sich, ein weisheitliches Theologietreiben in den Blick zu nehmen. Weisheit beschreibt die Kunst gelingender Lebensführung. Schon hier deutet sich der unmittelbare Zusammenhang zur Diakonie an: Diakonie will letztlich gelingende Lebensführung ermöglichen. Weisheit kann dabei als eine grundsätzliche Art des Theologietreibens verstanden werden, legt also einen eigenständigen Zugang bei den Fragen, wie von Gott geredet und wie Glauben reflektiert werden kann.[8] Es handelt sich um eine eigene Art der Wirklichkeitswahrnehmung. Weisheitliche Theologie unterscheidet sich von einer ethisch reflektierenden Betrachtung (vgl. Haas 2006, 497).

Weisheitliches Wissen beruht auf der wiederholten Beobachtung des Alltags und des Lebens. Eine weisheitliche Theologie setzt auf genaue Phänomenbeschreibung und ist offen gegenüber unterschiedlichen Erkenntnisquellen. In weisheitlicher Sicht ist das Gute auch immer das Nützliche, und so kann jede Erkenntnis aufgegriffen werden, die weiterführend ist. Dabei steht nicht die Wissenschaftlichkeit oder Nachprüfbarkeit im Vordergrund, sondern es wird versucht, Ordnungen des Lebens zu entdecken, die für eine gelingende Lebensführung hilfreich sind. Die Vernunft wird in der Weisheit zwar geschätzt, erhält aber nicht die herausgehobene Stellung wie in einem wissenschaftlichen Verständnis von Theologie. Die Vernunft wird dabei zu einem gewissen Grad ‚überwunden', wenn nach den grundsätzlichen Ordnungen im Verhältnis von Innen und Außen oder Geist und Materie gesucht wird. Trotzdem wird weisheitliche Theologie nicht zu einer metaphysischen Kosmologie, sondern bleibt

---

7 Im Bereich der Diakonenausbildung wird immer wieder auf die Befreiungstheologie verwiesen, vgl. hierzu auch Abschnitt 4.3.2. Befreiungstheologische Reflexionen, die in der gegenwärtigen Diakonie fruchtbar werden könnten, müssten stärker von der gegenwärtigen und hiesigen politischen und gesellschaftlichen Situation ausgehen. Auch wenn sich die Befreiungstheologie als durch und durch politische Theologie versteht, scheint sie meiner Meinung nach gerade nicht den politischen Kern zu berühren, der der deutschen Situation organisierter Diakonie entspricht. Eine befreiungstheologisch inspirierte Sozialtheologie wäre daher zu entwickeln, dass sie an dieser Stelle besonders das ethische Richtungskriterium einer gerechten Teilhabe aufgreift.

8 Robert J. Schreiter unterscheidet wissenssoziologisch vier Formen theologischen Ausdrucks (vgl. Schreiter 1992, 122-149). Er nennt Theologie als sicheres Wissen (mit Hilfe einer logisch-wissenschaftlichen Systematik), Theologie als Weisheit, Theologie als Praxis (in der Dialektik von Aktion und Reflexion) und – mit einem etwas anderen Fokus – Theologie als Variation eines heiligen Textes.

den Erfahrungen und Erkenntnissen praktischer Lebensbewältigung verpflichtet (vgl. Haas 2006, 500).[9]

Dieser Gedanke führt zu der Debatte um eine Theologie der Lebenskunst. Lebenskunst ist keine neue Erfindung, sondern hat ihre Wurzeln eben in der alttestamentlichen Weisheit (Prediger Salomo, Jesus Sirach), aber auch in der griechischen Antike (beispielsweise Platon, Epikur, Seneca) und in der mittelalterlichen *ars moriendi*, der Kunst des Sterbens. Ende des 20. Jahrhunderts kam es zu einer „Wiederentdeckung der philosophischen Lebenskunst unter postmodernen Vorzeichen" (Bubmann/Sill 2008b, 10).

Lebenskunst ist einerseits lernbar, muss aber auch gelehrt werden, sie versteht sich nicht von selbst. So wird die Idee einer Lebenskunst auch in der Bildungstheorie und der Bildungsarbeit aufgenommen (vgl. Bubmann/Sill 2008b, 13). Der Ort der christlichen Lebenskunst ist aber nicht die (wissenschaftliche) Theologie, sondern die ausbordende Ratgeberliteratur. Hier ist es auf jeden Fall erforderlich, Spreu von Weizen zu trennen. Interessant ist bei dem Phänomen der Ratgeberliteratur vor allem die Frage, welcher Art die Lücke ist, die sie anscheinend getroffen hat (vgl. hierzu besonders Vögele 2007). Wolfgang Vögele vermutet, dass einerseits traditionellen Instanzen, denen lange Zeit alltagspraktische Orientierung zugesprochen wurde, mittlerweile oft mit Misstrauen begegnet wird. Hierzu zählen die christlichen Kirchen und vor allem auch die Berufsrolle der Pfarrer und Pfarrerinnen. Andererseits liegt es aber auch gerade an der eigentümlichen Art, wie im Protestantismus mit alltagspraktischer Orientierung umgegangen wird. Während empirische Studien darauf hinweisen, dass viele Christen kaum an dogmatischen Glaubensinhalten, wohl aber an Lebensdienlichkeit und Alltagstauglichkeit der Theologie interessiert sind (vgl. Vögele 2007, 9), will evangelische Theologie vor allem grundsätzlich-abstrakte Reflexionsarbeit leisten und entzieht sich bewusst konkreter alltagspraktischer Hilfe: „Für die grundsätzliche Reflexion bezahlt die systematische Theologie den hohen Preis der Abstraktheit. Zwischen systematischer Theologie und Ethik auf der einen sowie Alltag und Lebenswelt auf der anderen Seite" tut sich dann das Feld der Lebenskunst und – in Folge dessen – der Ratgeberliteratur auf (a.a.O., 10).

Sinnvoll wäre es, eine materiale christliche Alltagsethik zu entwickeln (vgl. Vögele 2007, 159), die vom christlichen Verständnis der Freiheit zu bestimmen ist (vgl. a.a.O., 161). Grundlinien einer christlichen Lebenskunst stellt Bubmann dar: Christliche Lebenskunst ist die „symbolisch-spielerische Erschließung des Heiligen"; sie vollzieht sich als „Kunst der Welt-Wahrnehmung im Lichte der Gotteserfahrung"; sie lässt sich von christlicher Freiheit leiten, lässt sich „Freiheit zusagen und zutrauen" (Bubmann 2004, 107). Dabei darf die Theologie

[9] Die Weisheit baut „keine artistischen theologischen Lehrgebäude auf, sondern leistet um der praktischen Orientierung willen eine permanente Trivialisierung, die sie durch Nutzung sprachlicher Möglichkeiten auf die Cokonstruktion des Gegenübers hin offen hält. Sie wird damit zum Vorbild eines Diskursverständnisses, das die notwendige Trivialisierung mit anspruchsvollen theologischen Aussagen verbindet" (Haas 2006, 508).

nicht in einer reinen Alltagsethik aufgehen (vgl. Vögele 2007, 160). Wenn sich zudem Lebenskunst nicht ausschließlich auf ein spätmodernes, liberales Freiheitsverständnis bezieht, sondern gerade auch die Gefährdung menschlicher Freiheit betont, die Endlichkeit des Menschen nicht ignoriert und sie nicht als absolute Selbstverfügung daherkommt, „gibt es keine wirklich begründeten Einwände gegen eine auf dem christlichen Freiheitsverständnis aufbauende Lebenskunst-Konzeption“ (Bubmann/Sill 2008b, 14-15).

Es gibt zwar meines Wissens (noch?) keinen diakoniewissenschaftlichen Diskurs, inwiefern eine Theologie der Lebenskunst für die diakonische Praxis – und durchaus auch für deren Theoriebildung! – ertragreich sein könnte. Meines Erachtens liegen die Zusammenhänge aber auf der Hand. Drei zentrale Aspekte einer Theologie der Lebenskunst sind gerade für eine ‚diakonische Theologie‘ hochrelevant: der unmittelbare, pragmatische und existenzielle Lebensbezug, die Bildung einer eigenständigen Struktur, nach der sich die theologischen Inhalte anordnen,[10] und die zentrale Frage nach dem Gelingen des eigenen Lebens (vgl. Bubmann 2004, 104), die eben auch die entscheidende Frage der Diakonie ist. Dabei wird sich eine christliche Lebenskunst gerade da zu bewähren haben, „wo nicht starke Subjekte agieren, sondern schwache Subjekte in ihrer Identität beschädigt oder gar zerstört zu werden drohen“ (Bubmann/Sill 2008b, 15). An dieser Stelle kann die Diakonie eine Theologie der Lebenskunst befruchten. Solch eine christlich-theologische Lebenskunst ist verwandt mit einem Ansatz eines theologischen Diskurses in der Diakonie, der bisher noch eher fragmentarisch daherkommt, aber mittlerweile an Fahrt aufnimmt: eine Theologie der Sozialen Arbeit.

(2) *Theologie der Sozialen Arbeit.* Es wurde bereits mehrfach darauf hingewiesen, dass der Ausgangspunkt für eine der Diakonie angemessen Theologie die konkreten Handlungsfelder sind. Aus der Praxis ergeben sich grundlegende theologische Fragen, die Erfahrungen der verschiedenen Arbeitsfelder aufgreifen, aber auch über diese hinausgreifen. Es sind Erfahrungen, die „aus der sozialen Arbeit herauswachsen“ (Lehner 2006, 318). Das Handbuch *Theologie und Soziale Arbeit*, das im Kontext katholischer Fachhochschulen für Soziale Arbeit entstanden ist, will eben hier ansetzen (vgl. Krockauer/Bohlen/Lehner 2006).

Die Herausgeber und Autoren dieses Handbuchs suchen daher auch nach „theologischen Anknüpfungspunkten“ der unterschiedlichen Handlungsfelder der Sozialen Arbeit. In 14 verschiedenen Arbeitsfeldern werden die konstitutiven theologischen Momente untersucht. Dieses Handbuch stellt damit die begrüßenswerte Ausnahme dar, soziale Arbeitsfelder systematisch-theologisch zu reflektieren. Die Reflexionen haben dabei allerdings sehr unterschiedlichen Charakter. Dies liegt weniger an den verschiedenen Arbeitsfeldern, sondern vor al-

---

10 Als Beispiel sei hier auf die Gliederungsstruktur des Bandes von Peter Bubmann und Bernhard Sill hingewiesen: die Sinne schärfen, dem Leben Form und Ausdruck geben, miteinander auskommen, die Wechselfälle des Lebens bestehen, dem Leben Ziel und Richtung geben, spirituell leben (vgl. Bubmann/Sill 2008a).

lem an den unterschiedlichen Herangehensweisen der einzelnen Autoren. So würde eine vergleichende Gesamtdarstellung dieser 14 Aufsätze an dieser Stelle nicht weiterführen. Daher soll lediglich ein Blick auf die Schlüsselbegriffe, die theologische Anschlussstellen in den einzelnen Arbeitsfeldern markieren, genügen:

- Leben und Engagement (Jugendarbeit)
- Zuwendung und Orientierung (Heimerziehung)
- Hoffnung und Ohnmacht (Frauen- und Mädchensozialarbeit)
- Liebe und Funktionalität (Familienhilfe)
- Befreiung und Therapie (Suchtkrankenhilfe)
- Gerechtigkeit und Parteilichkeit (Pflege)
- Gottebenbildlichkeit und Kompetenz (Behindertenhilfe)
- Sinngebung und Lebensqualität (Altenhilfe)
- Umkehr und Resozialisierung (Straffälligenhilfe)
- Gastfreundschaft und Integration (Migrationsarbeit)
- Anwaltschaft und Solidarität (betriebliche Sozialarbeit)
- Menschenwürde und Grundrechte (Wohnungslosenarbeit)
- Gemeinschaft und Teilhabe (Soziale Arbeit in Kirchengemeinden)
- Nächstenliebe und Empowerment (Gemeinwesenarbeit)

Interessant ist an dieser Stelle, dass der erste Teil des Begriffspaares einen – mehr oder weniger expliziten – theologischen Begriff darstellt, der zweite eher sozialwissenschaftlich geprägt ist. Dabei stellen die jeweiligen Begriffe keine Synonyme dar, sondern beleuchten zwei verschiedene Phänomene aus der Praxis des jeweiligen Arbeitsfeldes, einmal in theologischem, einmal in sozialwissenschaftlichem Licht. Hier wird der Forderung nach einer sozialwissenschaftlich anschlussfähigen Theologie entgegengekommen.

Die Praxis der Sozialen Arbeit kann als ein theologischer Ort gelten (vgl. Lehner 2006, 316). Die alltägliche Soziale Arbeit ist der „eigentliche Ausgangsort jeglicher Theologie Sozialer Arbeit". In verschiedenen Beiträgen zur Debatte um das Verhältnis von Theologie und Sozialer Arbeit findet sich der Hinweis, dass das Feld Sozialer Arbeit selbst ein theologiegenerativer Ort sei (vgl. Krockauer 2006; Bohlen 2006; Lechner 2000). Dieser Gedanke ist generell nicht neu, muss aber grundsätzlicher bedacht werden. So bemerkt Gerhard K. Schäfer in Bezug auf Bodelschwinghs bekanntes Bonmot, die Kranken seien die eigentlichen Professoren: „Diakonie erscheint als Quellort einer spezifischen theologischen Hermeneutik. Hier deutet sich ein Erkenntnisprinzip an, das vom Notleidenden und seinen Erfahrungen her den Entwurf einer Lebens- und Handlungswelt organisiert. Bodelschwingh hat einen solchen Ansatz freilich nicht systematisch reflektiert" (Schäfer 2005, 103).

Charles Davis unterscheidet vier „ökologische" Ursprungsorte, an denen Theologie gedeiht bzw. entstanden ist: Die Bischofstheologie der Patristik, die mystische Theologie des klösterlichen Milieus, die akademische Theologie der Scholastik und schließlich die Seminartheologie (vgl. Davis 1963). Georges Casalis stellt nun die Frage, ob es nicht an der Zeit ist, neben Bischofs-, Mönchs-,

Professoren- und Pastoraltheologie einen fünften Typus einzuführen. Mangels eines besseren Begriffs spricht er von einer Laientheologie.[11] Auch wenn die Organe, „mit denen dieses theologische Denken gemäß seiner ureigensten Art verwirklicht werden soll" noch ausgebildet werden müssen, sind die embryonalen Formen bereits erkennbar, z.B. in „jenen christlichen Vorposten, die in einer bereits wesentlich nachreligiösen Welt stehen und den Dialog mit ihr führen" (Casalis 1980, 27). Ist die Diakonie solch ein Vorposten? Es scheint einiges dafür zu sprechen.[12]

Zusammenfassend kann festgehalten werden:

– Eine ‚diakonische Theologie' ist aus der Sicht diakonischer Bildung eine induktive Theologie. Theologie muss nicht – und kann in dieser Sichtweise auch gar nicht – deduktiv vermittelt werden, sondern entwickelt sich induktiv. Die Diakonie dürfte für solch eine induktive Theologie ein geradezu idealer Nährboden sein – allerdings muss dies die Diakonie für sich wohl auch erst entdecken. Diakonische Bildung kann hier einen wichtigen Beitrag leisten. Solch ein Theologietreiben setzt gerade bei alltäglichen Phänomenen an, nicht erst bei ethischen Dilemmasituationen. Zudem kann es grundsätzlich im sozialberuflichen Handeln – und nicht nur bei rituellen, liturgischen oder seelsorgerlichen Handlungen – fruchtbar werden.

– Theologie muss interdisziplinär anschlussfähig sein. Wenn sie dies nicht ist, wird ihre Relevanz von den Vertretern anderer Berufe weder entdeckt noch anerkannt werden. Wenn sich Theologie in einen interdisziplinären Diskurs begibt, führt dies zu fruchtbaren Erkenntnissen – bis hin zu möglichen Ansätzen,

---

11 Der Begriff der „Laientheologie" ist allerdings kritisch zu bewerten. Die Kluft des Laien zum Experten wird so nur unnötig betont. Der Gegenbegriff wäre eine ‚Experten-Theologie', oder, um die Schwierigkeit dieses Begriffs noch pointierter zu fassen, eine ‚Theologen-Theologie'. Außerdem: Ist eine Theologie für Laien (genitivus obiectivus) oder von Laien (genitivus subiectivus) gemeint?

12 Der aktuelle EKD-Text zur Bedeutung der wissenschaftlichen Theologie in Universität, Gesellschaft und Kirche (vgl. Kirchenamt der EKD 2009) stellt in dieser Hinsicht eher einen Rückschritt dar. Das Papier hebt drei Orte theologischer Reflexion in der Gesellschaft hervor: die Universitäten, die Schulen und die Kirche. Während der schulische Religionsunterricht – berechtigterweise – besonders hervorgehoben wird, wird die Diakonie nicht als solcher Ort erkannt. Es wird lediglich auf die diakonische Präsenz der Kirche in der Gesellschaft hingewiesen (vgl. Kirchenamt der EKD 2009, 15). Gleichwohl werden weitere „Kommunikationsräume" benannt, die besonderer Aufmerksamkeit bedürfen, wie die Evangelischen Akademien und der Deutsche Evangelische Kirchentag. Beide zeichnen sich dadurch aus, dass sie theologische Diskurse im gesellschaftlichen Raum initiieren und gestalten. Gerade dies trifft aber auch für die Diakonie zu. Das EKD-Papier in seiner Gänze erweckt den Eindruck, dass die gesellschaftliche Bedeutung der Theologie vor allem ein bildungsbürgerliches Unterfangen ist. Eine ‚diakonische Theologie' – ob als christliche Lebenskunst oder als Theologie der Sozialen Arbeit – könnte hier wohltuende Akzente setzen.

konkrete theologische Inhalte und Themen bestimmen zu können, die für die Soziale Arbeit einen Gewinn darstellen.

– Eine christliche Theologie der Lebenskunst und eine Theologie Sozialer Arbeit scheinen für die Diakonie von hoher Relevanz zu sein. Sie beziehen sich sowohl auf den routinierten Berufsalltag der Mitarbeitenden als auch auf existenzielle Fragen der Menschen, die der Diakonie bedürfen. Diese Ansätze können aufgrund ihres unmittelbar existenziellen Bezugs und ihrer sozialwissenschaftlichen Anschlussfähigkeit auch als ‚diakonische Theologie' verstanden werden.

7.3. Zum thematischen Angebot der Theologie für diakonische Bildung

Während im vorangegangenen Abschnitt der Frage nach einer spezifischen diakonischen *Art der Theologie* nachgegangen wurde, wird nun danach gefragt, auf welche *Inhalte der Theologie* diakonische Bildung nicht verzichten kann. Die Frage nach einer möglichen Auswahl diakonisch relevanter Inhalte ergibt sich dadurch, dass in Bildungsprozessen nicht die gesamte Breite des potenziellen Bildungsgutes abgebildet werden kann, sondern grundsätzlich eine Auswahl getroffen werden muss. Es handelt sich hierbei also um eine didaktische Anforderung, nicht um eine sachliche. Für den Bereich der Diakonie ist genauso viel oder wenig Theologie erforderlich, wie für alle anderen kirchlichen Handlungsvollzüge auch.

Um die Art und Weise des Theologietreibens zu kennzeichnen, die im Bereich der Diakonie besonders geeignet erscheint, wurde im vorangegangenen Abschnitt der Begriff der ‚diakonischen Theologie' verwendet. Dieser Begriff bezieht sich ausschließlich auf die – mögliche – Art diakonischen Theologietreibens, nicht auf die einzelnen theologischen Inhalte. Mit diesem Hinweis ist bereits ein Missverständnis angedeutet, von dem sich die nun verfolgte Suchbewegung eines inhaltlich-thematischen Angebots der Theologie für die diakonische Bildung nicht fehlleiten lassen darf: Gesucht wird nicht (vermeintliches!) ‚diakonisches Sondergut', also theologische Topoi, die nur für die Diakonie relevant wären – dies würde der Theologie nicht gerecht werden. Auch soll die Suchrichtung nicht verengt werden, indem ausschließlich das Phänomen des Helfens im Fokus stünde – dies würde auf ein problematisches Diakonieverständnis hinweisen. Und schließlich soll die Theologie nicht auf einen Kanon von klassischen ‚diakonischen' Textpassagen reduziert werden, wie beispielsweise Lk 10, Mt 25 oder den Sozialgesetzen des Alten Testaments. Stattdessen sind „[a]lle großen dogmatischen Topoi […] daraufhin zu überprüfen, ob und inwieweit sie die Einsichten und Fragestellungen der real existierenden Diakonie berücksichtigen und beantworten" (Ruschke 1998, 76).

Während Fortbildner und Dozenten im diakonischen und diakoniewissenschaftlichen Bereich (an Diakonenschulen, Evangelischen Fachhochschulen und in der Mitarbeitendenfortbildung diakonischer Einrichtungen) solch eine Auswahl treffen müssen, finden sich in der diakoniewissenschaftlichen Literatur kaum dementsprechenden Darstellungen. Im Folgenden können nun drei Vorschläge vorgestellt werden.

An der Schnittfläche von Theologie und Sozialwissenschaften suchen Heinrich Pompey und Paul-Stefan Roß nach inhaltlichen Impulsen für die diakonische Praxis und Reflexion. Sie unterziehen das Phänomen Diakonie zunächst einer sozialwissenschaftlichen Analyse und deuten dann den theologischen Gehalt der Diakonie. Auf dieser Grundlage suchen sie nach Strukturanalogien, die sie dann zu gut einem Dutzend inhaltlicher Impulse verdichten. Hervorzuheben ist, dass diese Impulse jeweils in zwei Richtungen zielen: Sie wirken als kritisches Moment auf das soziale Engagement wie auf den christlichen Glauben.

Martin Lechner sucht innerhalb der Theologie und der Sozialarbeitswissenschaft nach gegenseitigen Anschlussstellen beider Wissenschaften. Sein Ansatz erinnert daher an das Verständnis von Diakoniewissenschaft nach Albert Mühlum und Joachim Walter, die Theologie und Sozialarbeitswissenschaft als Bezugswissenschaften der Diakoniewissenschaft verstehen (vgl. Mühlum/Walter 1998). So kann Lechner schließlich acht mögliche Anschlussstellen aufweisen und inhaltlich näher bestimmen.

Von beidem hebt sich Hanns-Stephan Haas' Vorgehensweise ab. Sein Weg der Auswahl eines inhaltlichen Angebots der Theologie für die Diakonie ist erfahrungsbasiert. Doch auch wenn er den „Versuchscharakter" seiner materialen Zusammenstellung theologischer Inhalte betont, schmälert dies nicht diesen Ansatz. Gerade die eher intuitive Vorgehensweise und der „Mut zur Anwendungsorientierung" lassen das Kriterium der Relevanz stärker in den Mittelpunkt rücken. Haas' Appell, zu trivialisieren ohne zu simplifizieren, kann dabei nur zugestimmt werden. Er bietet er mit dem Angebot von vier thematischen Aspekten die kompakteste Zusammenstellung.

7.3.1. Heinrich Pompey/Paul-Stefan Roß: Strukturelle Analogien und kritische Impulse

1998 veröffentlichten Heinrich Pompey und Paul-Stefan Roß eine Einführung in die Diakonik, die für gut zehn Jahre als das einzige Diakonik-Lehrbuch gelten konnte,[13] sieht man von den Gesamtdarstellungen von Reinhard Turre (1991) und Marc Edouard Kohler (1995) ab.[14] Ziel der Veröffentlichung ist die Ermutigung der diakonisch Tätigen „zur Reflexion und damit zur Selbstdefinition und Fortschreibung ihrer eigenen diakonischen Praxis" (Pompey/Roß 1998, 13). Pompey und Roß beschreiben Diakonie zunächst aus sozialwissenschaftlicher Perspektive (vgl. a.a.O., 34-109), um in einem folgenden Schritt Diakonie christlich zu reflektieren und theologisch zu deuten (vgl. a.a.O., 110-207). Das

---

[13] Pompey/Roß bezeichnen ihre Publikation zwar als Hand- und nicht als Lehrbuch, vom Aufbau her entspricht es allerdings einem Lehrbuch. Zudem ist das Buch analog zum Diakonie-Studienbrief des „Würzburger Theologischen Fernkurses" entstanden und dementsprechend konzipiert.

[14] Mittlerweile ist von Herbert Haslinger ein grundlegendes wie umfangreiches Diakonik-Lehrbuch erschienen (vgl. Haslinger 2009).

zentrale Stichwort ist für Pompey und Roß die „Glaubensreflexion", die – als Reflexion *aus dem* Glauben und Reflexion *des* Glaubens – eine doppelte Ausrichtung hat: „Glaubensreflexion bedeutet erstens, dass die Erkenntnisse, die zuvor in der empirischen Beschreibung und sozialwissenschaftlichen Analyse von Diakonie gewonnen wurden, aus der Perspektive des christlichen Glaubens gedeutet und beurteilt werden sollen." Gleichzeitig soll „die Konfrontation mit sozialen Problemen auch den Glauben zur Reflexion und Neubestimmung seiner selbst" herausfordern (a.a.O., 113).

Um Theologie und Sozialwissenschaften in einen Dialog treten zu lassen, werden zunächst die Phänomene „Helfen" und „soziales Problem" sozialwissenschaftlich beschrieben. Anschließend wird diese Analyse einer theologischen Deutung unterzogen. Pompey/Roß gehen dabei in einem Dreischritt von biblisch-, historisch- und systematisch-theologischer Reflexion aus. An dieser Stelle werden nur die biblisch- und systematisch-theologischen Perspektiven skizziert.

In *biblisch-theologischer Perspektive* sprechen sich Pompey und Roß gegen die Auslegung von „diakonischen Einzeltexten" aus und vertreten die Überzeugung, dass es „ein ‚biblisches Verständnis von Diakonie' im Sinne eines zeitlos und unabhängig von konkreten Subjekten gültigen Bildes nicht gibt" (a.a.O., 118). Stattdessen wird der Weg einer „diakonisch-praktischen Bibellektüre" vorgeschlagen: Die Bibel beginnt dann „lebendig zu ‚sprechen' […], wenn sie aus Perspektive konkreter – hier diakonischer – Erfahrungen gelesen wird" (ebd.). Wesentlich sind zwei biblische Grundlinien als Lesehilfe – eine alttestamentliche, eine neutestamentliche: das *Exodusmotiv* als Befreiung aus Unterdrückung und Jesu Handeln als Kennzeichen für den *Anbruch des Reiches Gottes.*

Systematisch-theologisch orientieren sich Pompey und Roß an „drei wesentlichen Linien theologischer Reflexion" und fragen nach den zentralen Bedingungen und Möglichkeiten christlicher Diakonie unter (1) der „Logik des christlichen Menschenbildes", (2) der „Logik des Christusereignisses" und (3) der „Logik der Kirche" (a.a.O., 158).

(1) Die anthropologische Reflexion stellen Pompey und Roß in eine heilsgeschichtliche Perspektive. Ausgangspunkt ist die Gebrochenheit der menschlichen Existenz. Die Störung der Gottesbeziehung ist die Urwurzel der menschlichen Not, ihre Folge ist die Störung aller anderen Beziehungen: zu sich selbst, den Mitmenschen und der Schöpfung. Die Störung des Urvertrauens auf Gott – Sünde und Schuld – ist eine Grundwirklichkeit des Menschen. Trotzdem bleibt die Würde der menschlichen Existenz bestehen, die Gottebenbildlichkeit wird dem Menschen nicht aberkannt. Durch die Überwindung von Tod und Schuld durch die Menschwerdung Jesu Christi wird „der Glauben an das Gute trotz allem, die Hoffnung auf eine heilvolle Entfaltung des Guten, die liebevolle Annahme der eigenen Existenz" (a.a.O., 162) wieder ermöglicht. Glaube, Liebe und Hoffnung stellen die „praktisch-theologische Basiswirklichkeit jeder diakonischen Hilfe" dar (a.a.O., 163). Die Aufgabe besteht darin, in konkreten Leidenssituationen Glaube, Hoffnung und Liebe zu verlebendigen, wohl wissend, dass sie nicht machbar sind, sondern in „Intensität und Umfang ein Gnaden-

geschenk" sind. Möglich jedoch, dass die Helfenden einen „Akt des Glaubens" an die „guten Lebensmöglichkeiten" des Hilfebedürftigen vollbringen. Diakonisches Handeln soll bei den Leidenden durch die Wiederbegründung von Glaube, Liebe und Hoffnung „die Kausalketten des Bösen in den menschlichen Lebens-Beziehungen" durchbrechen (ebd.).

(2) Christologisch setzen Pompey und Roß bei der Offenbarung des dreieinigen Gottes in Jesus Christius an. In der Menschwerdung Christi teilt sich Gott selbst mit, diese Inkarnation ist die „christologische Wurzel der Diakonie" (a.a.O., 167). In der Diakonie geschieht so „belebende Selbstmitteilung und Offenbarung Gottes" (a.a.O., 168).

(3) In ekklesiologischer Perspektive nutzen Pompey und Roß das Modell der kirchlichen Grundvollzüge. Sie beschreiben allerdings nicht die einzelnen Grundvollzüge, sondern untersuchen die *diakonia* als Nächstendienst in ihrer Bezogenheit auf Gottesdienst (*leiturgia*), Verkündigung (*martyria*) und Gemeinschaft (*koinonia*). Des Weiteren charakterisieren sie das Dienen als eigentlichen Wesenskern der Kirche, Kirche ist damit immer eine diakonische Kirche.

In einem nächsten Schritt beziehen Pompey und Roß die sozialwissenschaftliche Analyse und die theologische Deutung aufeinander. Ausgehend von den *strukturellen Analogien* der sozialwissenschaftlichen und der theologischen Reflexion werden *kritische Impulse* für die soziale Praxis wie für den Glauben gewonnen: „Die sich dabei herauskristallisierenden strukturellen Analogien implizieren nicht nur kritische Impulse sowohl für das soziale Engagement als auch für den Glauben, sondern ermöglichen zugleich die Bestimmung zentraler Konturen heutiger Diakonie" (a.a.O., 175). Pompey und Roß verfolgen mit dieser Zusammenstellung theologischer Themen nicht die Absicht, eine didaktische Analyse vorzulegen. Die aus den „strukturellen Analogien" entwickelten „kritischen Impulse" bieten aber eine umfassende, strukturierte und anregende Grundlage, mit deren Hilfe sich Inhalte für diakonische Bildungsprozesse untersuchen lassen. Dies soll nun im folgenden Überblick dargestellt werden. Dabei werden die „strukturellen Analogien" nach Pompey/Roß im Wortlaut wiedergegeben, die „kritischen Impulse" werden stichpunktartig zusammengefasst.

Strukturelle Analogie	**Kritischer Impuls für**	
	das soziale Engagement	**den Glauben**
„Die Beteiligung an der Wahrnehmung und Definition sozialer Probleme bzw. der Realisierung von Hilfen ist ein Wesenselement gelebten christlichen Glaubens" (176).	Soziales Engagement hat eine die geschichtliche Wirklichkeit übersteigende transzendente Qualität; die Machbarkeit sozialen Fortschritts wird gleichzeitig begrenzt.	Diakonisches Engagement darf nicht als Vorstufe zum „eigentlichen" ewigen Heil missverstanden werden.

„Forderung nach einer Grundhaltung sozialer Verantwortung, in der sich echtes Engagement mit aufrichtiger Uneigennützigkeit und dem nüchternen Wissen, niemals alle Probleme lösen zu können, verbindet" (181).	Reich Gottes-Vorstellung hat eine entlastende Funktion für soziales Handeln.	Leistungs- und Verdienstgedanken im Glauben müssen zurückgewiesen werden, aber Glaube kann auch nicht ohne „gute Werke" bleiben.
„Alltägliches und professionelles Helfen sollen nicht als Aufopferung praktiziert werden. Die Helfer/innen dürfen und müssen an sich selbst denken" (183).	Nächstenliebe und Selbstliebe sind zwei Pole einer Spannungseinheit, Lebendigkeit entsteht nur in ihrer Verbindung.	Selbstentfaltung darf nicht vorschnell als Egoismus abqualifiziert werden; Aufopferungsideologie ist zu kritisieren.
„Notwendigkeit eines mehrdimensionalen Erklärungs- und Hilfeansatzes, der dem Menschen in seiner vielfältigen Beziehungswirklichkeit gerecht wird" (186).	Einseitigkeiten in Methoden und Perspektiven (z.B. individualiserte vs. kollektivierte Sichtweisen) werden kritisiert.	Widerstehen gegen ein rein individualisiertes Heil.
„Option für eine primäre Orientierung an den positiven Möglichkeiten von Individuen, Gruppen und Feldern" (188).	Adressaten der Hilfe sind nie nur Bedürftige, sondern immer auch Befähigte.	Menschen sind nicht Objekte kirchlichen Handelns, sondern Subjekte ihrer eigenen Handlungsvollzüge.
„Im diakonischen Hilfeprozess kann es und muss es (damit Hilfe wirklich wirksam wird) zwar einen Unterschied bzw. eine Distanz zwischen Helfenden und denen, denen geholfen wird, geben. Aus diesem Unterschied darf aber nie ein Gefälle bzw. eine Über- und Unterordnung werden" (190).	Die existenzielle Gleichheit aller am Hilfegeschehen Beteiligten ist ein kritisches Korrektiv.	Trotz unterschiedlicher Funktionen liegt den Menschen eine fundamentale Gleichheit zugrunde.
„Wer methodisch vertretbar, christlich verantwortet und vor allem wirksam helfen will (im Alltag und als Profi), muss vom Standort der Adressat/innen des Helfens aus und mit ihnen denken und handeln. Dies beginnt bei der Definition dessen, was ein soziales Problem ausmacht und kommt vornehmlich während des eigentlichen Hilfeprozesses zum Tragen" (192).	Standortpräferenz des Handelns ist „von unten" bzw. „vom Rand her", gleichzeitig ist die Gestaltung des gesamten Gesellschaftsgefüges im Blick.	Der Gefahr einer Instrumentalisierung der Betroffenen für die eigene Identitätssicherung muss gewehrt werden.

„Option für solidarisches Helfen, das die eigenen Kräfte der Betroffenen stärken und unterstützen will" (*Solidarität/Subsidiarität*) (196).	Keine vorschnelle pragmatische Begrenzung auf das Machbare.	Mit Personen *handeln* und sie nicht *behandeln.*
„Option für Gerechtigkeit als Leitgedanke des diakonischen Handelns" (197).	Gerechtigkeit ist mehr als Durchsetzung von Rechtsansprüchen, welche nicht als Mildtätigkeit gelten dürfen.	Barmherzigkeit und Gerechtigkeit angemessen aufeinander beziehen.
„Option für eine grundlegend andere Gesellschaftsform" (199).	Versuch der Realisierung eines gesellschaftlichen Gegenentwurfs, ohne sich in ein weltfremdes Getto zurückzuziehen.	Der Glaube muss seine Widerständigkeit erweisen und darf nicht zum „Kitt" oder „Opium" werden.
„Der gegenwärtige Status quo des Verhältnisses von Diakonie und Kirche bedarf einer grundlegenden Revision" (201).	Die kirchlichen Grundvollzüge (Diakonie, Gottesdienst, Verkündigung) müssen integriert werden.	Diakonisches Engagement ist für den Glauben eine Quelle der Lebendigkeit; im Diakonisch-Werden der Kirche zeigt sich die Bedeutung des Glaubens für die Menschen.
„Kennzeichen von Diakonie ist eine Vielzahl unterschiedlicher, sie tragender Subjekte" (203).	Vielfalt der diakonischen Subjekte ist ein Gewinn für die Diakonie, darf aber nicht zu einem beziehungslosen Nebeneinander werden.	Pluralität ist keine Bedrohung für den Glauben, sondern kann im Vertrauen auf den gemeinsamen Geist zugelassen und gefördert werden.
„Wenn Diakonie sich in enger Verbindung mit den gesellschaftlichen Wirklichkeiten vollziehen soll, ohne dabei eine kritische Distanz aufzugeben; wenn der eigentliche Träger dieser Diakonie eine diakonische Kirche sein soll, dann ist deutlich: Die konkrete Sozialform einer solchen diakonischen Kirche muss sich ebenfalls durch Verzahnung mit der Gesellschaft im allgemeinen bzw. dem Sozialstaat im besonderen bei gleichzeitig aufrechterhaltender kritischer Distanz auszeichnen" (205-206).	Unterschiedliche Diakoniemodelle können kritisch beurteilt werden.	Glaube ist nicht „von dieser Welt", kann aber nur „in dieser Welt" christlicher Glaube sein. Mit allen Menschen guten Willens kann zusammengearbeitet werden.

7.3.2. Martin Lechner: Theologische Anschlussstellen in der Theorie Sozialer Arbeit
Im Abschnitt 4.3.3. wurde bereits die Untersuchung von Martin Lechner zur Theologie in der Sozialen Arbeit vorgestellt. Lechner lehnt ein Verständnis der Theologie als Normenlehre für die Soziale Arbeit ab (vgl. Lechner 2000, 157) und hält die Orientierung an einer inhaltlichen Auswahl der akademischen Systematik der Theologie für nicht zielführend: Er vertritt die Überzeugung, „dass eine Theologie unter den kontextuellen Bedingungen der Sozialen Arbeit ihre Inhalte nicht nach dem Muster einer akademischen Systematik darbieten kann, sondern diese primär in der Form von Themen präsentieren muss" (a.a.O., 245). Um nun aber „eine Spur zu legen" (ebd.), welche inhaltliche Themen eine Theologie der Sozialen Arbeit anzubieten hat, identifiziert er zunächst explizite und implizite theologische Anschlussstellen in der Sozialarbeitswissenschaft (vgl. a.a.O., 157), um davon ausgehend in der Breite der christlichen Theologie und Tradition nach thematisch relevanten Inhalten zu suchen. An dieser Stelle sollen nun die theologischen Inhalte, die Lechner beschreibt, vorgestellt werden. Zur Übersicht dient die folgende Tabelle:

Anschlussstellen der Theologie innerhalb der Theorien Sozialer Arbeit (Lechner 2000, 157-197)	**Inhaltliches Angebot einer Theologie in der Sozialen Arbeit** (Lechner 2000, 199-301)
‚Interdisziplinäre Theorie'	Das entscheidend und unterscheidend Christliche einer „Theologie im Brennpunkt des Sozialen" (Glaube, Liebe, Hoffnung).
Menschen- und Gesellschaftsbild	Der Mensch aus der Perspektive Gottes.
‚Wertewissen' und ‚moralisch inspirierte Kasuistik	Das christliche Ethos als Motivation und Radikalisierung sozialer Praxis.
Soziale Gerechtigkeit	Sozialethische Perspektiven und Themen Sozialer Arbeit (Solidarität, Gerechtigkeit).
Professionalität und ‚Lebensweltheremeneutik'	Theologische Beiträge zu einer professionellen Deutungskompetenz in der Sozialen Arbeit.
Spiritualität – Sinn – Kontingenzbewältigung	Bausteine zu einer spirituellen Fundierung sozialberuflicher Professionalität.
Institution	Eine realistische und prophetische Sicht von Kirche.
Geschichts- und Erinnerungsarbeit	‚Gefährliche Erinnerungen' an die Geschichte christlich motivierten Helfens.

Anschlussstelle ‚Interdisziplinäre Theorie': In der Theoriediskussion zur Sozialen Arbeit besteht Konsens darüber, dass Sozialarbeitswissenschaft und Sozialarbeitslehre interdisziplinär angelegt sind. Die Theologie kann innerhalb dieser Interdisziplinarität die Rolle einer Partner- bzw. Bezugswissenschaft einnehmen. Dazu wird sie das „entscheidende und unterscheidende Angebot des christlichen Glaubens zur Sprache bringen: Die Theologie des Kreuzes als Theologie der Hoffnung und der Liebe" (a.a.O., 247). Lechner nennt die Theodizeefrage und die Personalität Gottes als zentrale theologische Themen. Die „sinn- und identitätsstiftende Aufgabe einer Theologie in der Sozialen Arbeit als Theologie der Liebe" ist die Entdeckung der heilenden Begegnungen in den biblischen Texten und die theologische Identifizierung der eigenen Begegnungen mit Notleidenden. Befreiungstheologie und Christusmystik können hier eine Grundlage bilden.

Anschlussstelle Menschen- und Gesellschaftsbild: Lechner konstatiert, dass in der sozialarbeiterischen Theoriebildung anthropologische Reflexionen eher schwach ausgeprägt sind. „Nur selten findet man in den Sozialarbeitstheorien explizite Reflexionsschritte über das die Darstellungen leitende Menschenbild. Man muss es sich eher aus dem Kontext oder aus wissenschaftstheoretischen Ansätzen erschließen" (a.a.O., 163-164). Das Angebot der Theologie besteht in der Überzeugung von der Berufung und der Würde des Menschen. Das Bild des Menschen aus der Perspektive des Gottesglaubens bietet sich zur Auseinandersetzung mit pädagogischen und soziologischen Perspektiven an (vgl. a.a.O., 255).

Anschlussstelle ‚Wertewissen' und ‚moralisch inspirierte Kasuistik': Ebenfalls besteht in der Sozialarbeitswissenschaft eine Lücke bezüglich der Wertedimension (vgl. a.a.O., 172). Christliche Theologie kann dabei ihre Tradition des ethischen Urteilens und die Erfahrung zu Grundfragen menschlicher Existenz einbringen (vgl. a.a.O., 176). Allerdings bietet die christliche Ethik keine klaren Handlungsanweisungen, Ge- oder Verbote, sondern verweist auf das Ethos in der Nachfolge Jesu: „Die Aufgabe der Theologie in der Sozialen Arbeit reduziert sich also nicht auf die Vermittlung einer materialen Ethik, die man lernen, wissen und dann praktizieren könnte – eine Auffassung, wie sie der Begriff ‚Wertewissen' nahe legt. Sie intendiert vielmehr auf die Entfaltung einer ‚inneren Einstellung oder Grundhaltung', die mit dem Glauben an Jesus Christus und der Annahme seiner Botschaft verbunden ist" (a.a.O., 262). Lechner hebt besonders die Bergpredigt hervor, das Modell der Verantwortungsethik und die Kenntnisse grundlegender menschlicher Wertehaltungen im Kontext der Weltreligionen.

Anschlussstelle sozialethische Perspektiven: Die Grundüberzeugung der Sozialen Arbeit ist ihre Verpflichtung auf die Leitidee der sozialen Gerechtigkeit. Sie ist ein elementarer Bestandteil in der Sozialarbeitswissenschaft, -lehre und -praxis. Zum Nutzen der Sozialen Arbeit kann die Theologie die Tradition ihrer Soziallehre einbringen. Zentrale Themen sind Solidarität und Gerechtigkeit, Armut, Gewalt, Rolle der Frauen, Bevölkerungswachstum und Umweltverantwortung. Bei diesem thematischen Baustein tritt der katholische Kontext von Lechners Überlegungen besonders deutlich in den Vordergrund.

Anschlussstelle Professionalität und ‚Lebensweltthermeneutik': Mit Bezug auf die professionstheoretischen Überlegungen von Dewe/Ferchhoff u.a. (1993) wird die Rolle der Sozialarbeit als Lebensweltthermeneutik beschrieben. Diese erfordert „die Befähigung zum sinngerechten Verstehen, zum Dialog und zur lebensweltlichen Empathie", um so Zugang zu Lebensgeschichte, Bilderwelt und Selbstbild des Gegenübers zu finden (a.a.O., 183-184). Professionelle Kompetenz in der Sozialen Arbeit braucht für das Erkunden der Lebenswelt und Lebenslage der Klienten auch eine religionshermeneutische Kompetenz. Theologische Inhalte fließen dazu aus der Religionssoziologie, der Religionspsychologie, der Alltagsreligiosität und der Religionspädagogik ein.

Anschlussstelle Spiritualität – Sinn – Kontingenzbewältigung: Lechner begründet diese Anschlussstelle mit der prinzipiell (!) spirituellen Dimension der Sozialen Arbeit und der Unausweichlichkeit von Kontingenzfragen (Sinn des Lebens, Leid, Scheitern) (vgl. a.a.O., 189). Die Theologie kann hier eine „Spiritualität des Helfens" entwickeln, die „belastbare Motive des Handelns, Ausdauer und Sinn im täglichen Funktionsbetrieb der Sozialen Arbeit bereitstellt" (a.a.O., 286). Anzubieten hat hier die Theologie Möglichkeiten der Glaubenserfahrung und der spirituellen Formen, eine vielfältige diakonische Spiritualität und – auch bei aller Konvergenz von christlich und humanistisch motivierter Sozialer Arbeit – eigenständige christliche Motive, Haltungen und Horizonte (vgl. a.a.O., 283).

Anschlussstelle Institution: Professionelle Soziale Arbeit findet unter institutionellen Gegebenheiten statt, die diese deutlich prägen (vgl. a.a.O., 190). Institutionen müssen daher einer grundsätzlichen Kritik unterzogen werden. Da die kirchlichen Institutionen bedeutende Träger Sozialer Arbeit sind, liegt hier bereits ein Grund für diese Anschlussstelle. Ein weiterer Grund besteht in der Fähigkeit, institutionelle Ressourcen (und dies sind eben oft kirchliche) für die Soziale Arbeit erschließen zu können. Ein elementarer Baustein in der Ausbildung für die Soziale Arbeit liegt in der Frage nach dem Wesen und dem Auftrag der Kirche. Vier Zugänge zum Thema Kirche sollen dabei von der Theologie geleistet werden: eine religionssoziologische Bestandsaufnahme, der exegetische Befund über „Intention und Verlauf der jesuanischen Sammlungsbewegung" (a.a.O., 288), eine ekklesiologische Reflexion und ein pastoraltheologischer Zugang.

Anschlussstelle Geschichts- und Erinnerungsarbeit: Soziale Arbeit braucht die Erinnerung ihrer eigenen Geschichte, sowohl der „Nachtseiten" wie auch der „hellen Seiten von identitätsstiftender, motivierender Kraft" (a.a.O., 194, 195). Einen Begriff von Johann Baptist Metz aufgreifend müssen daher die „‚gefährlichen Erinnerungen' aus der Geschichte des christlich motivierten Helfens ans Licht" gebracht werden (a.a.O., 293). Lechner nennt die Geschichte der christlichen Armenfürsorge, die Geschichte des Caritasverbandes bzw. der organisierten Diakonie, die Geschichte der Sozialberufe und Ausbildungsstätten und schließlich spirituelle Motive und Inspirationen von kirchlichen Persönlichkeiten.

7.3.3. Hanns-Stephan Haas: „Theologisches Cockpit"

Hanns-Stephan Haas untersucht in seiner Habilitationsschrift (2005) das Verhältnis von Theologie und Ökonomie. In diesem Zusammenhang sucht er nach einer Theologie, die mit der Ökonomie diskursfähig ist. Er geht dabei in drei

Schritten vor: Zunächst sucht er nach einem theologischen Ansatz, der solch eine Diskursfähigkeit leisten kann. Er findet ihn in der weisheitlichen Theologie (vgl. dazu auch 7.2.). Danach unterzieht er die Theologie einer Funktionsanalyse. Haas identifiziert sechs Funktionen der Theologie, die sie in den Dialog mit der Ökonomie einbringen kann: Kontinuitätswahrung, normative Funktion, Legitimierungsfunktion, kritische Funktion, methodologische Funktion und hermeneutisch-konstruktivistische Funktion (vgl. Haas 2006, 509-513; vgl. dazu auch 7.1.). Danach entfaltet er wesentliche theologische Inhalte als materiale Grundlage für den Dialog. Damit will er theologische Basiseinsichten und Grundaussagen beschreiben, denen er eine besondere Relevanz für das Leitungshandeln in der Diakonie zuspricht.

Haas' Vorgehen „basiert im Wesentlichen auf eigenen Erfahrungen, welche theologischen Grundaussagen speziell von Leitungsverantwortlichen in der Diakonie als besonders maßgeblich angesehen werden." (a.a.O., 513) Daher betont er auch den Versuchscharakter einer solchen materialen Grundlegung theologischer Inhalte. Die Grundkoordinaten müssen dabei „um ihrer Orientierungskraft willen begrenzt" werden (a.a.O., 514). Haas spricht sich für den Mut zu einer „Anwendungsorientierung" aus (a.a.O., 495). Dabei geht er davon aus, dass längst nicht der gesamte Wissensbestand der Theologie hierfür bedeutsam ist. Eine Auswahl bzw. Reduktion führt zwangsläufig zu einer Trivialisierung, die er aber unterschieden wissen will von einer Simplifzierung. Die notwendige Trivialisierung muss sich dabei mit anspruchsvollen theologischen Aussagen verbinden (vgl. a.a.O., 508).

Theologische Schwerpunkte	**Grunddeterminanten diakonischen Führungshandelns**
Gottesgedanke	Theologische Wahrnehmung der Wirklichkeit
Christliches Menschenbild	Sicht der Kunden/innen und Mitarbeitenden
Reich Gottes-Vorstellung	Verständnis von Zeit
Biblisches Gemeinschaftsverständnis	Theologische Sicht der Organisation

Haas reduziert die inhaltliche Breite der Theologie auf vier Schwerpunkte. Diese bezeichnet er als Koordinaten und fügt sie – bildlich gesprochen – zu einem „theologischen Cockpit" zusammen (a.a.O., 515): Er benennt den Gottesgedanken, das christliche Menschenbild, die Reich Gottes-Vorstellung und das biblische Gemeinschaftsverständnis.[15] Diese vier theologischen Schwerpunkte

[15] Die Begrifflichkeiten im Fließtext der Ausführungen unterscheiden sich leicht von denen der beigefügten Grafik. Aus der biblischen Rede vom Reich Gottes leitet Haas ein christliches Zeitverständnis ab. So benennt er die entsprechende Koordinate sowohl mit dem Begriff der „Reich Gottes-Vorstellung" (a.a.O., 523) als auch mit „Zeitverständnis" (so in der Grafik, 515). Das biblische Gemeinschaftsverständnis wird in der Grafik als „Leitvorstel-

korreliert er mit vier wesentlichen Grunddeterminanten diakonischen Führungshandelns. Haas beschreibt daraufhin die theologischen Basiseinsichten, die sich aus diesem Koordinatensystem ergeben. Sie werden nun kurz skizziert.

Der Gottesgedanke und die theologische Wahrnehmung der Wirklichkeit: Der Gottesgedanke bestimmt „in grundsätzlicher Weise die theologische Wahrnehmung der Wirklichkeit und so auch des diakonischen Unternehmens“ (a.a.O., 517). Die theologische Mitte der Diakonie ist eben der Gottesgedanke, die Wahrnehmung und Reflexion eines diakonischen Unternehmens muss somit immer beim Gottesgedanken ansetzen. Allein der Begriff Gottesgedanke verweist bereits auf die Unverfügbarkeit und Kontingenz Gottes. Das Endliche kann das Unendliche nicht fassen. Gleichzeitig darf Gottes Unverfügbarkeit nicht allein als unendlicher Abstand zwischen Gott und unserer Wirklichkeit gedeutet werden, denn auch gerade in der Nähe zum Menschen zeigt sich Gottes Unverfügbarkeit. Beides beschreibt die Bibel in Bildern und Erzählungen, die dieses Verhältnis zum Ausdruck bringen wollen. Der Gegenstand theologischen Nachdenkens ist nicht Gott selbst, sondern das Verhältnis zwischen Gott und Mensch. Keine verantwortliche Theologie kommt um die Beschreibung dieses „paradoxalen Gottesgedankens herum, der die Jenseitigkeit Gottes einerseits nicht gegenüber dem Diesseits des Menschen beziehungslos werden lässt, noch andererseits diese restlos im Diesseits als Umbenennung einer allgemeinen Erfahrung aufgehen zu lassen erlaubt“ (a.a.O., 517). Hieraus leitet Haas nun exemplarische Orientierungen ab. Die theologische Wahrnehmung der Wirklichkeit aufgrund des christlichen Gottesgedankens führt beispielsweise zu

– einer erhöhten Wachsamkeit und vorsichtiger Gelassenheit, unabhängig, ob die Wirklichkeit „als kritischer Abstand zum Vorfindlichen, ob als Tiefenschicht einer wahrgenommenen Wirklichkeit oder ob als letztlich nur mystisch und praktisch zu fassenden Identifikation mit unseren Schwestern und Brüdern“ (a.a.O., 517) verstanden wird;

– einer heilsamen Verunsicherung, „ob die Wirklichkeit Gottes sich in den oder gegen die Gestaltwerdungen des diakonischen Unternehmens durchsetzen kann“ (a.a.O., 518);

– dem Ernst, aber auch der Chance der Diakonie, da Gott „an der Seite der Menschen und der menschlichen Phänomene entdeckt werden will, die aus menschlicher Sicht gerne übersehen werden“ (ebd.).

Das christliche Menschenbild und die Sicht der Kunden und Mitarbeitenden: Haas setzt mit einem Zitat Rudolf Bultmanns ein: „Jeder Satz über Gott ist zugleich ein Satz über den Menschen und umgekehrt.“ In christlicher Perspektive kann daher über den Menschen nur nachgedacht werden, wenn das Verhältnis zwischen Gott und Menschen Berücksichtigung findet. Die Bibel beschreibt diese Beziehung nicht systematisch, sondern umschreibt sie narrativ. Damit muss anerkannt werden, dass es eine einheitliche biblische Anthropologie nicht gibt. Das

---

lungen menschlichen Miteinanders“ bezeichnet. Im Folgenden orientiere ich mich an den Begrifflichkeiten, die Haas im Text verwendet.

biblische Menschenbild ergibt sich aus der spannungsvollen Beziehung zwischen Gott und Mensch. Haas beschreibt diese Beziehung anhand der drei zentralen Begriffe Geschöpflichkeit, Sündhaftigkeit und Rechtfertigung. Das menschliche Leben begründet sich in Gottes Schöpferhandeln. Hieraus erhält der Mensch seine Würde, lebensunwertes Leben kann es aus dieser Sicht nicht geben. Trotzdem ist die Würde des Menschen vielfach bedroht. Diakonie hat hier ihren Auftragsgrund und Maßstab. Vielfältige Konkretionen für die gegenwärtige Diakonie können hieraus abgeleitet werden, besonders im Hinblick auf Klienten und Mitarbeitende. Die Geschöpflichkeit und Würde des Menschen verwehrt sich einer idealistischen Sicht auf den Menschen. „Gegenüber einer naiven positiven Sicht des Menschen betont dieser theologische Topos die grundsätzliche Gebrochenheit des Menschen" (a.a.O., 522). Die Beziehungsstörung des Menschen zu Gott, seiner Mitwelt und sich selbst wird theologisch als Sündhaftigkeit beschrieben. Aus dem Wissen um diese Sündhaftigkeit können sich gerade für die Wirklichkeit der Diakonie vielfältige Orientierungen ergeben, bis hin zur Corporate-Governance. Allerdings wird dies in der Diakonie de facto kaum theologisch reflektiert. Dies mag zum einen an der moralischen Fehldeutung des Begriffs Sünde liegen, andererseits ist die Sündhaftigkeit des Menschen „eher ein theologisches Sperrgut, das trotz seiner Schnittmenge mit einer realistischen Wahrnehmung des Menschen dem allgemeinen Bewusstsein nicht in gleicher Weise eingängig ist wie die menschenrechtskompatible Vorstellung der Geschöpflichkeit" (a.a.O., 523).

Die Reich Gottes-Vorstellung und das Verständnis von Zeit: Haas weist auf die Aufgabe hin, Diakonie in der Zeit zu gestalten. Eine theologische Reflexion des Zeitverständnisses ist daher ebenso erforderlich wie die bereits genannte Reflexion des Wirklichkeitsverständnisses und des Menschenbildes. Impulse für ein angemessenes christliches Zeitverständnis findet Haas in der biblischen Rede vom Reich Gottes. Die Vorstellungen vom Reich Gottes stehen im Zentrum der Verkündigung Jesu, sie werden in Geschichten und Gleichnissen entfaltet. „Mit der Reich Gottes-Vorstellung kommt das diakonische Unternehmen von einer maßgeblichen Vergangenheit her, deren Erzähltradition sie fortzuführen hat. Sie versteht die Gegenwart als Kairos, als die Chance der zeichenhaften Verwirklichung dieses Reiches, und sieht sich zugleich auf eine Zukunft verwiesen, die alles Vorfindliche schlechterdings überbieten wird" (Haas 2006, 525). Dieser Gedanke kann gerade in der gegenwärtigen Diakonie mit ihrer entschleunigten Marktentwicklung eine wichtige Entlastungsfunktion bieten. Kontinuität und Wandel finden hier ihre Fundierung. Die Unterscheidung von präsentischer und eschatologischer Dimension des Reiches Gottes, die in der Spannung von „schon" und „noch nicht" ausgedrückt wird, betont die Durchdringung der drei Zeitmodi: „Ohne vergangenheitsbezogenen Ereignischarakter wäre das Reich Gottes nur Utopie, nur als vergangenes Geschehen fehlte ihm die Kraft der Vision. Ohne starke Impulse auf die Gegenwart könnte Reich Gottes leicht zur Vertröstungschiffre werden und ohne den ständigen Vorbehalt dessen, was noch zur Verwirklichung aussteht, droht sie zur wirklichkeitsverkennenden Selbstüberschätzung zu führen" (a.a.O., 525). Sowohl Allmachtswahn als auch Kapitulation vor der Wirklichkeit sind daher mit dem Reich Gottes-Gedanken nicht zu vereinbaren.

Das biblische Gemeinschaftsverständnis und die theologische Sicht der Organisation: Die Sicht auf den Menschen darf in biblisch-theologischer Perspektive nicht auf das Individuum verengt werden, immer sind die kollektiven Gemeinschaftsformen mit im Blick. Dabei wird der Begriff der Gemeinschaft nicht idealistisch überhöht. Haas hebt besonders auf den Gemeinschaftsgedanken ab, wie er 1. Kor 12 vorgestellt wird und in der sich „[n]otwendige funktionale Vielfalt und die Einheit des Zusammenhanges verbinden" (a.a.O., 526). Die Einheit des Ganzen lässt sich nur durch die Vielfalt der Funktionen der Einzelnen verwirklichen. Die Gemeinschaftsmitglieder sind dazu mit Begabungen und Charismen ausgestattet. Die Ausstattung der Einzelnen mit Begabungen stellt in dieser Sicht den Normalfall, nicht, wie angenommen werden könnte, einen Sonderfall dar. Diese einzelnen Charismen stehen dabei nicht in einer besonderen Wertigkeit zueinander. Biblische Bilder beschreiben vor allem den dynamischen Charakter von Gemeinschaft. Haas verweist auf Gemeinde als wanderndes Gottesvolk, als Haus der lebendigen Steine und selbst der Fels, auf dem sie gründet, ist in erster Linie Person und kein starres Amt. Auch wenn Rahmenbedingungen für gelingende Gemeinschaft geschaffen werden können, ist die Verwirklichung von Gemeinschaft aus christlicher Sicht eher Ereignis, Geschehen, Prozess. So verbieten sich z.B. naive Steuerbarkeitsphantasien. Gemeinschaft als Kirche bleibt immer zweideutig, sie kann wahrgenommen, muss aber auch geglaubt werden. Eindeutigkeit kann sie nicht dadurch herstellen, dass die richtigen Menschen mit den richtigen Einstellungen und dem richtigen Verhalten zusammentreffen. Die Eindeutigkeit einer christlichen Gemeinschaft kann nicht einfach über bestimmte Auswahlkriterien hergestellt werden. Gerade dies führt zu einer umso größeren Sorge bei der Sicherstellung ihrer Funktionalität. Ein charismenorientiertes Gemeinschaftsverständnis setzt auf die Vielfalt und die Entfaltung der einzelnen Glieder. Gleichzeitig muss die Einheit geleistet werden. Als Maßstäbe können kommunikative Vermittelbarkeit und Liebe gelten. Dabei steht keine Harmonisierung, sondern eine Klarheit der Aufgaben und Ziele im Mittelpunkt.

Zusammenfassend kann festgehalten werden:

– Gemeinsam ist allen drei Verfahren, dass sie zunächst den Suchmodus bestimmen (Strukturanalogien, Anschlussstellen, intuitiv-erfahrungsbasierte Suche) und dann die gesamte Breite der Theologie mit Hilfe ihrer Heuristik in den Blick nehmen.

– Es werden nicht einfach vermeintlich ‚diakonische Inhalte' gesucht, sondern die Fragerichtung wird aus dem Charakter der diakonischen Praxis gewonnen und soll ihr so gerecht werden. Erst mit Hilfe dieser Suchheuristik lassen sich dann Inhalte bestimmen. Es bietet sich daher auch nicht an, bei den vorgestellten Inhalten von *diakonischen Inhalten* zu sprechen, sondern von *Inhalten, die diakonisch relevant* sind.

D. Konzept

8. Diakonische Bildung im Kontext organisierter Diakonie

Die Erkenntnisse der ersten drei Teile ermöglichen es nun, diakonische Bildung im Kontext organisierter Diakonie näher zu bestimmen. Zuerst wird der Grundcharakter dieses Teilbereichs der diakonischen Bildung beschrieben (8.1.). Danach wird die Intention diakonischer Bildung dargestellt, die besonders den Kontext organisierter Diakonie berücksichtigt (8.2.). Vor diesem Hintergrund können dann die Herausforderungen diakonischer Bildung systematisierend zusammengetragen werden (8.3.). Daraus ergibt sich die Frage nach einer angemessenen didaktischen Herangehensweise (8.4.). Abschließend wird ein Modell diakonischer Kompetenz beschrieben, das für die diakonische Bildung einen didaktischen Bezugspunkt bietet (8.5.).

8.1. Grundcharakter diakonischer Bildung

Der Begriff *diakonische Bildung* wird in verschiedenen Kontexten verwendet (vgl. Abschnitt 2.5.). Grundsätzlich kann mit diakonischer Bildung ein christliches Bildungsverständnis gemeint sein, das diakonisch pointiert wird. Auch die Projekte des diakonischen Lernens, die solch ein Bildungsverständnis zum Ausgang und Ziel nehmen, firmieren unter dem Begriff der diakonischen Bildung. Eine Lücke besteht bisher bei der diakonischen Bildung im Kontext organisierter Diakonie.

Es gilt daher das Verständnis diakonischer Bildung zu klären, das sich auf *Bildungsprozesse bezieht, die den inhaltlich-substanziellen Gehalt des Diakoniebegriffs im Kontext organisierter Diakonie freilegen wollen.* Hierum soll es nun im Weiteren gehen. In dieser Studie wird von folgendem Verständnis ausgegangen:

Diakonische Bildung im Kontext organisierter Diakonie bezeichnet den Teilbereich des Bildungsgeschehens, der sich gegenständlich auf die Frage nach der diakonischen Identität bezieht (inhaltlicher Bezug), sich im Kontext der Diakonie vollzieht (kontextueller Bezug) und von der Diakonie verantwortet wird (organisationaler Bezug). Diakonische Bildungsprozesse gehen weit über die Gesamtheit diakonischer Fortbildungsangebote hinaus (diakonische Bildung ist mehr als diakonische Fortbildungen), gleichzeitig sind nur diejenigen Bildungsprozesse gemeint, die sich auf die Erschließung des Diakonischen beziehen (diakonische Bildung stellt nur einen Teil der Gesamtheit diakonischer Bildungsverantwortung dar). Das Diakonische kann dabei weder deduktiv bestimmt noch direktiv vermittelt werden, es vollzieht sich im Handeln und Deuten; gleichwohl ist es nicht beliebig. Die Erschließung des Diakonischen ist daher auf die subjektive Konstruktionsleistung der sich Bildenden angewiesen. Der Prozess dieses Erschließens geht dabei einher mit der Selbsterschließung der sich Bildenden, beides ist aufeinander bezogen und nicht voneinander zu trennen. Diakonische Bildung hat ihren Bezugspunkt im diakonischen Alltag.

Diakonische Bildung im Kontext organisierter Diakonie steht in der Gefahr, gerade von Seiten organisierter Diakonie verzweckt zu werden. So werden auch Erwartungen an die diakonische Bildung herangetragen, die nicht die ihren sind. Diakonische Bildung darf beispielsweise nicht als Instanz zur Vermittlung christlicher Verkündigung missverstanden werden.

> „Es kann nicht zusätzlich zur eigenen Tätigkeit die Aneignung oder sogar die Weitergabe von Glaubensinhalten im Sinne eines Glaubenszeugnisses gefordert werden, ohne diese Mitarbeitenden in Zwangslagen zu bringen, welche die intendierte diakonische Bildung zu einer fremdbestimmten machen. Diakonische Bildung muss vielmehr aus dem eigenen diakonischen Handeln hervorgehen" (Schmidt 2010, 4).

Diakonische Bildung ist keine Bekehrung zum Glauben und setzt diesen auch nicht voraus. Allerdings sind alle Mitarbeitenden in der Diakonie, unabhängig davon, ob sie die theologischen Grundannahmen teilen oder nicht, dazu „genötigt, die persönliche Motivation in eine sinnvolle Beziehung dazu zu setzen" (Schmidt 2004, 13). Die entscheidende Frage ist daher, wie persönliche Motive und Interessen, sozialberufliches Handeln und das Interesse an der Auseinandersetzung mit Fragen diakonischer Identität zusammenkommen können.

Ausgangspunkt diakonischer Bildung ist die „sinn- und wertorientierte reflexive Durchdringung diakonisch-sozialer Handlungsfelder und Herausforderungen unter Beachtung ihrer Vermittelbarkeit in gesellschaftlichen Diskursen" (Schmidt/Zitt 2004, 68). Dies bedeutet ein Doppeltes: Diakonische Bildung ist ein reflexives Geschehen und hat ihren Bezugspunkt grundsätzlich im Handeln und Tätigsein in der Diakonie.

Ausgangs- und Bezugspunkt diakonischer Bildung ist der diakonische Alltag. Diakoniewissenschaftliche Theorien, normative Leitbilder oder bewusste Inszenierungen und Verkörperung diakonischer Unternehmenskultur können von diakonischer Bildung aufgenommen, entfaltet oder kritisiert werden, aber sie allein stellen noch kein Bildungsgut dar und führen noch nicht zu einem Bildungsprozess. Die Chance und das Potenzial der diakonischen Bildung liegen im Alltag der organisierten Diakonie. Aber auch umgekehrt liegt in der diakonischen Bildung gerade für die Diakonie eine Chance: Diakonische Bildung kann ausgehend vom diakonischen Handeln die Praxis reflektieren helfen, diakonische Sinndeutungen und Interpretationen ermöglichen, gegebenenfalls auch die subjektive Seite gelebter Religion entdecken helfen. All das trägt letztlich dazu bei, dass sich diakonische Identität entwickeln kann. Denn diakonische Identität ist nicht normativ vorgegeben – gerade von dieser Annahme zu befreien, ist bereits Aufgabe diakonischer Bildung. Diakonische Identität entsteht im Vollzug des Handelns und Deutens. Programmatisch kann daher formuliert werden: „Diakonisches Handeln ist immer auch diakonisches Lernen" (Schmidt 2004, 13).

Diakonische Bildung will diakonische Reflexionsfähigkeit ermöglichen und fördern. Reflexion wird dabei im Sinne evangelischer Erwachsenenbildung „nicht als kognitiver Zugewinn" verstanden, sondern meint einen unabschließbaren und kritischen Wahrnehmungs- und Verstehensprozess (Kirchenamt der EKD 1997a,

58). Reflexion ist dabei die wechselseitige Durchdringung von Wahrnehmen und Deuten. Dabei geht es nicht um eine systematisch-theologische Reflexion, denn diese setzt umfassende Kenntnisse voraus, die von den Teilnehmenden nicht erwartet werden können. Gleichzeitig ist das Erlernen systematisch-theologischer Reflexion auch nicht das Ziel diakonischer Bildung. Außerdem kann eine solche Reflexion leicht dazu verleiten, vorgefundene diakonische Praxis nacheilend zu legitimieren. Es geht eher um „eine Anleitung zur reflektierten und praxisorientierten Deutung von (Alltags-)Erfahrungen im Lichte des christlichen Glaubens [...]. Der Begriff der Deutung sollte dabei nicht zu dem Missverständnis verführen, solche Deutungen würden abstrakt im Bereich des Intellektuellen und Reflektierten verharren. Vielmehr sind Deutungen gemeint, die in praktische, lebensweltlich und biographisch relevante, kommunikative Konsequenzen führen" (Vögele 2007, 162).

Damit ist eine (‚Stoff'-)Vermittlung diakonischer Inhalte von vornherein in ihre Schranken zu verweisen: „Bildung, auch theologische und spirituelle, wird heute nicht mehr allein als Wissensvermittlung konzipiert, sondern als ein ganzheitliches Geschehen, das alle Sinne betrifft, individuelle Erfahrungen und Motivationen integrieren und die Beteiligten zu Subjekten der eigenen Bildung machen soll" (Schmidt 2010, 4). Das Diakonische besteht eben nicht in einem Katalog material-ethischer Werte, der zu lernen und umzusetzen ist. Die Ergründung des Diakonischen gleicht eher einer Entdeckungsreise, die diakonische Grunderfahrungen aufgreift, Persönlichkeitsentwicklung fördert, organisationale Rahmenbedingungen und Anforderungen dabei weder vergisst noch geißelt und trotzdem die subjektiven und biografisch geprägten Interpretationsmuster herausfordert.

Über Diakonie muss sich verständigt werden. Erforderlich ist ein offener Prozess, dem man sich immer wieder neu zu stellen hat (vgl. Claß 2008, 57). Diakonische Bildung wehrt dabei der Gefahr moralischer Verengung, einer Gefahr, die im Zusammenhang mit religiösen Phänomenen immer leicht gegeben ist. Diakonisches Handeln meint eben nicht einfach ein ‚ethisch gutes Handeln'. Dies führt zu der zentralen Frage, inwiefern diakonische Identität bereits vorgegeben ist – die dann ‚nur' noch in der diakonischen Bildung vermittelt und im diakonischen Alltag umgesetzt werden müsste – oder erst im Tätigsein, in der Auseinandersetzung und Reflexion entsteht. Dies verweist auf die Frage nach deduktiver oder induktiver Profilentwicklung. Auf diese Unterscheidung hat vor allem Hans-Georg Ziebertz hingewiesen.[1]

Ziebertz (1993: 151-157) charakterisiert in Rückgriff auf Zerfaß (1998: 128-131) zwei gegensätzliche Propriumsverständnisse. Bei ersterem ist das Proprium der Diakonie nicht der Gegenstand der Praxis, sondern geht ihr voraus: Es ist bereits kirchlich bzw. theologisch bestimmt. Die Mitarbeitenden als Träger die-

[1] Da sich Ziebertz auf die katholische Situation bezieht, macht er die Unterscheidung am Zweiten Vatikanischen Konzil fest und unterscheidet ein vorkonzilisches Propriumsverständnis von einem nachkonzilischen.

ses Propriums sind demnach bloße Adaptanten des Propriums. Das zweite Verständnis geht davon aus, dass das Proprium Gegenstand der Praxis ist, die Propriumsträger sind zugleich Propriumskreatoren. Anstelle der Übernahme eines vorgegebenen Propriums muss dieses in der Praxis, im Akt des Handelns selbst entstehen.

> „Das christliche Selbstverständnis sozialer Arbeit existiert nicht, wohl aber gibt es viele Versuche, in Kontinuität zur biblischen, theologischen und kirchlichen Tradition nach der heutigen Bestimmung des besonderen Ansatzes christlicher Sozialarbeit zu suchen. [...] Es gibt eine ‚Vorgabe' aus der Tradition, deren Aktualisierung, Anreicherung und Transformation jedoch an die Praxis zurückgekoppelt wird. Alle Beteiligten sind Mit-Schöpfer bei der Bestimmung des heute Notwendigen im Horizont von Vergangenheit und Zukunft" (Ziebertz 1993, 152).

Wenn nun aber das, was als diakonische Identität bezeichnet wird, weder vorgegeben noch deduzierbar ist, ist die Aufgabe diakonischer Bildung eine dauerhafte. Sowohl die Gestaltwerdung diakonischer Identität als auch die bildende und reflexive Durchdringung diakonischer Praxis muss permanent geleistet werden. Vor diesem Hintergrund wird deutlich, dass beispielsweise der Bildungswert eines formulierten Einrichtungsleitbildes äußerst gering ist.

Aus den bisherigen Überlegungen können nun die Intention und die unterschiedlichen Herausforderungen benannt werden. Daraus leiten sich die didaktischen Grundausrichtungen und der didaktische Bezugspunkt einer diakonischen Kompetenz ab. Diese Aspekte werden in den nächsten Abschnitten vertieft.

Intention. Gelingende Bildungsprozesse – so ist zu hoffen – ermöglichen einen Zugang zum Gehalt des Diakonischen und die Entwicklung eines eigenen diakonischen Selbstverständnisses, um so diakonische Praxis angemessen wahrnehmen, deuten und ihr – vielleicht – mit einem neuen Verständnis handelnd begegnen zu können (Abschnitt 8.2.). Dies soll nicht und wird nicht dazu führen, dass die Mitarbeitenden ‚idealer' in ihrem Anspruch werden oder die diakonischen Einrichtungen ‚erkennbarer' auf dem Sozialmarkt agieren. Diakonische Bildung kann dazu beitragen, dass diakonische Mitarbeitende – und damit letztlich auch die diakonischen Einrichtungen – authentischer, glaubwürdiger und reflektierter ihren Auftrag ausführen können. Und das bedeutet letztlich nicht mehr als dies: Sie können mit den Ambivalenzen, Vieldeutigkeiten und Widersprüchlichkeiten des diakonischen Alltags besser umgehen. Sie werden so auch theologische Rhetorik und floskelhaft bekundete Christlichkeit als undiakonisch enttarnen können.

Herausforderungen. Diakonische Bildung im Kontext der organisierten Diakonie steht dabei vor etlichen Herausforderungen. Angefangen von Fragen nach der Legitimität der diakonischen Bildung in diakonischen Einrichtungen bis hin zu den Schwierigkeiten, den inhaltlichen Gehalt des Diakonischen im diakonischen Alltag wahrnehmen und deuten zu können und Gestalt werden zu lassen. Der Kontext diakonischer Einrichtungen und Unternehmen stellt dabei nicht nur eine organisatorische Rahmenbedingung diakonischer Bildung dar, sondern lässt auch das Verständnis diakonischer Bildung nicht unberührt. Die Situation der unter starkem ökonomischen Druck stehenden diakonischen Einrichtungen wird sich auch auf diakonische Bildungsangebote auswirken. Hiervor muss sich diakonische Bildung zu einem gewissen Grad schützen. Andererseits kann dies auch gerade in den diakonischen Bildungsprozessen für die nötige Bodenhaftung sorgen (Abschnitt 8.3.).

Didaktische Linien. Wenn nach dem *Diakonischen*, der *diakonischen Identität* oder dem *Eigentlichen der Diakonie* gefragt wird und es erschlossen werden will, ist es die Aufgabe einer Didaktik diakonischer Bildung, solide Hilfestellung bei der Freilegungsarbeit zu bieten. Diakoniewissenschaftliche Erkenntnisse können nicht ‚eins zu eins' abgebildet werden. Und auch die Beschreibungsversuche eines ‚diakonischen Profils' innerhalb der diakonischen Einrichtungen bieten wenig Hilfe, denn sie sind in aller Regel von der Suche nach einer *unique selling proposition* (fehl-)geleitet. Die didaktische Reflexion diakonischer Bildung muss hier eigene Wege gehen (Abschnitt 8.4.).

Diakonische Kompetenz. Bildung im Kontext von Organisationen bedarf immer der Berücksichtigung von individuellen und organisationalen Anforderungen. Gerade hier ist der Kompetenzgedanke hilfreich, denn das Konstrukt der Kompetenz zielt auf eine Integration von individuellem und organisationalem Lernen (vgl. Arnold 1995, 27). Die Reflexion diakonischer Kompetenz bietet einen angemessenen Ansatz, inhaltliche Essentials des Diakonischen mit biografischen Deutungen der Mitarbeitenden und den Anforderungen diakonischer Einrichtungen in Beziehung zueinander zu setzen (Abschnitt 8.5.).

8.2. Intentionen diakonischer Bildung

In den Bestandsaufnahmen (Kapitel 3 und 4) wurden die verschiedenen Funktionen und Ziele diakonischer Bildung zusammengetragen, wie sie in den Angebotsausschreibungen und der diakoniewissenschaftlichen Literatur auftauchen. Diese Überlegungen werden nun fortgeführt und neu gewichtet.

Zunächst ist die grundlegende Intention diakonischer Bildung von den konkreten Lernzielen einzelner Bildungsmaßnahmen zu unterscheiden. Konkrete Lernziele können nur unter Berücksichtigung der Kontext und Rahmenbedingungen bestimmt werden. Die Intention diakonischer Bildungsprozesse besteht darin, die Lernenden in die Lage zu versetzen, den Essentials des Diakonischen auf die Spur zu kommen und diese in dem diakonischen Kontext, in dem sie tätig sind, zu entdecken.

Diakonische Bildung setzt bei der ambivalenten Situation an, dass die Lernenden – die Diakonie-Mitarbeitenden – die organisierte Ausprägung von Diakonie längst kennen, sich in ihr bewegen und sie auch zu einem erheblichen Maße mitgestalten, gleichzeitig aber oft mit dem inhaltlich-theologischen Gehalt der Diakonie wenig anzufangen wissen. Grundlegende Intention diakonischer Bildung ist es daher, die Erschließung der Tiefenstruktur des Diakonischen zu ermöglichen und einen eigenständigen und authentischen Zugang für eine kritische Reflexion diakonischer Praxis zu legen.

Damit wird deutlich, dass diakonische Bildung im Kontext organisierter Diakonie eine andere Intention verfolgt als diakonische Bildung im Sinne des diakonischen Lernens, das zum diakonischen Handeln ermutigen und motivieren will bzw. zu einer Kultur des Helfens in der Gesellschaft beitragen möchte (vgl. 2.5.1. und 4.2.). Diakonie-Mitarbeitende haben bereits die Entscheidung für eine Tätigkeit im sozialen bzw. diakonischen Bereich getroffen.

Die grundlegende Intention diakonischer Bildung besteht darin, einen Zugang zu einem substanziellen Diakonieverständnis zu ermöglichen. Diakonische Bildung will dazu befähigen, ein eigenständiges diakonisches Selbstverständnis zu entwickeln, diakonische Praxis zu reflektieren und diese zu gestalten. Diakonische Bildung ist Seh- und Deutehilfe für das Diakonische.

Michael Schibilsky stellte vor gut zehn Jahren ein „sich weiterentwickelndes diakonisches Berufsethos" fest (Schibilsky 1999, 800). Diese Beobachtung fordert Zustimmung und Widerspruch heraus. Schibilsky hat Recht, wenn er davon ausgeht, dass die Reflexion diakonischen Handelns im diakoniewissenschaftlichen Diskurs seit der zweiten Hälfte des 20. Jahrhunderts stark vorangeschritten ist. Diakonie geschieht heute nicht nur unter anderen Voraussetzungen als in den Anfängen der Inneren Mission, die Reflexion diakonischen Handelns benötigt vor allem auch Ansätze und Kategorien, die im gegenwärtig diakonischen Kontext anschlussfähig sind. Andererseits zeigt sich diakonische Praxis „in auffälligem Maße theologisch unreflektiert" (Weber 2001, 251). Es ist daher eher fraglich, von einem tatsächlich vorhandenen diakonischen Berufsethos zu sprechen.

„Diakonisches Denken scheint zunehmend den Kontakt zum diakonischen Handeln zu verlieren. Das diakonische Handeln an der Basis wiederum droht sprachlos zu werden in Bezug auf seinen theologischen Gehalt" (Weber 2001, 11). An dieser Stelle hilft es daher auch nicht, Diakonie-Mitarbeitende mit Theologie zu ‚versorgen'. Dies wäre vor allem auch deshalb unfruchtbar, weil dies im Widerspruch zum „wachsenden Bewusstsein selbstbestimmten Handelns von Helfern und Hilfebedürftigen" stehen würde (a.a.O., 252).[2] Da traditionelle diakonische Begriffe eher als „moralische Imperative" verstanden werden (a.a.O., 10), bleibt das konkrete Handeln im diakonischen Alltag letztlich ausschließlich sozialberuflich (sozialarbeiterisch, pädagogisch, therapeutisch, pflegerisch) begründet. Um ein eigenes diakonisches Selbstverständnis zu entwickeln, braucht es die kritische Begleitung der Praxis, aber nicht deren (womöglich sogar erst nachträgliche) Legitimation. Ziel ist das Entdecken des Diakonischen im Handeln, in Strukturen und Kontexten. Dies kann gerade durch

---

2 Auch Nübel betont den Wunsch nach eigenständigen Klärungsversuchen (vgl. 5.2.1.).

Praxisreflexion gelingen. Eine eigenständige ‚christliche' oder ‚diakonische' Fachlichkeit soll und kann nicht begründet werden.[3]

Ein angemessener Zugang zum Diakonischen führt über die Erschließung des höhersymbolischen Orientierungsbereichs, der geistigen, geistlichen und moralischen Grundlagen der Diakonie (vgl. Schmidt 2007, 121). Ausgangspunkt sind somit keine normativen Diakonie-Leitbilder oder theologischen Diakonietheorien, da der höhersymbolische Bereich so lediglich ideologisch aufgeladen würde, ohne in ihn tatsächlich einzuführen (vgl. ebd.). Diakonische Bildung will dazu beitragen, christliche Sinnhorizonte und christliche Werteorientierung im diakonischen Handeln zu entdecken, zu erschließen, und sie zu reflektieren: „Der höhersymbolische Bereich präsentiert sich nicht in erster Linie als eine Verbindung von Motiven und Überzeugungen, die dann auch ersetzbar wären, sondern als ein komplexes Wirklichkeitsgefüge mit bestimmten Bildern, Deutungsmustern und auch Gefühlen, die sowohl die Wahrnehmung (z.B. von Problemlagen) wie das situationsbedingte Handeln steuern" (Schmidt 2007, 121-122). Dieser höhersymbolische Bereich lässt sich entdecken in Artefakten diakonischer Unternehmenskultur, in Geschichten und Mythen, Leitbildern oder auch personalen Verkörperungen – und, so ist zu hoffen, gerade auch im diakonischen Alltag (vgl. ebd.). Diese Artefakte diakonischer Kultur sind jedoch nur das Medium, in dem sich das Diakonische manifestiert, sie stellen nicht das Diakonische selbst dar (vgl. Abschnitt 10.3.).

Da das konkrete Handeln im diakonischen Alltag hauptsächlich sozialberuflich reflektiert wird, kann Reinhard Turres Vermutung, die „Praxis nötigt von selbst zu theologischer Reflexion aller diakonischen Aktivitäten" (Turre 1991, 303), nicht geteilt werden. Es braucht einerseits konkrete Modelle der Praxisreflexion und andererseits Gelegenheiten zu dieser Reflexion. Die didaktische Aufgabe liegt darin, Modelle und Ansätze zur Verfügung zu stellen, die eine Praxisreflexion ermöglichen, ohne jedoch systematisch-theologische Kenntnisse vorauszusetzen.

Die Schwierigkeit besteht darin, auf christliche Inhalte und Deutungen zurückzugreifen, ohne dass von den Mitarbeitenden der christliche Glaube vorausgesetzt werden kann oder dies stillschweigend erwartet wird. Diakonische Bildung zielt nicht auf Bekehrung zum Glauben und setzt diese auch nicht voraus. Diakonische Bildung „integriert die ganze Breite möglicher Motivationen", „erwächst aus dem Lebensalltag und lässt grundlegende Fragen nach Lebenssinn und moralischer Orientierung entstehen" (Schmidt 2004, 19-20).

Rainer Merz beobachtet, dass konkrete theologische Reflexionsmodelle beim Tätigsein in der Diakonie nicht zur Verfügung stehen.[4] Theologie ist so weder handlungsbegründend noch -leitend. Merz entdeckt bei der Analyse der von

---

[3] Siehe hierzu die Ausführungen im Abschnitt 8.5.

[4] Merz wertete dazu narrative Interviews aus, die er mit Diakonen/Diakoninnen führte. Es kann davon ausgegangen werden, dass diese Erkenntnisse nicht nur für diese Berufsgruppe gelten, sondern grundsätzlich auf die Mitarbeitenden in der Diakonie übertragbar sind.

ihm interviewten Diakone und Diakoninnen vor allem individuelle und allgemeinchristliche Motive. „Überindividuelle theoretische und abstraktere theologische und diakoniewissenschaftliche Handlungsbegründungen und ethische Konzepte spielten im Umgang mit den speziellen Problemen des beruflichen Handelns so gut wie keine Rolle" (Merz 2007a, 273). Dies wird sicherlich umso stärker auf Mitarbeitende in der Diakonie zutreffen, die ihre Tätigkeit in der Diakonie nicht, wie die von Merz untersuchten Diakone, als explizit christlichen Beruf verstehen.

Ziel und Zweck diakonischer Bildung ist daher auch nicht eine dogmatische Grundlegung der Diakonie. Normativ-theologische Ansätze können die diakonische Praxis kaum angemessen kritisch und konstruktiv begleiten. Diese laufen letztlich Gefahr, „vorfindliche Praxis zu verfehlen bzw. heillos zu überfordern" (Schäfer 2005, 112). Während sich die Diakoniewissenschaft bisher hauptsächlich um eine legitimatorische Grundlegung gekümmert hat, ist an dieser Stelle vor allem eine hermeneutisch ausgerichtete Theoriebildung erforderlich. Diakoniewissenschaft wird so als anwendungsorientierte Theologie konzipiert, deren Aufgabe es ist, „die theologischen Prägekräfte der konkreten diakonischen Praxis zu erheben und diese mit den spezifischen Anforderungen der jeweiligen Handlungsfelder sowie der im engeren Sinne theologischen Theoriebildung zu vergleichen und zu validieren" (Anselm 2001, 11).

Diakonische Bildungsmaßnahmen können sowohl für den einzelnen Mitarbeitenden als auch für die diakonische Einrichtung einen Gewinn darstellen (Diakonisches Werk der EKD 2008, 20). Dieser Gedanke erscheint zunächst trivial, berührt aber das grundlegende Verständnis von diakonischer Bildung: Diakonische Bildung dient nicht nur dem Bildungsinteresse des Einzelnen, sondern auch der diakonischen Qualitäts- und Profilsicherung (vgl. Bundesarbeitsgemeinschaft Fort- und Weiterbildung in der Diakonie 2000, 4).[5] Diakonische Bildung muss sich daher an den Lerninteressen von Individuen *und* am Entwicklungsbedarf von Organisationen orientieren (vgl. Haas 2005, 450). Sie darf weder ausschließlich als Persönlichkeitsentwicklung noch als funktionale Ausrichtung an den Interessen diakonischer Einrichtungen verstanden werden.[6] Individuelles und organisationales Lernen bedingen sich gegenseitig, sie können sich sowohl begrenzen als auch fördern. In diesem Sinne wird der kritische Im-

---

5 Die Bundesarbeitsgemeinschaft Fort- und Weiterbildung in der Diakonie betont, dass die Herausforderungen der organisierten Diakonie sowohl zur Förderung von Profil- und Organisationsentwicklung als auch zur Förderung von Fachlichkeit und Persönlichkeit nötigen. Die Bildungsmaßnahmen bieten einen hohen „Nutzen für die Erreichung der diakonischen Unternehmensziele in den einzelnen Einrichtungen und Diensten" (Bundesarbeitsgemeinschaft Fort- und Weiterbildung in der Diakonie 2000, 5).

6 Bildungsmaßnahmen sollten daher auch nicht als Teil der Personalentwicklung verstanden werden, sondern sind an der Schnittstelle von Personal- und Organisationsentwicklung verortet. Hofmann hebt in diesem Zusammenhang hervor, dass diakonische Fort- und Weiterbildungen sowohl der Personal- wie auch der Organisationsentwicklung dienen (vgl. Hofmann 2002, 76).

puls des Bildungsverständnisses nicht aufgegeben und ist trotzdem nicht losgelöst von der organisationalen Wirklichkeit der Diakonie.

All diese beschriebenen Facetten der Intention diakonischer Bildung – Ermöglichung von Praxisreflexion, Beitrag zur Entwicklung eines diakonischen Berufsethos, Berücksichtigung individueller und organisationaler Lernprozesse – können durch das Konstrukt einer *diakonischen Kompetenz* wirksam werden (vgl. Abschnitt 8.5.).

Abschließend ist es sinnvoll, die grundlegende Intention diakonischer Bildung von den Erwartungen abzugrenzen, die vonseiten diakonischer Unternehmen zuweilen an sie herangetragen werden:

(1) *Diakonische Bildung ist keine christliche Grundalphabetisierung und auch kein ‚Nachschwärzen' im Sinne religiöser Erziehung.* Fortbildungsangebote mit diakonisch-theologischen Inhalten verstehen sich oft als Grundalphabetisierung christlicher Inhalte. Dies zeigte sich bereits an den Angeboten und Ausschreibungen (vgl. Kapitel 3). Da viele Diakonie-Mitarbeitende bisher mit Themen wie Bibel, Kirchenjahr, christlicher Tradition oder theologischen Kernthemen nicht vertraut sind oder kaum Berührungspunkte damit haben, müssen diakonische Fortbildungsangebote zwangsläufig oft elementare Grundinformationen anbieten. Doch auch wenn christliches Glaubenswissen immer weniger zum gesellschaftlichen Grundkanon gezählt werden kann, ist es nicht die Aufgabe diakonischer Bildung, nachzuholen, was schulischer Religions- und kirchlicher Konfirmandenunterricht, gottesdienstliche Verkündigung, evangelische Medienarbeit und theologische Erwachsenenbildung nicht zu leisten vermochten. Eine *christliche Grundalphabetisierung* stellt noch keinen *diakonischen Bildungsgehalt* dar. Es besteht allerdings die Gefahr, dass die Vermittlung von kirchlichen und christlichen Grundlagen, die im Bereich der Diakonie geschieht, schon als diakonische Bildung verstanden wird.[7] Auch werden gelegentlich Glaubenskurse vor diakonischem Hintergrund oder im Kontext der Diakonie als diakonische Bildung aufgefasst.[8] Solch ein Verständnis wird hier nicht geteilt. Die möglichen Bildungsinhalte stellen daher auch keine konzentrierte christliche Dogmatik dar, sondern aus der christlichen Tradition werden einzelne Motive und Dimensionen ausgewählt,[9] die im Kontext diakonischer Arbeit zu deren Reflexion beitragen.

(2) *Diakonische Bildung ist keine didaktisch aufbereitete Unternehmenskommunikation oder Identifikationsförderung.* Diakonische Dienstgeber fordern von Mitarbeitenden in der Regel sowohl Identifikation mit dem diakonischen Auftrag als auch mit

---

[7] So besteht selbst das Angebot des „Basiskurses Diakonie" laut den verschiedenen Ausschreibungen aus einem verhältnismäßig hohen Anteil an christlicher Grundalphabetisierung und erstaunlich wenig diakonischen Aspekten (siehe Abschnitt 3.2.3.). Der „Basiskurs Diakonie" wird konzeptionell auch durchaus als „Alphabetisierung bzgl. christlichem Glauben" verstanden (Wolf 2010, 17).

[8] Vgl. hierzu auch den Abschnitt 3.2.2., in dem die Glaubenskurse nicht zum Themenbereich diakonischer Bildungsangebote gezählt werden. Glaubenskurse stellen einen eigenständigen Bildungsbereich dar.

[9] Vgl. hierzu die *diakonischen Elementaria* in Abschnitt 10.3.

dem Arbeitgeber. Damit wird an die Bildungsmaßnahmen oft die unterschwellige Erwartung herangetragen, dass vermittelt werden soll, *was* diakonisch ist und gleichzeitig, *dass* der Arbeitgeber diakonisch sei. Gerade diese Verquickung erschwert diakonische Bildungsprozesse. Diakonische Bildung muss sich daher einer reinen Verzweckung im unmittelbaren Unternehmensinteresse verwehren.[10] Die Aufgabe diakonischer Bildung ist es nicht, die Unternehmens- oder Einrichtungsziele didaktisch aufzubereiten und zu kommunizieren.

8.3. Herausforderungen diakonischer Bildung

Aufbauend auf den Erkenntnissen der Bestandsaufnahmen (Teil A), den diakoniewissenschaftlichen Analysen (Teil B) und vor dem Hintergrund der beschriebenen Intention diakonischer Bildung werden nun die Herausforderungen diakonischer Bildung benannt. Diese beziehen sich auf

– die Legitimation diakonischer Bildung innerhalb der diakonischen Fort- und Weiterbildung,
– den konkreten Kontext der organisierten Diakonie,
– das zugrunde liegende Diakonieverständnis
– und auf die Fragen der Gestaltung des Bildungsprozesses.

Bezüglich der *Legitimation diakonischer Bildung* innerhalb der Fort- und Weiterbildungsmaßnahmen sieht sich die diakonische Bildung mit folgenden Aspekten konfrontiert:

(1) *Unterstellter mangelnder Verwendungsbezug diakonischer Bildungsangebote.* Den Angeboten diakonisch-theologischer Bildung wird immer wieder – in der Regel unausgesprochen – ein mangelnder Nutzen unterstellt. Die einzelnen Themen wären demnach zwar durchaus „nice to know", böten aber keine Möglichkeiten der Anwendung des Gelernten im diakonischen Alltag. Da einige diakonische Bildungsmaßnahmen zwar mit einem Zertifikat abschließen (wie der Basiskurs Diakonie oder das Diakonikum), aber trotzdem nicht zu konkreten Handlungskompetenzen führen, ist die Unterstellung mangelnder Verwertbarkeit auch durchaus nachzuvollziehen. Sowohl die diakonischen Einrichtungen als auch die Mitarbeitenden investieren in Fort- und Weiterbildung grundsätzlich in der Erwartung eines verwertbaren Nutzens.

(2) *Ambivalente Stellung diakonischer Bildungsangebote in diakonischen Einrichtungen.* Dies zeigt sich bereits an dem eigentümlichen Phänomen, dass einerseits diako-

---

[10] Verzweckungstendenzen finden sich immer wieder. So nennt Hofmann beispielsweise die Erwartung, dass durch diakonische Fortbildung ein *unterscheidbares* diakonisches Profil deutlich wird. Die Unterscheidbarkeit ist für Hofmann „nicht nur eine theologische, sondern auch eine ökonomische Frage geworden" (Hofmann 2004, 556). So plausibel diese Erwartung auf den ersten Blick erscheinen mag, besteht die Aufgabe diakonisch-theologischer Bildung meines Erachtens eher darin, den Unterschied zwischen *Erkennbarkeit* und *Unterscheidbarkeit* zu reflektieren; vgl. 1.5.1.

nisch-theologische Angebote in den Fortbildungsprogrammen meist im vorderen Bereich platziert sind (um ihren hohen Stellenwert im Gesamtkonzept der Einrichtung zu betonen), andererseits aber bezüglich der Nachfrage in den meisten Fällen auf den hinteren Plätzen rangieren.[11] Diakonische Einrichtungen bieten zwar aus unternehmenspolitischen Gründen diakonische Bildungsangebote an, scheinen aber von der Wirkung selbst nicht immer überzeugt zu sein.

(3) *Signalisierung eines Bildungsdefizits.* Ein weiteres Problem besteht darin, dass die Teilnahme an Bildungsangeboten nach außen hin ein Bildungsdefizit markiert. Dies gilt grundsätzlich für sämtliche Fort- und Weiterbildungsangebote. Doch diakonische Bildungsangebote, die sich gerade mit Fragen nach dem Profil der Einrichtung, der Identität der Diakonie und dem Selbstverständnis der Arbeit beschäftigen, berühren an dieser Stelle einen besonders sensiblen und oftmals heiklen Punkt: Welcher langjährige Diakonie-Mitarbeitende möchte schon ein Einführungsseminar über diakonische Grundlagen belegen?

(4) *Bildungsniveau und Teilnahmeverhalten:* Mit zunehmendem Bildungsniveau nimmt die Teilnahme an Weiterbildungen zu, so eine Erkenntnis des *Berichtssystems Weiterbildung* (vgl. Bundesministerium für Bildung und Forschung 2006, 119). Dadurch vergrößert sich der Abstand zwischen niedriger und höher gebildeten Personengruppen. Dies ist nicht im Interesse diakonischer Bildung. Da in der Diakonie zunehmend Mitarbeitende mit niedrigeren Bildungsabschlüssen Beschäftigung finden werden, müssen diakonische Bildungsangebote hierauf reagieren. Angebotsformate dürfen nicht nur bei klassischen Seminarsettings ansetzen.

Bezogen auf den *Kontext der organisierten Diakonie*, in dem sich diakonische Bildungsprozesse vollziehen, stellen sich folgende Herausforderungen dar:

(5) *Diakonische Bildung bei Ressourcenknappheit.* Dass diakonische Einrichtungen mittlerweile Akteure auf einem Sozialmarkt sind, ist hinlänglich bekannt. Der Kampf um knapper werdende finanzielle Mittel bestimmt deutlich auch die Erbringung diakonischer Dienstleistungen. Die Ressourcenknappheit betrifft diakonische Bildung in zweifacher Hinsicht. Zum einen kommt aufgrund der Marktsituation im sozialen Bereich und aufgrund des daraus folgenden ökonomischen Drucks die Frage nach diakonischer Identität verstärkt auf die Tagesordnung diakonischer Einrichtungen. Dies ist ohne Frage auch der Kairos diakonischer Bildung. Allerdings ist diakonische Bildung selbst in hohem Maße von der Ressourcenknappheit betroffen.

(6) *Spirituelles Vakuum diakonischer Einrichtungen.* Die Anstaltsdiakonie war bis weit ins 20. Jahrhundert hinein geprägt von einer starken Frömmigkeit. Dies hat allerdings nicht nur Positives bewirkt, sondern förderte auch Enge, Gesetzlichkeit und Selbstgerechtigkeit. So hat das Ende einer patriarchalen (Anstalts-)Kultur und die Abnahme der Prägekraft der Mitarbeitendenschaft durch Diakonissen und Diakone ohne Frage ihre guten Seiten. Allerdings trat an diese Stelle

---

[11] Konkrete Zahlen gibt es hierzu freilich nicht, allerdings wird diese Einschätzung von Fortbildnern im Bereich diakonischer Bildung grundsätzlich bestätigt.

keine neue spirituelle Kraft. Es scheint zu einer Art „spirituellem Vakuum" gekommen zu sein (Claß 2008, 58). Die Befürchtung, religiöse Einstellungen vorgegeben zu bekommen, gehört immer noch zu den Nachwirkungen dieser patriarchalen und religiös geprägten Kultur diakonischer Einrichtungen. Gleichzeitig ist gesamtgesellschaftlich durchaus eine deutliche spirituelle Dynamik zu beobachten (vgl. 5.3.). Diakonische Bildung ist gefordert, die spirituellen Bedürfnisse und Suchbewegungen aufzunehmen, ohne unmittelbar auf positiv besetzte spirituelle Traditionen innerhalb der Diakonie zurückgreifen zu können.

(7) *Paradoxe Profilentwicklung.* Zwei gegensätzliche Tendenzen sind im Umgang mit der Profilbildung diakonischer Organisationen zu erkennen: Zum einen wird eine Profilentwicklung in der Regel mit dem Ziel deutlicher Unterscheidbarkeit gegenüber anderen Trägern und Einrichtungen vorangetrieben. Die Besinnung auf die eigenen Quellen wird dabei erstaunlich oft vernachlässigt, die Abgrenzung gegenüber Anderen steht im Vordergrund (vgl. Zerfaß 1992, 29). Zum anderen wird aber – paradoxerweise oft gleichzeitig – bei der Profilentwicklung vor allem auf möglichst konsensfähige und allgemeingültige Aussagen gesetzt (wie beispielsweise die „Würde des Menschen").[12] „Der Diakonie ist damit ihr Proprium in hohem Maße abhanden gekommen" (Weber 2001, 251).

(8) *Wandel der Arbeitswelten in der Diakonie.* Diakonische Einrichtungen sind Organisationen mit einer zweckorientierten Rationalität. In dieser Logik gibt es keine ‚diakonischen Organisationen', sondern nur Organisationen, die formalrechtlich zur Diakonie zählen. Für Organisationen sind die in ihnen tätigen Mitarbeitenden – entgegen aller gut gemeinten gegenteiligen Behauptungen – zunächst einmal ein Mittel, um das Organisationsziel erreichen zu können. Da die Mitarbeitenden zunehmend in prekären Arbeitsverhältnissen beschäftigt sind (Projektstellen, Befristungen, Honorartätigkeiten etc.) wandelt sich das Verständnis von der diakonischen Tätigkeit als Beruf(ung) hin zur Ausübung eines Jobs.[13]

(9) *Einfluss der Arbeitsverhältnisse auf das Teilnahmeverhalten:* Bedeutende Einflussfaktoren auf die Teilnahme an beruflicher Weiterbildung sind die Unternehmensgröße und das zur Verfügung stehende Netto-Haushaltseinkommen (vgl. Bundesministerium für Bildung und Forschung 2006). Beide Aspekte sind für die Teilnahme an diakonischen Bildungsangeboten von Bedeutung. Da umso häufiger an Weiterbildungsmaßnahmen teilgenommen wird, je größer das Unternehmen ist,[14] könnte dies dazu führen, dass diakonische Bildungsangebote

12 Siehe hierzu auch Haas 2004, 238. Als Beispiel für die genannten konsensfähigen Profilelemente vgl. auch die von Hanselmann beschriebenen „diakonischen Werteprinzipien" (siehe Abschnitt 6.3.).

13 Der englische Begriff *job* bezeichnet einen (Arbeits-)Auftrag, der Begriff *Beruf* stellt schon etymologisch den Bezug zur *Berufung* her. Die Ausübung eines Berufs ist in der Perspektive der evangelischen Sozialethik die Manifestation der Tatsache, seiner Berufung nachzukommen.

14 Unter 100 Beschäftigte: 51 %, 100-999 Beschäftigte: 63 %, über 1.000 Beschäftigte: 79 % (vgl. Bundesministerium für Bildung und Forschung 2006).

nur noch in großen Einrichtungen stattfinden werden. Bei Teilzeitbeschäftigten – die in der Diakonie ja einen großen Teil der Mitarbeitenden ausmachen – hängt die Teilnahme an Bildungsangeboten mit der Höhe des Netto-Haushaltseinkommens zusammen.[15]

Diakonische Bildungsprozesse unterliegen auch didaktischen Herausforderungen, die unmittelbar im *Gegenstand der Diakonie* selbst gründen.

(10) *Die Explizierbarkeit des impliziten Charakters der Diakonie.* Die Reflexionen zum Diakonieverständnis haben ergeben, dass Diakonie ein kirchlicher Grundvollzug ist, der sich hauptsächlich implizit vollzieht (vgl. Abschnitt 1.4.). Dem impliziten Charakter des Diakonischen muss daher in diakonischen Bildungsprozessen angemessen Rechnung getragen werden. Die Herausforderung besteht darin, Implizites zu explizieren (vgl. Götzelmann 1998, 315). In diesem Zusammenhang betonen Fortbildungseinrichtungen und diakonische Bildungsträger gern, dass ihren Bildungsangeboten grundsätzlich ein diakonisch-theologischer Gehalt innewohne, Diakonisches also immer Bestandteil der angebotenen Bildungsmaßnahmen ist. Faktisch scheint dies jedoch eher fraglich zu sein.[16] Umso mehr stellt sich die Aufgabe, Implizites explizieren zu können.

(11) *Diakonie als Interpretationsgeschehen.* Die Aneignung und Durchdringung dessen, was mit dem Begriff Diakonie bezeichnet wird, hat grundsätzlich subjektiven Charakter. Dies hat seinen guten Grund darin, dass Diakonie ein Interpretationsgeschehen ist (vgl. 1.4. und 1.5.). Erforderlich ist allerdings bei aller subjektiven Reflexion die Vermeidung von Beliebigkeit. Denn der substanzielle Gehalt des Diakoniebegriffs lässt sich zwar nur subjektiv erschließen, aber nicht jede subjektive Sichtweise entspricht damit dem, was der Begriff Diakonie meint.

(12) *Entstehung diakonischer Identität.* Diakonische Identität gibt es nicht an und für sich. Sie ist nicht normativ vorgegeben, sondern entsteht erst durch die Verbindung von Tätigsein und Deutung. Auf dieses Verständnis induktiver Propriumsentwicklung wurde bereits im Abschnitt 8.1. hingewiesen. Diakonische Profilbildung ist daher keine einmalige, abgeschlossene Aufgabe. Daher hat diakonische Bildung nicht die Aufgabe, zuvor definierte Profilaussagen zu vermitteln, sondern immer wieder neu zum Prozess eigener Profilgestaltung anzuregen.

In Bezug auf die *Gestaltung der Lernprozesse* diakonischer Bildung sind folgende Herausforderungen zu nennen:

---

[15] Teilzeitbeschäftigte mit einem Einkommen von über 1.500 € im Monat nehmen an doppelt so vielen Bildungsmaßnahmen teil wie die Gruppe derer mit einem Einkommen unter 1.500 € – 57 % zu 29 % (vgl. ebd.).

[16] Hierzu müsste einerseits auf didaktische Modelle zurückgegriffen werden, die dies leisten können (diese scheinen aber gerade nicht vorhanden zu sein, denn in Gesprächen mit diakonischen Fortbildnern im Zuge dieser Studie wurde vonseiten der Fortbildner gerade der Wunsch nach solchen Modellen formuliert). Außerdem würde dies voraussetzen, dass alle Fortbildner im diakonischen Bereich selbst diakonisch-theologisch qualifiziert wären. Dies ist nicht im Ansatz der Fall.

(13) *Vielfalt der biografischen Bezüge.* Eine Didaktik diakonischer Bildung im Kontext der organisierten Diakonie muss den unterschiedlichen Lernstilen gerecht werden. Sie begegnet damit wesentlich heterogeneren Bedingungen der Lernenden als beispielsweise eine Schul- oder Hochschuldidaktik.[17] Für eine Diakonie-Didaktik kommt nun erschwerend hinzu, dass nicht nur Lebensentwurf und Lernstil der Teilnehmenden variieren, sondern auch noch berufliche Professionalität (Fachlichkeit, Ethos, Habitus). Zudem ist die religiöse Entwicklung, und damit verbunden die religiöse Sprachfähigkeit und Sprachwilligkeit, äußerst heterogen, gleichwohl aber didaktisch relevant.

(14) *Klassische Begründungsmuster als Vermittlungshemmnis.* Auf die klassischen Begründungsmuster und Reflexionskategorien der Diakonie kann mittlerweile nicht mehr zurückgegriffen werden. Mit dem Wort „diakonisch" sind große Unsicherheiten verbunden (vgl. Nübel 1994, 112). Während sich fachliche Standards immer deutlicher ausprägen, erscheinen die diakonischen als „vage" (vgl. ebd.). Die klassischen Kategorien wie Nächstenliebe oder Dienst sind selbst erklärungsbedürftig geworden. Sie werden „selten [...] von den Mitarbeitern an der Basis des Hilfehandelns für ihr berufliches Selbstverständnis übernommen", dies gelte selbst für Mitarbeitende, die ihre Tätigkeit in der Diakonie aus christlichem Engagement heraus verstehen (Weber 2001, 10). Diakonische Bildung steht daher vor der Herausforderung, dass es „gegenwärtig keinen diakoniespezifischen Begriff [gibt], der von sich aus verständlich vorausgesetzt werden darf und so entsprechend handlungsleitend ist" (Haas 2006, 325).

(15) *Schwierigkeiten der Komplexitätsreduzierung.* Didaktik steht grundsätzlich vor der Aufgabe, eine inhaltliche Auswahl zu treffen. Die didaktische Kunst besteht in einer Komplexitätsreduktion, ohne inhaltlich zu verflachen. Dies gilt grundsätzlich für jede Bildungsarbeit. Diakonische Bildung ist hier jedoch besonders gefordert, weil die Reflexion des diakonischen Geschehens sowohl auf sozialwissenschaftlich-phänomenologischer Ebene als auch auf theologisch-interpretativer Ebene ansetzt. Gleichzeitig ist bereits die Reflexion sozialberuflichen Handelns nur noch interdisziplinär leistbar.

(16) *Ganzheitliche Lernprozesse.* Einseitig wissensorientierte Zugänge müssen in der diakonischen Bildung ebenso vermieden werden wie vermittlungsorientierte Ansätze. Das Diakonische kann nicht *vermittelt*, sondern nur *erschlossen* werden. Dazu bedarf es einer ganzheitlichen Herangehensweise bei der Gestaltung des Lehr-/Lernprozesses. „Die allgemeine Bildungsforschung lehrt, dass die Vermittlung von Inhalten, die mit der eigenen Lebenssituation wenig zu tun haben und diese auch nicht verbessern, nicht nur erfolglos ist, sondern auch Ablehnung bewirken kann, zumal wenn sie erzwungen erscheint. Denn sie macht die Adressaten zu Objekten von Maßnahmen, nicht zu Subjekten eines eigenen Bildungsprozesses. Auch bei den freiwilligen spirituellen und seelsorgerlichen An-

---

17 Und selbst bezogen auf das Bildungssetting der Hochschulen stellt Morgenthaler fest, dass „eine Homogenität von biographischen Verläufen, Lernstilen und Rationalitätsformen vorausgesetzt wird, die längst überholt ist" (Morgenthaler 2001, 396).

geboten bleibt die tatsächliche Inanspruchnahme hinter den Erwartungen zurück – trotz der immer wieder behaupteten neuen Suche nach religiöser Erfahrung" (Schmidt 2010, 4).

8.4. Didaktischer Ansatz

Eine Didaktik diakonischer Bildung im Kontext organisierter Diakonie nimmt ihren Ausgangspunkt bei den Bildungs*subjekten*, sprich: den Mitarbeitenden in den diakonischen Einrichtungen. Eine entsprechende didaktische Reflexion muss daher auch anders ansetzen als eine Didaktik diakonischen Lernens (vgl. 2.5.1. und 4.2.). Berücksichtigt werden müssen besonders

– die ambivalente Tatsache, dass die Mitarbeitenden die organisierte Ausprägung von Diakonie längst kennen, sich in ihr bewegen und sie auch zu einem erheblichen Maße mitgestalten, gleichzeitig aber oft mit dem inhaltlich-theologischen Gehalt der Diakonie wenig anzufangen wissen,
– die Annahme, dass die Erschließung des Diakonischen von den subjektiven Deutungsmustern und biografischen Motiven der Diakonie-Mitarbeitenden geprägt ist,
– die Vermutung, dass Diakonie-Mitarbeitende normativen Vermittlungsversuchen ausgesprochen skeptisch gegenüberstehen und gleichzeitig ein Interesse an eigenständigen Erschließungsprozessen haben, wenn sich denn dazu die Möglichkeiten bieten und
– die Erkenntnis, dass Erwachsene anders lernen als junge Menschen. Bei Erwachsenen sind andere Momente im Erschließungsprozess bedeutsam.

Eine Didaktik diakonischer Bildung, die sich auf den Kontext organisierter Diakonie bezieht, ist in der Erwachsenenbildung verortet. Allerdings weist die Erwachsenenbildung keine eigenständigen allgemeindidaktischen Theorien im engeren Sinne auf.[18] Erwachsenendidaktische Modelle orientieren sich an Grundhaltungen der allgemeindidaktischen Theorien, greifen diese in freier Adaption auf und verknüpfen sie mit den Erkenntnissen des Erwachsenenlernens und lerntheoretischer Forschung. Methodische Aspekte des Unterrichtens, Moderierens und Aktivierens von Erwachsenen stehen im Vordergrund. Es gibt daher keine eigenständige erwachsenenspezifische Theoriebildung in der Didaktik. „Erwachsenenbildung wird also *‚im Horizont von'*, *‚im Anschluss an'*, *‚unter Bezug auf'* verschiedene Ansätze reflektiert. Dabei kann es dann zu ganz unter-

---

[18] Es handelt sich um konzeptionelle Ansätze, die didaktische Leitlinien, methodische Umsetzungen und lerntheoretische Überlegungen des Erwachsenenlernens reflektieren. Sie finden ihre Fundierung eher in den Bezugsdisziplinen der Soziologie und Psychologie als in der Pädagogik (vgl. Griese 2003, 251).

schiedlichen (wenngleich nicht beliebigen) Kombinationen von (Theorie-)Ansätzen kommen“ (Wittpoth 2006, 40).[19]

In dieser Studie wird die didaktische Reflexion diakonischer Bildung im Anschluss an zwei allgemeindidaktische Theorielinien konzipiert, der bildungstheoretischen und der konstruktivistischen Didaktik.

Die *Anregung der konstruktivistischen Didaktik* liegt in der Reflexion des Bildungsprozesses als subjektivem Erschließungsprozess und als eigenständiger, aktiver Konstruktionsleistung. Sie führt zur Formulierung didaktischer Grundhaltungen, in dieser Studie *didaktische Bewegungen* genannt. Die Frage des Inhalts wird damit neu gewichtet, der Kontextbezug des Wissens rückt in den Vordergrund (vgl. Arnold 2007, 49). Doch wie sollen gehaltvolle Erschließungsprozesse gelingen, ohne von bestimmten Ideen, Interpretationen oder Inhalten auszugehen? Gerade hier entwickeln konstruktivistische Didaktikdiskurse leicht eine Schieflage. Konstruktivistische Didaktik ist ausschließlich formale Didaktik. Didaktische Reflexion diakonischer Bildung kann ohne bildungstheoretische Orientierungen nicht auskommen.

Die *bildungstheoretische Anregung* liegt in der Reflexion der gegenseitigen Erschließung von ‚Sache‘ (Diakonie) und ‚Person‘ (Diakonie-Mitarbeitende). Sie führt zur Suche nach geeigneten *Elementaria des Diakonischen.* Dabei zeigt sich das Diakonische gleichermaßen in seiner alltäglichen wie existenziellen Dimension. Dem Impliziten, Erfahrungsbezogenen, Intuitiven, oft auch dem Widerfahrenen kommt eine besondere Bedeutung zu.

Bezogen auf die Frage nach den Bildungsinhalten sind in der gegenwärtigen allgemeindidaktischen Diskussion zwei – auf den ersten Blick gegenläufige – Aspekte zu entdecken: Einerseits ist eine Entwicklung festzustellen „von der Vorstellung einer ‚Kulturvermittlung‘ mehr und mehr in Richtung der Vorstellung einer Stärkung des Subjektes in seinem Bemühen, sich in der Welt zu orientieren und zu gestalten“ (Arnold 2007, 43-44). Andererseits verliert die Frage nach konkreten Bildungsinhalten nicht an Gewicht. Zu den Kernfragen des Unterrichts gehören – mittlerweile wieder! – die ‚Stoffe‘ und damit die Frage nach der Auswahl der Bildungsinhalte (vgl. Gudjons 2002, 16). Es scheint eine neue Lust auf Inhalte zu geben.[20] Formal- und materialdidaktische Ansätze

---

19 Zudem haben in der allgemeinen Didaktik in den letzten zwanzig Jahren die Differenzen zwischen den Vertretern der allgemeindidaktischen Entwürfe abgenommen. Die didaktische Theoriebildung scheint derweil an ein vorläufiges Ende gekommen zu sein. Debatten beziehen sich gegenwärtig eher auf die Ebene der Unterrichtstechniken und Methoden (vgl. Gudjons 2002, 12).

20 Dies zeigt sich auch an dem anscheinend stark ausgeprägten gesellschaftlichen Wunsch nach einer Kanonisierung von Bildungsgütern. 1999 erschien der Bestseller von Dietrich Schwanitz „Bildung. Alles, was man wissen muss“, der vonseiten der pädagogischen Zunft stark kritisiert wurde. Nichtsdestotrotz hielt sich der Titel monatelang in der SPIEGEL-Bestsellerliste. 2001 legte Marcel Reich-Ranicki im SPIEGEL seinen Kanon lesenswerter deutscher Literatur vor, der in den Folgejahren zu verkaufsträchtigen Editionen führte.

müssen nun aber nicht in Widerspruch zueinander stehen. Genau mit diesem Anspruch ist die bildungstheoretische Didaktik (und ihre Weiterentwicklung zur kritisch-konstruktiven Didaktik) angetreten. Allerdings wird man zugestehen müssen, dass die bildungstheoretisch inspirierten Ansätze meist eine – mal leichte, mal deutliche – Schlagseite zugunsten der materialen Perspektive aufweisen.

Die konstruktivistische Didaktik betont die subjektive Konstruktionsleistung im Erschließungsprozess. *Das Entdecken des Diakonischen ist eine subjektive Konstruktionsleistung: Diakonie ist das, als was sie erkannt wird* (Kapitel 9). In bildungstheoretischer Perspektive wird diakonische Bildung als gegenseitige Erschließung von Lernenden und Diakonischem verstanden. *Die Erschließung des Diakonischen geht einher mit der Selbst-Erschließung des Lernenden* (Kapitel 10).

8.5. Diakonische Bildung und diakonische Kompetenz

Anschließend an die Überlegungen in Abschnitt 2.4. kann diakonische Kompetenz folgendermaßen verstanden werden:

Wenn Kompetenz die Fähigkeit beschreibt, sich in offenen und dynamischen Situationen selbstorganisiert zurechtzufinden (Erpenbeck/von Rosenstiel), bedeutet diakonische Kompetenz demnach, mündig und fundiert Diakonie zu gestalten und beizutragen, sie zu ermöglichen. Diakonische Kompetenz setzt beim Kern des Diakonischen an. Sie beschreibt den ‚Tiefengrund' von Werten, Motivationen, Wissen und Fertigkeiten des Tätigseins in der Diakonie – und zwar grundsätzlich, also ‚fachlichkeitsübergreifend'. Die unterschiedlichen diakonierelevanten Fachlichkeiten stellen daher keine Alternative zur diakonischen Kompetenz dar, im Gegenteil: Die Handelnden können ihr berufliches Handeln auf der Grundlage diakonischer Kompetenz ausüben.

Die Sichtung der diakonischen Bildungsangebote (Kapitel 3) und der diakoniewissenschaftlichen Literatur (Kapitel 4) hat gezeigt, dass der Kompetenzbegriff zwar nicht durchgängig, aber doch wiederkehrend im Bereich der diakonischen Bildung gebraucht wird. Dabei fällt allerdings auf, dass der Begriff uneinheitlich verwendet wird. Vor allem in den Angebotsausschreibungen wird er fälschlicherweise als Synonym für Fähigkeiten verwendet. Die Entwicklung eines tragfähigen diakonischen Kompetenzmodells ist also schon allein für eine begriffliche Klärung von Nutzen.

8.5.1. Vorüberlegungen zur diakonischen Kompetenz

Diakonische Kompetenz ist kein empirisch überprüfbares Konstrukt. Dies unterscheidet ein diakonisches Kompetenzmodell von den gegenwärtig in der Re-

---

Hiervon beflügelt ist es mittlerweile zu unzähligen Zusammenstellungen gekommen. Kanonbildung entwickelte sich zum Kassenschlager.

ligionspädagogik diskutierten Modellen einer „religiösen Kompetenz".[21] Empirisch ausgerichtete Kompetenzmodelle zielen auf die *Identifikation* relevanter Kompetenzen, die *Entwicklung* der Kompetenz, die *Messung* von Kompetenzen und Kompetenzniveaus und schließlich die *Anerkennung* von Kompetenzen im Zuge von Bildungsstandards. Diakonische Kompetenz – wie sie in dieser Studie verstanden und konzipiert wird – setzt anders an. Sie bietet einen didaktisch ergiebigen Kristallisationspunkt diakonischer Bildung, leistet die Anschlussfähigkeit an sozialberufliche Diskurse und hilft schließlich auch die Frage nach der Auswahl möglicher Bildungsinhalte zu klären.

Damit diakonische Kompetenz didaktisch fruchtbar werden kann, bedarf es eines angemessenen Kompetenzmodells. Folgende Überlegungen leiten die Entwicklung eines solchen Modells:

– Ein Modell diakonischer Kompetenz hat in erster Linie konzeptionelle und heuristische Funktion.
– Diakonische Kompetenz muss anschlussfähig sein an die verschiedenen Berufe und Professionen in der Diakonie.
– Diakonische Kompetenz meint nicht die Gesamtheit diakonierelevanter Fähigkeiten, sondern beschreibt den gemeinsamen – eben diakonischen – Tiefengrund der unterschiedlichen Fachlichkeiten. Der Kern des Kompetenzgedankens setzt bei der grundlegenden Struktur des Diakonischen an; er lässt sich nicht über einzelne Profilelemente bestimmen.
– Die diakonische Kompetenz soll die Verbindung zwischen dem inhaltlichen Gehalt des Diakonischen und dem Handeln der diakonisch Tätigen herstellen. Der Kompetenzgedanke kann dazu beitragen, dass er die eher diffusen Beschreibungsversuche des Diakonischen hinter sich lässt.
– Einem diakonischen Kompetenzmodell liegt damit immer – erkennbar oder nicht, bewusst oder unbewusst – eine Idee von ‚Diakonie' zugrunde.[22]

---

21 Im Zuge der Diskussion um kompetenzorientierten Religionsunterricht wird versucht, eine „religiöse Kompetenz" zu beschreiben (vgl. Obst 2008). Diese Diskurse sind grundsätzlich anders gelagert als das Anliegen in dieser Studie, diakonische Kompetenz als didaktischen Kristallisationspunkt zu beschreiben.

22 Die Verwendung des Kompetenzbegriffs im diakonischen Bereich lässt so auch zwei gängige, aber äußerst problematische Diakonieverständnisse vermuten: (1) *Diakonische Kompetenz = sozialfachliche Kompetenz + ausgewählte pastorale Elemente.* Diakonische Kompetenz bestehe demnach aus sozialfachlicher Kompetenz mit zusätzlichen pastoralen Elementen, wie etwa Verkündigung. In dieser Sicht ist Diakonie letztlich identisch mit Sozialer Arbeit, die um einige „christliche Elemente" additiv ergänzt wird. (2) *Diakonische Kompetenz = pastorale Kompetenz ‚light'.* Diakonische Kompetenz besteht in dieser Sichtweise aus pastoraler Kompetenz, die auf den Bereich der Diakonie zugeschnitten und vor allem ‚abgespeckt' ist. Diakonie ist dann ein praktisch-theologischer Handlungsvollzug, der nicht der gleichen theologischen Durchdringung bedarf wie andere praktisch-theologische Handlungsvollzüge. Solch ein Diakonieverständnis wird – natürlich! – grundsätzlich abgelehnt, de facto ist es oft erstaunlich lebendig.

Die Betonung des Kompetenzbegriffs bedeutet nicht den Verzicht auf einen Bildungsanspruch, wie in manchen Bildungsdebatten zuweilen suggeriert wird. Sowohl *Bildung* als auch *Kompetenz* stehen einer reinen Verzweckung kritisch gegenüber. Allerdings hat der Kompetenzbegriff stets die Fragen der Anwendung und der pragmatischen Relevanz im Blick, der Bildungsbegriff setzt vor allem bei Reflexivität und Persönlichkeitsbildung an. Die mögliche Spannung zwischen Bildungsgehalt und Anwendungsorientierung gilt es konstruktiv zu bearbeiten.

Der Kompetenzbegriff wird in dieser Studie gerade genutzt, um dem Bildungsanspruch im Kontext organisierter Diakonie überhaupt gerecht zu werden. Die Kompetenz nimmt dabei die Mittlerstellung zwischen geisteswissenschaftlichem Bildungsverständnis und funktionaler Orientierung an Fähigkeiten ein (vgl. Abschnitt 2.4.), diakonische Kompetenz bildet so die Brücke zwischen inhaltsorientierter und subjektorientierter Bildung und zwischen dem essentiellen Gehalt des Diakonischen und dem konkreten Tätigsein in der Diakonie:

– Diakonische Kompetenz will sowohl der inhaltsorientierten (materialen) wie auch der subjektorientierten (formalen) Seite der Bildung gerecht werden. Dies kann allerdings nur gelingen, wenn der Kompetenzbegriff nicht, wie es oft umgangssprachlich geschieht, auf Fähigkeiten und Fertigkeiten reduziert wird. Der Kompetenzgedanke bietet in dieser Hinsicht ein kritisches Korrektiv zum diakonischen Alltag. In vielen Arbeitsbereichen besteht die Tendenz, die einzelnen Tätigkeiten zu ‚manualisieren'. Der Kompetenzbegriff, der in der Berufsbildung seinen Einzug gerade als Kritik an rein funktionalen Qualifikationen gehalten hat, bietet hier eine Alternative.

– Die Aufgabe eines diakonischen Kompetenzmodells besteht darin, zwischen dem inhaltlichen Gehalt des Diakonischen und dem konkreten Tätigsein im diakonischen Alltag zu vermitteln. Gleichzeitig soll solch ein Modell eine Brücke schlagen zwischen individuellem Wissen, Können und individueller Haltung des Diakonie-Mitarbeitenden auf der einen Seite und den organisationalen Anforderungen diakonischer Einrichtungen auf der anderen Seite.

Bei der Gestaltung diakonischer Identität kommt den Mitarbeitenden eine besondere Bedeutung zu. Hierüber besteht grundsätzlich Konsens. Allerdings sind die gängigen Konstrukte, die als Bindeglieder zwischen Mitarbeitenden und diakonischer Identität fungieren sollen, als problematisch zu bewerten.[23] Die *Kirchenzugehörigkeit* der Diakonie-Mitarbeitenden hat formalrechtliche Bedeutung, sie ist bei der Frage nach der Gestaltung diakonischer Identität kaum von Bewandnis. Über die *Religiosität* der Mitarbeitenden ist so gut wie nichts bekannt. Häufig wird betont, dass das entscheidende Moment diakonischen Handelns in der *christlichen Motivation* zu diesem Handeln liege. Doch eine Motivation zum Handeln, egal wie gut gemeint sie auch sei, sagt nichts aus über die Qualität des Handelns. Auch der Begriff einer *diakonischen Fachlichkeit* ist problematisch. Denn er suggeriert, dass es neben anderen Fachlichkeiten – wie beispielsweise

[23] Vgl. z.B. Gärtner (2008, 46) und die Ausführungen in Kapitel 5.

pädagogischer, therapeutischer oder pflegerischer – eben auch eine spezifisch diakonische Fachlichkeit gebe. Doch hierbei werden kategorial verschiedene Ebenen verwechselt. Eine explizit ‚diakonische Fachlichkeit' kann es daher nicht geben. Die Überlegungen im ersten Kapitel haben gezeigt, dass auch der Begriff des ‚diakonischen Handelns' irreführend ist. Gemeint ist in der Regel eine diakonierelevante Fachlichkeit, die diakonisch pointiert wird oder eine diakonische Dimension enthält. Gerade hier kann der Kompetenzbegriff hilfreich sein.

Diakonische Kompetenz ist anschlussfähig an die unterschiedlichen Verständnisse von Professionalität und Fachlichkeit. So bezieht sich diakonische Kompetenz auch nicht ausschließlich auf bestimmte Berufsgruppen oder sozialberuflich Tätige. Diakonische Kompetenz wird in allen diakonierelevanten Berufen benötigt. Diakonische Kompetenz kann darüber hinaus auch vor dem Hintergrund unterschiedlicher Tätigkeits- und Qualifizierungsniveaus diskutiert werden.

8.5.2. Konzeption eines Modells diakonischer Kompetenz

Um ein angemessenes diakonisches Kompetenzmodell zu entwickeln, sind vier Aufgaben zu bewältigen: (1) die Auswahl eines geeigneten Kompetenzansatzes, (2) die Bestimmung der Kompetenzdimensionen,[24] (3) die Charakterisierung dieser Dimensionen für den diakonischen Kontext und schließlich (4) der Versuch, diakonische Kompetenz mithilfe der Kompetenzdimensionen diakonisch zu pointieren, quasi substanziell zu ‚füllen'.

(1) *Zur Auswahl eines geeigneten Kompetenzmodells:* Für ein Modell diakonischer Kompetenz stellt sich die grundlegende Frage, ob ein domänenspezifisches oder ein fachübergreifendes Kompetenzmodell in der diakonischen Bildung angemessener ist (siehe hierzu Abschnitt 2.4.). Ein rein domänenspezifisches Modell ist bisher in der Diakoniewissenschaft nicht entwickelt und wird auch in dieser Studie abgelehnt. Als Beispiel für ein bereichsübergreifendes Modell sei auf das sogenannte Michelbacher Modell hingewiesen, ein Kompetenzmodell aus dem Bereich des diakonischen Lernens. Im Bereich der Diakonie finden sich zudem weitere Ansätze, die domänenspezifische und bereichsübergreifende Konzepte kombinieren.

Das *Michelbacher Modell* nutzt die gängigen vier Basiskompetenzen (Fach-, Sozial-, Personal- und Methodenkompetenz), wie sie auch in der Berufsbildung üblich sind. Im Curriculum zum Diakonieschwerpunkt am Evangelischen Schulzentrum Michelbach/Bilz wird ein Modell zum Aufbau von Kompetenzen beim diakonisch-sozialen Lernen vorgestellt: „Das Fach Diakonie will durch die Praktika und den Unterricht einen Erfahrungsraum eröffnen, in dem die Schüler/innen verschiedene Kompetenzen entdecken, entfalten und einüben können. Es eröffnet vielfältige Lebenserfahrungen, die zur Entwicklung personaler, sozialer und diakonischer Kompetenzen mit beitragen und das Fachwissen über soziale Zusammenhänge för-

---

24 Die Begriffe Basiskompetenzen, Kompetenzdimensionen und Kompetenzklassen werden in dieser Studie synonym verwendet.

dern. Dabei können die Jugendlichen auch eine über das Fach hinausgehende methodische Kompetenz erwerben" (Gronbach 2006, 101). Die diakonische Kompetenz wird folgendermaßen beschrieben:

„– Christliche Sinn- und Lebensdeutungen
– sich in fremde Welten anderer einlassen – das Gemeinsame im unverwechselbar Einzelnen
– verpflichtet dem christlichen Menschenbild – der Mensch als von Gott geliebtes ‚Fragment'
– im Horizont der Auferstehungshoffnung
– Nächstenliebe – die Last des anderen mittragen
– Helfen als ethisches Grundprinzip des Miteinanders in der Gesellschaft" (ebd.).

Es wird bei diesem Modell allerdings nicht ganz ersichtlich, ob die diakonische Kompetenz dabei neben den vier bereits genannten Basiskompetenzen als eine eigene, fünfte Basiskompetenz aufgefasst wird, oder als auszubildender Kern dieser vier Basiskompetenzen. Hiermit wird bereits auf eine Schwierigkeit bei der Konzeption von Kompetenzmodellen hingewiesen.

Bei den Mischformen von domänenspezifischen und bereichsübergreifenden Modellen werden die Kompetenzdimensionen des bereichsübergreifenden Modells um die ein oder andere ‚religiös', ‚christlich' oder ‚diakonisch' orientierte Dimension ergänzt.[25] Zwei Beispiele seien kurz erwähnt.

Der *Deutsche Evangelische Verband für Altenarbeit und Pflege e.V.* (DEVAP) nutzt im Zusammenhang mit der Personalentwicklung ebenfalls den Kompetenzbegriff. Hierbei werden die Kompetenzdimensionen der Personal-, Fach-, Methoden- und Sozialkompetenz des bereichsübergreifenden Modells um die Dimension der „ethischen Kompetenz" ergänzt (DEVAP 2003, 8). Inhalt dieser Kompetenzklasse ist neben Alltags- und Führungsethik auch die „religiöse Dimension" (ebd.). Die Engführung des Religiösen auf Ethisches ist problematisch, da Religion weit mehr als Ethik ist.[26] Darüber hinaus stellt sich die Frage, worin der Vorteil einer eigenständigen ethischen Kompetenzdimension besteht, denn ethische Urteilsfähigkeit ist Bestandteil aller genannten Dimensionen.

Martin Lechner entwickelt ein Kompetenzmodell, um die Frage nach der Aufgabe der Theologie an katholischen Fachhochschulen zu klären (Lechner 2000, 238-244; vgl. Abschnitt 4.3.3.).[27] Lechner konzipiert sozialberufliche Kompetenz als Zusammenspiel der drei Teilkompetenzen fachliche Kompetenz („Fachlichkeit"), personale Kompetenz („Persönlichkeit") und institutionelle Kompetenz. Dies ergänzt er um eine weitere Dimension, die sozial-pastorale Kompetenz. Fachliche Kompetenz besteht für Lechner in der sozialberuflichen Fachlichkeit, die sich interdisziplinär ausbildet. Die Begriffe Fachlichkeit und fachliche Kompetenz benützt Lechner dabei synonym. Die personale Kompetenz besteht aus vier

---

25 Z.B. eine „ethische", „spirituelle" oder „seelsorgerliche" Kompetenzdimension.

26 Solch eine ‚Ethisierung' des Religiösen findet sich in der Diakonie häufig und sollte kritisch reflektiert werden.

27 Seine Überlegungen sind grundsätzlich auch auf den evangelischen Bereich übertragbar, würden allerdings teilweise andere Begrifflichkeiten nutzen. Renate Zitt, Heinrich Pompey und Joachim Walter scheinen auf Lechners Modell zurückzugreifen: Diakonie „fragt nach der christlich begründeten Motivation und reflektiert Theologie als wissenschaftliche Bezugsdisziplin im Hinblick auf fachliche Kompetenz, personale Kompetenz, institutionelle Kompetenz und seelsorgerlich-ethische (sozialpastorale) Kompetenz" (Zitt/Pompey/Walter 2002, 506).

Elementen: der intrapersonalen Kompetenz (Aspekte wie Ambiguitätstoleranz, Fähigkeiten zur Selbstwahrnehmung etc.), der interpersonalen bzw. sozialen Kompetenz, der weltanschaulich-kulturellen Kompetenz und schließlich der spirituellen Kompetenz. Die institutionelle Kompetenz besteht in der Kenntnis von Organisationen und Trägern der Sozialen Arbeit. Auch die Berufsidentität ordnet Lechner diesem Bereich zu. Dieses Modell erweitert Lechner nun um die sozial-pastorale Kompetenz, die man auch als „apostolische oder missionarische Kompetenz im Kontext Sozialer Arbeit bezeichnen könnte“ (a.a.O., 244). Lechner führt als Stichworte Evangelisierung, Religionspädagogik und Liturgie an. Er versteht diese vierte Kompetenzdimension also als Ergänzung der ersten drei Dimensionen um praktisch-theologische Elemente. Auch wenn Lechners Modell durchaus anregende Überlegungen enthält, sollten die unterschiedlichen Kategorieebenen von fachübergreifenden und domänenspezifischen Modellen auseinandergehalten werden.

Wenn diakonische Kompetenz an die gesundheits- oder sozialberuflichen Fachlichkeiten (sozialarbeiterische, pädagogische, pflegerische Fachlichkeit etc.) anschlussfähig sein will – und dies ist eine Grundvoraussetzung – muss ein Ansatz genutzt werden, dass nicht die Spezifika der eigenen Domäne abbildet. Ein Modell diakonischer Kompetenz, das eigenständige Kategorien bemüht, könnte durchaus reizvoll sein, würde sich aber wahrscheinlich gerade aufgrund seiner Unvermittelbarkeit der Möglichkeiten berauben, tatsächlich eine Brücke zwischen dem Diakonischen und dem sozialberuflichen Handeln zu schlagen.

Das Hauptargument gegen einen domänenspezifischen Ansatz diakonischer Kompetenz besteht allerdings darin, dass die notwendige Grundlage – eine diakoniewissenschaftliche Handlungstheorie – nicht vorliegt. Daher gibt es gegenwärtig keinen Referenzrahmen, der die innere Struktur einer diakonischen Kompetenz *domänenspezifisch* beschreiben könnte. Zudem sprechen auch weitere Argumente gegen ein domänenspezifisches Modell: Bei domänenspezifischen Modellen fällt auf, dass sie häufig eine verhältnismäßig große Anzahl von Kompetenzdimensionen aufweisen. Hier muss aber kritisch gefragt werden, ob die Kompetenzdimensionen dann überhaupt noch trennscharf konzipiert werden können. Bilden diese wirklich die innere Struktur der Kompetenz ab, oder liegt nicht doch unausgesprochen ein Verständnis von ‚Themenbereichen‘ vor? Damit würde aber der Nutzen des Kompetenzansatzes verloren gehen. Außerdem verleiten domänenspezifische Modelle leicht dazu, den Kompetenzbegriff tautologisch zu verwenden, indem die der Fähigkeit zugrunde liegende Kompetenz lediglich eins zu eins wiederholt wird (vgl. auch Haasler/Beelmann 2006, 623). Wenn beispielsweise die Fähigkeit, mit spirituellen Fragen umzugehen, als spirituelle Kompetenz bezeichnet wird oder eine ethische Kompetenz in ethischer Urteilsfähigkeit besteht, dann ist mit dem Kompetenzbegriff nichts gewonnen. Es bietet sich daher an, dass die Kompetenzdimensionen oder -klassen kategorial unterschieden sind von den Fähigkeiten.

Wenn Diakonie eine Dimension kirchlichen bzw. christlichen Handelns ist und nicht eine abgrenzbare Funktion oder ein isolierbarer Sektor, kann ein diakonisches Kompetenzmodell keine eigenständige ‚diakonische‘ Kompetenzdimension enthalten. Ebenso wenig können gängige Kompetenzmodelle einfach um die eine oder andere ‚christliche‘ Kompetenzklasse erweitert werden. Stattdessen müssen die einzelnen Kompetenzdimensionen diakonisch pointiert werden.

(2) *Zur Bestimmung der Kompetenzdimensionen:* Daraus ergibt sich die Frage, wie die Struktur eines allgemein-bereichsübergreifenden Kompetenzmodells für ein Modell diakonischer Kompetenz konzipiert werden muss. Entscheidend ist hier die Bestimmung der Basiskompetenzen. In dieser Studie wird ein Kompetenzmodell skizziert, das sich an den Basisdimensionen des Kompetenzmodells von John Erpenbeck und Lutz von Rosenstiel orientiert. Erpenbeck/von Rosenstiel konzipieren ihr Modell mittels der vier Dimensionen fachlich-methodischer Kompetenz, personaler Kompetenz, sozial-kommunikativer Kompetenz und Aktivitäts- und Umsetzungskompetenz.[28] Die Kompetenzdimensionen werden allerdings in dreierlei Hinsicht etwas anders akzentuiert.

Erstens: Gerade die *Aktivitäts- und Umsetzungsdimension* ist für diakonische Kompetenz besonders relevant. Daher ist es sinnvoll, Erpenbecks und von Rosenstiels Konzept zu folgen, sie als eigenständige Dimension darzustellen. Allerdings haben Erpenbeck und von Rosenstiel eher eine Art ‚Durchsetzungskompetenz' – quasi ‚Macherqualitäten' – im Sinn. Dies ist bei der Umsetzungsdimension der diakonischen Kompetenz nicht gemeint.

Zweitens: Auf die sinnvolle Zuordnung der Methodenkompetenz zur *Fachkompetenz* wurde bereits in Abschnitt 2.4. hingewiesen. Es ist daher folgerichtig, sie nicht als eigenständige Methodenkompetenz aufzuführen. Allerdings sind bei der diakonischen Kompetenz konkrete methodische Aspekte kaum relevant, da diese eher dem Bereich der sozialberuflichen Fachlichkeit zuzuordnen sind. Daher wird an dieser Stelle nur noch von fachlicher Kompetenz gesprochen.

Drittens erachten Erpenbeck und von Rosenstiel die kommunikativen Momente innerhalb der Sozialkompetenz für so bedeutend, dass sie die Kompetenzdimension entsprechend als sozial-*kommunikative* Dimension bezeichnen. Auch wenn diese Ansicht geteilt werden kann, wird im Folgenden ausschließlich von der Dimension der sozialen Kompetenz gesprochen.

(3) *Zur Charakterisierung der Kompetenzdimensionen:* Die Struktur des Kompetenzmodells – sowohl die Entscheidung für ein bereichsübergreifendes Modell als auch die Bestimmung der vier Basisdimensionen – ist selbst noch nicht diakonisch qualifiziert. Dazu bedarf es weiterer Überlegungen. Zunächst müssen die Basisdimensionen dem sozialen bzw. diakonischen Kontext gerecht werden. In diesem Sinne werden die vier Dimensionen nun folgenderweise charakterisiert:

Die *Dimension der fachlichen Kompetenz* bezieht sich auf die Grundannahmen sozial(beruflich)en Handelns und die Vorstellungen, die dieses Handeln rahmen und leiten. Diese Grundannahmen zeigen sich sowohl in leitenden Bildern[29] als

---

[28] Siehe dazu auch Abschnitt 2.4.

[29] Es kann davon ausgegangen werden, dass leitende Bilder prägend und wirkmächtig sind. Die leitenden Bilder sind eine Art Grundverankerung oder Hintergrundfolie für sozialberufliche Methoden, Konzepte oder Handlungsansätze. Die regelmäßig stattfindenden ‚Pa-

auch in ethischen Richtungskriterien,[30] die das Handeln bestimmen. Die möglichen Begriffe, Kriterien oder Bilder entsprechen den inhaltlichen Zugängen zum Diakoniebegriff, sei es dienen, retten, zuwenden, befähigen, managen, assistieren usw. Die Dimension der Fachkompetenz fragt – eben aus diakonischer Perspektive – nach den leitenden Bildern der eigenen Fachlichkeit. Das Diakonische zeigt sich eben nicht, wie bereits mehrfach betont wurde, in einem besonderen oder spezifischen Handeln, sondern in dem Grundverständnis, auf dem die sozialberufliche Fachlichkeit fußt.

Die *Dimension der personalen Kompetenz* bezieht sich auf die zugrunde liegende Sicht des helfend Tätigen. Diese Dimension fragt danach, wie der Tätige mit sich selbst umgeht und wie er sich in Beziehung zur Mitwelt und Umwelt setzt. Entscheidend ist dabei seine Resonanzfähigkeit: Löst das, worauf er sich in seinem Tätigsein bezieht, bei ihm Resonanzen aus? Welche Rückwirkungen gehen davon für sein weiteres Sein und Handeln aus? Wie kann er ausgelöste Resonanzen handhaben, so dass sie ihn weder überschwemmen noch unempfindlich werden lassen? Es ist die Frage nach der existenziellen Offenheit[31] bei gleichzeitiger Aufrechterhaltung der eigenen Handlungsfähigkeit. Innerhalb der sozialberuflichen Fachlichkeit ist Resonanz ein zentraler Begriff, der inhaltlich eine deutliche Nähe zum *Compassion*-Verständniss hat (vgl. 1.2.1.).[32]

Die *Dimension der sozialen Kompetenz* bezieht sich auf die Fähigkeit der Perspektivübernahme und auf Grunddispositionen wie Anerkennung, Geltenlassen und sich in Anspruch nehmen zu lassen. Sie fordert dazu heraus, das eigene Tun und Lassen vom Gegenüber her reflektieren zu können. Es geht dabei nicht um

radigmenwechsel‘ in der diakonischen Arbeit (als Beispiele seien hier Normalisierung, Ambulantisierung, Assistenz, Inklusion genannt) werden von diakonischen Einrichtungen oft mit einem erheblichen Aufwand an Maßnahmen begleitet (Fortbildungen, QM-Manuale, Neuorganisation von Teams und Arbeitseinheiten etc.). Wenn diese nicht wie gewünscht wirksam werden, liegt dies meines Erachtens zu einem großen Teil daran, dass diese Konzepte nicht im Einklang mit den leitenden Bildern der einzelnen Mitarbeitenden stehen.

30 Strohm unterscheidet die Komponenten eines christlichen Ethos nach *Motivationen,* die im Glauben impliziert sind und eben *Richtungskriterien*, die das Handeln ethisch bestimmen. Als solche nennt er Solidarität, Mündigkeit, Dienst, Hilfe und Liebe (Strohm 2006, 15-16).

31 Vgl. auch Steinkamp 1998, 318.

32 Christiane Burbach und Friedrich Heckmann kritisieren zu Recht eine Professionsentwicklung, die angestrengt vermeiden will, in die Falle des oft diagnostizierten Helfersyndroms (Wolfgang Schmidbauer) zu tappen und so „jegliches inneres und äußeres Involviertwerden in Problemlagen der Klientel zu vermeiden“ (Burbach/Heckmann 2007, 87). Compassion ist eine Voraussetzung für die Resonanzfähigkeit des professionell Handelnden. Compassion besagt, dass ich mich im helfenden Prozess nicht nur anrühren lassen darf oder es hin und wieder billigend in Kauf nehmen muss, sondern dass das Sich-anrühren-Lassen gerade eine (christliche) Grundhaltung darstellt. Begrenzt wird dies von der Forderung, weiterhin handlungsfähig zu bleiben. Auch dies ist im Compassion-Konzept angelegt. Der Compassion-Gedanke macht Mut zu einer gelassenen und unverkrampften Resonanzbereitschaft. Denn ein professionell Handelnder muss nicht nur in der Lage sein, Resonanz zu empfinden, sondern sie als Teil der Professionalität auch zuzulassen und einzusetzen.

die Übernahme der Sichtweisen des Anderen, sondern um die Haltung, den Anderen als authentisches Subjekt wahrnehmen zu wollen und zu können.

Die *Dimension der Umsetzungskompetenz* bezieht sich auf die Angemessenheit des Handelns. Hier steht die Frage nach dem Theorie-Praxis-Verhältnis im Vordergrund. Professionelles Handeln zeichnet sich dadurch aus, dass es sich weder von wissenschaftlicher oder fachlicher Korrektheit (‚Theorie') noch von rein pragmatischer Funktionalität (‚Praxis') fehlleiten lässt. Gutes Handeln ist angemessenes Handeln.

(4) *Zur substanziellen Beschreibung diakonischer Kompetenz:* In diesem letzten Schritt muss nun die Struktur des Modells mit dem substanziellen Kern des Diakonischen verbunden werden, denn die diakonische Pointierung ergibt sich erst aus der inhaltlichen Bestimmung des Diakonischen.[33] Wie kann dies gelingen? Um den diakonischen ‚Kern' oder ‚Tiefengrund' beschreiben zu können, ist es hilfreich, nach den wesentlichen ‚Aggregatformen' des Diakonischen zu fragen und mit deren Hilfe inhaltliche Aussagen zum Diakonischen zu machen. Genau dieser Frage wird im Abschnitt 10.3. nachgegangen. Im Vorgriff auf die dortigen Überlegungen kann an dieser Stelle schon gesagt werden, dass Diakonie in bestimmten diakonischen Grunderfahrungen, diakonischen Gestaltungsmustern und diakonischen Wirkrichtungen zeigt. Eine konkrete Beschreibung diakonischer Kompetenz gelingt dadurch, dass man den substanziellen Gehalt dieser Gestaltungsmuster, Erfahrungen und Wirkrichtungen auf die vier Dimensionen der Fach-, Personal-, Sozial- und Umsetzungskompetenz bezieht. Die so beschriebenen Inhalte stellen zugleich den substanziellen Gehalt diakonischer Bildung dar.

---

[33] In meinen ersten Überlegungen zur diakonischen Kompetenz habe ich einzelne inhaltliche Aspekte direkt den vier Basisdimensionen zugeordnet (Horstmann 2009). Es ist jedoch sinnvoller, ein Verfahren zu beschreiben, *wie* man zu den einzelnen Kompetenzelementen gelangt und wie sie bestimmt werden können.

9. Didaktische Grundbewegungen – Anregungen aus konstruktivistischer Sicht

In der gegenwärtigen didaktischen Diskussion der Erwachsenenbildung werden vor allem konstruktivistische Theorieansätze mit lerntheoretischen Forschungserkenntnissen verbunden. Daher wird zunächst ein Blick auf die Bedingungen des Erwachsenenlernens geworfen (9.1.), um anschließend die zentralen Aspekte einer konstruktivistisch orientierten Didaktik darzustellen (9.2.). Diese führen zu Anregungen auf der Ebene didaktischer Prinzipien (9.3.).

9.1. Bedingungen des Erwachsenenlernens

Auch wenn die Erwachsenenbildung bereits auf eine lange Tradition zurückblicken kann,[1] wird dem Lernen im Erwachsenenalter erst langsam Beachtung geschenkt.[2] Folgende Aspekte sind beim Lernen Erwachsener besonders bedeutsam:

– Erwachsenenlernen ist immer ein Anschlusslernen. Die Logik des Lernens wird in hohem Maße von den bereits bestehenden kognitiven Mustern, individuellen Deutungsmodellen, Emotionen und Vorerfahrungen bestimmt.

– Das Interesse Erwachsener am Lernen liegt vor allem in der Anwendung des Gelernten. Erwachsenenlernen muss von vornherein die Verwendungsmöglichkeiten reflektieren.

---

1 Zumindest wenn man die Arbeiterbildungsvereine und die Vereine zur Förderung der Volksbildung des 19. Jahrhunderts als Vorläufer der heutigen Erwachsenenbildung ansieht.

2 Vgl. hierzu Lehr 2006. Einerseits dominierten lange Zeit allgemeine, erwachsenenunspezifische lerntheoretische Fragen und entwicklungspsychologische Forschungen zum Lernen im Kindes- und Jugendalter. Zudem sorgte die gemeinhin geltende Defizitperspektive des Erwachsenenlernens für eine Vernachlässigung dieses Forschungsgegenstandes: Der Defizitansatz ging von einem allgemeinen intellektuellen Leistungsabfall ab dem 30. Lebensjahr aus. Diese These ist mittlerweile nicht mehr haltbar, quantitativ feststellbare Defizite älterer Lernender gegenüber jüngeren werden nicht mehr in erster Linie auf den Alterungsprozess selbst zurückgeführt, sondern auf eine Mischung von sozialen, biografischen, psychischen und körperlichen Faktoren. So können innerhalb gleicher Jahrgänge erhebliche Unterschiede in der Lern- und Leistungsfähigkeit bestehen (vgl. Biesenkamp 2007, 618). Unterschiede zwischen Älteren und Jüngeren bestehen vor allem in der Geschwindigkeit kognitiv orientierter Lernprozesse, nicht jedoch in der grundsätzlichen intellektuellen Kapazität. Ungünstig auf das Lernvermögen wirkt sich vor allem angstbedingter Stress aus. „Lernungeübte Erwachsene werden bei der Forderung einer Lernleistung mit zwei Problemen konfrontiert, zum einen mit der zu lösenden Aufgabe, zum anderen mit der Gewöhnung an die häufig Angst erzeugende Leistungssituation“ (a.a.O., 618).

– Autodidaktische, selbstgesteuerte und informelle Lernprozesse spielen beim Erwachsenenlernen eine wesentliche Rolle.

Charakteristisch für das Erwachsenenlernen ist eine starke Bezugnahme auf die eigene Biografie. Das zu Lernende wird mit biografischen Erfahrungen abgeglichen und in subjektiver Perspektive verarbeitet. Dabei wird ein Bündel von Einstellungen, Vorverständnissen, Interpretationsmustern und eigener Betroffenheit aktiviert. Lernprozesse im Erwachsenenalter bestehen somit nicht nur aus der Aneignung neuen Wissens, sondern gerade auch im Vergewissern und Korrigieren vorhandener Deutungen:

> „Die Lernenden nehmen diejenigen Elemente auf, die für sie subjektiv bedeutsam sind. Nicht wie die Lehrenden auf die Lernenden einwirken bestimmt das Lernen, sondern das, was die Lernenden bereits in ihrem eigenen Leben an Deutungs- und Handlungsmustern aufgebaut haben. Wenn sich Teilnehmende auf neue Theorien, Sichtweisen und Erklärungsmuster einlassen, kommt es dazu, dass die alten Deutungsmuster verändert werden" (Lück/Schweitzer 1999, 103).

Erwachsenenlernen ist „prinzipiell ein Erfahrungs- und Anschlusslernen – auch dort, wo das offizielle Programm dies nicht vorsieht" (Arnold 2007, 173). Beim Erwachsenenlernen geht es daher immer um die Bezugnahme auf Vorheriges und Vorhandenes. „Wenn Erwachsene lernen, bleibt das Gelernte nicht unberührt. Die Inhalte werden verändert. Erwachsene sind eben in diesem Sinne unbelehrbar, dass sie nicht einfach Vorgedachtes, Vorgesprochenes und Vorgegebenes übernehmen, sondern selbst denken, selbst sprechen und selbst urteilen wollen" (Lück/Schweitzer 1999, 97). Vorwissen, Vorverständnisse, Vorerfahrungen erweisen sich dabei als zäh und wirkmächtig. Ein Bonmot der Erwachsenenbildung bringt dies auf den Punkt: „Erwachsene sind lernfähig, aber unbelehrbar".[3] Rolf Arnold betont daher, das „Neubauparadigma", das besonders schulpädagogische Diskurse kennzeichnet, für die Erwachsenenbildung nicht zu übernehmen und sich stattdessen von einem „Umbauparadigma" leiten zu lassen (Arnold 2007, 8). Arnold fasst die wesentlichen Bedingungen des Erwachsenenlernens zusammen:

> „Erwachsenenlernen ist ein Lernen in fortgeschrittener Biografie und deshalb notwendig ein Erfahrungs- und Anschlusslernen. Als solches gerät es in eine Spannungslage zum pädagogischen Grundgedankengang, welcher auf Aufbruch und unbeschränkte Lernfähigkeit setzt und gerade dadurch die Logik des Lebenslauflernens übersieht. Dieses ist in seiner Substanz nämlich eingespannt in die Dimensionen von Aufbruch und Abschied, Kognition und Emotion, formellen und informellen Lernens" (a.a.O., 220).

Erwachsene verfügen über ein „Mehr an Biografie", ein „Mehr an gelebtem Leben", gerade deshalb sind sie „unbelehrbar" (a.a.O., 221). Jeder Mensch

---

[3] Die Quelle dieses Ausspruchs ist nicht eindeutig. Wahrscheinlich geht er auf Horst Siebert und Rolf Arnold zurück.

strebt nach Plausibilitäts- und Identitätssicherung, aber umso älter ein Mensch ist, desto weniger kann er es sich leisten, „alle inneren Gewissheiten zur Disposition zu stellen und ständig neu aufzubrechen" (a.a.O., 222). Dies darf gerade nicht (nur) als Widerständigkeit der Lernenden verstanden werden, sondern hat einen existenziellen Hintergrund, den es zu würdigen gilt. Die Lernenden haben ein Recht auf ihre biografische Autonomie und damit letztendlich auch ein Recht auf ihre Unbelehrbarkeit (vgl. a.a.O., 223). So ist der in erwachsenenbildnerischen Veranstaltungen oft zu vernehmende Appell an die Teilnehmenden, „offen zu sein für neue Erfahrungen" oder „sich auf Neues einzulassen", für viele Teilnehmer eher bedrohlich als hilfreich. Erwachsenenlernen folgt der eigenen „biografisch-systematischen Logik", die gekennzeichnet ist durch die drei genannten Spannungen von Kognition und Emotion, von Aufbruch und Abschied, von formellem und informellem Lernen (vgl. Arnold 2007, 173). Die Aneignungslogik Erwachsener ergibt sich aus dem Oszillieren zwischen den genannten Polen.

Ein weiteres charakteristisches Moment des Erwachsenenlernens muss berücksichtigt werden: Bildungsprozesse werden im Erwachsenenalter verstärkt von den Verwendungsmöglichkeiten her betrachtet. Diese Erkenntnis fordert in keiner Weise dazu auf, Bildungsprozesse ausschließlich unter dem Aspekt der Verzweckung zu betrachten. Aber die Gestaltung von Bildungsangeboten muss berücksichtigen, dass die Verwendungslogik des Gelernten förderlich für den Prozess des Aneignens und Erschließens ist. Für die Beachtung der Anwendbarkeit und Umsetzbarkeit des Gelernten spricht auch, dass viele Erwachsene ein stärker ausgeprägtes episodisches als begrifflich-deklaratives Gedächtnis haben (vgl. Siebert 2003b, 100). Daraus folgt, die Kontextbezogenheit des Wissens stärker zu berücksichtigen. Begriffe, Fakten, Informationen ‚an und für sich' sind für viele Erwachsene wenig hilfreich. Zudem geschieht nachhaltiges Lernen eher „‚just in time' als ‚auf Vorrat'" (Siebert 2003b, 102). Die *Vermittlung abstrakter Inhalte* und die *Anwendung konkreter Inhalte* dürfen nicht zu weit auseinanderfallen. Nicht anwendbare Inhalte führen zu trägem Wissen. Im besten Falle führt dies zum Vergessen des Gelernten, im schlechtesten Falle zu Frustration.

Die Lernkontexte bestehen beim Erwachsenenlernen nicht ausschließlich aus seminaristischen Formen. Eine Vielzahl von Anlässen und Gelegenheiten, aber auch von Zeit- und Raumkonzepten kann Lernkontexte darstellen. Sieht man von Erwachsenenbildung im engeren Sinne ab – wie sie beispielsweise noch in den 1960er und 1970er Jahren mit dem Prototyp der Volkshochschule verstanden wurde –, entwickeln sich die erwachsenenpädagogischen Bildungsprozesse immer mehr zu „Mischformen, in denen das Lernen Erwachsener – i.d.R. gar nicht mehr als ein solches erkenn- und erfahrbar – stattfindet" (Kade 2007, 267). In diesem Zusammenhang darf das informelle Erfahrungslernen nicht unterschätzt werden (vgl. Kirchenamt der EKD 2003, 25).

Didaktisch gesehen handelt es sich daher um eine Illusion, dass „gelernt wird, was gelehrt wird." Diese Illusion geht erstens davon aus, dass „Lernen durch Lehren erzeugt" wird (Arnold/Schüßler 1998, 10) und sieht zweitens in dem

Lehrenden den Vermittler objektiver Wahrheit. Der Konstruktivismus stellt diese Sicht grundlegend in Frage.

9.2. Erschließung als subjektive Konstruktionsleistung

Der Konstruktivismus ist eine Erkenntnistheorie, nach der Wissen nicht ‚an und für sich' existiert, sondern immer nur als subjektive Konstruktion. Gestützt werden die Annahmen des Konstruktivismus von Erkenntnissen der Neurobiologie (vgl. Roth/Lück 2010).

Wahrnehmen und Verstehen sind subjektive Konstruktionsleistungen. Damit ist auch Lernen ein Aneignungsprozess, eine subjektive Konstruktion der Wirklichkeit. Der Konstruktivismus ist daher nicht nur eine Wahrnehmungs- und Erkenntnistheorie, sondern auch eine Lerntheorie (vgl. Siebert 2003b, 14). Für die didaktische Theoriebildung folgt daraus: Die Bedeutung des Lernens tritt in den Vordergrund, sie ist eine reine Selbsttätigkeit. Didaktik hat daher die Aufgabe, die subjektiven Konstruktionen des Wissens zu fördern und zu ermöglichen. Über die Möglichkeiten des Lehrens kann hingegen wenig ausgesagt werden, lineare Vermittlungsansätze werden ihrer Wirkungslosigkeit überführt. Daraus folgt: „Lernen bedeutet nicht ‚Vorgegebenes abbilden', sondern ‚Eigenes ausgestalten'" (Richter 2007, 497).

Dass Lernprozesse nicht ‚gemacht' werden, sondern nur gefördert werden können, ist auch ohne konstruktivistische Sichtweisen bereits bekannt gewesen. Allerdings radikalisiert eine konstruktivistisch inspirierte Didaktik dies. Folgende Möglichkeiten zeigen die konstruktivistischen Ansätze in Bezug auf die Gestaltung von Lernprozessen:

– Die Vermittlungs- bzw. Aneignungsprozesse sind nicht linear steuerbar.
– Da Lernprozesse durch und durch individualisiert und subjektiv bestimmt sind, rückt die Biografie der Lernenden in den Fokus.
– Lernanstöße kommen durch Irritationen zustande. Wenn alles so funktioniert wie geplant, ist Lernen nicht erforderlich. Erst durch Abweichungen, Unstimmigkeiten oder das Versagen bisheriger Deutungsmuster ist ein Lernanlass gegeben.

„Um eine Lernmotivation zu erreichen, ist eine adäquate Perturbation notwendig, d.h. eine ‚Störung' des Systems des Lernenden, die ihn dazu bewegt, eigene Lernressourcen zu mobilisieren. Dahinter steht ein Menschenbild, das dem Menschen eigene Potenziale und Motive für selbstgesteuertes Lernen zutraut" (Richter 2007, 504). Lernen soll freilich nicht permanent verunsichern, aber ohne Irritation findet aus konstruktivistischer Sicht Lernen nicht statt.

Seit den 1990er Jahre werden in der didaktischen Theoriebildung konstruktivistische Ansätze diskutiert. Der Konstruktivismus hat eine breite und zum Teil auch erregt geführte Diskussion ausgelöst (vgl. Jank/Meyer 2005, 286).[4] In der Schulpädagogik erhielten die konstruktivistischen Ideen eine breite Resonanz nicht zuletzt durch ihre Infragestellung von reinen Vermittlungsansätzen, ihrer Kritik an normativen Setzungen und der Skepsis gegenüber curricularen Stoffplänen. In der Berufsbildung finden sich didaktische Ansätze vor allem auf der Ebene der Unterrichtsmodelle wieder. Besonders sind hier *cognitive apprenticeship*, *anchored instruction* und *landscape criss-crossing* hervorzuheben. Diese werden als „unterrichtliche Umsetzungen" verstanden, weniger als didaktische Theorien (Hillen 2006, 48). Auch in der Erwachsenenbildung wurden diese Ansätze aufgegriffen und führen in erster Linie zu einem neuen Selbstverständnis der Lehrenden, die sich nun als Lernmoderatoren oder Lernbegleiter verstehen (vgl. Arnold 2001a, 74).

Im Bereich der Erwachsenenbildung ist auffallend, dass es vor allem einzelne konstruktivistische und systemische[5] Begrifflichkeiten sind, die auf fruchtbaren Boden gefallen sind (vgl. Siebert 2003b, 11). Konstruktivistische Einsichten haben für die Erwachsenenbildung eine große Inspirationskraft, auf andere allgemeindidaktische Ansätze kann trotzdem nicht verzichtet werden. Seit ca. zehn Jahren wird versucht, diese didaktischen Diskurse in der Erwachsenenbildung unter dem Schlagwort der „Ermöglichungsdidaktik" zu fassen. Neben konstruktivistischen und systemtheoretischen Erkenntnissen wird Gedankengut der

---

4 Die Kritik an konstruktivistisch orientierten didaktischen Ansätzen bezieht sich zum einen auf die Grundannahme des Konstruktivismus, zum anderen auf die didaktische Theoriebildung. Die an konstruktivistische Positionen herangetragene Kritik, dass Wirklichkeit letztlich nie erkannt werden kann und so der Konstruktivismus selbst hinfällig ist, bezieht sich vor allem auf die Spielart des radikalen Konstruktivismus. Konstruktivistische Ansätze in der Didaktik fußen hingegen auf einem gemäßigten Konstruktivismus, dem sogenannten sozialen Konstruktivismus, der anerkennt, dass die Konstruktionsleistungen in Sozialisationsprozesse eingebettet sind und dass Phänomene auch durchaus einen eigenständigen Objektcharakter aufwiesen, also nicht ausschließlich konstruiert sind. Mittlerweile nehmen die radikal-konstruktivistischen Positionen eher Außenseiterstellungen ein, gemäßigte Ansätze wie der Sozialkonstruktivismus haben sich durchgesetzt. Zum anderen wird vorgebracht, dass es sich bei den konstruktivistischen Diskursen um keine anerkannte und in sich geschlossene didaktische Theorie handele, die bisherige allgemeindidaktische Entwürfe ablösen könnte. Jank und Meyer zweifeln gar daran, ob es sich tatsächlich um einen allgemeindidaktischen Theorieentwurf handelt und sprechen der konstruktivistischen Didaktik eher den Rang eines Unterrichtskonzepts zu (vgl. Jank/Meyer 2005, 301). Zudem sind viele Erkenntnisse, die sich auf konstruktivistisch geprägte didaktische Entwürfe berufen, letztlich bereits von reformpädagogischen Autoren ein knappes Jahrhundert zuvor formuliert worden. Die zum Teil erheblichen theoretischen Fundierungen und Begründungen auf der Ebene der Erkenntnistheorie führen letztlich kaum zu neuen didaktischen Formen (vgl. Terhart 1999, 644).

5 Da konstruktivistische Ansätze eine große Nähe zum systemischen Denken haben, sprechen einige Autoren auch von einem einheitlichen Paradigma, so beispielsweise Horst Siebert (vgl. Siebert 2003b) und Rolf Arnold (vgl. Arnold 2007). Die Schnittmengen beziehen sich auf die Begriffe Selbstorganisation, Autopoiese, Kontextbezogenheit, Beobachten (und Beobachtungen zweiter Ordnung) oder Zirkularität.

reformpädagogischen Tradition und der humanistischen Psychologie aufgegriffen.[6]

Zentraler Gedanke ist, dass sich die Erwachsenenbildung *ermöglichungsdidaktisch* orientiert und sich kritisch von *erzeugungsdidaktischen* Vorstellungen abgrenzt. Arnold zeichnet den Unterschied von Erzeugungs- und Ermöglichungsdidaktik anhand von sechs Bewegungen: von der Linearität zur Zirkularität, von der Wirkungssicherheit zur Wirkungsoffenheit, vom Führen zur Selbsttätigkeit, von der Input- zur Prozesssteuerung, vom Vermitteln zum Aneignen, von der Standardisierung zur Vielfalt (vgl. Arnold 2007, 38).

Arnold beschreibt die Lernprozesse aus ermöglichungsdidaktischer Perspektive mithilfe eines Zwei-Ebenen-Modells (vgl. a.a.O., 51-52). Jede der drei Phasen *Verunsicherung* des Bisherigen, *Information* über neue Sichtweisen und Perspektiven und schließlich *Transformation* von alten zu neuen Deutungsmustern muss sowohl auf der Ebene der Aneignung als auch auf der Ebene der Rekonstellierung beobachtet werden. Aneignung gelingt nicht ohne eine Verschränkung mit einer Rekonstellierungsdynamik. Mit dem Begriff der Rekonstellierung will Arnold auf den Sachverhalt aufmerksam machen, „dass sich ‚objektiv' Neues stets nur im Kontext des ‚subjektiv' Alten erkennen und verstehen bzw. – besser gesagt – wieder erkennen und nachhaltig einwurzeln lässt" (a.a.O., 51). Aneignung kann demnach nur gelingen, wenn sich diese mit der beschriebenen Rekonstellierungsdynamik verschränkt. Allerdings wird die Aneignung auch durch die Rekonstellierung begrenzt. Denn „Menschen eignen sich Inhalte nicht bloß an, weil diese überzeugend, notwendig oder weiterführend sind, sie tun dies nur im Kontext dessen, was sie auszuhalten vermögen" (a.a.O., 53).

Ermöglichungsdidaktik ist anschlussfähig an einen geisteswissenschaftlichen Bildungsbegriff, „wenn auch in sozialwissenschaftlicher Reformulierung" (Arnold 2001c, 85). Arnold bezeichnet die Leitdifferenz *kompetenzbildend/nicht kompetenzbildend* als die „eigentliche systembildende Differenz des Pädagogischen" (Arnold 2007, 47) und spielt damit auf eine Formulierung Jochen Kades an, der in dem binären Code *vermittelbar/nicht vermittelbar* die systembildende Leitdifferenz des Pädagogischen im Anschluss an Luhmanns Systemtheorie beschreibt (vgl. Kade 1997).

Werden die Erkenntnisse der konstruktivistischen Didaktik ernst genommen, bedeutet dies, dass Diakonie das ist, was als Diakonie erkannt – konstruiert! – wird. Der Wert der Diakonie liegt in dem, als was sie erkannt wird. Dies ist beruhigend und beunruhigend zugleich.

Wenn davon ausgegangen wird, dass (‚Stoff'-)Vermittlungsansätze weder wirkungsvoll noch angemessen sind, ist es zunächst beruhigend, dass vor dem Hin-

---

6 Zu weiteren Wurzeln der Ermöglichungsdidaktik siehe Richter 2007, 501. Praktische Erfahrungen wurden bereits in den 1980er und 1990er Jahren in der Erwachsenenbildung gesammelt (vgl. hier vor allem die Werke von Horst Siebert), eine theoretische Fundierung und damit auch der Begriff einer Ermöglichungsdidaktik setzte erst seit der Jahrtausendwende ein. Hauptvertreter ist Rolf Arnold (vgl. Arnold 2007).

tergrund dieser konstruktivistischen Erkenntnisse Erschließungsprozesse sehr wohl und sehr gut möglich sind. Für die diakonische Bildung im Kontext organisierter Diakonie werden daher nun vier didaktische ‚Grundbewegungen' dargestellt, die sich aus den konstruktivistisch geprägten Überlegungen der Erwachsenenbildung ergeben (9.3.). Kritisch muss allerdings auch rückgefragt werden, ob konstruktivistische Ansätze bereits ausreichen, um diakonische Bildung didaktisch Gestalt werden zu lassen. Diese Frage wird in Kapitel 10 fortgeführt.

Die Grunderkenntnis der konstruktivistischen Perspektive für die diakonische Bildung kann daher wie folgt formuliert werden: Diakonie ist ein Interpretationsgeschehen. Das Entdecken des Diakonischen ist eine subjektive Konstruktionsleistung. Diakonie ist das, als was sie erkannt wird.

Hierin kann sich eine didaktische Reflexion freilich nicht erschöpfen – denn es gilt natürlich nicht, dass Diakonie *nur* in dem besteht, als was sie subjektiv konstruiert und erkannt wird (vgl. Kapitel 10) –, aber zunächst soll diesem Gedanken gefolgt werden. Welche Konsequenzen lassen sich hieraus ableiten?

9.3. Konsequenzen: Didaktische Grundbewegungen

In konstruktivistischer Sicht besteht Lernen darin, neue Erkenntnisse mit eigenen Erfahrungen, Vorverständnissen und Emotionen zu verbinden und zu integrieren. Assoziative und explorative Lernprozesse dienen dazu, neue Interpretationen, Deutungen und Erkenntnisse zu konstruieren (vgl. Schmidt 2007, 115). Dabei sollten sich die Lehrenden an die ernüchternde Erkenntnis gewöhnen, „dass Teilnehmer nicht das lernen, was gelehrt wird, dass aber das Lehren trotzdem nicht wirkungslos, überflüssig oder nebensächlich wird" (Siebert 2003, 19). Eine konstruktivistisch orientierte Didaktik interessiert sich daher vor allem für die Prozesse des Aneignens und Konstruierens und fragt, wie diese gelingen können. Inhalte sind „nicht per se relevant", sondern immer in der Auseinandersetzung mit der Frage nach der zu entwickelnden Kompetenz (vgl. Arnold 2007, 45).

An dieser Stelle wird von vier Grundhaltungen ausgegangen, um die Erkenntnisse der konstruktivistischen Didaktik in der diakonischen Bildung wirksam werden zu lassen. Um diakonische Bildungsprozesse zu ermöglichen, muss zunächst an die Vorerfahrungen und -kenntnisse der Lernenden angeschlossen werden. Darüber hinaus bedarf es des Kontextualisierens, um den Erkenntnisgewinn über das Bildungssetting hinaus auch im diakonischen Alltag wirksam werden zu lassen. Schließlich sind Irritation und Orientierung wesentliche Momente im Bildungsprozess, um bereits Bekanntes um Neues erweitern zu können.[7]

---

[7] Ein fünftes didaktisches Prinzip könnte noch genannt werden, das quer zu den vier genannten liegt, nämlich die Lernenden bei ihrer Wirklichkeitskonstruktion zu *beobachten*. Es

– *Anschließen:* Die individuelle Vorerfahrungen und Zugänge zum Diakonischen werden entdeckt, gewürdigt und reflektiert.

– *Kontextualisieren:* Die neu gewonnenen Erkenntnisse werden auf die diakonische Praxis bezogen und beurteilt. Erst hierdurch ist ein nachhaltiger Lerntransfer möglich.

– *Irritieren:* Die eigenen mentalen Modelle werden durch Irritation herausgefordert. Denn es gibt keine Konstruktion „ohne Irritation und Abschied von einem naiven ‚Bescheidwissen', von trügerischen Gewissheiten" (Hilger/Ziebertz 2001, 100).

– *Orientieren:* Um sich dem Diakonischen nähern zu können, braucht es eine Orientierung innerhalb der vielschichtigen Diakonieverständnisse, -kontexte und -bezugsebenen. Statt Inhalte vorzugeben sollen Navigationsmöglichkeiten geschaffen werden.

Die Formulierung dieser *didaktischen Grundhaltungen* in Verbform – Anschließen, Kontextualisieren, Orientieren, Irritieren – deutet an, dass diese didaktischen Prinzipien *Bewegungen* beschreiben. Diese Bewegungen sind nicht originär ‚diakonisch', aber sie begegnen speziell den Anforderungen und Bedingungen diakonischer Lernprozesse (vgl. Abschnitt 8.3.).

Wenn – so die Erkenntnis des vorangegangenen Abschnitts – das Diakonische in konstruktivistischer Sicht das ist, als was es subjektiv erkannt und konstruiert wird, folgt daraus: Diakonische Bildung besteht darin, eigenaktive Erschließungsprozesse und Konstruktionsleistungen zu ermöglichen. Gleichzeitig kommt diakonische Bildung aber auch nicht ohne Instruktion aus. Für die Lehrenden bedeutet dies, das Verhältnis von Instruktion und Konstruktion neu zu bestimmen:

> „Eine gemäßigt konstruktivistische Auffassung von Lernen schließt instruktionale Aktivitäten des Lehrenden keineswegs aus. Es ist weder möglich noch sinnvoll, allein auf aktive Konstruktionsleistungen der Lernenden zu vertrauen; man kann Lernenden aber auch nicht ständig fertige Wissenssysteme nach feststehenden Regeln vermitteln. [...] Im Sinne einer pragmatischen Perspektive lässt sich als Ziel eine Balance zwischen expliziter Instruktion durch Lehrende und konstruktivistischer Aktivität der Lernenden formulieren" (Reinmann-Rothmeier/Mandl 1997, 377-378).

Weil konstruktivistische Zugänge um die „Eigendynamik und begrenzte ‚Machbarkeit' von Lernergebnissen" wissen (Arnold 2001c, 84), verabschieden sie sich von einer möglichst exakten Lernzielvorgabe. Aber gerade deshalb braucht ein ermöglichungsdidaktischer Ansatz einen Bezugspunkt, auf den hin

---

geht – konstruktivistisch formuliert – um das Beobachten der Beobachter beim Beobachten. „Eben dies sollte die Hauptaufgabe aller Lehrenden sein: Beobachte, wie die Lerner beobachten, das heißt, wie sie ihre Wirklichkeit konstruieren und Probleme lösen!" (S. Schmidt 2001, 30). Dieses Beobachten kann dem Lehrenden Aufschluss darüber verschaffen, wie Anschließen, Orientieren, Irritieren und Kontextualisieren zu gestalten sind.

die ‚Ermöglichung' gerichtet ist. Oder anders formuliert: Es muss immer auch geklärt werden, was denn eigentlich ermöglicht werden soll. Teilweise scheinen die euphemistisch formulierten erwachsenenbildnerischen Programme in konstruktivistisch-didaktischer Tradition einen Kompetenzerwerb zu preisen, ohne genau zu klären, worin diese Kompetenz besteht. Wenn die Konstruktionsleistung des Lernens betont wird, vorhandenes Wissen in Bezug zu neuen Erfahrungen gesetzt werden soll, muss immer im Blick bleiben, woraufhin die Konstruktionen, Deutungen, Interpretationen zielen. Hier liegt der Nutzen eines Konzeptes *diakonischer Kompetenz* (vgl. Abschnitt 8.5.).

Die Kompetenzdimensionen helfen, den diakonischen Erschließungsprozess zu strukturieren. Sie können genutzt werden, ohne dass in den Kompetenzbegriff selbst eingeführt werden muss: Die Kompetenzdimensionen fragen nach den leitenden Bildern fachlichen Handelns (Fachkompetenz), nach den Resonanzen des Handelns (Personalkompetenz), der Perspektivübernahme (Sozialkompetenz) und der Angemessenheit des Handelns (Umsetzungskompetenz). Wenn diese vier Dimensionen diakonisch reflektiert werden – die möglichen inhaltlichen Aspekte werden in Abschnitt 10.3. konkretisiert – ist bereits ein wesentlicher und bedeutender diakonischer Bildungsprozess angestoßen.

9.3.1. Anschließen

„Diakonie Lernen und Lehren ist ein Prozess, der – für die Lehrenden wie für die Lernenden – mit individuellen Fragen, individueller Vorbildung und Motivation zusammenhängt" (Zitt/Pompey/Walter 2002, 500). Wenn Erwachsenenlernen immer (auch) ein Anschlusslernen ist, besteht die didaktische Grundbewegung zunächst im *Anschließen* an die Vorerfahrungen und Vorverständnisse der Lernenden. Allerdings darf es nicht nur um eine Bestätigung des bereits Bekannten handeln. Es bedarf der Erweiterung der eigenen Vorverständnisse, Sichtweisen und Perspektiven, um von Bildung sprechen zu können.

Alle Lernenden – natürlich auch die Lehrenden[8] – bringen ihre unverwechselbare Lebensgeschichte mit, ihren „biopsychosozialen Rucksack" (Siebert 2003b, 96). Die Grundbewegung des *Anschließens* in der diakonischen Bildung bedeutet nun nicht – um im Bild zu bleiben –, dass diese Rucksäcke immer ausgepackt werden müssen. Berücksichtigt werden sollte aber, dass die Rucksäcke einen entscheidenden Anteil am Bildungsprozess haben, je nachdem wie schwer oder leicht sie sind, wie nützlich oder hinderlich sich ihr Inhalt für den Bildungsprozess erweist, wie viel Ballast und Notwendiges ständig in ihnen herumgetragen wird oder ob sie manchmal einfach schlecht sitzen und Taubheitsgefühle auslösen.

Bei der didaktischen Grundbewegung des Anschließens kann es nun nicht darum gehen, alle gemachten Erfahrungen zu reaktivieren und auszutauschen. Man stelle sich nur einmal vor, alle Teilnehmenden würden unentwegt in ihren

---

[8] Auch die Lehrenden müssen daher immer wieder ihre eigenen ‚Anschlüsse' klären (vgl. dazu auch Richter 2007, 502).

„biopsychosozialen Rucksäcken" kramen oder sie gar komplett entleeren wollen. Zu Bildungsprozessen gehört auch, dass man in der Lage ist bzw. in sie versetzt wird, von der eigenen Sicht zu abstrahieren. Dies kann aber umso eher gelingen, je besser der eigene Standort gewürdigt wird. Aus der Biografie und den Vorerfahrungen entwickeln sich sogenannte „mentale Modelle" (siehe Abschnitt 6.4.). Entscheidender als die zugrunde liegenden (Einzel-)Erlebnisse sind eben diese generierten mentalen Modelle. „Es geht um das Verstehen der Deutungsmuster, denen man folgt, und dann auch um deren Veränderung" (Schweitzer/Lück 1999, 102).

Die didaktische Herausforderung besteht darin, die Heterogenität von Vorbildung, Vorkenntnissen, Berufserfahrung, Lebenserfahrung, Wissen, leitenden Werten oder weltanschaulichen Haltungen angemessen aufzunehmen. Den Bedürfnissen der Mitarbeitenden kann man auf die Spur kommen, wenn man nach den berufsbiografischen Motiven für die Arbeit im diakonischen Bereich fragt.[9]

Oft sind die Motive, die einen Menschen leiten, verborgen oder nicht unmittelbar bewusst. Sie können auch als „blinde Passagiere" bezeichnet werden.[10] Gelegentlich lohnt es sich, diese mittransportierten persönlichen Motive an Deck zu holen. Um die Verbindung zwischen der eigenen Biografie und der Tätigkeit in der Diakonie zu ergründen, genügen oft schon einige einfache Reflexionsfragen. Beate Hofmann nennt in diesem Zusammenhang drei Fragen: Wo komme ich her? Wo bin ich hier? Wohin bin ich unterwegs? (vgl. Hofmann 2008b, 37). Es ist sinnvoll, diese drei Fragen um eine vierte zu ergänzen: Warum bin ich hier?[11]

Diese vier Fragen helfen, den eigenen Standort im diakonischen Kontext benennen zu können. Die Vergegenwärtigung über den eigenen Standort ist Voraussetzung für alle weiteren Bildungsprozesse. Wird er – gerade auch vonseiten der Lehrenden – nicht oder nur unzureichend wahrgenommen, wird ‚Widerständigkeit' gefördert. Rolf Arnold rückt in diesem Zusammenhang das Phänomen des ‚Widerstands', dem Lehrende, Berater und Trainer so oft ausgesetzt sind, in einen neuen Blickwinkel: „‚Widerstand' ist zumeist überhaupt nicht auf inhaltliche Ablehnung, sondern auf Zurückweisung der biografischen Zumutungen an Neuorientierung und Kompetenzdementierungen zurückzuführen" (Arnold 2007, 179).

---

[9] Rainer Merz entdeckt in seiner Studie bei Diakonen und Diakoninnen folgende Bedürfnisse, von denen anzunehmen ist, dass sie grundsätzlicher Art sind, also nicht nur für Diakone und Diakoninnen relevant sind: die Suche nach einer Aufgabe, die Anerkennung und Annahme verschafft; gute Bedingungen für Persönlichkeitsentwicklung und Wachstum; Wertschätzung erlangen; gelingende Aufgaben; Freude, Genuss und Lust; Lebenssinn durch ein ‚halbwegs gelungenen Leben'; wertvolle Ziele entdecken und verfolgen; Schönes und Gutes erfahren und dies selbst auch weitergeben; Grenzüberschreitung und Abenteuer; über sich selbst hinauswachsen; Gerechtigkeit (vgl. Merz 2007a, 254-260).

[10] In etwas anderer Verwendung findet sich dieser Begriff bei Haslinger 2009, 350.

[11] Siehe auch http://diadakt.wordpress.com/2009/01/09/biografischer-einstieg-woher-warum-wohin/.

Um die eigenen Erfahrungen und Perspektiven erweitern zu können, geht es darum, die Lernenden in dem zu bestätigen, was sie bereits wissen und neugierig zu machen auf das, was sie noch nicht kennen oder können (vgl. Meuler 2001, 13). Das Erweitern gelingt besonders mittels der Neugierde. Damit das Neue weder Angst macht noch langweilt und damit die Lernprozesse zwischen Unter- und Überforderung liegen, braucht es eine Mischung aus Wiedererkennen und Befremdung. Um den Prozess des Erweiterns zu fördern, bieten sich drei von Horst Siebert beschriebene „Detektoren" an (Siebert 1999, 125):

- der Wiedererkennungsdetektor: Erfahrungen werden aufgegriffen und nutzbar gemacht,
- der Relevanzdetektor: Wichtiges wird von Unwichtigem unterschieden,
- der Neuigkeitsdetektor: Innovationen werden ermöglicht.

Zwei Aspekte sollten dabei berücksichtigt werden: (1) Eine zu ‚glatte' Aufbereitung der Inhalte ist zu vermeiden und (2) die sogenannte Ähnlichkeitshemmung muss beachtet werden.

(1) Die Forderung nach der Anschlussfähigkeit bedeutet nicht, Sachverhalte didaktisch so aufzubereiten, dass sie möglichst einfach strukturiert und eingängig sind. Denn dies führt „bei den Lernenden zu wenig Aktivität und unterfordert sie häufig. Die eigenständige Informationserschließung in komplexen Lernsituationen ist gleichbedeutend mit einem vorwiegend explorativen und assoziativen Lernen, bei dem das notwendige Wissen im Kontext des Vorwissens und der eigenen Erfahrung neu konstruiert wird" (Schmidt 2007, 115).

(2) Lerntheoretisch muss vor allem die Ähnlichkeitshemmung beachtet werden. Sie besagt, dass zwei Lerngegenstände, die inhaltlich oder begrifflich nah aneinander liegen, leicht verwechselt werden. Daher kann es sein, dass aufgrund der Nähe eines neuen Lerngegenstandes zu bereits Gelerntem Ersterer gar nicht als neu erkannt wird und somit als irrelevant zu lernen angesehen wird. Die Idee, gerade im Ähnlichen einen didaktischen Ansatzpunkt zu sehen, stellt sich lerntheoretisch als unfruchtbar dar. Zu Neuem angeregt wird durch die Konfrontation mit dem Fremden, nicht durch ein Wiederholen von bereits Bekanntem.

9.3.2. Kontextualisieren

Wissen und Können, das nicht in konkreten Situationen überprüft wird und sich in praktischen Verwendungszusammenhängen bewähren kann, droht zu verdorren und bedeutungslos zu werden (vgl. Noormann 2009, 57). Diese Erkenntnis ist nicht neu, muss aber für eine Diakonie-Didaktik konkretisiert werden.

Didaktische Reflexion darf nicht bei der Frage nach den Inhalten und den Wegen ihrer Erschließung stehen bleiben. Eine didaktische Reflexion diakonischer Bildung muss auch zwingend nach der Verwendung und dem Nutzen der Bildung fragen. Bildungsmaßnahmen frustrieren, wenn die gewonnenen Erkenntnisse letztlich keine Auswirkungen haben.[12] Die Frage nach dem Lerntransfer, der Anwendung und der Bewährung des Gelernten muss von vornherein berücksichtigt werden.

Die Ermöglichung und Förderung von Transferwirksamkeit ist ein zentraler Gegenstand der Professionalitätsentwicklung von Trainern, Beratern und Dozenten. Ein unter Pseudonym schreibender Kenner der Fortbildungs- und Trainerbranche schätzt, dass ca. 80 % der Seminare und Trainings am nachhaltigen Lerntransfer scheitern. Dies gilt auch dann, wenn die Teilnehmer mit dem Gelernten zufrieden sind und positive Rückmeldungen bezüglich der Anwendbarkeit und Umsetzungsfähigkeit des Gelernten betonen (vgl. Gris 2008).

Als besonders nachhaltig gilt das Lernen in konkreten Situationen. Da es sich bei diakonischer Bildung jedoch nicht um ein *On-the-job*-Training handelt, kann die Nachhaltigkeit nicht durch einen unmittelbaren Praxisbezug geleistet werden. Stattdessen müssen angemessene Kontextualisierungsbemühungen in den Mittelpunkt der didaktischen Reflexion rücken. Didaktische Reflexion kann nun nicht sämtliche Verwendungszusammenhänge berücksichtigen. Stattdessen sollten aber die potenziellen Bildungsinhalte einer kritischen Prüfung unterzogen werden, ob sie zumindest grundsätzlich in der Lage sind, der Praxiswirklichkeit der Diakonie gerecht zu werden.

Wie können die Erkenntnisse mit dem diakonischen Alltag verknüpft werden? Diakonisches Tätigsein setzt gerade bei den unscheinbaren Haltungen und Handlungen des diakonischen Alltags an, nicht erst bei ethischen Dilemmasituationen oder religiösen Spezialfragen. Transferleistungen benötigen einen geübten Blick für Alltägliches. Wichtig für den Lerntransfer ist es, gerade auch den unspektakulären Auswirkungen und Konkretionen Aufmerksamkeit zu schenken. Einen Ansatz bieten die Dimensionen des diakonischen Kompetenzmodells. Relevanz meint also nicht eine Verwertbarkeit oder Verzweckung, sondern eine Anwendung und Bezogenheit auf diakonische Kompetenz. Relevanz bedeutet demnach: Was leisten die gewonnenen Erkenntnisse für die Entstehung diakonischer Kompetenz?

9.3.3. Irritieren

Es klang bereits mehrfach an, dass Irritierendes und Befremdendes didaktisch fruchtbar sein kann. In konstruktivistischer Sicht stellt es geradezu die Voraussetzung dar, Neues lernen zu wollen und entdecken zu können.

---

[12] Die Umsetzung der gewonnenen Erkenntnisse in der Praxis muss auch tatsächlich gewollt sein. „Oft verpufft gerade an dieser Stelle viel Energie und Geld. Mitarbeitende kommen hoch motiviert aus einer Fortbildung, haben Ideen, was vor Ort anders gehen könnte und erleben, dass niemand danach fragt und jeder Änderungsvorschlag abgelehnt wird. Solche Erfahrungen lassen die Motivation zur Fortbildungsteilnahme massiv sinken" (Hofmann 2008d, 170). Dies überschreitet die Möglichkeiten diakonischer Bildung, muss aber trotzdem Gegenstand der didaktischen Reflexion sein.

„Die sanfte Gewalt des Verstehens beraubt dem Fremden seine dunkle Eigenständigkeit. Verstehensfanatiker müssen sich zurückhalten. Es geht nicht um allseitige Versöhnung, sondern um Achtung des Fremden. Es ist durchaus wertvoll, Ratlosigkeit zu thematisieren und gelegentlich desorientiert nach Hause zu gehen, ohne verstanden zu haben. Das spricht doch nicht gegen pädagogische Anstrengung, die Welt zu verstehen und ihre Logiken, Rituale und Ordnungen Schülern zu vermitteln. Es jedenfalls zu versuchen. Aber ihre eigene Welt können Jugendliche (und Erwachsene) nur dann entwerfen, wenn ihnen das als sinnvoll-beunruhigend vermittelt wird, was fremd, dunkel, widersprüchlich ist. Bestätigungsdidaktik dagegen sucht im Fremden, Neuen und Unvertrauten nur die Bestätigung des schon Bekannten, des Eigenen“ (Zilleßen 2004, 11-12).

Wenn altbekannte Deutungsmuster durchkreuzt und aufgebrochen werden sollen, braucht es ein irritierendes Moment. Solch ein irritierendes Moment kann gerade die Theologie bieten. Die Theologie mag eine fremde und befremdende Perspektive zur Deutung der Welt anbieten (vgl. Bohlen 2006, 29). Theologie hat Kraft, wenn sie irritiert und befremdet. Dies ist ein wichtiges Moment, das dazu beitragen kann, neue Zugänge zu eröffnen und bestehende Praxis zu reflektieren. Die diakonische Bildung sollte das irritierende, befremdende Potenzial der Theologie für sich zu nutzen wissen. Das didaktische Potenzial der Theologie liegt gerade darin, zu befremden, in Frage zu stellen, zu beunruhigen und anzuregen. Dies sollte sich die diakonische Bildung zu Nutze machen.

Die Möglichkeit theologischer Irritation und Inspiration wird den Forderungen einer ermöglichungsdidaktischen Grundhaltung gerecht. Denn sie widersteht der Versuchung, Theologie grundlegend vermitteln zu wollen. Vermittlungsorientierte Lehr-/Lernprozesse stehen leicht in der Gefahr, dem Phänomen der „erlernten Hilflosigkeit“ Vorschub zu leisten, und so die Lernenden gerade nicht zu befähigen. Dieses Phänomen potenziert sich durch die für die nicht theologisch Vorgebildeten als unüberschaubar empfundene Breite und Tiefe des theologischen Wissenssystems. Theologie wirkt dann erschlagend und desorientierend.

Theologie muss anschlussfähig sein, ohne sich anzubiedern und dabei ihre Eigenheit bewahren, ohne unverständlich zu sein. Eine Problemorientierung oder Erfahrungsorientierung führt oft zu einer Dominanz von gesundheits- oder sozialberuflicher Fachlichkeit, theologische Inhalte wirken dann wie angeheftet. Wird stärkeres Gewicht auf das ‚Theologische' am ‚Diakonischen' gelegt, besteht die Gefahr einer reinen Vermittlungsdidaktik. Es werden dann theologische Inhalte eingeführt, die als grundlegend gelten (oder von denen dies angenommen wird), ohne dass dadurch ein theologischer Gehalt des diakonischen Arbeitens und Handelns erschlossen würde.

Die irritierende – in konstruktivistischer Sprache: die perturbierende – Kraft der christlichen Botschaft kann eigenständige Lernprozesse anregen. Es spricht einiges dafür, auf diese Kraft zu vertrauen und nicht in obsolete Vermittlungsmuster zurückzufallen. Theologische Erkenntnisse müssen existenziell entdeckt werden, um erschlossen zu werden. Methodisch kann hier auf eine breite Palette der Religionspädagogik zurückgegriffen werden.

9.3.4. Orientieren

Natürlich darf es nicht bei der Irritation bleiben. In konstruktivistischer Sicht besteht eine didaktische Grundaufgabe darin, den an diakonischen Bildungsprozessen Beteiligten Orientierung zu ermöglichen. Orientieren meint hier kein *Vermitteln von Inhalten*, sondern das *Navigieren durch die möglichen Inhalte*. Im Bildungsprozess geht es weniger um eine Wissensvermittlung, sondern vielmehr um eine „zusammenfassend-strukturierende Kraft, die das Vorhandene zu ordnen und im Hinblick auf weiterführende Fragestellungen zu öffnen vermag" (Arnold 2007, 8). Diese strukturierende Kraft ist mit der Bewegung des Orientierens gemeint.

Orientierendes Lernen ist gerade bei polyreferenziellen Gegenständen wie der Diakonie nötig (vgl. Schmidt 1997, 50). Die anstehende Aufgabe heißt dann, „in der Unübersichtlichkeit Korridore der Orientierung zu schaffen, die nicht vorschreiben, aber Richtungen anbieten" (Sachau 2001, 7). Dies ist zudem das zentrale Anliegen der evangelischen Erwachsenenbildung (vgl. Kirchenamt der EKD 1997a, 49-50). Doch wie kann das gelingen?

Besonders hilfreich erweist sich das Anbieten begrifflichen Werkzeugs. Dies wird beispielsweise geleistet durch die Suche nach relevanten, strukturbildenden Unterscheidungen im Diakonieverständnis. Etliche weitere ‚Navigationshilfen' sind möglich. Das Anbieten von strukturierenden Leitunterscheidungen ist ein wirkungsvoller Ansatz, Orientierungen zu ermöglichen und eigenständig Standpunkte zu entwickeln. Hierbei kann gut an die verschiedenen Vorverständnisse angeschlossen werden – auch Missverständnisse, Vorurteile und Klischees können aufgenommen werden –, die durch die strukturierenden Leitunterscheidungen oft produktiv überwunden werden können. Lernende sollen befähigt werden, „ihr eigenes Unterscheidungsmanagement beobachten zu können, das heißt, kognitiv selbständig und eigenverantwortlich werden zu können" (S. Schmidt 2001, 30).

Gegenstand des Bildungsprozesses sind dann keine normativ vorgegebenen Diakonieverständnisse, die vermittelt werden, um eine Orientierung vorzugeben, sondern als relevant identifizierte Unterscheidungen, die an die neuralgischen Punkte der Diakonieverständnisse heranführen, um so Orientierung zu ermöglichen. Die didaktische Kunst liegt dann darin, angemessene – das heißt relevante – Unterscheidungen anzubieten und einzuführen, damit sich die Lernenden selbst einen Zugang zum Diakonischen erschließen können. Es gibt eine Reihe von Unterscheidungen, die helfen können, dem inhaltlichen Gehalt diakonischer Identität auf die Spur zu kommen (vgl. Zitt 2006, 340).

Folgende wichtige Unterscheidungen wurden bereits in Kapitel 1 eingeführt:

- die Unterscheidung zwischen sektoralem und dimensionalem Diakonieverständnis (1.3.1.),
- die Unterscheidung zwischen normativem und deskriptivem Diakonieverständnis (1.3.1.)
- und die Unterscheidung zwischen Konstitutiva und Spezifika des Diakonischen (1.4.).

Diese drei Unterscheidungen berühren grundlegende Fragen des Diakonieverständnisses. Sie sind daher didaktisch von hoher Relevanz und erweisen sich als äußerst hilfreich, um Orientierungen im Feld diakonischen Bildungsgeschehens zu ermöglichen.

Darüber hinaus gibt es eine Vielzahl weiterer Unterscheidungen, die nur in bestimmten Kontexten relevant und hilfreich sind. Exemplarisch sollen daher einige weitere Unterscheidungen genannt werden, um zu verdeutlichen, dass diese Herangehensweise ergiebig ist und immer wieder ergänzt werden kann.

Profil – Besitzstand: Leicht erliegt man dem Kurzschluss, bei der Aufzählung möglicher diakonischer Profilelemente lediglich Besitzstände der Diakonie zu nennen. Subsidiaritätsprinzip, Gemeinnützigkeit, Planstellen von Pfarrern, Anstaltskirchengemeinden etc. sind allesamt Kennzeichen für diverse Errungenschaften der Diakonie, sie beschreiben aber nicht das eigentliche Proprium der Diakonie.

Bekenntnis zur Diakonie – Begründung der Diakonie: Diakonie als Lebens- und Wesensäußerung der Kirche ist ein Bekenntnis der Kirche zur Diakonie. Diese oft zitierte Formel stellt allerdings noch keine Begründung dar, warum und wozu die diakonische Dimension der Kirche existiert und beitragen soll.

Dienstleistungsdiakonie – Diakonie als Kontrastgesellschaft: Diakonie handelt als ökonomisch rationaler Anbieter des Sozialmarkts. Diakonie hilft dann, wenn „eine gesicherte Finanzierung gegeben ist“ (Fleßa 2008, 65). Diakonie als Kontrastgesellschaft will „durch ihre eigene exemplarische Existenz ‚Salz der Erde‘ und ‚Licht der Welt‘“ sein und so die Welt verändern (Bedford-Strohm 2008, 20). Das Engagement der Diakonie ist dann vorübergehend, exemplarisch und zeichenhaft.

Bekennende Gemeindediakonie – volkskirchliche Diakonie: „Bei allen Richtungsentscheidungen, die in Kirche und Diakonie zu treffen sind, gibt es grundsätzlich zwei Optionen: zum einen den Weg der ‚bekennenden Gemeindekirche‘ und zum anderen den Weg der ‚öffentlichen Volkskirche‘. Beiden Optionen entspricht jeweils eine Strategie, eine Position für die Diakonie: *entweder* nimmt sie bewusst ihre Mitverantwortung in einem flächendeckenden, staatlichen Sozialwesen zurück, beschränkt sich auf die ‚kleine Diakonie‘ an den Kirchenmitgliedern; *oder* sie wirkt aus christlicher Verantwortung und als Antwort auf die konkrete Bedürftigkeit der Menschen in großem Stil an der Fortentwicklung des Sozialstaates mit. Also: entweder ‚bekennende Gemeindediakonie‘ oder ‚offene Volksdiakonie‘“ (Degen 2003, 156).

10. Diakonische Elementaria – Anregungen aus bildungstheoretischer Sicht

In konstruktivistischer Perspektive stellt das Diakonische vor allem eine subjektive Konstruktionsleistung dar (Kapitel 9). Doch was besagt dies über die Diakonie selbst? Wird damit Diakonie zu einem völlig beliebigen Wahrnehmungsphänomen? Die Überlegungen im ersten Kapitel haben schließlich gezeigt, dass das Phänomen Diakonie der kontextuellen Deutung bedarf (vgl. 1.3.), aber dass von einem beliebigen Gegenstand nicht die Rede sein kann (vgl. 1.2. und 1.5.).

Diakonische Bildung ist auf die Erkenntnisse der konstruktivistisch orientierten Didaktik angewiesen. Allerdings darf die didaktische Reflexion diakonischer Bildung nicht alleine in diesen Ansätzen aufgehen, denn dann wäre sie ausschließlich formaldidaktisch ausgerichtet. Die bildungstheoretische Didaktik will materiale und formale Bildung in einen gegenseitigen Verweisungsprozess stellen. Diakonische Bildung kann nicht ohne bildungstheoretisches Fundament auskommen. Daher wird ausgehend von der Grundlage der bildungstheoretischen Didaktik, der gegenseitigen Erschließung von Subjekt und Objekt (10.1.), nach dem Gegenstand diakonischer Bildung gefragt (10.2.). Dies mündet in den Versuch, *diakonische Elementaria* zu benennen, die geeignet erscheinen, das Diakonische didaktisch zu erschließen (10.3.).

10.1. Gegenseitige Erschließung von Subjekt und Objekt

Die bildungstheoretische Didaktik setzt bei der Spannung zwischen formal- und materialorientierter Bildung an. Wolfgang Klafki hat dazu den wesentlichen Beitrag mit seinem Konzept der kategorialen Bildung vorgelegt (vgl. Klafki 1957). Der Kern der bildungstheoretischen Didaktik besteht in dem Bemühen, die formal- und material-didaktischen Aspekte aufeinander zu beziehen, miteinander zu verschränken und so letztlich auch miteinander zu versöhnen (vgl. 2.1.). Zwischen beiden bestehen gegenseitige Verweisungszusammenhänge. Dies bezeichnet Klafki als „kategoriale Bildung". Klafki beschreibt Bildung als den dialektischen Prozess einer „doppelseitigen Erschließung" von Subjekt und Objekt:

> „Bildung ist Erschlossensein einer dinglichen und geistigen Wirklichkeit für einen Menschen – das ist der objektive oder materiale Aspekt; aber das heißt zugleich: Erschlossensein dieses Menschen für diese seine Wirklichkeit – das ist der subjektive oder formale Aspekt. […] Diese doppelseitige Erschließung geschieht als Sichtbarwerden von allgemeinen, kategorial erhellenden Inhalten auf der objektiven Seite und als Aufgehen allgemeiner Einsichten, Erlebnisse, Erfahrungen auf der Seite des Subjekts" (Klafki 1970, 43).

Die gegenseitige Verweisung von Subjekt und Objekt, also die Doppelbewegung zwischen den Lernenden und den Inhalten, ist das entscheidende Moment des Erschließens. Dabei betont die bildungstheoretische Didaktik das Moment des Erschlossen*seins* und des Erschlossen*werdens*. Im Gegensatz dazu heben die konstruktivistischen Ansätze vor allem die subjektive Konstruktions*leistung* hervor. Die bildungstheoretische Didaktik versteht Bildung letztlich als einen *unverfügbaren Prozess*. Gerade vor diesem Hintergrund setzt Nipkows Verständnis von Bildung als „Veränderung durch Widerfahrnisse" an (vgl. Abschnitt 2.2.).

Wie kann sich solch ein gegenseitiges Erschließen vollziehen? Wie müssen Bildungsinhalte bestimmt sein und ausgewählt werden, die diese kategoriale Erschließung zu leisten vermögen? Die didaktische Analyse, ein Kernstück der bildungstheoretischen Didaktik, fragt nach der Gegenwartsbedeutung, der Zukunftsbedeutung, der Struktur des Inhalts, der exemplarischen Bedeutung und der Zugänglichkeit. Diese Analyse setzt allerdings bereits gegebene und damit als – mehr oder weniger – unstrittig geltende Bildungsinhalte voraus.[1]

Grundlegender ist die Frage nach dem Verhältnis von Fundamentalia, Elementaria und Exemplaria. Klafki sucht nach dem allgemeinen Prinzip, dem Grundproblem, dem dahinter liegenden Gesetz oder Wert, dem „Unsichtbar-Gegenständlichen" (Klafki 1958, 454). Das Fundamentale und das Elementare kennzeichnen das Verhältnis des Allgemeinen zum Besonderen. Inhalte, die die Strukturen, Gesetze oder Prinzipien des Allgemeinen oder des Besonderen anschaulich werden lassen, werden als exemplarisch[2] bezeichnet:

> „Die Unterscheidung zwischen Elementarem und Fundamentalem deutet auf eine aufweisbare ‚Schichtung' bzw. ‚Stufung' in den Bildungsgehalten hin: Der Begriff des Fundamentalen meint die Prinzipien, Kategorien, Grunderfahrungen, die einen geistigen Grundbereich […] konstituieren: das ‚Geschichtliche', das ‚Politische', den durch wenige methodische Grundprinzipien begründeten Weltaspekt, den wir ‚Physik' nennen usw. ‚Elementaria' heißen die innerhalb solcher Grundbereiche auftretenden entscheidenden Inhalte und Zusammen-

---

1 Klafki formulierte diesbezüglich fünf Grundfragen als Strukturierungshilfe. Die Fragen dienten also dazu, die Inhalte zu konkretisieren und sie zugleich auf ihren Bildungsgehalt hin zu prüfen. Die fünf Strukturierungsfragen lauten: „I. Welche Bedeutung hat der betreffende Inhalt bereits im geistigen Leben der Kinder meiner Klasse, welche Bedeutung sollte er – vom pädagogischen Gesichtspunkt aus gesehen – darin haben?"; „II. Worin liegt die Bedeutung des Themas für die Zukunft der Kinder?"; „III. Welches ist die Struktur des (durch die Fragen I und II in die spezifisch pädagogische Sicht gerückten) Inhaltes?"; „IV. Welchen allgemeinen Sachverhalt, welches allgemeine Problem erschließt der betreffende Inhalt?"; „V. Welches sind die besonderen Fälle, Phänomene, Situationen, Versuche, in oder an denen die Struktur des jeweiligen Inhaltes den Kindern dieser Bildungsstufe, dieser Klasse interessant, fragwürdig, zugänglich, begreiflich, ‚anschaulich' werden kann?" (Klafki 1958, 457, 457, 458, 460, 460).

2 Eine exemplarische Auswahl hat allerdings nichts mit dem viel zitierten ‚Mut zur Lücke' gemeinsam (vgl. dazu Derbolav 1957, 54-55). Auch geht es nicht um eine Vereinfachung (im Sinne einer didaktischen Reduktion), um eine Zerlegung des Inhaltes in ‚elementare' Teile (die im Unterrichtsgeschehen lediglich in eine Abfolge gebracht werden müssen) oder um elementare Inhalte im Sinne von leicht verständlichen Inhalten.

hänge, insofern sie sich als für die Bildung junger Menschen wesentlich aufzeigen lassen. Sowohl die ‚Fundamentalia' als auch die ‚Elementaria' müssen jeweils ‚exemplarisch' am eindrucksvollen, fruchtbaren Beispiel gewonnen werden. Und Inhalte dürfen insofern pädagogisch-exemplarisch [...] heißen, als sie Fundamentales oder Elementares aufzuschließen vermögen" (Klafki 1961, 191).

Klafki unterscheidet insgesamt acht Grundformen des Elementaren:[3] das Exemplarische im engeren Sinne, das Typische, das Klassische, das Repräsentative, das Symbolisch-Gleichnishafte, die einfachen Zweckformen, die einfachen ästhetischen Formen, Grunderfahrungen bzw. Grunderlebnisse.

Sichtet man Diakonie-Unterrichtsentwürfe für den Konfirmandenunterricht, Kleinschriften aus dem Bereich der diakonischen Einrichtungen oder den einen oder anderen Seminarentwurf von Fortbildnern, scheinen sich Klafkis Grundformen des Elementaren durchaus entdecken zu lassen: In der Auslegung des Dienstgedankens in der Tradition der Diakonissen wird die nächstenliebende Zuwendung als *das Klassische* der Diakonie dargestellt. Johann Hinrich Wichern oder Friedrich von Bodelschwingh werden gern als Gründergestalten der Diakonie eingeführt, die in ihrem Denken und Handeln *das Repräsentative* des Diakonischen darstellen. Etliche weitere Beispiele lassen sich finden. Doch in einem solchen Verständnis zeigen sich didaktische Fehlschlüsse. Denn Klafkis Grundformen des Elementaren sind gerade nicht unmittelbar auf den diakonischen Bereich zu übertragen.

Auch wenn die bildungstheoretische Didaktik lange Zeit der vorherrschende Theorieentwurf war, konnte sie in der Übertragung auf den Lehralltag nicht das Potenzial entfalten, was in ihr angelegt war.[4] Der Anspruch der bildungstheoretischen Didaktik erfüllt sich vor allem auf der Ebene der Theoriebildung.

---

[3] Klafki nennt zunächst sieben unterschiedliche Grundformen des Elementaren in seiner „Theorie der Kategorialen Bildung", ab der zweiten Auflage (1963) ergänzt er diese um das *Symbolisch-Gleichnishafte*, das Josef Derbolav herausgearbeitet hat (vgl. Derbolav 1957).

[4] Zudem gab es auch Kritik am bildungstheoretischen Verständnis: Die bildungstheoretische Didaktik orientiere sich vor allem an Mittelschicht und Bürgertum, der Entwurf sei daher konservativ und letztlich herrschaftsstabilisierend. Zudem sei er empirisch zu wenig abgesichert (vgl. hierzu Schröder 2003, 101), Lernziele ließen sich nur schwer ableiten. Schließlich sei diese Didaktik praxisfern, da sie methodische Fragen schlicht vernachlässige (vgl. Jank/Meyer 2005, 228-229). Klafki reagierte Mitte der 1980er Jahre auf diese Kritik und entwickelte seinen Ansatz weiter zur kritisch-konstruktiven Didaktik. In dieser Weiterentwicklung reagiert Klafki auf den Vorwurf, dass seinen Überlegungen eine gesellschaftskritische Haltung fehle. Klafki nennt nun drei didaktische Zielbestimmungen: Selbstbestimmung, Mitbestimmung und Solidarität: „Die generelle Zielbestimmung des Unterrichts wird hier darin gesehen, den Lernenden Hilfen zur Entwicklung ihrer *Selbstbestimmungs-* und *Solidaritätsfähigkeit*, deren eines Moment *Mitbestimmungsfähigkeit* ist, zu geben" (Klafki 1987, 12). Mit diesen drei didaktischen Leitzielen wird das kritische Moment der kritisch-konstruktiven Didaktik betont. Als konstruktiv versteht sie sich, da sie nicht bloß auf eine reproduktive Übernahme der vorgegebenen Inhalte zielt, sondern über den vorgegebenen institutionellen Rahmen hinaus wirksam sein will. Es geht um die Aneignung „selbständiger Erkenntnisse und Erkenntnisformen, Urteils-, Wertungs- und Handlungs-

Klafkis Arbeiten wurden auch in der Religionsdidaktik aufgegriffen und als Elementarisierungsansatz weitergeführt. Elementarisierung als religionspädagogische Aufgabe ist erforderlich, weil die didaktische Analyse der bildungstheoretischen Didaktik für den Bereich von Theologie und Religion zu unspezifisch blieb. So bleibt beispielsweise die Frage nach dem gewiss machend Wahren in den fünf Fragen der didaktischen Analyse Klafkis unberücksichtigt. Der religionsdidaktische Ansatz der Elementarisierung will von vornherein religionsdidaktische Spezifika berücksichtigen (vgl. Schweitzer 2000, 246).[5] Besonders ist der von Karl Ernst Nipkow und Friedrich Schweitzer entwickelte „Tübinger Ansatz" der Elementarisierung zu nennen: ein erfahrungshermeneutischer Ansatz mit bildungstheoretischem Anspruch, der auf Erkenntnissen der entwicklungspsychologischen Forschung fußt. Verortet ist er in der empirischen Religionspädagogik (vgl. Schweitzer 2003c, 204-208). Der Tübinger Elementarisierungsansatz schließt an Klafkis Begriffe des Fundamentalen, Elementaren und Exemplarischen an und kann als Fortführung der Impulse der bildungstheoretischen Didaktik verstanden werden (vgl. Nipkow 1988, 600).

Essenziell ist hier ebenfalls die Doppelbewegung zwischen Inhalten und Lernenden. Diese Doppelbewegung von Sache und Person wird mit Hilfe von vier Elementarisierungsdimensionen mehrperspektivisch entfaltet: *elementare Strukturen, elementare Wahrheiten, elementare Erfahrungen, elementare Zugänge* (zunächst als elementare Anfänge bezeichnet). Später wurden diese vier Dimensionen um eine fünfte ergänzt: um die *elementaren Lernformen*. Die erste Elementarisierungsdimension der „elementaren Strukturen" knüpft direkt an Klafkis didaktische Analyse an. Die weiteren Elementarisierungsdimensionen gehen einen eigenständigen Weg. Die vier bzw. fünf Elementarisierungsdimensionen beziehen sich im Gegensatz zu Klafkis Ansatz auf den Bereich des Religiösen, aber auch hier ist noch keine direkte Anwendung für den diakonischen Bereich gegeben. Zudem stellt sich eine weitere Schwierigkeit ein: „Als eigentlich profilbildend wird – trotz der genannten Aspekte, die nicht weniger wichtig sind – beim Elementarisierungsansatz vielfach die Frage nach *entwicklungsbedingten elementaren Zugängen* angesehen" (Schweitzer 2000, 246). Doch im Gegensatz zu der regen religionspsychologischen Forschungstätigkeit bei Schulkindern gibt es keine ähnlichen Untersuchungen, die für Diakonie-Mitarbeitende fruchtbar gemacht werden könnten.

---

möglichkeiten zur reflexiven und aktiven Auseinandersetzung mit ihrer historisch-gesellschaftlichen Wirklichkeit" (Klafki 1987, 12). Daneben ergänzte Klafki die fünf Grundfragen zur didaktischen Analyse um zwei weitere Fragen, die deutlich pragmatische Aspekte der Unterrichtsgestaltung aufgriffen. Außerdem formulierte er „epochaltypische Schlüsselprobleme", auf die sich Selbstbestimmungs-, Mitbestimmungs- und Solidaritätsfähigkeit beziehen.

5 Elementarisierung meint nicht eine Konzentration theologischer Inhalte, dies wird als Elementartheologie bezeichnet, von der sich der didaktische Elementarisierungsansatz deutlich unterscheidet.

Festgehalten werden kann aber: Die bildungstheoretische Perspektive betont den gegenseitigen Erschließungsprozess von Subjekt und Objekt. *Diakonische Bildung kann in bildungstheoretischer Perspektive daher verstanden werden als ein Erschließungsprozess, der zugleich die ‚Sache' des Diakonischen und die ‚Person' des Lernenden umfasst.*

Es bietet sich daher an, diakoniespezifische Elementaria freizulegen, die sich zur gegenseitigen Erschließung von Sache und Person eignen. Dies wird im Abschnitt 10.3. versucht. Zuvor soll aber die Frage geklärt werden, welchen Kriterien die möglichen Bildungsinhalte genügen müssen.

10.2. Die Frage nach dem Gegenstand diakonischer Bildung

Themen, Fakten oder Sachverhalte, Denkmuster, Ideen oder Interpretationen, aber auch Ahnungen, Emotionen und Erfahrungen können Gegenstand diakonischer Bildung sein. Um auch tatsächlich von *Bildungs*- und nicht bloß von *Lern*inhalten sprechen zu können, müssen die möglichen Inhalte einen Bildungsgehalt aufweisen.[6] Dieser erweist sich darin, dass der genannte doppelseitige Erschließungsprozess ermöglicht wird.

Was sollte man von Diakonie wissen, kennen, können oder erfahren haben, um das Diakonische wahrnehmen, reflektieren oder verstehen zu können? Dass Johann Hinrich Wichern 1833 in Hamburg das Rauhe Haus gründete, dass das Diakonische Werk der EKD ein Spitzenverband der Freien Wohlfahrtspflege ist, dass der neutestamentliche Begriff *diakonia* etwas anderes meint als unser heutiger Diakoniebegriff, dass Diakonie als Grunddimension der Kirche verstanden werden kann – all dies sind Fakten, deren Kenntnis weder einen Gewinn noch einen Schaden darstellt. Wenn diese Inhalte allerdings einen Weg zum beschriebenen Erschließungsprozess des Diakonischen bahnen, dann sollten sie Gegenstand diakonischer Bildung sein – aber nur dann.

Konkrete Handlungen können nicht benannt werden, da es keine diakoniespezifischen Handlungen gibt. Das Gleiche trifft auf Aufgaben und Arbeitsfelder zu (vgl. 6.2.). Grundwissen kann nur dann benannt werden, wenn Eindeutigkeit darüber besteht, für welches (umfassendere) Wissen es die Basis bildet. Doch auf eine diakoniewissenschaftliche Wissenstaxonomie kann nicht zurückgegriffen werden (vgl. 6.1.). Aus dem analogen Grund – dem Fehlen eines diakoniewissenschaftlichen Gesamtentwurfs – können Inhalte auch nicht deduktiv abgeleitet werden. Die von diakonischen Einrichtungen oft genannten (Einzel-) Elemente diakonischen Profils sind in der Regel theoriearm und von vornherein intentional ausgewählt, um eine Unterscheidbarkeit gegenüber anderen Anbietern zu markieren.

---

[6] Der Begriff des Bildungsgehaltes wurde zuerst von Otto Willmann geprägt: „Wir unterscheiden von dem Gesamtgehalt eines Lehrgegenstandes dessen Bildungsgehalt und verstehen unter dem letzteren die Teile und Momente des ersteren, von welchen dessen Bewurzelung und Verinnerlichung ausgeht, und von deren Haften oder Nichthaften der Wert des Lernens und des Übens wesentlich abhängt" (Willmann 1957, 326 [1882]).

Im Folgenden werden nun zunächst Kriterien für die Auswahl der Bildungsinhalte aufgestellt (10.2.1.). Anschließend werden Ansätze einer möglichen Inhaltsauswahl skizziert (10.2.2.).

10.2.1. Kriterien für die Auswahl von Inhalten

In bildungstheoretischer Perspektive lassen sich Kriterien benennen, die bei der Auswahl möglicher Bildungsinhalte berücksichtigt werden müssen. Zunächst werden vier Punkte als Negativkriterien formuliert (1.-4.). Sie beschreiben, was bei der Auswahl vermieden werden muss. Danach werden zwei Kriterien vorgestellt, die die Inhaltsauswahl leiten sollen (5.-6.).

(1) *Vermeidung einer Abbilddidaktik:* Es genügt nicht, fachwissenschaftliche Inhalte (der Diakoniewissenschaft, der Theologie, der Sozialwissenschaften etc.) auszuwählen und methodisch zu arrangieren. Die bildungstheoretische Didaktik verwehrt sich gegen ein simples Abbilden der Fachlogik.

(2) *Vermeidung einer Auswahl ausschließlich unter Anwendungsgesichtspunkten:* Auch wenn die möglichen Bildungsinhalte immer auf ihre Anwendungsmöglichkeiten hin mit reflektiert werden, darf dies in keiner Weise als eine reine Verwertbarkeit missverstanden werden. Es kann durchaus sein, dass bestimmte diakonische Bildungsinhalte gegenläufig zur organisierten Diakonie stehen (vgl. Zerfaß 1992, 30). Dies unterscheidet Bildungsprozesse von innerbetrieblichen Qualifizierungsmaßnahmen.

(3) *Vermeidung einer Auswahl mit idealisierender Ausrichtung:* Idealisierungen, oft in Form von ‚Sternstunden der Diakoniegeschichte' oder ‚diakonischen Lebensbildern' führen eher zu Langeweile als zu Interesse: Diakonische Praxis wird dann „soweit idealisiert, dass sie langweilig wirkt" (Schmidt 2007, 121).[7] Zudem stehen diese Inhalte und Themen schnell unter Apologetikverdacht. Diakonie-Mitarbeitende haben hierfür in der Regel ein feines Gespür. Gelingende Erschließungsprozesse sind so von vornherein fraglich.

(4) *Vermeidung einer Auswahl mit der Intention einer christlichen Grundalphabetisierung:* Eine grundlegende Einführung in die Theologie bzw. eine christliche Grundalphabetisierung ist nicht das Ziel diakonischer Bildung. Entsprechende Inhalte sollten natürlich aufgegriffen werden, aber die Auswahl darf sich nicht ausschließlich an den Strukturen einer Elementartheologie oder von Glaubenskursen orientieren.

Damit die Inhalte – Begriffe, Themen, Denkmuster, Erfahrungen etc. – einen doppelseitigen Erschließungsprozess ermöglichen können, dass also mit ihrer Hilfe der sich Bildende das Diakonische erschließen kann und gleichzeitig das Diakonische einen Beitrag leistet für die Selbsterschließung, muss die Auswahl der Bildungsinhalte zwei Bedingungen gerecht werden: Die Bildungsinhalte

---

[7] Gerade das Lernen mittels „Lebensbildern", wirkungsgeschichtlich bedeutsamen Gründungsvätern und -müttern der Diakonie, war lange Zeit gang und gebe, wird mittlerweile allerdings problematisiert (vgl. Thierfelder 2000).

müssen *gleichermaßen theologisch wie sozialwissenschaftlich anschlussfähig* sein und darüber hinaus *gleichermaßen alltäglichen wie existenziellen Charakter* aufweisen.

(5) *Sozialwissenschaftliche und theologische Anschlussfähigkeit:* Die Inhalte sollen dazu beitragen, im sozialberuflichen Handeln (phänomenologische Ebene) Diakonisches entdecken zu können (interpretative Ebene). Gleichzeitig sollen sie Orientierung, Anregung, aber auch eine schöpferische Irritation für sozialberufliches Handeln bieten. Dies bedeutet gerade nicht, dass theologische Begriffe in sozialwissenschaftlichen aufgehen. Wäre dies der Fall, könnte konsequenterweise auf die theologischen Begriffe ganz verzichtet werden. Zudem gilt auch: Wenn das, was sich innerhalb der Diakonie vollzieht, ausschließlich mit sozialberuflichen oder sozialpolitischen Kategorien reflektiert wird, findet sich auch nur Sozialberufliches oder Sozialpolitisches in der Diakonie. Das bedeutet, das die gesuchten Bildungsinhalte über rein sozialpolitische oder sozialwissenschaftliche Momente hinausweisen müssen. Dies gilt ebenso für theologische Reflexionskategorien: Werden theologische Interpretationsmuster genutzt, bilden sich systematisch-theologische Strukturen in dem ab, was als Diakonie erkannt wird. *Die Inhalte müssen in beide Richtungen – theologisch wie sozialwissenschaftlich – anschlussfähig sein.* Wenn sie unverbunden nebeneinander stehen, können sie keine Resonanz erzeugen. Ebenfalls werden sie resonanzlos bleiben, wenn sich sozialwissenschaftliche und theologische Inhalte als kongruent erweisen.

(6) *Alltäglicher wie existenzieller Charakter:* Die Bildungsinhalte müssen sowohl einen Bezug zum Alltag der Diakonie aufweisen als auch existenzielle Fragen berühren. Das heißt, sie müssen einerseits dem diakonischen Alltag gerecht werden, gleichsam in ihm geerdet sein. Bei der Analyse zur Aufgabe der Theologie in der Diakonie (7.1.) zeigte sich unter anderem die Tendenz, vor allem ethische Dilemmasituationen und Grenzsituationen von ‚Leben und Tod' diakonisch-theologisch zu reflektieren. Diese Tendenz spiegelt sich auch im Angebot diakonischer Fortbildungen wieder. Diakonische Bildung hat aber ein *grundsätzliches* Interesse am Diakoniegeschehen und damit gerade auch an der Routine, vielleicht sogar an der Langeweile, zumindest aber an der ‚Normalität' und Alltäglichkeit des Alltags. Diakonie wird nicht erst dann zur Diakonie, wenn sie sich aktionistisch oder dramatisch vollzieht. Nur so ist tatsächlich eine Wahrnehmung diakonischer Praxis möglich und nicht nur ihrer Randbereiche. Gleichzeitig müssen sie aber auch über den Alltag hinausweisen. Das heißt, sie müssen eine existenzielle Dimension aufweisen, etwas Existenzielles zum Klingen bringen, das Alltägliche nicht (nur) alltäglich sein lassen, sondern darüber hinausweisen, es vielleicht sogar transzendieren können. *Es geht um die Momente in der Diakonie, die alltäglich, aber trotzdem nicht gewöhnlich sind.*

10.2.2. Diakonische Schlüsselbegriffe als Ansatz zur Bestimmung des Bildungsgegenstandes

Welche Inhalte sind in der Lage, diakonische Wahrnehmungs- und Interpretationsgrößen anzubieten? Schaut man auf das weite Feld der diakonischen Bildungsangebote, sichtet die diakoniewissenschaftliche Fachliteratur oder befragt diakonische Fortbildner, zeigt sich gerade bei der Frage nach der Auswahl der

Themen und Aspekte, die helfen sollen, das Diakonische zu klären, eine gewisse Unsicherheit.

Innerhalb der diakoniewissenschaftlichen Literatur lassen sich durchaus einige Zusammenstellungen entdecken, die den inhaltlichen Kern der Diakonie näher beschreiben. In der Regel nutzen diese Ansätze oder Skizzen bestimmte Schlüsselbegriffe, die so den Gehalt des Diakonischen darstellen bzw. strukturieren. An dieser Stelle werden nun drei Ansätze genannt, bei denen ein grundlegendes Interesse an der Identifizierung diakonischer Schlüsselbegriffe erkennbar ist und bei denen die unterschiedlichen Modi der Bestimmung über eine rein intuitive Zusammenstellung hinausgehen.

Horst Seibert (1983): 12 Kriterien der Diakonie Jesu. Horst Seibert will die Konturen der „Diakonie Jesu" freilegen und so eine tragfähige Orientierung für die gegenwärtige Diakonie anbieten. Aus einer biblisch-theologischen Analyse entwickelt er zwölf Kriterien einer jesuanischen Diakonie, indem er die Besonderheiten des helfenden und heilenden Handelns kontrastiert mit dem Hilfehandeln seiner Zeit.[8] Kritisiert werden kann dabei die Grundannahme, Jesu Handeln als Prototyp diakonischen Handelns zu verstehen.[9] Bemerkenswert ist, dass hiermit der einzige Entwurf vorliegt, der sich auf der Ebene konkreter Operationalisierungen den theologischen Grundfragen der Diakonie nähert. Seiberts leitendes Interesse liegt in der Verständigung zwischen Theologie und Sozialwissenschaften. Die Kriterien sollen für Diakonie und Sozialarbeit Orientierungshilfen bieten. Sie fördern dabei die Verständigung zwischen Theologie und Sozialwissenschaften und zwischen „Theologen und nichttheologischen Mitarbeitern der Diakonie" (Seibert 1983, 249). Seibert nutzt die entwickelten Kriterien, um die gegenwärtige Diakonie einer Analyse zu unterziehen. Er untersucht, inwieweit die gegenwärtige Diakonie in Kontinuität mit der jesuanischen Diakonie steht, welche Elemente kontinuitätsbeeinträchtigend sind und wo es zu einem Abbruch solch einer Kontinuität kommt. Seiberts Anliegen ist also bereits ein didaktisches, ihm geht es um die Erschließung diakonischen Handelns und die Verständigung über Diakonie.

Kommission für zwischenkirchliche Hilfe, Flüchtlings- und Weltdienst (1982): Contemporary understanding of diakonia. Das Papier „Verständnis von Diakonie heute" ist das Abschlussdokument der Konsultation der „Kommission für zwischenkirchliche Hilfe, Flüchtlings- und Weltdienst" (CICARWS) 1982 in Genf. Grundannahme und Zielperspektive ist eine „Diakonie des Heilens und des Miteinander-Teilens" (Kinnomen 1983, 1). Acht Kennzeichen eines Verständnisses „von

---

8 Als solche nennt er: Befähigung bzw. Ermächtigung zur Hilfe; Besonderes Verhältnis zum Recht; Orientierung an Tradition, Erfahrung und Zukunftsvisionen; Mittlere Ebene; Integration; kein technisch-funktionales Hilfeverständnis; Reich Gottes-Bezug; Mit-Therapieren der Öffentlichkeit; Gegenwirkung – Mangelbehebung – Bewusstseinserweiterung; Ganzheit; Ich-Autonomie; Erweiterung des Gemeinschaftsverständnisses. Zur inhaltlichen Beschreibung siehe Seibert 2006, 155-158.

9 Vgl. hierzu Abschnitt 1.5.2.

Diakonie heute“ werden genannt: „Die Diakonie kann durch Schlüsselbegriffe gekennzeichnet werden wie: wesentlich, ortsverbunden, weltweit, vorbeugend, strukturell oder politisch, humanitär, wechselseitig, befreiend“ (ebd.). Das Papier fordert dazu auf, interpretiert zu werden. Auch hier steht also Verständigung über die Grundannahmen und deren Kontextualisierung im Vordergrund. Die genannten Schlüsselbegriffe stellen das Ergebnis eines diakoniepolitischen Konsensprozesses dar. Hervorzuheben ist, dass diese Schlüsselbegriffe grundlegend sind und von der Art her Gestaltungsprinzipien oder -ideen darstellen.[10] Sie werden in der diakoniewissenschaftlichen Literatur häufig zitiert, allerdings kaum – wie es das Papier beabsichtigte – neu interpretiert und auf konkrete gegenwärtige diakonische Kontexte bezogen. Die Bestimmung dieser Grundmerkmale durch einen kirchenpolitischen Konsensprozess stellt ebenfalls einen Auswahlmodus dar.

Autoren und Herausgeber des Handbuchs „Theologie und Soziale Arbeit“: Theologische Perspektiven in Arbeitsfeldern der Sozialen Arbeit. Das Handbuch *Theologie und Soziale Arbeit* (Krockauer/Bohlen/Lehner 2006) widmet sich unter anderem der Frage nach theologischen Anknüpfungspunkten in 14 exemplarischen Handlungsfeldern der Sozialen Arbeit (siehe auch Abschnitt 7.2.). Den einzelnen Autoren wurde die Aufgabe gestellt, jeweils ein konstitutives theologisches Moment für das von ihnen beschriebene Handlungsfeld zu benennen. Daneben wird ein sozialwissenschaftlich orientierter Begriff gestellt, beide zusammen strukturieren die Reflexion des Handlungsfeldes. So ergibt sich eine induktiv aus den Handlungsfeldern entwickelte Liste theologischer Schlüsselbegriffe, die hilfreich sind, den theologischen Gehalt Sozialer Arbeit zu erschließen. Entscheidendes Kriterium zur Bestimmung der jeweiligen Kernbegriffe scheint hier die Erfahrung mit dem Arbeitsfeld zu sein.

Die drei genannten Ansätze versuchen mittels einer Auswahl von als geeignet erscheinenden Schlüsselbegriffen den Kern des Diakonischen zu ergründen. So wollen sie zur Tiefenstruktur diakonischer Identität vordringen. Gerade die Ansätze von Horst Seibert und der Kommission für zwischenkirchliche Hilfe, Flüchtlings- und Weltdienst setzen dabei auf Muster bzw. Prinzipien, die im Klafki’schen Sinne als „elementar“ gelten können. Ohne Frage stellen die drei skizzierten Modelle bereits einen angemessenen wie pragmatischen Ansatz dar, den Bildungsgegenstand näher zu bestimmen. Doch es ist zu fragen, ob anstelle einer Benennung von Schlüsselbegriffen, die in der Regel stark von dem Kontext geprägt sind, in dem sie entstanden sind, nicht Klafkis Ansatz einer Bestim-

---

[10] Auch in einem anderen diakoniepolitischen Dokument wird Diakonie mittels Schlüsselbegriffen zu kennzeichnen versucht: Das Bratislava-Papier nennt 14 „Kernbegriffe“ der Diakonie. Leider sind diese unsystematisch und auf unterschiedlichen Abstraktionsebenen angesiedelt. Im Einzelnen werden genannt: „Agape, Glaube, Hoffnung, Fürsorge, Heilen, Versöhnung, Wiederaufbau, Partnerschaft, ökumenische Solidarität, Koinonia, Gerechtigkeit, Miteinanderteilen, Opferbereitschaft und Widerstand“ (Konferenz Europäischer Kirchen, abgedruckt in Strohm 1997, 512).

mung von Elementaria gelingen kann. Das bedeutet: Zunächst muss gefragt werden, welcher Art diese Aspekte sind (*diakonische Elementaria* oder *diakonische Elementarformen*). Erst dann ist es sinnvoll, konkrete Einzelaspekte zu bestimmen (im Folgenden werden diese Einzelaspekte – in bildungstheoretischem Verständnis entspricht dies den Exemplaria – *diakonische Momente* genannt).

Autor	Ansatz	Verfahren
Horst Seibert (1983)	12 Kriterien der Diakonie Jesu	Rekonstruktion jesuanischen Handelns; Handeln Jesu wird als Prototyp diakonischen Handelns verstanden
Kommission für zwischenkirchliche Hilfe, Flüchtlings- und Weltdienst (1982): Contemporary understanding of diakonia	8 Schlüsselbegriffe eines ökumenisch anschlussfähigen Diakonieverständnisses	ökumenische Konsensformulierung
Autoren/Herausgeber des Handbuchs „Theologie und Soziale Arbeit“ (2006; vgl. Abschnitt 7.2.)	Charakterisierung von Arbeitsfeldern mittels zweier Schlüsselbegriffen, einer jeweils explizit theologisch	Nicht näher beschrieben; wahrscheinlich erfahrungsbasiert

10.3. Konsequenzen: Diakonische Elementaria

Der entscheidende Fortschritt in der didaktischen Reflexion diakonischer Bildung, der über die Formulierung einzelner Schlüsselbegriffe hinausgeht, ist die Bestimmung der elementaren Grundformen des Diakonischen. Mithilfe diakonischer Elementaria können die konstitutiven – nicht spezifischen! (vgl. 1.4.) – diakonischen Momente bestimmt werden. Diese Momente kennzeichnen die Tiefenstruktur des Diakonischen.

Im Folgenden werden nun drei Elementarformen des Diakonischen beschrieben, die die Erschließung dieser Tiefenstruktur ermöglichen: *diakonische Grunderfahrungen, diakonische Gestaltungsmuster* und *diakonische Wirkrichtungen.* Diese drei elementaren Formen des Diakonischen werden anhand einer Auswahl diakonischer Momente exemplifiziert. Die ausgewählten Momente sollen dabei zahlenmäßig begrenzt bleiben, um ein gewisses Maß an Trennschärfe zu erreichen.

All diese Momente können dazu beitragen, den impliziten Charakter des Diakoniegeschehens zu explizieren. Damit erfüllen sie die beschriebene Herausforderung diakonischer Bildung, Implizites in Explizites zu überführen (vgl. Abschnitt 8.3.). Allerdings sind diese diakonischen Momente nicht zwangsläufig in der Aggregatform des expliziten Wissens darstellbar (vgl. Abschnitt 6.1.). Sie dürfen auch nicht als „eine scheinbar sakrosankte diakonische Zeichenwelt“ verstanden werden (Schmidt 2010, 5). Es geht daher weniger darum, sie zu vermitteln, sondern sie zu entdecken und ihren Gehalt freizulegen. Überliefert und konserviert werden die Momente mittels Versprachlichungen (Mythen, Leitbilder, Geschichten), Verkörperlichungen (Menschen, Orte, Häuser, Räume) und Versinnbildlichungen (Symbole, Rituale).

Die vorgeschlagenen diakonischen Momente sind auf der Grundlage der drei diakonischen Elementarformen Grunderfahrungen, Gestaltungsmuster und Wirkrichtungen ausgewählt und genügen den in 10.2.1. genannten Kriterien. Aber trotz des beschriebenen Reflexionsganges können die ausgewählten Momente einen gewissen Grad an Intuition nicht verbergen. Wenn diakonische Bildung bei dem wechselseitigen Erschließungsprozess des Diakonischen und des diakonisch Tätigen ansetzt, ist davon auch der Verfasser dieser Studie nicht ausgenommen: Ich kann nur die didaktischen Strukturen freilegen, die ich wahrnehmen kann und wahrnehmen will.

10.3.1. Diakonische Grunderfahrungen

Diakonische Grunderfahrungen sind diejenigen Erfahrungen, die entstehen können, wenn man sich dem Tiefengrund des Diakonischen aussetzt; sowohl willentlich als auch gezwungenermaßen. Diakonische Grunderfahrungen sind „ethosgenerierende Erfahrungen" (Schmidt 2010, 5). Auch Widerfahrnisse können solche diakonischen Grunderfahrungen sein.[11] Die Erfahrungen, die als diakonische Grunderfahrungen gelten können, sind existenzielle Erfahrungen. Sie sind anthropologisch, das heißt durch die *conditio humana*, vorgegeben und sie beziehen sich grundsätzlich auf alle Menschen in der Diakonie. Es handelt sich also um Erfahrungen, die über die Rollen von Helfenden und Betroffenen hinausreichen, wenngleich natürlich diese Rollen auf die Art der Erfahrung einen deutlichen Einfluss haben.

Wolfgang Klafki erkennt ebenfalls in Grunderfahrungen eine eigenständige Form des Elementaren: „Gewissen Bildungsinhalten kommt als Inhalten die Qualität des ‚Erfahrung- oder Erlebnis-Seins' zu; sie sind nicht bloß in Erfahrung bzw. Erlebnis zugänglich, sondern sie sind überhaupt nur als Erfahrung und Erlebnis existent. ‚Erfahrung' und ‚Erlebnis' können hier also nicht nur als Methoden oder Veranschaulichungsmittel gewertet werden, sondern sie sind die Seinsweise der Inhalte selbst" (Klafki 1964, 442). Während sich Diakonie in unendlich vielen *Erfahrungen* zeigt, spricht einiges dafür, dass die Anzahl diakonischer *Grund*erfahrungen begrenzt ist. Nur um Letztere soll es hier gehen.

Welche Erfahrungen können nun als solche gelten, die das Diakonische erschließen können? Berührtwerden, Angewiesensein und Gebrauchtwerden, aber auch die Erfahrung einer existenziellen Gleichheit erscheinen bereits auf den ersten Blick als diakonisch bedeutsame Grunderfahrung. Die nächsten beiden Momente heben zeitliche Dimensionen hervor: die Erfahrung von Kairos und von Rhythmus. Da sich Diakonie mit Not und Leid, mit den Schwierigkeiten und Schattenseiten des Lebens auseinandersetzt, sind die folgenden vier Grund-

---

[11] Vgl. hierzu Nipkows Bildungsverständnis, das den Widerfahrnissen einen bedeutenden Stellenwert zuschreibt (Abschnitt 1.2.). Auch Klappenecker greift den Gedanken der Widerfahrnisse auf (Abschnitt 4.2.4.).

erfahrungen hiervon geprägt: die Erfahrung der eigenen Grenzen bzw. des Begrenztwerdens, die Momente des Scheiterns, das Erleben der eigenen Fragmentarität und die Erfahrung der Nachtgesichtigkeit. Abschließend werden zwei Erfahrungen genannt, die dem entgegenstehen: Aufbrechen und Gelingen.

Berührtwerden kann wohl als die grundlegendste aller diakonischen Erfahrungen verstanden werden. Sie hat etwas mit „leiblich-seelischem Sich-nahe-Kommen zu tun. Wenn dies nicht geschieht, ereignet sich auch nichts Weiteres" (Schmidt 2004, 22). Die Erfahrung des Berührtwerdens durchzieht alle diakonischen Erfahrungen. Verstärkt wird sie besonders dann, wenn sie mit Ungeschütztheit (bzw. Nacktheit) einhergeht. Berührtwerden schließt unmittelbar an den Compassion-Gedanken an (vgl. 1.2.1.). Wenn aus dem Berührtwerden die ‚Fähigkeit' einer Berührbarkeit wird, bildet dies die Brücke zur Resonanzfähigkeit der Personalkompetenz der diakonischen Kompetenz (vgl. 8.5.).

Angewiesensein. Angewiesensein auf andere Menschen ist eine Erfahrung, die meist schwer eingestanden werden kann. Aus der Innenperspektive wird das Angewiesensein oft als Scham oder Versagen erlebt. Eine subjektiv erlebte Steigerung des Angewiesenseins ist die Erfahrung des Ausgeliefertseins.

Gebrauchtwerden beschreibt „die nützliche Erfahrung, nützlich zu sein" (von Hentig 2007). Gebrauchtwerden kann sich auch als Bewährung und Verantwortung zeigen. Sie stellt quasi das Pendant zum Angewiesensein dar. Dies darf aber nicht in dem Sinne missverstanden werden, dass Angewiesensein und Gebrauchtwerden unmittelbar den Rollen von Hilfeempfänger und Helfer zugeordnet werden.

Existenzielle Gleichheit. Zwischen Helfenden und Geholfenen gibt es fundamentale Unterschiede, die zu einer asymmetrischen Begegnung oder Beziehung führen. Diese dürfen nicht einfach als nicht existent – weil nicht gewollt – wegdefiniert werden. Trotzdem kann sich die Erfahrung einstellen, dass alle Beteiligten auf existenzieller Ebene weit weniger unterschiedlich sind. Jenseits der unterschiedlichen Rollen ist die Grenze zwischen Betroffenen und nicht Betroffenen „eine sehr relative" (Pompey/Roß 1998, 189). Dies wird besonders dann erkannt, wenn die Erfahrung *existenzieller* Gleichheit gemacht wird – bei allen äußerlich weiterhin bestehenden Unterschiedlichkeiten.

Kairos meint den Moment des Erfülltseins, des Besonderen, der Tiefe, in dem die Zeit stillzustehen scheint. Kairos beschreibt nicht quantitatives Zeitverstreichen, sondern qualitatives Zeiterleben.

Rhythmus. In der Diakonie haben Routine und standardisierte Abläufe oft ein großes Gewicht und werden als belastend erlebt. Im Gleichklang kann sich aber auch eine Struktur zeigen, die die Gleichförmigkeit durchbricht, ein dahinterliegender Rhythmus wird erkennbar (oder vermisst!). Rhythmisierung ist ein wesentliches Moment von Ritualen. „Der Rhythmus heilt, weil er vergewissert" (Steffensky 1994, 98).

Grenze und Begrenzung. Es kann sich um das Erkennen eigener Grenzen und Begrenzungen handeln oder um das Begrenztwerden durch Andere oder äußere Umstände. Grenzen gilt es auszuhalten und zu akzeptieren – und an Grenzen kann gearbeitet werden, um sie hinter sich zu lassen. Die Grenze gilt als fruchtbarer Ort der Erkenntnis (vgl. Tillich 1953).

Scheitern. Leben kann scheitern. Das Besondere der Diakonie liegt vielleicht in der Erkenntnis, dass fachliches Scheitern noch kein existenzielles Scheitern bedeutet: Man kann scheitern, ohne dass man gescheitert ist. Scheitern hat natürlich einen destruierenden Charakter, aber unter Umständen auch einen befreienden (vgl. Ebach 1998). Und „wenn das Handwerkszeug zerreißt, bedeutet das nicht Scheitern der Hilfe, sondern kann neue Hilfeperspektiven erschließen“ (Seibert 1979, 273).

Fragmentarität. Diakonie entsteht aus der Erfahrung des Fragmentarischen. Menschliche Existenz bleibt in dreierlei Hinsicht fragmentarisch: als Schmerz durch Vergangenes, als Sehnsucht auf Zukünftiges und im Angewiesensein auf Andere (vgl. Luther 1991, 226). Auch Diakonie ist und bleibt fragmentarisch. Sie ist weder vollkommen noch ganzheitlich, auch nicht umfassend oder flächendeckend. Diakonie erkennt den Wert „gelungener Halbheit“ und „hoffnungsvollen Mittelmaßes“ (Claß 2003, 290). Der Abschied von Ganzheitlichkeits- und Vollkommenheitsdiktaten befreit und kann „subversive Lebenskraft“ (Kast 2002) freisetzen.

Nachtgesichtigkeit. Menschliche Existenz hat eine helle, lichte Seite, die allgemein zugänglich ist (Taggesicht), aber auch ein dunkle, verborgene Seite (Nachtgesicht) (vgl. Jörns 1995, 195). Das „mit dem Nachtgesicht Gesehene ist immer etwas, das den Einbruch einer Dimension bedeutet, mit der nicht gerechnet worden ist und die dennoch etwas Wesentliches vom Leben darstellt“ (Jörns 1994, 69). Der Erfahrung der Nacht wird besonders in der christlich-mystischen Tradition Beachtung geschenkt. Im Angesicht der Nacht vollziehen sich diakonische Erfahrungen oft in besonderer Tiefe und Intensität. Die Nachtgesichtigkeit kann auch eine besondere Art der Wahrnehmung darstellen, zudem ist die ein theologischer Erkenntnisweg (1. Sam 28; Joh 2). Auch wenn man nicht sehen kann, kann man erkennen.

Aufbruch meint die Erfahrung, selbst aufzubrechen und die Erfahrung, dass etwas aufbrechen kann. Ohne Aufbruch ist Veränderung nicht möglich. Auf(zu)brechen liegt nahe an dem, was die christliche Tradition als Auferstehung deutet.

Gelingen. Leben kann gelingen – auch unter schwierigen Bedingungen. ‚Etwas hinkriegen‘ ist eine bedeutsame Erfahrung. Gelingen darf sich nicht von leistungsorientierten Maßstäben abhängig machen. Aber wenn etwas gelingt, ist dies ein Erfolg. Die Kategorie von ‚Erfolg‘ ist im diakonischen Bereich manchmal verpönt, sie ist aber existenziell und kann große Kräfte auslösen.[12]

---

[12] In Industrie und Handwerk wird von „Produktstolz“ gesprochen. Es würde lohnend sein, diesem Phänomen auch im diakonischen Bereich Aufmerksamkeit zu schenken, allerdings mit einem angemesseneren Begriff.

10.3.2. Diakonische Gestaltungsmuster

Diakonische Gestaltungsmuster beschreiben die Prinzipien oder ‚Baugesetze' des Diakonischen: Sie lassen sich im Diakoniegeschehen entdecken und sind dessen strukturbildende Momente. Zwei Aspekte sind für diese Gestaltungsmuster kennzeichnend. Zum einen ist es die eigentümliche Zwischenstellung von *deskriptivem Abbild* und *normativer Idee.* Ein Muster bzw. ein Prinzip ist ableitende Verallgemeinerung und leitende Vorgabe zugleich. Zum anderen haben diese Gestaltungsmuster einen dynamischen Charakter. Wie sich bereits bei der Frage nach ‚diakonischen Werten' (vgl. Abschnitt 6.3.) gezeigt hat, besteht die christliche Ethik eben nicht aus einem Katalog – statischer – materialethischer Vorgaben. Dies gilt auch für die hier vorgestellten diakonischen Gestaltungsmuster. Trotzdem lässt sich sehr wohl die christliche Essenz solcher diakonischer Prinzipien einfangen. Diese Essenz lässt sich am besten mithilfe einer komplementären Dynamik beschreiben. Komplementarität meint die gegenseitige Ergänzung von sich zunächst auszuschließen erscheinenden Elementen. Die komplementären Elemente begrenzen und korrigieren sich gegenseitig, zum Teil bedingen sie sich auch. Die *komplementäre* Struktur dieser Dynamiken darf allerdings nicht dualistisch missverstanden werden.[13]

Die ersten vier diakonischen Gestaltungsmuster finden sich durchgängig in der diakoniewissenschaftlichen Diskussion: Die Dynamiken von „Für" und „Mit" und von individueller und struktureller Hilfe werden vor allem sozialwissenschaftlich reflektiert, weisen aber auch deutliche theologische Referenzen auf. Die Dynamiken von Barmherzigkeit und Gerechtigkeit und von Nächsten- und Selbstliebe stellen klassische theologische Motive dar. Daraufhin folgen fünf Gestaltungsprinzipien, die in unterschiedlicher Art und Weise Aspekte des Tätigseins beschreiben. Auf den ersten Blick mögen sie von der Sache her nahe beieinander liegen, sie unterschieden sich aber doch in wesentlichen Feinheiten,

---

[13] Es handelt sich also nicht um einen ‚negativen' und einen ‚positiven' Pol. Das Komplementaritätsprinzip geht auf den Physiker Niels Bohr zurück. Er bietet mit dieser Denkfigur einen erkenntnistheoretischen Zugang zu einer der wichtigsten Widersprüchlichkeiten in der Naturwissenschaft, der Doppelnatur des Lichts: Licht bestehe aus Wellen – so die eine Annahme –, Licht bestehe aus Teilchen – so die andere. Beides schließt sich aus, zumindest, wenn man die Entweder-Oder-Struktur der klassischen Logik zugrunde legt. Bohr bezieht nun die Beobachterbedingungen mit ein und kommt zu dem Schluss, dass die beiden Sichtweisen des Lichts komplementär seien, da sie sich gegenseitig ergänzen, obwohl sie sich widersprechen. Bohr selbst gab bereits die Anregung, diese Denkfigur auch für theologische Fragen anzuwenden und forderte dazu auf, mehr Gebrauch vom Komplementaritätsprinzip in der Theologie zu machen. Diesem Aufruf wurde in der anglo-amerikanischen Theologie mehr Gehör geschenkt (vgl. Bornhauser 2002, 46). Das Denken in Komplementaritäten scheint dem Wesen des christlichen Glaubens zudem weit mehr zu entsprechen als das der Aristotelischen Logik. Interessant ist daher, dass sich bereits in den theologischen Argumentationen der Alten Kirche komplementaristisches Denken entdecken lässt. So geht z.B. Reich (1992) davon aus, dass das Komplementaritätsprinzip auf dem Konzil von Chalcedon 451 seinen Wert erwiesen hat (vgl. zum Komplementaritätsgedanken in der Erwachsenenbildung Bornhauser 2002).

die gerade bei der Suche nach dem Diakonischen äußerst hilfreich sind: Absichtslosigkeit und Intentionalität, Aktion und Kontemplation, Intervention und Präsenz, Hingabe und Initiativität, Mitleidenschaft und Ermächtigung. Die darauf folgenden Dynamiken von Wandel und Beständigkeit und von „Schon" und „Noch nicht" betonen ein christliches Wirklichkeits- und Zeitverständnis. Abschließend wird auf das wohl grundlegendste Muster christlicher Theologie hingewiesen, das des Sterbens und Auferstehens.

„Für" und „Mit". Diakonie vollzieht sich in einer „Mit-Struktur" (Bach 2006, 308): Das Handeln geschieht miteinander, die Handelnden sind Gebende und Nehmende zugleich. „Diakonie ist der Vollzug wechselseitigen Helfens" (Hollweg 1984, 204). Diakonie ist eine Hilfs- und Schutzgemeinschaft, keinesfalls bloß eine Helfer- und Schützergemeinschaft (vgl. Philippi 1990, 214). Diakonie ist eine „Kreisbürgschaft der Hilfsbedürftigen" (ebd.). Die Rollenzuschreibung als nur Gebender oder nur Nehmender entspricht nicht christlichem Selbstverständnis. Aber Diakonie bewegt sich auch in der „Für-Struktur". Eine „Für-Struktur" trägt den Gedanken der Verantwortung gegenüber Anderen in sich und ist daher Kennzeichen christlicher Existenz, auf das nicht verzichtet werden kann. Dies kann sich z.B. an Momenten wie der Initiativität oder der Hingabe zeigen (siehe unten). Auch der Gründungsmythos organisierter Diakonie besteht eindeutig in einer „Für-Struktur" (Wegner 2009, 2). Eine „Für-Struktur" der Zuwendung findet ihren theologischen Bezugspunkt im Motiv der Parteilichkeit Gottes für die Schwachen und Marginalisierten; die „Für-Struktur" hat dabei universalistischen Charakter (Theißen 2006, 95-96). Die „Mit-Struktur" fußt theologisch auf den unterschiedlichen Interpretationen des *koinonia*-Motivs und des Gegenseitigkeitsprinzips der Gemeinschaft (1. Petr 4).

Individuelle und strukturelle Hilfe. Diakonie hebt sich sowohl von einer rein individualisierenden Sicht der Not ab, als auch von einer Reduzierung der Not auf gesellschaftliche oder strukturelle Zusammenhänge. Diakonie fühlt sich gleichermaßen herausgefordert, auf ungerechte Strukturen einzuwirken *und* auf Schwierigkeiten, die individuell begründet sind. Zur Handlungslogik der Diakonie gehören *Therapeutisierung* wie *Politisierung*, *Verhaltensänderung* wie *Verhältnisänderung*. Die Maßgabe, Individuum und Kollektiv nicht gegeneinander auszuspielen findet sich bereits deutlich in den biblischen Sozial- und Wirtschaftsgesetzen.

Barmherzigkeit und Gerechtigkeit. Diakonie lässt sich von einer barmherzigen wie von einer gerechten Haltung leiten. Gerechtigkeit meint die Verpflichtung zu sozialer Verantwortung, biblisch zeigt sie sich beispielsweise in den vielfältigen Schutzbestimmungen für sozial Schwache oder den bekannten Wirtschaftsgesetzen wie Schuldenerlass und Zinsverbot (vgl. Crüseman 2006). Barmherzigkeit ist ein vielschichtiger Begriff, der Liebestat, Gnade und Treue umfasst (vgl. Degen 1985, 22-24). Barmherzigkeit und Gerechtigkeit dürfen nicht in entstellender Kontrastierung als falsche Alternativen aufgefasst werden. Die Bibel kennt solch einen Gegensatz nicht (vgl. Strohm 2006, 19). Barmherzigkeit und Gerechtigkeit verhalten sich – wie alle hier beschriebenen Gestaltungsprinzipien

– eben komplementär zueinander (vgl. a.a.O., 20). Die Konzepte von Barmherzigkeit und Gerechtigkeit sind allerdings oft Klischees ausgesetzt:[14] So wird Barmherzigkeit leicht romantisiert, der Begriff Gerechtigkeit hingegen in der Regel politisiert.[15] Ebenso wenig darf das Begriffspaar barmherzig/gerecht mit emotional/rational gleichgesetzt (vgl. Otto 1986, 180) oder mit dem Gestaltungsmuster von individueller und struktureller Hilfe verwechselt werden (s.o.).

Nächstenliebe und Selbstliebe. Liebe ist in biblischer Perspektive ein elementares Beziehungsgeschehen (und darf nicht mit dem Liebesbegriff der Romantik verwechselt werden!). Gerade das alttestamentliche Liebesgebot, das im Neuen Testament wieder aufgegriffen und radikalisiert wird, gilt als Essential der Diakonie. Bei dem sogenannten Doppelgebot der Liebe wird die Gottesliebe auf der einen Seite in Beziehung zur Nächsten- und Selbstliebe auf der anderen Seite gesetzt. Selbstliebe braucht als Korrektiv die Bereitschaft, sich selbst zu verleugnen; Nächstenliebe braucht als Korrektiv den Mut, sich selbst treu zu bleiben. Gerade die Bedingtheit und Bezogenheit von Selbstliebe und Nächstenliebe wehrt „einer falschen Idealisierung und einem diakonischen Vollkommenheitsideal" (Klessmann 2006, 196). Nächstenliebe und Selbstliebe dürfen dabei nicht mit Altruismus und Egoismus gleichgesetzt werden (vgl. Weber 2001, 259).[16]

Absichtslosigkeit und Intentionalität. Absichtslosigkeit ist das Prinzip der Zweckfreiheit und Selbstvergessenheit. Sie ist aufrichtige Uneigennützigkeit (vgl. Pompey/Roß 1998, 181), setzt den Anderen ins Recht und achtet die Unverfügbarkeit Gottes (vgl. Haslinger 2009, 217). „Wenn Diakonie betrieben wird, um den Menschen das Evangelium predigen zu können, dann ist sowohl die Diakonie wie auch das Evangelium verraten" (Schluep o.J., 7). Die Versuchung der Diakonie besteht gerade in ihrer Intentionalität (vgl. Ricca 1992), nicht in ihrer Absichtslosigkeit. Aber trotzdem kann das Diakoniegeschehen nicht ohne eine intentionale Kraft erfasst werden. Die Absichtslosigkeit hat ihr theologisches Motiv in der bedingungslosen Liebe; die Intentionalität findet ihre theologischen Motive in den verschiedenen diakonischen Wirkrichtungen (vgl. 10.3.3.).

Aktion und Kontemplation. Diakonie vollzieht sich nicht ausschließlich im Modus des Tätigseins. Diakonie kann auch dort geschehen, wo äußerlich nichts passiert. Diakonie besteht gerade im Wechselspiel von Aktion und Kontemplation. Kontemplation meint die Einbindung „in eine größere Wirklichkeit, in der ich aufgehoben und dennoch authentisch bin", Aktion meint den „Willen zur Selbstbehauptung in der Welt der Organisationen und im Medium der Konkur-

---

[14] Diakonische Bildung hat an dieser Stelle die besondere Aufgabe, diese Klischees zu überwinden.

[15] Gerechtigkeit darf aber nicht mit Rechtsgleichheit oder Verteilungsgerechtigkeit verwechselt werden (vgl. Schmidt 2006, 57).

[16] Die Vernachlässigung der Selbstliebe in der Diakonie ist darauf zurückzuführen, dass nur die Nächstenliebe als Begriff mit theologischer Würde verstanden wurde, Selbstliebe hingegen als ein genuin psychologisches Konzept, dass auf Selbstverwirklichung zielt. So sollte der Nächstenliebe eine Vorrangstellung zukommen.

renzen" (Wegner 2005, 5). Sowohl das Auseinanderfallen von Aktion und Kontemplation als auch ihre jeweiligen Fehlformen – Aktionismus und Trägheit – können als undiakonisch gelten. Die Dynamik von Ruhe und Sturm, von Innehalten und Tatkraft ist ein wiederkehrendes biblisches Motiv. Kirchengeschichtlich findet es sich besonders in der monastischen Tradition des *ora et labora.*

Intervention und Präsenz. Diakonie ist ohne aktives Tätigsein kaum denkbar. So erscheint die Betonung von Intervention fast schon trivial, da das Diakoniegeschehen durch und durch von Interventions-Handeln geprägt zu sein scheint. Selbst das bewusste Unterlassen von Interventionen stellt letztlich eine Intervention dar. Daneben ist aber auch Präsenz ein Grundmodus diakonischen Tätigseins (vgl. Baart 2001, 2002, 2010; vgl. 1.4.). Präsenz bedeutet zunächst ‚Dasein', übersteigt dies aber. Präsenz meint wirkungsvolle Gegenwärtigkeit. Diakonische Arbeit muss daher eine passiv erscheinende Präsenzorientierung ebenso ernst nehmen, wie interventionsorientiertes Arbeiten. Intervenierende Tätigkeit findet ihr theologisches Motiv in der Wahrnehmung von (Schöpfungs-) Verantwortung, Präsenz in der spirituellen Haltung des Bleibens, Wachens und Betens (Mk 14).

Hingabe und Initiativität. Die Wahrnehmung tätiger Verantwortung, von ermächtigender und freiheitlicher Weltgestaltung kann mit dem Begriff der Initiativität beschrieben werden (vgl. Weber 2001, 25). Initiativität ist willentliches Gestaltwerden und geht letztlich immer einher mit Zerstörung (Zerstörung alter Sichtweisen, aber auch Zerstörung von ‚Welt'). Sie hat ihren theologischen Reflexionspunkt in dem Auftrag, die Schöpfung zu bebauen und zu bewahren und setzt Verantwortungsübernahme voraus. Der Komplementär-Begriff ist bei diesem Gestaltungsprinzip die Hingabe. Hingabe ist willentliches Sich-Überlassen. Als spirituelle Grundhaltung widersetzt sie sich subversiv den geltenden Maßstäben, indem sie Herrschaftsverständnisse und Machtansprüche unterläuft. Hingabe kann sich auf eine Sache oder Aufgabe, einen anderen Menschen, auf Gott oder sich selbst beziehen. Theologisch gesehen ist Hingabe die Manifestation des Aktes des Glaubens. Hingabe geht immer einher mit Selbstbehauptung, ansonsten wird Hingabe als Unterwürfigkeit oder Aufopferungsbereitschaft missverstanden.

Mitleidenschaft und Ermächtigung. Mitleidenschaft bedeutet leidenschaftliche Leidempfindlichkeit (Metz 2000; vgl. Abschnitt 1.2.1.), keinesfalls Mitleid oder ein „vages ‚Mitgefühl' von oben oder von außen". Mitleidenschaft meint die teilnehmende und verpflichtende Wahrnehmung fremden Leids (vgl. Metz 2006, 31). Solch eine Haltung ist von ihrem Wesen her christlich, in ihr verdichtet sich christliche Existenz. Im Bereich der Sozialen Arbeit gilt Mitleidenschaft oft als unprofessionell. Dabei ist sie Voraussetzung für eine – möglichst gelassene und unverkrampfte – Resonanzfähigkeit des professionell Handelnden. Diakonie bleibt aber nicht auf ein teilnehmendes, mitleidendes bzw. mitleidenschaftliches Gestaltungsprinzip beschränkt, sondern hat ebenso ermächtigenden Charakter (vgl. Weber 2001, 256). Ermächtigung will zur Befähigung und Ich-Autonomie führen (vgl. Seibert 2006, 155, 158). „Es scheint ein wesentliches

Kriterium des Hilfehandelns Jesu zu sein, dass er Helfer wie Hilfebedürftige zu eigener Hilfeleistung befähigte und ermächtigte" (Ringeling 2006, 110-111). Viele Handlungen Jesu, die als ‚Hilfe' interpretiert werden können, verbindet Jesus mit der Aufforderung „Geh hin!" und nicht „Bleib hier!" (vgl. Ricca 1992, 141-142). Ermächtigung zielt auf die Aktivierung der Selbstheilungskräfte,[17] Selbstverantwortung und Selbstwirksamkeit und wendet sich gegen eine ‚Klientelisierung'.

Wandel und Beständigkeit. Diakonie bedarf eines hohen Grades an Flexibilität, Anpassungsfähigkeit und Vielfalt in ihren Ausformungen (vgl. Ricca 1992, 156). Es gilt nicht nur *ecclesia semper reformanda*, sondern eben auch *diakonia semper reformanda*. Wandel ist eine Grundkonstante des Diakonischen. Aufbruch, Veränderung, Neu-Werden und Lernen können als Synonyme für Wandel gelten. Wandel kann sich sowohl evolutionär als auch revolutionär vollziehen. Da Wandel Risikobereitschaft erfordert, weist Diakonie einen Wagnischarakter auf, den „Mut zum Risiko" (Gohde 2004). Ohne Wagnis ist Diakonie kaum möglich. Theologisch finden die Möglichkeit und die Forderung zum Wandel ihren Bezugspunkt im Motiv der Umkehr, biblisch wird dies besonders im Exodusmotiv verdichtet. Die Verheißung, dass Wandel, Aufbruch und Umkehr möglich sind, bedeutet allerdings keinen Zwang zur permanenten Veränderung. In der Bibel lässt sich, in komplementärer Ergänzung, ebenso das Motiv der Beständigkeit als *cantus firmus* entdecken: Es soll „nicht aufhören Saat und Ernte, Frost und Hitze, Sommer und Winter, Tag und Nacht" (Gen 8; siehe auch Ex 3,14). Die Möglichkeit des Wandels (mitsamt dem Risiko des Scheiterns) und die Zusage der Beständigkeit stellen ein elementares diakonisches Gestaltungsmuster dar.

„Schon" und „Noch-nicht". Die Dynamik des „Schon" und „Noch-nicht" beschreibt das christliche Wirklichkeits- und Zeitverständnis. Es ist unmittelbar mit dem Begriff des Reiches Gottes verbunden, das eben *schon* angebrochen, aber gleichzeitig *noch nicht* vollendet ist, es hat also eine präsentische wie eschatologische Dimension. Die Dynamik des *Schon* und *Noch-nicht* als grundlegendes christliches Wirklichkeitsverständnis lässt sich in der Diakonie vielfältig entdecken. Leben spielt sich grundsätzlich zwischen *Schon* und *Noch-nicht* ab. Das *Schon* betont, dass ein Anfang bereits gemacht ist, nichts beginnt bei null. Das *Noch-nicht* hält die Hoffnung auf eine noch erst Gestalt werdende Wirklichkeit wach. Diese Hoffnung ist die Kraft für Erneuerung. Hoffnung bedeutet, noch auf dem Weg zu sein und drückt die Sehnsucht aus: Nichts ist ein für allemal

---

17 „Die wahre Hilfe liegt eben nicht darin, dass ein Mitmensch, dass die Gesellschaft oder dass Gott selbst anstelle des Notleidenden handelt. Die Hilfe besteht darin, dem Verzweifelten die Selbstachtung zurückzugeben. So befremdlich es für religiöse Menschen klingt: Jesus hat für die Rettung im Sturm nicht auf Gott, sondern auf die Jünger vertraut. Psychologisch heißt dies, dass er Gott im Selbst jedes Menschen anerkannte. Religiös bedeutet es, dass der Erlöser in der Tiefe des Selbst lebt. Mit etwas Ironie könnte man sagen: Gott ‚schläft' im Menschen. Erst wenn dieser selbst ‚erwacht', wirkt Gott. Deshalb blieb Jesus im Sturm gelassen" (Eicher 2008, 505).

festgelegt. Alles kann auch ganz anders sein – „Entwicklungen für möglich halten, deren Wahrscheinlichkeit jetzt noch gar nicht zu erkennen ist" (Degen 2003, 101).

Sterben und Auferstehen. Die Erfahrung des Sterbens ist in der Diakonie sowohl unmittelbar als auch im übertragenen Sinne präsent. Die Erfahrung, dass etwas unwiederbringlich zu Ende geht, ist eine der tiefsten und erschütternsten Erfahrungen im Leben. Aber nicht nur Menschen können sterben, auch Beziehungen, Ideen, Sehnsüchte, Liebe. Demgegenüber steht das Motiv der Auferstehung, das sich theologisch in einer reichen Interpretationsgeschichte niederschlägt, von der Hoffnung auf eine leibliche Auferstehung bis zur metaphorischen (aber nicht minder bedeutungsvollen) Deutung des Neuanfangens oder Neuwerdens entgegen aller Wahrscheinlichkeit. Sterben und Auferstehen ist sicherlich die grundlegendste Dynamik christlichen Glaubens, die sich gerade in der Diakonie in aller Deutlichkeit zeigt.

10.3.3. Diakonische Wirkrichtungen

Diakonie kann mittels konkreter Handlungen, Tätigkeiten oder Fähigkeiten nicht angemessen beschrieben werden (wie beispielsweise pflegen, beraten etc.). Gleichwohl ist das, was in der Diakonie vor sich geht, konstitutiv für die Diakonie. Wenn sich Diakonie *ereignet*, *eröffnet* sich eine weitere Ebene, wird neben den konkreten Handlungen eine weiteres Geschehen *bewirkt*, *vollziehen* sich Prozesse, die über die eigentlichen Handlungen hinausreichen – all diese Formulierungen versuchen anzudeuten, dass es Auswirkungen oder Wirkrichtungen gibt, die nicht in den konkreten Tätigkeiten des helfenden Handelns aufgehen (vgl. Abschnitt 1.5.2.).

Horst Seibert spricht in diesem Zusammenhang von diakonischen „Stoßrichtungen" und nennt *Mangelbehebung, Gegenwirkung* und *Bewusstseinserweiterung* (vgl. Seibert 2006, 158). Mangelbehebung will hin zur Fülle, Gegenwirkung will den Einfluss des Negativen, des Zerstörerischen, des Lebenshinderlichen begrenzen, Bewusstseinserweiterung will die eigene oder fremde, individuelle oder kollektive Begrenztheit überwinden.

Heinz Lorenz zählt sechs diakonische „Vorgänge" auf: *Versöhnen, Heilen, Befreien, Ertragenhelfen, Lindern* und *Bessern* (Lorenz 1981). Hier fällt eine Zweiteilung auf: Ertragenhelfen, Lindern und Bessern – ergänzt werden könnte diese Reihe durchaus noch um *Klagen*[18] – haben eine deutliche Nähe zu dem, von dem sie Lorenz eigentlich unterschieden wissen will, nämlich konkreten Tätigkeiten. Die Prozesse des Heilens, Befreiens und Versöhnens sind folglich auf einer anderen Abstraktionsebene anzusiedeln. Diese Vorgänge oder Prozesse

[18] Klage ist eine Grundform menschlichen Ausdrucks, besonders auch in jüdisch-christlicher Tradition. Klage ist der Zwischenschritt zwischen stummem und veränderndem Verhalten (vgl. Sölle 1973, 94). Verwechselt wird Klagen leicht mit Jammern, mit dem es nichts gemein hat.

nehmen gerade die angemessene Spannung auf zwischen Hinwirken darauf, dass sie geschehen können, und der Erkenntnis, dass sie nicht machbar sind.

Versöhnung wurde bereits als diakoniewissenschaftlich bedeutender Schlüsselbegriff eingeführt (vgl. 1.2.1.). Freiheit kann als protestantischer *cantus firmus* gelten. Schließlich kann Diakonie als heilende Praxis verstanden werden. Ergänzt werden diese drei zentralen Begriffe um ein gegenwärtig viel diskutiertes sozialethisches Motiv: die Befähigung zur gerechten Teilhabe (vgl. 7.1.). Versöhnung, Befreiung, Heilung und (Teilhabe-)Befähigung erweisen sich auch didaktisch als fruchtbar (vgl. die Kriterien in Abschnitt 10.2.1.) und werden nun als diakonische Wirkrichtungen verstanden.[19] Im Folgenden werden sie kurz skizziert.[20]

Versöhnung. Diakonie hat eine versöhnende Wirkrichtung (vgl. 1.4.). Versöhnung betont die Dynamik des ‚Hin' und ‚Mit'. Getrenntes, Ausgegrenztes, Abgespaltenes oder Marginalisiertes wird befriedet und integriert. Versöhnung kann sich auf den Menschen selbst beziehen, auf seine Mitmenschen oder auf Gott. Eine versöhnende diakonische Wirkrichtung arbeitet daher an der „Überwindung und Beseitigung der Barrieren im Menschen, zwischen den Menschen, zwischen den Menschen und Gott" (Moltmann 2006, 329).

Befreiung. Diakonie hat eine befreiende Wirkrichtung. Befreiung betont die Dynamik eines ‚Weg-von' bzw. eines ‚Frei-für'. Befreiung kann einen individualisierenden Grundzug aufweisen. Befreiung ist ein jüdisch-christliches Grundmotiv, biblisch ist es unmittelbar mit dem Exodus verbunden, im Protestantismus wird Freiheit zur zentralen theologischen Kategorie. „Diakonie steht vor der Aufgabe, an das Wunder der Freiheit auch in solchen freiheitsvergessenen Kontexten zu glauben und danach zu handeln" (Weber 2010, 165). Der Vorgang des Befreiens hat eine ‚entgötzende' Note. Entgötzung meint nichts anderes als das „protestantische Prinzip" (Paul Tillich) und steht in der biblischen Tradition der sozialprophetischen Kritik. Entgötzung ist die aggressive Variante der depressiven Skepsis. In humanistischer Tradition hat sie eine Nähe zur Bildung.

Heilung. Diakonie hat eine heilende Wirkrichtung. Heilung zielt auf die Ermöglichung einer eigenständigen, erfüllten und stimmigen Lebensführung, bei der die nicht zu ändernden Lebensbeeinträchtigungen integriert werden können (vgl. Haslinger 2009, 334). Theologisch verweist Heilung auf das den Menschen

---

[19] Um nicht das Missverständnis zu fördern, dass es sich um Tätigkeiten handele, werden diese diakonischen Wirkrichtungen in Substantivform verwendet.

[20] Vielleicht überrascht es, dass das als klassisch geltende diakonische Motiv des Dienens in der hier vorgeschlagenen Zusammenstellung nicht berücksichtigt wird. Dies hat seinen guten Grund darin, dass die diakonischen Momente den Kern des Diakonischen erschließen wollen. Da im Alltag der gegenwärtigen Diakonie dieser Begriff kaum einen Zugang zum Diakonischen ermöglichen – wahrscheinlich sogar den Zugang eher erschweren – wird, ist „Dienen" als Erschließungskategorie denkbar ungeeignet. Auf Begriffe, die mehr Fragen aufwerfen als klären, sollte besser verzichtet werden – jedenfalls als didaktische Kategorie, als subjektiv bedeutsames leitendes Bild mag Dienen nach wie vor von Relevanz sein.

von Gott zugesprochene Heil. Dieses Heil „ist im Heilen gegenwärtig" (Lorenz 1981, 488). Die Sehnsucht auf Heilungshoffnung darf nicht zu einem naiven Heilungsverständnis führen. Gleichwohl darf ebenso wenig vernachlässigt werden, dass Diakonie heilende Praxis ist: „Heilen ist ein unhintergehbares Postulat diakonischer Praxis" (Haslinger 2009, 333).[21]

Befähigung zur Teilhabe. Diakonie hat eine befähigende Wirkrichtung. Dem Menschen sind Begabungen gegeben, die er für sich und für andere fruchtbar werden lassen kann – und soll. Auf diese Weise bringt er sich in die Welt ein und hat teil an ihr. Die Berufung des Menschen liegt gerade darin, seine Begabung zu leben und für die Aufgaben einzusetzen, die ihm gestellt sind. Dies wird als Teilhabe bezeichnet. „Das christliche Verständnis von Teilhabe gründet in der den Menschen geschenkten Teilhabe an der Wirklichkeit Gottes. [...] Die von Gott gewährte Teilhabe an ihm selber bewährt sich so in der aktiven Weltgestaltung" (Kirchenamt der EKD 2006: 11). Aktive Teilhabe ist ein Vorgang, zu dem aber auch immer wieder befähigt werden muss, damit die Berufung nicht unentdeckt bleibt, die Begabung nicht verkümmert, der Mensch nicht hinter seinen Möglichkeiten zurückbleibt.

10.3.4. Überblick über diakonische Elementarformen und diakonische Momente

Auch die bildungstheoretische Didaktiklinie fixiert keine ‚Inhalte'. Allerdings unterscheidet sie sich von der konstruktivistischen Linie darin, dass die Bildungssubjekte auf konkrete Bildungsobjekte nicht verzichten können. Die Frage nach den möglichen Inhalten und deren Bildungsgehalt ist daher durchaus relevant. Doch erst wenn die innere Struktur des Diakonischen freigelegt ist, kann angemessen von Inhalten gesprochen werden. Die drei diakonischen Elementarformen – diakonische Grunderfahrungen, diakonische Gestaltungsmuster, diakonische Wirkrichtungen – versuchen genau dieser Tiefenstruktur des Diakonischen gerecht zu werden. Mit den vorgestellten diakonischen Momenten lässt sich diese Tiefenstruktur erschließen (vgl. die Übersicht).

---

21 Dem Thema Heilung wird in der Diakonie und Diakoniewissenschaft mit großer Zurückhaltung begegnet. In ökumenischen Kontexten ist solch eine Zurückhaltung nicht zu beobachten. Zwei Vermutungen sollen an dieser Stelle geäußert werden, warum in der organisierten Diakonie Heilung kein Gegenstand diakonischer Reflexion ist: (1) Die Reflexion des Hilfehandelns in der Diakonie ist in erster Linie von sozialwissenschaftlichen Diskursen geprägt. Innerhalb der Fachlichkeiten der Sozial- und Gesundheitsberufe ist Heilung ein verbrämter Begriff. (2) Aus theologischer Perspektive hat vor allem Ulrich Bach infrage gestellt, dass Heilung Intention diakonischer Praxis ist. Seiner Kritik an einem naiven Heilungsverständnis ist durch und durch zuzustimmen. Allerdings hat die Wucht der Kritik Bachs wohl dazu geführt, dass in der diakonischen Reflexion das Thema „Heilung" nicht weiter diskutiert wurde. Herbert Haslinger ist meines Wissens der einzige Diakoniewissenschaftler, der sich mit Bachs Heilungsverständnis kritisch auseinandersetzt und sich für die Unaufgebbarkeit eines diakonischen Heilungsverständnisses einsetzt (vgl. Haslinger 1996, 719-730; aktualisiert in Haslinger 2009, 328-334).

Diakonische Elementarform	**Charakteristik**	**Diakonische Momente**
Grunderfahrungen	Diakonische Grunderfahrungen sind die Erfahrungen, die dazu einladen, auffordern oder nötigen, sich dem ‚Tiefengrund' des Diakoniegeschehens auszusetzen. Sie sind anthropologisch vorgegeben und in aller Regel ethosgenerierend.	Berührtwerden Angewiesensein Gebrauchtwerden Existenzielle Gleichheit Kairos Rhythmus Begrenzung Scheitern Fragmentarität Nachtgesichtigkeit Aufbruch Gelingen
Gestaltungsmuster	Diakonische Gestaltungsmuster stellen die grundlegenden Prinzipien oder ‚Baugesetze' des Diakoniegeschehens dar. Sie charakterisieren die besondere Art und Weise diakonischer Prozesse. Sie sind nicht starr vorgegeben, sondern vollziehen sich in einer dynamischen und komplementären Struktur.	„Für" und „Mit" Individuelle und strukturelle Hilfe Barmherzigkeit und Gerechtigkeit Nächstenliebe und Selbstliebe Absichtslosigkeit und Intentionalität Aktion und Kontemplation Intervention und Präsenz Mitleidenschaft und Ermächtigung Hingabe und Initiativität Wandel und Beständigkeit „Schon" und „Noch-nicht" Sterben und Auferstehen
Wirkrichtungen	Diakonische Wirkrichtungen beschreiben die intentionale Grundausrichtung des Diakoniegeschehens. Sie sind nicht mit Tätigkeiten zu verwechseln und daher nicht direkt ‚machbar', gleichwohl charakterisieren sie die Wirklichkeit des Diakoniegeschehens in deutlichem Maße.	Versöhnung Befreiung Heilung Befähigung zur Teilhabe

Nun können die vorgestellten didaktischen Elemente – diakonische Kompetenz (8.5.), didaktische Grundhaltungen (9.3.) und diakonische Elementaria (10.3.) – zu einem didaktischen Konzept diakonischer Bildung verbunden werden.

11. Didaktik diakonischer Bildung – ein konzeptioneller Aufriss

Anlass und Ausgangspunkt der hier vorgelegten Überlegungen war die These, dass die traditionellen Begründungen und theologischen Reflexionen diakonischer Praxis kaum noch Kontakt zu eben dieser Praxis haben. Die fachliche Reflexion des Alltagshandelns in der Diakonie wird zum einen durchgehend von sozialberuflichen Ansätzen bestimmt, zum anderen kommen diakonische Reflexionen fast ausschließlich aufgrund des Marketinginteresses an ‚diakonischem Profil' zustande. Es scheint in der organisierten Diakonie kaum einen Ort zu geben, an dem eine angemessene und substanzielle diakonische Reflexion möglich ist. Zudem stellt sich die Frage, worauf eine solche Reflexion gegründet ist. An dieser Stelle kommt die diakonische Bildung ins Spiel, und zwar in einer doppelten Funktion: Sie kann Räume und Orte für eine solche Auseinandersetzung bieten – dies wäre der organisationale Aspekt diakonischer Bildung, der in dieser Studie eher am Rande bedacht wurde – und sie kann die Möglichkeiten, Ansätze und Strukturen diakonischer Reflexion didaktisch klären helfen. Während sich die Fortbildungsangebote diakonischer Bildungsträger auf konkrete Fähigkeiten beziehen, fragt die didaktische Reflexion diakonischer Bildung hingegen nach der Grundstruktur des Diakonischen, aus der dann alles Weitere abgeleitet wird.[1]

Diakonische Bildung hat aus didaktischer Sicht zwei Aufgaben zu bewältigen: Da reine Vermittlungsansätze nicht mehr ernsthaft verfolgt werden können, muss überlegt werden, wie ein Zugang zum Kern des Diakonischen gelingen kann. Die didaktische Herausforderung besteht darin, persönliche und biografische Motive, sozialberufliche Fachlichkeit und die Auseinandersetzung mit Fragen der diakonischen Identität zusammenzubringen. Zum anderen müssen die Kategorien und Reflexionsgrößen bestimmt werden, mit denen die Erschließung des Diakonischen gelingen kann.

Diakonische Bildung kann aber nur einen Zugang zum Diakonischen ermöglichen, wenn dessen Kern inhaltlich-substanziell zu fassen ist. Es scheint, dass viele diakonische Fortbildungsangebote zu schnell dieses ‚Eigentliche' vermitteln wollen – ohne letztlich hinreichend geklärt zu haben, worin es besteht. Auch wenn natürlich nicht allen Fortbildungsangeboten im Raum der Diakonie dieser Vorwurf gemacht werden kann, scheint dies doch den neuralgischen Punkt diakonischer Bildungsangebote zu treffen. Diakonische Bildungsangebote wären demnach didaktisch unterreflektiert. Die Folge ist, dass zum einen

---

1 Ansonsten werden einfach *Skill*-Fortbildungen angeboten: Durchführung von Andachten, Beten auf der Wohngruppe, Segnen im Krankenhaus, rituelle Begleitung mithilfe kirchenjahreszeitlicher Tischdekoration, Trösten mit christlichen Symbolen etc.

meist doch wieder auf obsolete Vermittlungsansätze zurückgegriffen wird und zum anderen gerade die klassischen Kategorien zur Erschließung des Eigentlichen genutzt werden – wie beispielsweise die Begriffe des *Dienens* oder des *Dienstes* –, die aber aus didaktischer Sicht kaum geeignet erscheinen, weil sie selbst erklärungsbedürftig sind.

Die didaktische Struktur, die diese Studie beschreiben will, fußt auf drei Größen: den inhaltlichen Essentials, mit deren Hilfe der Kern des Diakonischen erschlossen werden kann (*diakonische Elementaria*); der Erkenntnis, dass die biografischen Prägungen und Standorte sowie die subjektiven Deutungsmuster der Diakonie-Mitarbeitenden der zentrale Ausgangspunkt aller Bildungsbemühungen sind (*didaktische Grundbewegungen*); einem Kristallisationspunkt diakonischer Bildung, der die beiden genannten Faktoren aufnimmt und den Anschluss an das Tätigsein in der Diakonie leistet (*diakonische Kompetenz*).

Anstelle einer systematisch-theologischen Grundlegung, *worin* dieses Eigentliche der Diakonie besteht und anstelle einer historischen Rekonstruktion, *wie* sich dieses Eigentliche im Laufe der Zeiten manifestiert hat, wird in dieser Studie der Versuch einer didaktischen Grundlegung unternommen. Natürlich führt dies nicht dazu – wie am Anfang dieser Studie einleitend gefragt wurde –, abschließend zu klären, was von Diakonie gewusst und verstanden werden sollte. Die hier vorgelegte didaktische Reflexion will und kann auch nicht konkrete Inhalte vorgeben. Die Inhalte ergeben sich in den unterschiedlichen Kontexten (Anlässe, Lernziele etc.) durch die Verbindung der Kompetenzdimensionen mit den diakonischen Elementaria.

Es muss zunächst nach dem Elementaren der Sache gefragt werden. Wenn in dieser Studie an mehreren Stellen die Forderung erhoben wird, dass diakonische Bildung auf eine eigenständige Struktur zurückgreifen muss, um das Diakonische erschließen zu können, ist mit den drei diakonischen Elementarformen der *diakonischen Erfahrungen, diakonischen Gestaltungsmustern* und *diakonischen Wirkrichtungen* ein Ansatz für solch eine eigenständige Struktur gelegt. Eine Strukturierung auf der Grundlage der theologischen Disziplin oder den Kategorien sozialberuflicher Fachlichkeit erscheinen dazu weniger geeignet. Im Gegenteil: Sie führen dazu, dass nur die Strukturen abgebildet werden, mit denen das Diakonische freigelegt werden soll.

Wolfgang Klafkis klassische Frage nach dem Fundamentalen, Elementaren und Exemplarischen mag mittlerweile als veraltet gelten. Von der Sache her ist sie aber nach wie vor erhellend. Denn die diakonischen Elementaria werden meist auf ‚diakonische Profilelemente' reduziert, die dann in Bildungsveranstaltungen entfaltet werden sollen. Doch diese stellen weder einen Bildungsgehalt dar, noch sind sie angemessen für den Erschließungsprozess. Die Anregung, zunächst elementare diakonische Formen zu identifizieren, die dem Diakonischen angemessen sind und auf dieser Grundlage nach exemplarischen Momenten zu suchen, die die konstitutiven Momente verdeutlichen, ist in der Tat fruchtbar.

Diakonische Momente, die *Grunderfahrungen* beschreiben, sind Berührtwerden, Angewiesensein, Gebrauchtwerden, existenzielle Gleichheit, Kairos, Rhythmus, Begrenzung, Scheitern, Fragmentarität, Nachtgesichtigkeit, Aufbruch, Gelingen. Folgende Dynamiken beschreiben die komplementären *Gestaltungsmuster* des Diakonischen: „Für" und „Mit", Individuelle und strukturelle Hilfe, Absichtslosigkeit und Intentionalität, Aktion und Kontemplation, Intervention und Präsenz, Hingabe und Initiativität, Mitleidenschaft und Ermächtigung, Wandel und Beständigkeit, „Schon" und „Noch-nicht", Barmherzigkeit und Gerechtigkeit, Nächstenliebe und Selbstliebe, Sterben und Auferstehen. Befreiende, versöhnende, heilende und zur Teilhabe befähigende Grundvollzüge können als grundlegende diakonische *Wirkrichtungen* gelten. Diese Liste ist anhand von Negativ- und Positivkriterien bestimmt worden, darf allerdings nicht als abgeschlossen gelten. Auch andere Zusammenstellungen sind durchaus möglich. Zudem ist es denkbar, dass neben den hier entfalteten Grunderfahrungen, Gestaltungsmustern und Wirkrichtungen weitere diakonische Elementarformen möglich sind.

Von den beschriebenen Momenten darf angenommen werden, dass sie nicht nur der Diakonie innewohnen, sondern ihre konstitutive Struktur darstellen. Überliefert und konserviert werden sie mittels Versprachlichungen (Mythen, Leitbilder, Geschichten), Verkörperlichungen (Menschen, Orte, Häuser, Räume) und Versinnbildlichungen (Symbole, Rituale). In der diakoniewissenschaftlichen Literatur, die sich besonders der Reflexion der unternehmerisch geprägten Diakonie widmet, werden die genannten Aspekte als Artefakte einer Unternehmenskultur verstanden.[2] Diese Elemente einer Unternehmenskultur sind – lediglich, aber immerhin! – die Manifestationen des Diakonischen, sie sind quasi die ‚Handgreiflichkeiten' diakonischer Identität. Die Beschreibung der genannten Artefakte diakonischer Unternehmenskultur *allein* leistet aber *noch keinen* Bildungsbeitrag. Wenn lediglich die Mythen erzählt, die Symbole benannt, die Alltagspraxis beschrieben oder mögliche Werte verdeutlicht werden, dann führt dies zu einer Erweiterung des Wissens über eben diese Artefakte, aber noch nicht zu einem substanziellen Verständnis des Diakonischen, wie es die Intention diakonischer Bildung beschreibt (vgl. 8.2.). Wenn aber in diesen Artefakten – mit der Sucheinstellung der drei elementaren diakonischen Grundformen – die aufgeführten diakonischen Momente freigelegt werden können, kann diakonische Bildung durchaus als gelungen bezeichnet werden.

Die genannten Momente wollen den Kern des Diakonischen inhaltlich beschreiben. Ausgangspunkt ist daher kein *sektorales* Diakonieverständnis, das die

---

2 Praktische Umsetzungen wie bei Paul G. Hanselmann (2005, 26) oder Beate Hofmann (2008c, 14-18) fußen dabei auf den Konzepten von Edgar Schein (1995, 2003) und Johannes Rüegg-Stürm (2002). Hanselmann nennt beispielsweise acht „Schichten und Schalen einer diakonischen Kultur": Alltagspraktiken und Gewohnheiten, Symbole, Sprache, Verkörperungen, Rituale, Einstellungsmuster, Normen und Gesetze, Werteprinzipien (Hanselmann 2005, 26).

organisierte Diakonie als eigenständigen Bereich kategorial neben der Kirche ansiedelt, sondern ein Diakoniegeschehen, das sich als *Dimension* von Kirche vollzieht. Wird dieser Sichtweise gefolgt, bewegen sich die Mitarbeitenden bereits in einem ekklesiologischen Kontext. In einem solchen Verständnis braucht es auch nicht zusätzliche ‚christliche' oder ‚religiöse' Elemente (wie ein Glaubenszeugnis, ein Gesangbuch in der Tasche oder ein Gebet auf den Lippen), die Diakonie erst zur Diakonie werden lassen. Entscheidend ist dann allerdings, diesen kirchlichen Grundvollzug substanziell zu ‚füllen': zu beschreiben, zu reflektieren und zu gestalten. Dessen Substanz besteht aber eben nicht in liturgischen oder verkündigenden Elementen, sondern in der Eigenart der diakonischen Dimension.

Die Beschreibung dieser diakonischen Dimension ist Gegenstand diakonischer Bildung. Mitarbeitende haben ein grundsätzliches Interesse an eigenständigen Formulierungen des Diakonischen. Angebote diakonischer Bildung stellen in aller Regel die einzigen Räume dar, sich hiermit überhaupt auseinanderzusetzen. Bei den Versuchen, das Diakonische zu durchdringen, kann allerdings in der Regel kaum auf christliche Sprachcodes zurückgegriffen werden. Zum einen, weil sie bei den Mitarbeitenden oft nicht vorhanden sind bzw. nicht beherrscht werden und zum anderen, weil diakonische Bildung keine katechetischen Intentionen verfolgt. Da Diakonie eben nicht im Modus expliziter Christlichkeit operiert, ist dies auch nicht zwingend notwendig. Dies muss auch kein Hindernis darstellen, sich dem Kern diakonischer Identität zu nähern. Denn durch den Verzicht auf die gängigen theologischen Topoi stellt sich die Frage nach dem Essentiell-Diakonischen wesentlich unmittelbarer und direkter („Was ist denn nun das Diakonische?"). Gerade das Zurückgreifen auf christliche Formulierungen kann hingegen dazu (ver)führen, relevante Fragen ‚wegzufloskeln'. Die eigenständigen Formulierungs- und Entdeckungsversuche der Mitarbeitenden sind didaktisch ergiebiger und aller Wahrscheinlichkeit nach auch nachhaltiger als theologische Vermittlungsbemühungen.

Die biografischen Erfahrungen der Diakonie-Mitarbeitenden werden damit zum Gegenstand von didaktischen Überlegungen, denn die Einstellungen zu diakonischem Profil und der eigenen Tätigkeit in der Diakonie werden stark von den biografischen Vorerfahrungen der Mitarbeitenden geprägt. Dies deckt sich mit den Grundlagen ermöglichungsdidaktischer Ansätze, die Bildungsprozesse im Erwachsenenalter grundsätzlich als Anschlusslernen verstehen. Sowohl die grundsätzliche Frage nach dem Diakonischen als auch die konkreten Überlegungen, wie es sich im diakonischen Alltag darstellt und gestaltet werden kann, muss immer von den bereits vorhandenen Deutungen und den faktischen biografischen Standorten der Diakonie-Mitarbeitenden ausgehen. Die beschriebenen didaktischen Grundbewegungen des *Anschließens, Orientierens, Irritierens* und *Kontextualisierens* tragen dieser Forderung Rechnung.

Die Würdigung eigenständiger Formulierungsversuche, das Aufgreifen und Entdecken von Vorerfahrungen und individuellen mentalen Modellen, das Navigieren durch die vielschichtigen Diakonieverständnisse, das Befremden und

Infragestellen und das Rückbinden an den diakonischen Alltag benötigt aber einen didaktischen Bezugspunkt. Der Bezugspunkt diakonischer Bildung ist das Tätigsein in der Diakonie. Diakonischer Alltag ist Ausgangspunkt und Ziel diakonischer Bildung. Dieser Bezugspunkt muss aber genauer geklärt werden. Der geläufige Begriff des ‚diakonischen Handelns' bietet hier wenig, denn diakonisches Handeln ist phänomenologisch nicht von sozialem Handeln zu unterscheiden. Diakonie ist ein Interpretationsgeschehen, kein Handlungsvollzug. Um den Kern des Diakonischen in Bezug auf das Tätigsein ‚einfangen' und ‚fassen' zu können, bietet sich der Begriff der diakonischen Kompetenz an.

Diakonische Kompetenz soll hier nicht als empirisch überprüfbares Konstrukt, sondern als *programmatisches Konzept* verstanden werden, das den didaktischen Kristallisationspunkt diakonischer Bildung darstellt. Um die Anschlussfähigkeit an sozialberufliche Diskurse zu gewährleisten, wird diakonische Kompetenz als bereichsübergreifendes Modell konzipiert, nicht als domänenspezifisches. Diakonische Kompetenz ist kein Gegenbegriff zur sozialberuflichen Fachlichkeit, sondern dient als Brücke zwischen sozialberuflicher Fachlichkeit und dem Tiefengrund des Diakonischen.

Diakonische Bildungsprozesse werden sich gerade auch in den Widerfahrnissen des Alltags, in Dienstbesprechungen und Teamentwicklungsmaßnahmen, in Supervision und Praxisreflexionen, Workshops und Tagungen vollziehen – oder können von dort Anstöße erhalten. Diakonische Bildungsprozesse laufen in allen Bereichen der Personal- und Organisationsentwicklung und im gesamten Tagesgeschäft der Diakonie mit. Diakonische Bildungsmaßnahmen dürfen daher auch nicht auf klassische Seminar- oder Unterrichtsformate begrenzt werden. Gerade deshalb brauchen sie eine organisatorische Verankerung. Dies kann auch bedeuten, die Lernkultur in diakonischen Einrichtungen grundsätzlich zu überdenken. Diakonische Bildung berührt daher auch Aspekte des organisationalen Lernens. Vor diesem Hintergrund ist ein pragmatischer, aber gleichzeitig inhaltlich angemessener didaktischer Bezugspunkt – die diakonische Kompetenz – vonnöten.

Diakonische Bildung kann sich dann entfalten und ihr innewohnendes Potenzial freilegen, wenn sie in diakonischer Kompetenz mündet. Das bedeutet, dass die möglichen Bildungsinhalte auf die diakonische Kompetenz bezogen sein müssen – nur so kann diakonische Bildung nicht als intellektualisierende Reflexion, pragmatische Qualifizierung oder betroffenheitsbedingter Aktionismus fehllaufen. Diakonische Kompetenz erhält durch die Bestimmung konstitutiver diakonischer Momente eine substanziell-diakonische ‚Füllung'. Eine rein formale und damit inhaltslose Kompetenz ist schwer vorstellbar.

Was heißt dies konkret? Die aufgezählten diakonischen Momente können den inhaltlichen Gehalt des Diakonischen erschließen und werden mithilfe der vier Dimensionen der Fach-, Personal-, Sozial- und Umsetzungskompetenz auf das Tätigsein in der Diakonie bezogen. Ein Vorteil dieser Kompetenzdimensionen besteht zudem darin, dass sie auch ohne kompetenztheoretische Hintergründe verständlich sind: Diakonische Fachkompetenz fragt nach den leitenden

Bildern des Handelns, die diakonische Personalkompetenz nach den eigenen Resonanzen, die diakonische Sozialkompetenz nach der Perspektive des Gegenübers und die diakonische Umsetzungskompetenz nach der Angemessenheit des Tuns und Lassens. Jedes einzelne diakonische Moment kann auf diese vier Kompetenzdimensionen bezogen werden. Was bedeutet es – beispielsweise – für die Angemessenheit des eigenen Tuns und Lassens im Diakoniegeschehen von einem befreienden diakonischen Grundvollzug auszugehen (Umsetzungskompetenz)? Welche Aspekte innerhalb meiner personalen Kompetenz kann – beispielsweise – die Erfahrung von Angewiesensein oder Gebrauchtwerden erhellen? Wie kann – beispielsweise – die gegenseitige Begrenzung und Ermöglichung von Selbstliebe und Nächstenliebe meine soziale Kompetenz beeinflussen? Fordert – beispielsweise – die Erfahrung von Rhythmus mein Grundverständnis, das meine Fachlichkeit leitet, heraus? Et cetera.

Damit sind die drei wesentlichen Dimensionen einer Didaktik *diakonischer Bildung* im Kontext organisierter Diakonie beschrieben, die in dieser Studie entfaltet wurden:

– die diakonischen Elementarformen der Grunderfahrungen, Gestaltungsmuster und Wirkrichtungen – samt eines Vorschlags, diese anhand diakonisch konstitutiver Momente zu konkretisieren – als Erschließungsgrößen,
– die didaktischen Grundbewegungen des Anschließens, Orientierens, Irritierens und Kontextualisierens, die der Wirklichkeit des Erwachsenenlernens gerecht werden
– und als didaktischer Kristallisationspunkt die diakonische Kompetenz, um den inhaltlichen Kern des Diakonischen auf das Tätigsein in der Diakonie zu beziehen.

Bei der Organisation und Durchführung *diakonischer Bildungsangebote* müssen aber noch weitere Aspekte berücksichtigt und reflektiert werden. Zentrale Bedeutung hat zum einen die Person des Dozenten, Fortbildners, Erwachsenenpädagogen, Trainers (oder welche Bezeichnung man auch immer hierfür wählen möchte) und zum anderen sind die konkreten Andockmöglichkeiten diakonischer Bildung ausschlaggebend, um Anlässe, Inhalte und Formen aufeinander zu beziehen. Diese Aspekte wurden in dieser Studie nicht bearbeitet. Aus den bisherigen Überlegungen können aber zumindest einige Hinweise abgeleitet werden.

Die Fragen zur Professionalität der Dozenten bedürfen einer eigenständigen, gründlichen Reflexion. Die *Qualifikationsmerkmale der hauptamtlich Lehrenden*, die die Bundesarbeitsgemeinschaft diakonischer Fort- und Weiterbildung formuliert, geben bereits gute Hinweise zu den Voraussetzungen, über die die Dozenten verfügen sollten.[3] Wichtiger als diese strukturellen Vorgaben ist jedoch das

---

3 „Hochschulabschluss; Aktualität des Wissens und der Methoden; mehrjährige Erfahrung sowohl in der Lehre als auch in der Sozialen Arbeit oder Leitung; erwachsenenpädagogi-

eigene professionelle Rollenbild des Dozenten und die tatsächliche Kongruenz zwischen diesem Bild und der Person. Die Ermöglichungsdidaktik weist den Dozenten neue Rollenbilder zu wie Coach, Lernberater oder/und Facilitator („Ermöglicher“) (vgl. Arnold 2001a, 74). Doch diese leitenden Bilder erscheinen recht ‚technisch‘. „Distanzierte Objektiviertheit wirkt weder motivierend noch orientierend“ (Schmidt 2000, 44). Hingegen kann ein zu „engagiertes Eintreten für bestimmte Werte und Überzeugungen [...] als Indoktrination empfunden werden“ (ebd.). Und ein empathisches „Ich bin auch nur ein Fragender“ kann ebenfalls nicht zufriedenstellen. Angemessen ist vielmehr ein Verständnis, das sich wie folgt beschreiben lässt: „[D]er Lehrer muss das Thema mögen, ja lieben; und diese Liebe muss sich zu einer gedanklichen Kennerschaft und praktischen Könnerschaft ausgewachsen haben. In diesem Thema muss er Profi geworden und Amateur geblieben sein; er will und kann es unterrichten und das muss zu spüren sein“ (Berg 1995a, 33).

Lernprozesse Erwachsener können nur bedingt gesteuert werden. Steuerbar ist allerdings die Gestaltung der Settings und Kontexte, in denen das Lernen stattfindet (vgl. Siebert 2003b, 138). Gestaltbar sind vor allem die Räume (Lage, Ausstattung), die Terminierung, die zeitliche Struktur, der Bezug zur beruflichen Tätigkeit,[4] die möglichen Formate (vgl. 3.2.3.), die Auswahl der Dozenten und in besonderem Maße ästhetische Momente. Gerade vor dem Hintergrund der Erkenntnis, dass kein eindimensionaler Kausalzusammenhang besteht zwischen dem, was gelehrt wird und dem, was gelernt wird, sollten langfristige Bildungsangebote eher kritisch reflektiert werden. Hingegen spricht einiges dafür, auch didaktische Anstrengungen hinsichtlich der Möglichkeiten wirksamer Beschränkung zu unternehmen. Wirksam beschränken bedeutet: (1) weniger Wollen, (2) kürzere Formate und (3) eine zurückhaltende (aber hochwertige!) Ästhetik.

(1) Die Möglichkeiten und Grenzen diakonischer Bildungsangebote sollten realistisch eingeschätzt werden. Diakonische Bildungsangebote treten nicht an, um die Identifikation mit der Einrichtung zu erhöhen oder um die Mitarbeitenden an den christlichen Glauben heranzuführen. Ersteres ist aus sozialpsychologischen Gründen kaum möglich, Letzteres ist nicht Gegenstand diakonischer Bildung. Trotzdem scheint es in der Praxis die Tendenz zu geben, diakonische Bildungsangebote in diese Richtung auszuweiten. Doch weniger ist oft mehr. *Eine* neue Erkenntnis, *ein* Aha-Effekt, *ein* Versuch, selbstständig zu formulieren, worin die eigene diakonische Haltung bestehen könnte, ist zunächst völlig ausreichend. Bildungsprozesse wirken nach. Eine wirksame Beschränkung kann

sche Zusatzqualifikation im weitesten Sinne; personale Kompetenz; Kenntnis kirchlich-diakonischer Strukturen; eine religiös-spirituelle Identität und eine reflektierte Einstellung zum christlichen Glauben“ (Bundesarbeitsgemeinschaft diakonischer Fort- und Weiterbildung 2000).

4 Externe Fortbildungsmaßnahmen (*off the job*); Ausbildung und Einführung (*into the job*); Anlernprozesse, Klausurtag (*on the job*); Lernwerkstatt, Qualitätszirkel, Supervision, kollegiale Beratung, Teamentwicklung (*near the job*).

auch darin liegen, die zeitliche Struktur von Bildungsangeboten auszudehnen. Das heißt: kürzere Angebote über längere Zeitstrecken. In der psychotherapeutischen Wirkforschung hat sich gezeigt, dass kurze Interventionen mit langen Zwischenphasen besonders wirksam sind (Stichwort ‚lange Kurzzeittherapie'). Dies könnte auch für Bildungsprozesse gelten.

(2) In der Trainings- und Weiterbildungsbranche ist derzeit ein Trend zu kürzeren Formaten auszumachen.[5] Unter Experten im Bereich von Trainings und Fortbildungen wird zudem an längeren Formaten bemängelt, dass sie oft die falschen Teilnehmer anziehen: „nicht solche, die das Wissen brauchen, sondern jene, die Zeit haben" (Gloger 2009, 60). Die Zeitschrift Manager-Seminare sieht in dieser Entwicklung bereits einen Trend zu „Ultrakurzformaten" (ebd.). Der Grund für diese Entwicklung wird nicht nur auf Sparmaßnahmen im Fortbildungsbudget zurückgeführt, sondern vor allem in der Mediennutzung und daraus resultierend im Wahrnehmungsverhalten gesehen. In der Beratungs- und Trainingsszene werden diese Entwicklungen bereits didaktisch genutzt. Kurz- und Ultrakurzformate können durchaus Bildungsprozesse anstoßen.

(3) Oftmals unterschätzt wird die Wirkmächtigkeit von ästhetischen, architektonischen und – nicht zu vernachlässigen! – kulinarischen Aspekten in der Eröffnung von Bildungsgelegenheiten (vgl. Schlag 2007, 490). Zwischen dem sprachlich benennbaren Inhalt des Lernprozesses und seiner ästhetischen Gestaltung bestehen grundlegende Wechselwirkungen.[6] Ästhetik ist die Theorie des Schönen, aber auch der sinnlichen Wahrnehmung. Gerade diakonische Bildung muss sich der sinnlichen Dimension der Bildung bewusst sein. Nicht protestantische Genügsamkeit, sondern diakonische Sinnlichkeit sollte die ästhetischen Präferenzen leiten. Evangelisches Profil kann sich so gerade in einer ästhetisch ansprechenden Gestaltung zeigen (von der Raumgestaltung über die Powerpointfolie bis zur Verpflegung). Diakonische Bildung könnte dann dazu beitragen, eine neue Form evangelischer Ästhetik zu entwickeln: Minimalismus und Reduktion bei gleichzeitig hoher Qualität, Freigebigkeit und sinnlichem Anspruch. Guter Stil muss nicht teuer sein, aber gewollt.

Auch die diakonische Bildung in Gänze muss gewollt sein. „Wichtig für die Durchführung von diakonisch-theologischen Fort- und Weiterbildungsangeboten ist ihre systematische und regelhafte Förderung (ideelle Unterstützung, finanzielle Bezuschussung, zeitliche Freistellung von Mitarbeitenden) durch die

---

[5] Bei extern durchgeführten Seminaren ziehen mehr als die Hälfte der Unternehmen in Deutschland mittlerweile Ein-Tages-Seminare vor. Bei intern durchgeführten Seminaren werden fast doppelt so viele eintägige Seminare durchgeführt wie Seminare von zwei bis fünf Tagen Länge (46 % zu 24 %), Angaben entnommen aus der Zeitschrift OrganisationsEntwicklung 3/2009, 53.

[6] Die Haltung des Lehrenden, der Ort des Bildungsgeschehens und der gesamte Kontext senden Botschaften aus, die affektiv wahrgenommen und verarbeitet werden. Der Mensch verfügt zudem über ein Quellengedächtnis: Bei nachhaltigen Lernprozessen – unabhängig davon, ob sie als gelungen gelten können – werden nicht nur Inhalte, sondern vor allem auch die Kontexte der Lernprozesse erinnert.

Leitung bzw. den Träger von Diakonischen Einrichtungen“ (Diakonisches Werk der EKD 2008, 20).

Andockmöglichkeiten für diakonische Bildungsprozesse sind vielfältig, müssen aber bewusst gestaltet werden. Eine breite Palette von Anlässen bietet sich an: Dies können eine Dienstbesprechung sein, ein Einrichtungsjubiläum, das Kirchenjahr, aber auch Erfolge und Niederlagen der Einrichtung, die Entwicklung eines Leitbildes, die Einführung eines neuen Handlungskonzeptes, eine ethische Dilemmasituation oder auch Ermüdungserscheinungen in der Routine des diakonischen Alltags. Die gelungene Verbindung von Anlass, Inhalt und Form stellt die entscheidende Kunst in der Gestaltung diakonischer Bildungsangebote dar.

Literaturverzeichnis

Adam, Gottfried (2004): Diakonie und Bildung – Eine Spurensuche zwischen Diakoniewissenschaft und Religionspädagogik, in: Hanisch, Helmut/Schmidt, Heinz (Hg.): Diakonische Bildung. Theorie und Empirie (VDWI 21), Heidelberg, 41-55.

Adam, Gottfried (2006): Didaktische Kriterien und Formate diakonisch-sozialen Lernens, in: Ders./Hanisch, Helmut/Schmidt, Heinz/Zitt, Renate (Hg.): Unterwegs zu einer Kultur des Helfens. Handbuch diakonisch-sozialen Lernens, Stuttgart, 80-93.

Ahrens, Petra-Angela/Schulz, Claudia/Wegner, Gerhard (2009): Religiosität mit protestantischem Profil, in: Bertelsmann Stiftung (Hg.): Woran glaubt die Welt? Analysen und Kommentare zum Religionsmonitor 2008, Gütersloh, 533-552.

Albert, Anika Christina (2010): Helfen als Gabe und Gegenseitigkeit. Perspektiven einer Theologie des Helfens im interdisziplinären Diskurs (VDWI 42), Heidelberg.

Altmeyer, Stefan/Boschki, Reinhold/Theis, Joachim/Woppowa, Jan (Hg.) (2006): Christliche Spiritualität lehren, lernen und leben, Bonn.

Ammermann, Norbert/Gennerich, Carsten (2003): Ethikberatung konkret. Anwendungen in Diakonie, Gemeinde und Bildungsarbeit, Münster.

Anselm, Reiner (2001): Diakonik als Wissenschaft. Überlegungen zum besonderen Charakter einer jungen theologischen Disziplin, in: Zeitschrift für Evangelische Ethik 45, 8-16.

Arnold, Rolf (1995): Bildungs- und systemtheoretische Anmerkungen zum Organisationslernen (1995), in: Ders./Weber, Hajo (Hg.): Weiterbildung und Organisation. Zwischen Organisationslernen und lernenden Organisationen, Berlin, 13-29.

Arnold, Rolf (2001a): Art. Didaktik – Methodik, in: Ders. (Hg.): Wörterbuch der Erwachsenenpädagogik, Bad Heilbrunn, 72-75.

Arnold, Rolf (2001b): Art. Kompetenz, in: Ders. (Hg.): Wörterbuch der Erwachsenenpädagogik, Bad Heilbrunn, 176-177.

Arnold, Rolf (2001c): Art. Ermöglichungsdidaktik, in: Ders. (Hg.): Wörterbuch der Erwachsenenpädagogik, Bad Heilbrunn, 84-85.

Arnold, Rolf (2007): Ich lerne, also bin ich. Eine systemisch-konstruktivistische Didaktik, Heidelberg.

Arnold, Rolf/Schüßler, Ingeborg (1998): Wandel der Lernkulturen. Ideen und Bausteine für ein lebendiges Lernen, Darmstadt.

Arnold, Rolf/Schüßler, Ingeborg (2001): Entwicklung des Kompetenzbegriffs und seine Bedeutung für die Berufsbildung und für die Berufsbildungsforschung, in: Franke, Guido (Hg.): Komplexität und Kompetenz, Bielefeld, 52-74.

Baart, Andries (2001): Een theorie van de presentie, Utrecht, 2. Auflage.

Baart, Andries (2002): The Presence Approach: an introductory sketch of a practice, Manuskript.

Baart, Andries (2010): Die Kraft der Präsenz, in: Herrmann, Volker/Horstmann, Martin (Hg.): Wichern drei – gemeinwesendiakonische Impulse, Neukirchen-Vluyn, 142-150.

Bach, Ulrich (1980): Boden unter den Füßen hat keiner. Plädoyer für eine solidarische Diakonie, Göttingen.

Bach, Ulrich (2006): Die diakonische Kirche als Freiraum für uns alle, in: Herrmann, Volker/Horstmann, Martin (Hg.): Studienbuch Diakonik, Bd. 1, Neukirchen-Vluyn, 298-323.

Baer, Ulrich (2007a): Art. Fortbildung, in: Fachlexikon der sozialen Arbeit, Baden-Baden, 6. Auflage, 338.

Baer, Ulrich (2007b): Art. Weiterbildung, in: Fachlexikon der sozialen Arbeit, Baden-Baden, 6. Auflage, 1035.

Bäumler, Christof (1968): Die Funktion der Theologie in der Ausbildung von Sozialarbeitern im kirchlichen Dienst, in: Pastoraltheologie 57, 120-127.

Beck, Helmut/Schmidt, Heinz (Hg.) (2008): Bildung als diakonische Aufgabe, Stuttgart.

Bedford-Strohm, Heinrich (2008): Diakonie in der Perspektive „öffentlicher Theologie", in: Ders./Jähnichen, Traugott/Reuter, Hans-Richard/Reihs, Sigrid/Wegner, Gerhard (Hg.): Von der „Barmherzigkeit" zum „Sozial-Markt". Zur Ökonomisierung der sozialdiakonischen Dienste (Jahrbuch Sozialer Protestantismus 2), Gütersloh, 19-32.

Beirer, Georg (1995): Wert, Tugend und Identität. Zur Gestaltung und Vermittlung sittlicher Kompetenz, in: Eid, Volker/Elsässer, Antonellus/Hunold, Gerfried W. (Hg.): Moralische Kompetenz. Chancen der Moralpädagogik in einer pluralen Lebenswelt, 76-116.

Benedict, Hans-Jürgen (2000): Beruht der Anspruch der evangelischen Diakonie auf einer Missinterpretation der antiken Quellen? John N. Collins' Untersuchung „Diakonia", in: Pastoraltheologie 89, 349-364.

Benedict, Hans-Jürgen (2003): Die größere Diakonie: Versuch einer Neubestimmung im Anschluss an John N. Collins, in: Herrmann, Volker/Merz, Rainer/ Schmidt, Heinz (Hg.): Diakonische Konturen. Theologie im Kontext sozialer Arbeit (VDWI 18), Heidelberg, 127-135.

Berg, Hans Christoph (1995a): Mit Wagenschein zur Lehrkunst. Der Neuansatz der Lehrkunstdidaktik in Bildern, Szenen und Konzepten, in: Ders./Schulze, Theodor: Lehrkunst. Lehrbuch der Didaktik, Lehrkunst und Schulvielfalt Bd. 2, Neuwied/Kriftel/Berlin, 23-47.

Berg, Hans Christoph (1995b): Genetische Methode, in: Ders./Schulze, Theodor: Lehrkunst. Lehrbuch der Didaktik, Lehrkunst und Schulvielfalt, Bd. 2, Neuwied/Kriftel/ Berlin, 349-360.

Bertelsmann Stiftung (Hg.) (2007): Religionsmonitor 2008, Gütersloh.

Beyer, Heinrich/Nutzinger, Hans G. (1991): Erwerbsarbeit und Dienstgemeinschaft. Arbeitsbeziehungen in kirchlichen Einrichtungen – eine empirische Untersuchung, Bochum.

Beyer, Wolfgang Hermann (1935): Art. Diakoneo, in: Gerhard Kittel (Hg.): Theologisches Wörterbuch zum Neuen Testament, Bd. 2, Stuttgart, 81-93.

Bierhoff, Hans Werner (1996): Motivation prosozialer Aktivität, in: Thomae, Hans (Hg.): Psychologie der Motive, Göttingen, 440-504.

Biesenkamp, Rainer (2007): Art. Lernen im Erwachsenenalter, in: Fachlexikon der sozialen Arbeit, 6. Auflage, Baden-Baden, 618-619.

Bitter, Gottfried (2004): Chancen und Grenzen einer Spiritualitätsdidaktik, in: Schreijäck, Thomas (Hg.): Werkstatt Zukunft. Bildung und Theologie im Horizont eschatologisch bestimmter Wirklichkeit, Freiburg i.Br./Basel/Wien, 158-184.

Bohlen, Stephanie (2006): Theologie im Lernfeld der Sozialen Arbeit, in: Krockauer, Rainer/ dies./Lehner, Markus (Hg.) (2006): Theologie und Soziale Arbeit. Handbuch für Studium, Weiterbildung und Beruf, München, 23-30.

Borck, Karen/Charbonnier, Lars (2008): Ist Diakonie lernbar? Ein Erfahrungsbericht aus Berlin-Brandenburg, in: Loccumer Pelikan, H. 2, 71-76.

Bornhauser, Thomas (2001): Komplementaristische Erwachsenenbildung. Ein postmodernes Konzept, in: Lernort Gemeinde 19, H. 2, 30-36.

Bornhauser, Thomas (2002): Gott für Erwachsene. Ein Konzept kirchlicher Erwachsenenbildung im Zeichen postmoderner Vielfalt, Stuttgart, 3. Auflage.

Brandt, Wilhelm (1931): Dienst und Dienen im Neuen Testament, Gütersloh.

Bubmann, Peter (2004): Gemeindepädagogik als Anstiftung zur Lebenskunst, in: Pastoraltheologie 93, 99-114.

Bubmann, Peter (2008): Der Dienst am Evangelium und die Vielfalt der Ämter. Zum Diakonat im Kontext kirchlicher Berufe, in: Merz, Rainer/Schindler, Ulrich/Schmidt, Heinz

(Hg.): Dienst und Profession. Diakoninnen und Diakone zwischen Anspruch und Wirklichkeit (VDWI 34), Heidelberg, 70-83.
Bubmann, Peter/Sill, Bernhard (Hg.) (2008a): Christliche Lebenskunst, Regensburg.
Bubmann, Peter/Sill, Bernhard (2008b): Einleitung, in: Diess. (Hg.): Christliche Lebenskunst, Regensburg, 9-19.
Bukowski, Peter (2000): Rückfragen an die akademische theologische Ausbildung, in: Pastoraltheologie 89, 474-482.
Bultmann, Rudolf (1965): Echte und säkularisierte Verkündigung im 20. Jahrhundert, in: Ders.: Glauben und Verstehen, Bd. 3, Tübingen, 122-130.
Bundesarbeitsgemeinschaft Fort- und Weiterbildung in der Diakonie (Hg.) (2000): Grundsätze und Standards diakonischer Fort- und Weiterbildung, Berlin.
Bundesministerium für Bildung und Forschung (Hg.) (2006): Berichtssystem Weiterbildung. Integrierter Gesamtbericht der Weiterbildungssituation in Deutschland, www.bmbf.de/pub/berichtssystem_weiterbildung_neun.pdf (01.01.2010).
Bundesministerium für Bildung und Forschung (Hg.) (2007): Zur Entwicklung nationaler Bildungsstandards, Bonn/Berlin.
Bund-Länder-Kommission für Bildungsplanung und Forschungsförderung (Hg.) (1974): Bildungsgesamtplan, Bd. 1, Stuttgart.
Burbach, Christiane/Heckmann, Friedrich (2007): Motive des Helfens, in: Hoburg, Ralf (Hg.): Theologie der heldenden Berufe, Stuttgart, 87-107.
Casalis, Georges (1980): Die richtigen Ideen fallen nicht vom Himmel. Grundlagen einer induktiven Theologie, Stuttgart.
Clases, Christoph/Wehner, Theo (2006): Situiertes Lernen in Praxisgemeinschaften. Ein Forschungsgegenstand, in: Rauner, Felix (Hg.): Handbuch Berufsbildungsforschung, Bielefeld, 2. Auflage, 562-568.
Claß, Gottfried (2003): Aspekte diakonischer Spiritualität, in: Herrmann, Volker/Merz, Rainer/Schmidt, Heinz (Hg.): Diakonische Konturen. Theologie im Kontext sozialer Arbeit (VDWI 18), Heidelberg, 277-291.
Claß, Gottfried (2008): Herausforderung Diakonische Unternehmenskultur, Berlin.
Cipriani, Roberto (2009): Religions in Europe, in: Religion 39, 109-116.
Crüsemann, Frank (2006): Das Alte Testament als Grundlage der Diakonie, in: Herrmann, Volker/Horstmann, Martin (Hg.): Studienbuch Diakonik, Bd. 1, Neukirchen-Vluyn, 58-87.
Daiber, Karl-Fritz (1988): Diakonie und kirchliche Identität. Studien zur diakonischen Praxis in einer Volkskirche, Hannover.
Daiber, Karl-Fritz (2006): Sozialarbeit – Diakonie. Anmerkungen zu einem nicht immer spannungslosen Beziehungsgeflecht, in: Herrmann, Volker/ Horstmann, Martin (Hg.): Studienbuch Diakonik, Bd. 2, Neukirchen-Vluyn, 96-108.
Darley, John M./Bateson, Daniel (1973): „From Jerusalem to Jericho". A study of situational and dispositional variables in helping behavior, in: Journal of Personality and Social Psychology 27, 100-108.
Davis, Charles (1963): Theology In Seminary Confinement, in: Downside Review 81, 307-316.
Degen, Johannes (1985): Diakonie im Widerspruch. Zur Politik der Barmherzigkeit im Sozialstaat, München.
Degen, Johannes (2003): Freiheit und Profil. Wandlungen der Hilfekultur – Plädoyer für eine zukunftsfähige Diakonie, Gütersloh.
Degen, Johannes (2008): Diakoniewissenschaft aus unternehmensleitender Perspektive, in: Pastoraltheologie 97, 315-327.
Derbolav, Josef (1957): Das Exemplarische im Bildungsraum des Gymnasiums, Düsseldorf.
Deutscher Evangelischer Krankenhausverband e.V. (Hg.) (2005): Verbandsmitteilungen, Ausgabe Dezember 2005, Sonderausgabe zur Jahrestagung 2005, Berlin.

Deutscher Evangelischer Verband für Altenarbeit und Pflege e.V. (DEVAP) (Hg.) (2003): Hauptelemente einer Personalentwicklung in der Altenarbeit. Arbeitshilfe (DEVAP impulse), Stuttgart.

Deutscher Evangelischer Verband für Altenarbeit und Pflege e.V. (DEVAP) (Hg.) (2005): Diakonisches Verhalten im Alltag. Bausteine zur Profilbildung evangelischer Aus- und Weiterbildungsstätten und diakonischer Altenpflegeeinrichtungen. Arbeitshilfe (DEVAP impulse), Stuttgart.

Dewe, Bernd/Ferchhoff, Wilfried/Scherr, Albert/Stüwe, Gerd (1993): Professionelles soziales Handeln. Soziale Arbeit im Spannungsfeld zwischen Theorie und Praxis, Weinheim.

Diakonisches Werk der EKD (Hg.) (2002): Fürs Leben lernen! Tagungsbericht vom vierten Bildungsforum der Diakonie (Diakonie Dokumentation 11/2002), Stuttgart.

Diakonisches Werk der EKD (Hg.) (2005): Auszubildende in sozialen Berufen. Motive und soziodemographische Informationen von Auszubildenden in der Altenpflege und Krankenpflege (Statistische Informationen 03/2005), Stuttgart.

Diakonisches Werk der EKD (Hg.) (2007): Einrichtungsstatistik 2006 (Diakonie Texte 10/2007), Berlin.

Diakonisches Werk der EKD (Hg.) (2008): Charakteristika einer diakonischen Kultur (Diakonie Texte 1/2008), Berlin.

Dietzel, Stefan (2003): Zur Entstehung des Diakonats im Urchristentum. Eine Auseinandersetzung mit den Positionen von Wilhelm Brandt, Wolfgang Hermann Beyer und John N. Collins, in: Herrmann, Volker/Merz, Rainer/ Schmidt, Heinz (Hg.): Diakonische Konturen. Theologie im Kontext sozialer Arbeit (VDWI 18), Heidelberg, 136-170.

Dreisbach, Dieter (1999): Anforderungen der Praxis an eine theologisch verantwortete Diakoniewissenschaft, in: Götzelmann, Arnd (Hg.): Einführung in die Theologie der Diakonie. Heidelberger Ringvorlesung (DWI-Info Sonderausgabe 1), Heidelberg, 155-168.

Dunderberg, Ismo (2003): Vermittlung statt karitativer Tätigkeit? Überlegungen zu John N. Collins' Interpretation von diakonia, in: Herrmann, Volker/Merz, Rainer/Schmidt, Heinz (Hg.): Diakonische Konturen. Theologie im Kontext sozialer Arbeit (VDWI 18), 171-183.

Ebach, Jürgen (1998): Weil das, was ist, nicht alles ist (Theologische Reden 4), Bochum.

Eicher, Peter (2008): Gelassenheit, in: Christ in der Gegenwart 60, H. 45, 505-506.

Englert, Rudolf (2001): Was bringt uns Bildung?, in: Lernort Gemeinde 19, H. 2, 10-14.

Englert, Rudolf (2007): Religionspädagogische Grundfragen. Anstöße zur Urteilsbildung, Stuttgart.

Erpenbeck, John (2001): Wissensmanagement als Kompetenzmanagement, in: Franke, Guido (Hg.): Komplexität und Kompetenz. Ausgewählte Fragen der Kompetenzforschung, Bielefeld, 102-120.

Erpenbeck, John/von Rosenstiel, Lutz (2003): Einführung, in: Diess. (Hg.): Handbuch Kompetenzmessung, Stuttgart, XII-XL.

Eurich, Johannes/Oelschlägel, Christian (Hg.) (2008): Diakonie und Bildung. Heinz Schmidt zum 65. Geburtstag, Stuttgart.

Feifel, Erich (1973): Die Bedeutung theologischer Denkmodelle für ein Konzept theologischer Erwachsenenbildung, in: Katechetische Blätter 98, 461-476.

Fraas, Hans-Jürgen (2001): Bildung und Menschenbild in theologischer Perspektive, in: Lernort Gemeinde 19, H. 2, 14-17.

Frankl, Viktor E. (2005): Ärztliche Seelsorge. Grundlagen der Logotherapie und Existenzanalyse, Wien, 11. überarbeitete Neuauflage.

Fleßa, Steffen/Städtler-Mach, Barbara (2001): Konkurs der Nächstenliebe? Diakonie zwischen Auftrag und Wirtschaftlichkeit, Göttingen.

Fleßa, Steffen (2008): Innovationspromotoren als originäre Funktion diakonischer Sozialleistungsunternehmen, in: Bedford-Strohm, Heinrich/Jähnichen, Traugott/Reuter, Hans-Richard/Reihs, Sigrid/Wegner, Gerhard (Hg.): Von der „Barmherzigkeit" zum „Sozial-

Markt". Zur Ökonomisierung der sozialdiakonischen Dienste (Jahrbuch Sozialer Protestantismus 2), Gütersloh, 64-87.

Gärtner, Heribert W. (2008): Wie kommt das Evangelium in die Organisation? Warum Kontaminierungsstrategien scheitern müssen, in: Schmidt, Thomas (Hg.): Kursbuch Management und Theologie, Freiburg i.Br., 41-58.

Gennerich, Carsten (2007): Religiöser Trost in der Seelsorge an Senioren und Seniorinnen: Modellentwicklung und empirische Analysen zum Motiv der Vorsehung, in: Kunz, Ralph (Hg.): Religiöse Begleitung im Alter. Religion als Thema der Gerontologie, Zürich, 217-250.

Gloger, Alex (2009): Die Weiterbildungsminis kommen. Lerntrend Kürze, in: Manager-Seminare (o. Jg.), H. 132, 56-60.

Gohde, Jürgen (1998): Konfessionalität und Professionalität, in: Ders. (Hg.): Konfession, Profession, Institution (Jahrbuch Diakonie 1998), Stuttgart, 11-21.

Gohde, Jürgen (2004): Rechenschaftsbericht 2004 (Diakonie Korrespondenz 01/2004), Berlin.

Götzelmann, Arnd (1998): Aus-, Fort- und Weiterbildungsaufgaben in der Diakonie. Angebot und Nachfrage theologisch-diakonischer Qualifikation, in: Ders./Herrmann, Volker/Stein, Jürgen (Hg.): Diakonie der Versöhnung. Ethische Reflexion und soziale Arbeit in ökumenischer Verantwortung. FS Theodor Strohm, Stuttgart, 300-320.

Götzelmann, Arnd (2008): Auf der Suche nach Religion. Spirituelle Bedarfe diakonischer Bildung, in: Eurich, Johannes/Oelschlägel, Christian (Hg.): Diakonie und Bildung. Heinz Schmidt zum 65. Geburtstag, Stuttgart, 210-226.

Götzelmann, Arnd/Herrmann, Volker/Stein, Jürgen (1998): Diakonie der Versöhnung, in: Diess. (Hg.): Diakonie der Versöhnung. Ethische Reflexion und soziale Arbeit in ökumenischer Verantwortung. FS Theodor Strohm, Stuttgart, 15-37.

Götzelmann, Arnd/Herrmann, Volker (2004): Zu den Grundlagen und Entwicklungen der wissenschaftlichen Reflexion diakonischen Handelns, in: Schibilsky, Michael/Zitt, Renate (Hg.): Theologie und Diakonie, Gütersloh, 483-500.

Griese, Christiane (2003): Theorien der Erwachsenenbildung, in: Arnold, Rolf (Hg.): Berufs- und Erwachsenenpädagogik (Basiswissen Pädagogik, Bd. 4), Baltmannsweiler, 251-268.

Gris, Richard (2008): Die Weiterbildungslüge. Warum Seminare und Trainings Kapital vernichten und Karrieren knicken, Frankfurt a.M./New York.

Gris, Richard/Gutbrod, Alexander (2009): Weiter bilden, weiter lügen? Warum entgegen aller Erkenntnisse ein Großteil der Beratungs- und Trainingsarbeit immer noch Verschwendung ist, in: OrganisationsEntwicklung 28, H. 3, 52-57.

Gronbach, Reinhart (2006): Diakonisch-soziales Lernen: Ein Curriculum (Das Michelbacher Modell), in: Adam, Gottfried/Hanisch, Helmut/Schmidt, Heinz/Zitt, Renate (Hg.): Unterwegs zu einer Kultur des Helfens. Handbuch diakonisch-sozialen Lernens, Stuttgart, 94-114.

Grosse, Heinrich (2007): „Wenn wir die Armen unser Herz finden lassen ...". Kirchengemeinden aktiv gegen Armut und Ausgrenzung (epd-Dokumentation 34/2007), Frankfurt a.M.

Grözinger, Albrecht (1998): Die Kirche – ist sie noch zu retten? Anstiftungen für das Christentum in postmoderner Gesellschaft, Gütersloh.

Gudjons, Herbert/Winkel, Rainer (Hg.) (1997): Didaktische Theorien, Hamburg, 12. Auflage.

Gudjons, Herbert (2002): Allgemeine Didaktik. Ein Überblick über die gegenwärtige Diskussion, in: Bizer, Christoph (Hg.). Religionsdidaktik (Jahrbuch Religionspädagogik 18), Neukirchen-Vluyn, 3-20.

Haas, Hanns-Stephan (2004a): Diakonie zwischen Profil und Profit, in: Ders.: Diakonie Profil (Leiten – Lenken – Gestalten 15), Gütersloh, 233-243.

Haas, Hanns-Stephan (2005): Aus-, Fort- und Weiterbildung in der Diakonie, in: Schäfer, Gerhard K./Ruddat, Günter (Hg.): Diakonisches Kompendium, Göttingen, 439-451.

Haas, Hanns-Stephan (2006): Theologie und Ökonomie. Ein Beitrag zu einem diakonierelevanten Diskurs (Leiten – Lenken – Gestalten 19), Gütersloh.

Haasler, Bernd/Beelmann, Gert (2006): Kompetenzen erfassen – Berufliche Entwicklungsaufgaben, in: Rauner, Felix (Hg.): Handbuch Berufsbildungsforschung, Bielefeld, 2. Auflage, 622-628.

Hanft, Anke (1991): Identifikation als Einstellung zur Organisation. Eine kritische Analyse aus interaktionistischer Perspektive, München/Mering.

Hanisch, Helmut (2000): Dimensionen diakonischen Lernens, in: Diakonisches Werk der EKD (Hg.): Schule und Diakonie (Diakonie Dokumentation 03/2000), Stuttgart, 11-18.

Hanisch, Helmut (2006): Diakonisch-soziales Lernen als Impuls zur Persönlichkeitsentwicklung, in: Adam, Gottfried/Ders./Schmidt, Heinz/Zitt, Renate (Hg.): Unterwegs zu einer Kultur des Helfens. Handbuch des diakonisch-sozialen Lernens, Stuttgart. 43-55.

Hanisch, Helmut/Gramzow, Christop/Hoppe-Graff, Siegfried (2004): Diakonisches Lernen – konzeptionelle Annäherungen auf empirischer Grundlage, in: Schmidt, Heinz/Hanisch, Helmut (Hg.): Diakonische Bildung. Theorie und Empirie (VDWI 21), Heidelberg, 76-170.

Hanselmann, Paul Gerhardt (2005): Qualitätsentwicklung in der Diakonie. Leitbild, System und Qualitätskultur in dynamischer Wechselwirkung, Dissertation, Universität Heidelberg.

Härle, Wilfried (2000): Dogmatik, Berlin, 2. überarbeitete Auflage.

Haslinger, Herbert (1996): Diakonie zwischen Mensch, Kirche und Gesellschaft. Eine praktisch-theologische Untersuchung der diakonischen Praxis unter dem Kriterium des Subjektseins des Menschen, Würzburg.

Haslinger, Herbert (2009): Diakonie. Grundlagen für die soziale Arbeit der Kirche, Paderborn/München/Wien/Zürich.

Hauschildt, Eberhard (2000): Wider die Identifikation von Diakonie und Kirche, in: Pastoraltheologie 89, 411-415.

Hauschildt, Eberhard (2008): Was bedeuten exegetische Erkenntnisse über den Begriff der Diakonie für die Diakonie heute?, in: Pastoraltheologie 97, 307-314.

Heimbrock, Hans-Günter (1986): Pädagogische Diakonie, Neukirchen-Vluyn.

Heimbrock, Hans-Günter (1991): Motivation zur Diakonie, in: Diakonie 17, 168-175.

Henke, Martin/Wienberg, Günther (2007): Diakonie 2015 – Welche Mitarbeitenden mit welchen Qualifikationen werden wir künftig benötigen? Workshop 09./10.05.2007, Folien (unveröffentlicht), Berlin.

Hentig, Hartmut von (1996): Bildung. Ein Essay, München/Wien.

Hentig, Hartmut von (2007): Bewährung. Von der nützlichen Erfahrung, nützlich zu sein, Weinheim/Basel.

Hentschel, Anni (2008): Gibt es einen sozial-karitativ ausgerichteten Diakonat in den frühchristlichen Gemeinden?, in: Pastoraltheologie 97, 290-306.

Herrmann, Volker (2003a): „Innere Mission" und „Diakonie" bei Johann Hinrich Wichern. Eine Entwicklungsskizze seines Denkens, in: Ders. (Hg.): Diakonische Aussichten (DWI-Info 35), Heidelberg, 60-102.

Herrmann, Volker (Hg.) (2003b): „Liturgie und Diakonie". Zu Leben und Werk von Herbert Krimm (DWI-Info Sonderausgabe 3), Heidelberg.

Hilger, Georg/Ziebertz, Hans-Georg (2001): Allgemeindidaktische Ansätze einer zeitgerechten Religionspädagogik, in: Ders./Leimgruber, Stephan/ders. (Hg.): Religionsdidaktik. Ein Leitfaden für Studium, Ausbildung und Beruf, München, 5. Auflage, 88-100.

Hillen, Stefanie (2006): Der Bau der Erkenntnis. Unterrichten aus konstruktivistischer Perspektive, in: Padua 1, 46-50.

Hofmann, Beate (2002): Diakonie und Bildung in der Fortbildung: Praxiserfahrungen, in: Zeitschrift für Pädagogik und Theologie 54, H. 1, 73-78.

Hofmann, Beate (2003): Fundament oder Verzierung? Zur Funktion der Theologie in der Diakonie, in: Herrmann, Volker/Merz, Rainer/Schmidt, Heinz (Hg.): Diakonische Konturen. Theologie im Kontext sozialer Arbeit (VDWI 18), Heidelberg, 229-239.

Hofmann, Beate (2004): Theologie lehren und lernen im Raum der Diakonie, in: Schibilsky, Michael/Zitt, Renate (Hg.): Theologie und Diakonie, Gütersloh, 554-565.

Hofmann, Beate (2007): Warum arbeite ich hier? Berufsmotivation reflektieren und erhalten. Zur Rolle von (diakonischer) Fortbildung in sozialen Berufen, in: Hoburg, Ralf (Hg.): Theologie der helfenden Berufen, Stuttgart, 195-205.

Hofmann, Beate (2008a): Erwachsen glauben, in: epd-Dokumentation 31/2008, 20-27.

Hofmann, Beate (2008b): Diakonische Unternehmenskultur in Schlüsselsituationen in der Biografie der Mitarbeitenden, in: Dies. (Hg.): Diakonische Unternehmenskultur. Handbuch für Führungskräfte, Stuttgart, 37-54.

Hofmann, Beate (2008c): Grundlagen diakonischer Unternehmenskultur, in: Dies. (Hg.): Diakonische Unternehmenskultur. Handbuch für Führungskräfte, Stuttgart, 14-36.

Hofmann, Beate (2008d): Implementierungswege, in: Dies. (Hg.): Diakonische Unternehmenskultur. Handbuch für Führungskräfte, Stuttgart, 166-173.

Hofmann, Beate/Kleinert, Ulfrid (2004): Theologie für Nichttheologen in der Diakonie, in: Schibilsky, Michael/Zitt, Renate (Hg.): Theologie und Diakonie, Gütersloh, 554-576.

Höhmann, Peter/Krech, Volkhard (2006): Das weite Feld der Kirchenmitgliedschaft, in: Huber, Wolfgang/Friedrich, Johannes/Steinacker, Peter (Hg.): Kirche in der Vielfalt der Lebensbezüge. Die vierte EKD-Erhebung über Kirchenmitgliedschaft, Gütersloh, 143-195.

Hollweg, Arnd (1984): Trendwende in der Diakonie: Kritik und Neuorientierung, in: Pastoraltheologie 73, 196-211.

Höroldt, Hans (2008): Kindererziehung, in: Kottnik, Klaus-Dieter K./Hauschildt, Eberhard (Hg.): Diakoniefibel, Rheinach/Gütersloh, 84-88.

Horstmann, Martin (2006): Begleitbuch zum Studienbuch Diakonik (DWI-Info Sonderausgabe 8), Heidelberg.

Horstmann, Martin (2009): Diakonische Kompetenz, in: Herrmann, Volker (Hg.): Soziales Leben gestalten. Beispiele und Herausforderungen (DWI-Jahrbuch 40), Heidelberg, 187-203.

Huber, Wolfgang (2006): Bilden als Beruf – Lehrer sein in evangelischer Perspektive. Vortrag auf dem Tag der Lehrerinnen und Lehrer in der Evangelischen Kirche von Westfalen, 10.03.2006, Dortmund, Manuskript.

Hüffmeier, Wilhelm (2001): Die Kirche Jesu Christi. Der reformatorische Beitrag zum ökumenischen Dialog über die kirchliche Einheit, Frankfurt a.M., 3. Auflage.

Jäger, Alfred (1986): Diakonie als christliches Unternehmen, Gütersloh.

Jäger, Alfred (1998): Diakonie als eigenständige Gestalt von Kirche (Jubiläumsjahrbuch Diakonie 1998), 232-243.

Jäger, Alfred (2006): Die theologische Achse diakonischer Unternehmenspolitik, in: Herrmann, Volker/Horstmann, Martin (2006): Studienbuch Diakonik, Bd. 2, Neukirchen-Vluyn, 175-184.

Jank, Werner/Meyer, Hilbert (2005): Didaktische Modelle, Berlin, 7. Auflage.

Joas, Hans (2004): Braucht der Mensch Religion? Über Erfahrungen der Selbsttranszendenz, Freiburg i.Br., 2. Auflage.

Jörns, Klaus-Peter (1994): Telefonseelsorge. Nachtgesicht der Kirche, Neukirchen-Vluyn.

Jörns, Klaus-Peter (1995): Das Verhältnis von Theologie und Kirche zur Telefonseelsorge, in: Wiemers, Jörg (Hg.): Handbuch der Telefonseelsorge, Göttingen, 189-204.

Jörns, Klaus-Peter (1997): Die neuen Gesichter Gottes. Die Umfrage: „Was die Menschen wirklich glauben" im Überblick, Neukirchen-Vluyn.

Jüngel, Eberhard (1990): Wertlose Wahrheit. Zur Identität und Relevanz des christlichen Glaubens. Theologische Erörterungen III, München.

Kade, Jochen (2007): Art. Erwachsenenbildung, in: Fachlexikon der sozialen Arbeit, Baden-Baden, 6. Auflage, 266-267.

Kaiser, Jochen-Christoph (2006a): Ist Diakonie Kirche? Überlegungen zu einem schwierigen Verhältnis in historischer Perspektive, in: Herrmann, Volker/ Horstmann, Martin (Hg.): Studienbuch Diakonik, Bd. 2, 227-241.

Kaiser, Jochen-Christoph (2006b): Sozialer Protestantismus als kirchliche ‚Zweitstruktur'. Entstehungskontext und Entwicklungslinien der Inneren Mission, in: Herrmann, Volker/ Horstmann, Martin (Hg.): Studienbuch Diakonik, Bd. 2, 259-279.

Kammer der EKD für Bildung und Erziehung (Hg.) (1983): Erwachsenenbildung als Aufgabe der evangelischen Kirche. Grundsätze, Gütersloh.

Kast, Verena (2002): Der Schatten in uns. Die subversive Lebenskraft, München.

Kinnomen, Kathrin (Hg.) (1983): Contemporary understanding of diaconia. Report of a consultation. Ökumenischer Rat der Kirchen, Genf.

Kiper, Hanna/Mischke, Wolfgang (2004): Einführung in die Allgemeine Didaktik, Weinheim/Basel.

Kirchenamt der EKD (Hg.) (1997a): Orientierung in zunehmender Orientierungslosigkeit. Evangelische Erwachsenenbildung in kirchlicher Trägerschaft. Eine Stellungnahme der Kammer der Evangelischen Kirche in Deutschland für Bildung und Erziehung, im Auftrag des Rates der Evangelischen Kirche in Deutschland, Gütersloh.

Kirchenamt der EKD (Hg.) (1997b): Für eine Zukunft in Solidarität und Gerechtigkeit. Wort des Rates der Evangelischen Kirche in Deutschland und der Deutschen Bischofskonferenz zur wirtschaftlichen und sozialen Lage in Deutschland, Hannover.

Kirchenamt der EKD (Hg.) (1998): Herz und Mund und Tat und Leben. Grundlagen, Aufgaben und Zukunftsperspektiven der Diakonie. Eine evangelische Denkschrift, im Auftrag des Rates der Evangelischen Kirche in Deutschland, Gütersloh.

Kirchenamt der EKD (Hg.) (2003): Maße des Menschlichen. Evangelische Perspektiven in der Wissens- und Lerngesellschaft. Eine Denkschrift, Gütersloh.

Kirchenamt der EKD (Hg.) (2006a): Kirche der Freiheit. Perspektiven für die evangelische Kirche im 21. Jahrhundert, Hannover.

Kirchenamt der EKD (Hg.) (2006b): Gerechte Teilhabe. Befähigung zu Eigenverantwortung und Solidarität. Eine Denkschrift des Rates der EKD zur Armut in Deutschland, im Auftrag des Rates der Evangelischen Kirche, Gütersloh.

Kirchenamt der EKD (Hg.) (2009): Die Bedeutung der wissenschaftlichen Theologie in Gesellschaft, Universität und Kirche. Ein Beitrag der Kammer für Theologie der Evangelischen Kirche in Deutschland (EKD-Texte 104), Hannover.

Klafki, Wolfgang (1957): Das pädagogische Problem des Elementaren und die Theorie der kategorialen Bildung, Weinheim.

Klafki, Wolfgang (1958): Didaktische Analyse als Kern der Unterrichtsvorbereitung, in: Die Deutsche Schule 50, H. 10, 450-471.

Klafki, Wolfgang (1961): Art. Das Elementare, Fundamentale, Exemplarische, in: Groothof, Hans-Hermann/Stallmann, Martin (Hg.): Pädagogisches Lexikon, Stuttgart, 191-194.

Klafki, Wolfgang (1964): Das pädagogische Problem des Elementaren und die Theorie der kategorialen Bildung, Weinheim, 4. Auflage.

Klafki, Wolfgang (1970): Studien zur Bildungstheorie und Didaktik, Weinheim, 10. Auflage.

Klafki, Wolfgang (1985): Neue Studien zur Bildungstheorie und Didaktik. Beiträge zur kritisch-konstruktiven Didaktik, Weinheim/Basel.

Klappenecker, Gabriele (2008): Religiöse Wahrnehmung und Deutung als Voraussetzung diakonisch-sozialer Bildung, in: Eurich, Johannes/Oelschlägel, Christian (Hg.): Diakonie und Bildung. Heinz Schmidt zum 65. Geburtstag, Stuttgart, 389-402.

Klessmann, Michael (2006): Von der Annahme der Schatten. Diakonie zwischen Anspruch und Wirklichkeit, in: Herrmann, Volker/Horstmann, Martin (Hg.): Studienbuch Diakonik, Bd. 2, Neukirchen-Vluyn, 185-198.

Kleinert, Ulfrid (1991): Sozialarbeit gehört zum Glauben. Berufspraxis der Gemeindediakonie, Freiburg i.Br.

Kleinert, Ulfrid (2004): Theologie lernen und lehren mit und für Menschen in diakonischen Arbeitsfeldern – zur Aus- und Fortbildung, in: Schibilsky, Michael/Zitt, Renate (Hg.): Theologie und Diakonie, Gütersloh, 566-576.

Kliemann, Peter (2003): Art. Bildung, in: Bosold, Iris/ders. (Hg.): „Ach, Sie unterrichten Religion?" Methoden, Tipps und Trends, Stuttgart/München, 10-13.

Klinzing, Georg (1992): Welche Theologie braucht die DiakonInnen-Ausbildung? Kritische Vorüberlegungen bei der Überarbeitung des Lehrplans für das Fach Theologie, in: Europäische Diakonenkonferenz (Hg.): Die Theologie in der Ausbildung für Diakone und Diakoninnen. Standortbestimmung, Aufgabe, Form und neue Impulse, Dokumentation der Fachtagung für Ausbildungsleiter und Verantwortliche für Ausbildungen für Diakone und Diakoninnen, Europäische Diakonenkonferenz 1.-7. September 1992 in Rom, Bielefeld, 67-79.

Kobler-von Komorowski, Susanne (2006): Religion bei MitarbeiterInnen: Fehlanzeige? ... Oder Chance für ein diakonisches Profil?, in: Eurich, Johannes (Hg.): Diakonisches Handeln im Horizont gegenwärtiger Herausforderungen (DWI-Info 38), Heidelberg, 43-58.

Kobler-von Komorowski, Susanne (2008): Wertekampagnen der Diakonie, in: Eurich, Johannes/Oelschlägel, Christian (Hg.): Diakonie und Bildung. Heinz Schmidt zum 65. Geburtstag, Stuttgart, 127-139.

Kock, Manfred (2005): Vorwort, in: Ruddat, Günter/Schäfer, Gerhard K. (Hg.): Diakonisches Kompendium, Göttingen, 9-10.

Kohler, Marc Edouard (1995): Diakonie, Neukirchen-Vluyn, 2. Auflage.

Konferenz Europäischer Kirchen (1994): Bratislava-Erklärung – Auf dem Weg zu einer Vision von Diakonie in Europa. Eine Einladung zur Teilnahme an dem Prozeß des Handelns und Nachdenkens, in: Strohm, Theodor (Hg.): Diakonie in Europa. Ein internationaler und ökumenischer Forschungsaustausch (VDWI 8), Heidelberg 1997, 510-515.

Körtner, Ulrich H.J./Schoenauer, Hermann (2004): Diakonische Ethik und ethisch verantwortete Praxis, in: Schibilsky, Michael/Zitt, Renate (Hg.): Theologie und Diakonie, Gütersloh, 242-260.

Köser, Silke (2008): Teilhabe eröffnen. Schwerpunkte diakonischer Bildung, in: Beck, Helmut/Schmidt, Heinz (Hg.): Bildung als diakonische Aufgabe, Stuttgart, 77-87.

Krause, Matthias (2008): DiakoNIE ALLEIN. Wie die mitteldeutsche Diakonie auf neue Mitarbeitende reagiert, in: mi-di 5, Mission und Diakonie – eine Informationsschrift der AMD, 20-21.

Krockauer, Rainer (2006): Theologie Sozialer Arbeit. Zehn Thesen, in: Ders./Bohlen, Stephanie/Lehner, Markus (Hg.): Theologie und Soziale Arbeit. Handbuch für Studium, Weiterbildung und Beruf, München, 31-44.

Krockauer, Rainer/Bohlen, Stephanie/Lehner, Markus (Hg.) (2006): Theologie und Soziale Arbeit. Handbuch für Studium, Weiterbildung und Beruf, München.

Kron, Friedrich W. (1993): Grundwissen Didaktik, München/Basel.

Kuld, Lothar (2004): Compassion – Konzept und Wirkungen des Projekts, in: Ders./Gönnheimer, Stefan (Hg.): Praxisbuch Compassion. Soziales Lernen an Schulen, Donauwörth.

Künkel, Christoph (2010): Diakonische Profilierung, in: epd-Dokumentation 6/2010, Frankfurt a.M., 5-13.

Landwehr, Norbert (2001): Neue Wege der Wissensvermittlung, Aarau, 4. Auflage.

Lange, Ernst (1980): Sprachschule für die Freiheit. Bildung als Problem und Funktion der Kirche, München/Gelnhausen.

Lave, Jean/Wenger, Etienne (1991): Situated Learning. Legitimate peripheral participation, Cambridge/New York.
Lechner, Martin (2000): Theologie in der Sozialen Arbeit. Begründung und Konzeption einer Theologie an Fachhochschulen für Soziale Arbeit, München.
Lehner, Markus (1997): Caritas – Die Soziale Arbeit der Kirche. Eine Theoriegeschichte, Freiburg i.Br.
Lehner, Markus (2006): Orte einer Theologie Sozialer Arbeit, in: Krockauer, Rainer/Bohlen, Stephanie/Ders. (Hg.): Theologie und Soziale Arbeit. Handbuch für Studium, Weiterbildung und Beruf, München, 310-318.
Lehr, Ursula (2006): Psychologie des Altern, Wiebelsheim, 11. Auflage.
Lindemann, Friedrich-Wilhelm (1998): Sola fide – Zur evangelischen Qualität psychologischer Beratung, in: Wege zum Menschen 50, 342-351.
Lindner, Herbert (1994): Diakonie und verfasste Kirche, in: Pastoraltheologie 83, 312-332.
Lohmann, David (1997): Das Bielefelder Diakonie-Managementmodell (Leiten – Lenken – Gestalten 1), Gütersloh.
Lorenz, Heinz (1981): Heil und Heilung. Gedanken zur Grundlegung der Diakonie, in: Pastoraltheologie 70, 483-499.
Lorenz, Heinz (1994): Diakonische Gemeinde?, in: Pastoraltheologie 83, 333-341.
Lück, Wolfgang/Schweitzer, Friedrich (1999): Religiöse Bildung Erwachsener. Grundlagen und Impulse für die Praxis, Stuttgart/Berlin/Köln.
Luther, Henning (1991): Leben als Fragment. Der Mythos von der Ganzheit, in: Wege zum Menschen 43, 262-273.
Maaser, Wolfgang (2008): Evangelische Diakonie im Horizont der Kirche, in: Zeitschrift für Evangelische Ethik 52, 249-265.
Memmert, Wolfgang (1983): Didaktik in Grafiken und Tabellen, Bad Heilbrunn/Obb., 3. Auflage.
Merz, Rainer (2007a): Diakonische Professionalität. Zur wissenschaftlichen Rekonstruktion des beruflichen Selbstkonzeptes von Diakoninnen und Diakonen (VDWI 33), Heidelberg.
Merz, Rainer (2007b): Diakonische Professionalität. Oder: wie der christliche Glaube im beruflichen Hilfehandeln konstruktiv sein kann, in: Hoburg, Ralf (Hg.): Theologie der helfenden Berufe, Stuttgart, 71-86.
Mette, Norbert (1994): Theologie lernen. Das Theologiestudium in didaktischer Sicht, in: Concilium 30, 554-561.
Mette, Norbert/Steinkamp, Hermann (1983): Sozialwissenschaften und Praktische Theologie, Düsseldorf 1983.
Mette, Norbert/Steinkamp, Hermann (Hg.) (1997): Anstiftung zur Solidarität. Praktische Beispiele der Sozialpastoral, Mainz.
Metz, Johann Baptist (2000): Compassion. Zu einem Weltprogramm des Christentums im Zeitalter des Pluralismus der Religionen und Kulturen, in: Ders./Kuld, Lothar/Weisbrod, Adolf (Hg.): Compassion. Weltprogramm des Christentums. Soziale Verantwortung lernen, Freiburg i.Br./Basel/Wien, 9-18.
Metz, Johann Baptist (2006): „Compassion: Sieh hin und du weißt!“, in: Publik Forum, H. 10, 30-32.
Meuler, Erhard (2001): Lob des Scheiterns. Methoden- und Geschichtenbuch zur Erwachsenenbildung an der Universität, Baltmannsweiler.
Mletzko, Uwe (2002): Bildungsforen in der Diakonie, in: Gohde, Jürgen (Hg.): Die Zukunft der sozialen Dienste (Diakonie Jahrbuch 2002), Stuttgart, 100-106.
Moltmann, Jürgen (2006): Diakonie im Horizont des Reiches Gottes, in: Herrmann, Volker/Horstmann, Martin (Hg.) (2006): Studienbuch Diakonik, Bd. 1, Heidelberg, 324-340.
Morgenthaler, Christoph (2001): Theologiestudium, Erwachsenwerden und Gott jenseits, in: Pastoraltheologie 90, 384-398.

Mühlum, Albert/Walter, Joachim (1998): Diakoniewissenschaft zwischen Theologie und Sozialarbeit. Anstöße zu einer Neuorientierung, in: Götzelmann, Arnd/Herrmann, Volker/ Stein, Jürgen (Hg.): Diakonie der Versöhnung. Ethische Reflexion und soziale Arbeit in ökumenischer Verantwortung. FS Theodor Strohm, Stuttgart, 277-289.

Münch, Joachim (2003): Theorien der beruflichen Bildung, in: Arnold, Rolf (Hg.): Berufs- und Erwachsenenpädagogik, Baltmannsweiler, 86-105.

Neagoe, Alexandru (2006): Twins but not Clones: Understanding Diaconia in Relation to Social Work, in: Morée, Peter C.A./ders. (Hg.): Faces of Diaconia. Toward a Christian Understanding of Social Services, Timisoara, 29-48.

Neukamm, Karl Heinz (1990): Identität der Diakonie, in: Diakonie Jahrbuch 1990, Stuttgart, 12-43.

Neuweg, Georg Hans (2006): Implizites Wissen als Forschungsgegenstand, in: Rauner, Felix (Hg.): Handbuch Berufsbildungsforschung, Bielefeld, 2. Auflage, 581-588.

Nipkow, Karl Ernst (1988): Grundfragen der Religionspädagogik, Bd. 3, Gemeinsam leben und glauben lernen, Gütersloh, 2. Auflage.

Nipkow, Karl Ernst (2001): Zur neueren Geschichte des Bildungsverständnisses, in: Lernort Gemeinde 19, H. 2, 18-21.

Nipkow, Karl Ernst (2005): Anmerkungen zu Querschnittsthemen der Religionspädagogik, Theo-Web, in: Zeitschrift für Religionspädagogik 4, H. 2, 114-116.

Nipkow, Karl Ernst (2006): Diakonische Bildung und biblische Mitte. Zur Tiefengrammatik der Bildungsmetaphorik, in: Adam, Gottfried/Hanisch, Helmut/Schmidt, Heinz/Zitt, Renate (Hg.): Unterwegs zu einer Kultur des Helfens. Handbuch des diakonisch-sozialen Lernens, Stuttgart, 15-32.

Noller, Annette (2005a): Christliche Theologie und Soziale Arbeit – Zehn Thesen, in: Barz, Monika/Weth, Hans-Ulrich (Hg.): Potenziale Sozialer Arbeit (Schriften der Evangelischen Fachhochschule Reutlingen-Ludwigsburg), Stuttgart, 64-81.

Noller, Annette (2005b): Sünde in der Sozialen Arbeit. Die Dynamik des Sündenbegriffs im interdisziplinären Dialog, in: Glaube und Lernen 20, H. 2, 153-163.

Noormann, Harry (2009): Diakonisches Lernen. Lernen am Ernstfall in Schule und Konfirmandenunterricht, in: Loccumer Pelikan, H. 2, 53-59.

Nordstokke, Kjell (1992): Theologie des Südens: Impulse für die diakonische Arbeit und die Diakonenausbildung, in: Europäische Diakonenkonferenz (Hg.): Die Theologie in der Ausbildung für Diakone und Diakoninnen. Standortbestimmung, Aufgabe, Form und neue Impulse, Dokumentation der Fachtagung für Ausbildungsleiter und Verantwortliche für Ausbildungen für Diakone und Diakoninnen, Europäische Diakonenkonferenz 1.-7. September 1992 in Rom, Bielefeld, 15-28.

Noske, Gerhard (1971): Die beiden Wurzeln der Diakonie. Eine Besinnung auf ihre Grundlagen, Stuttgart.

Nübel, Hans Ulrich (1994a): Die neue Diakonie. Teilhabe statt Preisgabe. Mitarbeiterinnen und Mitarbeiter kommen zu Wort, Freiburg i. Br.

Nübel, Hans Ulrich (1994b): Identifizieren sich Mitarbeiter/-innen mit der Diakonie?, in: Diakonie Jahrbuch 1994, Stuttgart, 51-57.

Obst, Gabriele (2008): Kompetenzorientiertes Lehren und Lernen im Religionsunterricht, Göttingen.

OECD-Bildungsminister (Hg.) (2001): In Kompetenzen für alle investieren. Kommuniqué der OECD-Bildungsminister, Paris.

Otto, Gert (1986): Grundlegung der praktischen Theologie, München.

Philippi, Paul (1990): Thesen zur Ortsbestimmung der Diakonie in der Theologie, in: Ders./ Strohm, Theodor (Hg.): Theologie der Diakonie (VDWI 1), Heidelberg, 209-227.

Pittkowski, Wolfgang (2006): Konfessionslose in Deutschland, in: Huber, Wolfgang/Friedrich, Johannes/Steinacker, Peter (Hg.): Kirche in der Vielfalt der Lebensbezüge. Die vierte EKD-Erhebung über Kirchenmitgliedschaft, Gütersloh, 89-110.

Polanyi, Michael (1985): Implizites Wissen, Frankfurt a.M.

Pompey, Heinrich/Roß, Paul-Stefan (1998): Kirche für andere. Handbuch für eine diakonische Praxis, Mainz.

Rahner, Karl (1967): Praktische Theologie und kirchliche Sozialarbeit, in: Ders.: Schriften zur Theologie, Bd. VIII, Einsiedeln/Zürich/Köln, 667-688.

Rahner, Karl (1980): Elemente der Spiritualität in der Kirche der Zukunft, in: Ders.: Schriften zur Theologie 14, 368-381.

Raske, Michael (2006): Mitfühlen – Grundelement christlicher Spiritualität, in: Altmeyer, Stefan/Boschki, Reinhold/Theis, Joachim/Woppowa, Jan (Hg.): Christliche Spiritualität lehren, lernen und leben, Bonn.

Rauschenbach, Thomas/Leu, Hans Rudolf/Lingenbauer, Sabine/Mack, Wolfgang/Schilling, Matthias/Schneider, Kornelia/Züchner, Ivo (2004): Non-formale und informelle Bildung im Kindes- und Jugendalter. Konzeptionelle Grundlagen für einen nationalen Bildungsbericht, Berlin.

Reich, Helmut (1992): Kann Denken in Komplementaritäten die religiöse Entwicklung im Erwachsenenalter fördern?, in: Böhnke, Michael/ders./Ridez, Louis (Hg.): Erwachsen im Glauben, Stuttgart/Berlin/Köln, 127-154.

Reitz-Dinse, Annegret (1998): Theologie in der Diakonie. Exemplarische Kontroversen zum Selbstverständnis der Diakonie in den Jahren 1957-1975, Neukirchen-Vluyn.

Reinmann-Rothmeier, Gabi/Mandl, Heinz (1997): Lehren im Erwachsenenalter, in: Weinert, Franz/Mandl, Heinz (Hg.): Psychologie der Erwachsenenbildung, Göttingen, 355-403.

Ricca, Paolo (1992): Die Waldenser Kirche und die Diakonie in Europa – eine Perspektive des Südens, in: Strohm, Theodor/Degen, Johannes (Hg.): Diakonie und europäischer Binnenmarkt, Dokumentation einer wissenschaftlichen Arbeitstagung in der Heidelberger Akademie der Wissenschaften, 4.-7. März 1992, Heidelberg, 138-149.

Richter, Stephan Daniel (2007): „Ich mach mir die Welt, widdewidde wie sie mir gefällt …". Ermöglichungsdidaktik – eine (religions-)pädagogische Perspektive, in: Erziehungswissenschaft und Beruf, H. 4, 497-513.

Ringeling, Hermann (2006): Der diakonische Auftrag der Kirche – Versuch eines Konzeptes, in: Herrmann, Volker/Horstmann, Martin (Hg.): Studienbuch Diakonik, Bd. 2, Neukirchen-Vluyn, 109-116.

Rinn, Maren (2006): Die religiöse und kirchliche Ansprechbarkeit von Konfessionslosen in Ostdeutschland. Eine Analyse auf Grundlage empirischer Untersuchungen in der Evangelisch-Lutherischen Landeskirche Mecklenburgs und Evangelischen Landeskirche Anhalts (Texte aus dem SI), Hannover.

Ritschl, Dietrich/Hailer Martin (2006): Diesseits und jenseits der Worte. Grundkurs Christliche Theologie, Neukirchen-Vluyn 2006.

Rokeach, Milton (1973): The nature of human values, New York.

Romberg, Reinhard (1992): Bedürfnisse, Erwartungen, Kalküle – was steuert das Lernen Erwachsener? Eine Revue von Theoriedefiziten und ein neues Modell, in: Nuissl, Ekkehard/Siebert, Horst/Weinberg, Johannes/Tietgens, Hans: Literatur- und Forschungsreport Weiterbildung, H. 29, 51-74.

Roth, Heinrich (1971): Pädagogische Anthropologie, 2 Bde., Hannover.

Roth, Gerhard/Lück, Monika (2010): Mit Gefühl und Motivation lernen. Neurobiologische Grundlagen der Wissensvermittlung im Training, in: Zeitschrift Weiterbildung 21, H. 1, 40-43.

Ruddat, Günter/Schäfer, Gerhard K. (Hg.) (2005a): Diakonisches Kompendium, Göttingen.

Ruddat, Günter/Schäfer, Gerhard K. (2005b): Einführung, in: Diess. (Hg.): Diakonisches Kompendium, Göttingen, 11-14.
Rüegg-Stürm, Johannes (2002): Das neue St. Galler Management-Modell, Bern.
Rupp, Hartmut/Knapp, Angela/Damman, Christoph (2006): Diakonisches Lernen, Service Learning und gesellschaftliche Verantwortung, in: Adam, Gottfried/Hanisch, Helmut/ Schmidt, Heinz/Zitt, Renate (Hg.): Unterwegs zu einer Kultur des Helfens. Handbuch diakonisch-sozialen Lernens, Stuttgart, 56-68.
Ruschke, Werner M. (1998): Theologie und Diakonie. Zehn Sätze zu einer neuen Verhältnisbestimmung, in: Gohde, Jürgen (Hg.): Konfession – Profession – Institution (Diakonie Jubiläumsjahrbuch 1998), Stuttgart, 73-77.
Sachau, Rüdiger (2001): Der schlafende Riese. Allgemeinbildung, Weiterbildung, Evangelische Erwachsenenbildung unter den Bedingungen der Moderne, in: Lernort Gemeinde 19, H. 2, 5-9.
Sauter, Edgar (2001): Art. Berufliche Weiterbildung, in: Arnold, Rolf (Hg.): Wörterbuch der Erwachsenenbildung, Bad Heilbrunn, 42.
Schäfer, Gerhard K. (2005): Evangelisch-theologische Konzeptionen und Diskussionslinien der Diakonie, in: Ruddat, Günter/ders. (Hg.): Diakonisches Kompendium, Göttingen, 91-121.
Schäfer, Gerhard K./Herrmann, Volker (2006a): Geschichtliche Entwicklungen der Diakonie von der Alten Kirche bis zur Gegenwart im Überblick, in: Herrmann, Volker/Horstmann, Martin (Hg.): Studienbuch Diakonik, Bd. 1, Neukirchen-Vluyn, 137-165.
Schäfer, Gerhard K./Herrmann, Volker (2006b): Diakonische Profile in der Sozialen Arbeit, in: Herrmann, Volker/Horstmann, Martin (Hg.): Studienbuch Diakonik, Bd. 2, Neukirchen-Vluyn, 81-95.
Schein, Edgar H. (1995): Unternehmenskultur. Ein Handbuch für Führungskräfte, New York.
Schein, Edgar H. (2003): Organisationskultur, Bergisch Gladbach.
Schibilsky, Michael (1998): Biblisch-theologische Impulse. Die Kernkompetenz der Diakonie, in: Gohde, Jürgen (Hg.): Konfession – Profession – Institution (Jahrbuch Diakonie 1998), Stuttgart, 81-88.
Schibilsky, Michael (1999): Art. Diakonie, VI. Praktisch-theologisch, in: Religion in Geschichte und Gegenwart, Bd. 2, Tübingen, 4. Auflage, 798-801.
Schibilsky, Michael (2003): Lebensbegleitung und Lebenskunst, in: Zeitzeichen, H. 3, 38-40.
Schlag, Thomas (2007): Erwachsenenbildung, in: Gräb, Wilhelm/Weyel, Birgit (Hg.): Handbuch Praktische Theologie, Gütersloh, 481-493.
Schlenke, Dorothee (2005): Art. Versöhnung, VI. Dogmatisch, in: Religion in Geschichte und Gegenwart, Bd. 8, Tübingen, 4. Auflage, 1059-1061.
Schluep, Cristoph (o.J.): Kommunitäre Diakonie als Herausforderung für den Gemeindeaufbau, Manuskript, http://diadakt.files.wordpress.com/2009/11/tex-kommun_ diakonie1.pdf (20.04.2010).
Schmid, Wilhelm (2007): Glück. Alles, was Sie darüber wissen müssen, und warum es nicht das Wichtigste im Leben ist, Frankfurt a.M./Leipzig.
Schmidt, Heinz (1997): Orientierendes und exemplarisches Lernen in der ersten Phase der Pfarrerausbildung, in: Praktische Theologie 32, 50-56.
Schmidt, Heinz (2000): Ethikunterricht – Grundlagen und didaktische Ansätze, in: Götzelmann, Arnd (Hg.): Ethikunterricht in diakonischen Bildungseinrichtungen (DWI-Info Sonderausgabe 2), Heidelberg, 38-47.
Schmidt, Heinz (2002): Diakonisches Lernen: Grundlagen, Kontexte, Formen, in: Rupp, Hartmut/Scheilke, Christoph/Ders. (Hg.): Zukunftsfähige Bildung und Protestantismus, Stuttgart, 155-168.

Schmidt, Heinz (2004): Diakonisches Lernen. Grundlagen, Kontexte, Motive und Formen, in: Hanisch, Helmut/ders. (Hg.): Diakonische Bildung. Theorie und Empirie (VDWI 21), Heidelberg, 9-28.

Schmidt, Heinz (2005): Diakonisches Lernen – diakonische Bildung, in: Schäfer, Gerhard K./Ruddat, Günter (Hg.): Diakonisches Kompendium, Göttingen, 421-437.

Schmidt, Heinz (2006): Einführung, in: Adam, Gottfried/Hanisch, Helmut/ders./Zitt, Renate (Hg.): Unterwegs zu einer Kultur des Helfens. Handbuch diakonisch-sozialen Lernens, Stuttgart, 7-11.

Schmidt, Heinz (2007): Diakonische Bildung als Konstruktion von Wissen und Werten. Didaktische Anregungen aus konstruktivistischer Sicht, in: Herrmann, Volker (Hg.): Diakonische Existenz im Wandel (DWI-Info 39), Heidelberg, 111-122.

Schmidt, Heinz (2010): Welches ist der Weg dahin, wo das Licht wohnt? (Hiob 38,18). Lebensgewinn durch diakonische Bildung. Abschiedsvorlesung, gehalten am 4. Februar 2010 in der Alten Aula der Ruprecht-Karls-Universität Heidelberg, Manuskript.

Schmidt, Heinz/Zitt, Renate (2003): „Fürs Leben lernen" – Diakonisch-soziale Lernprozesse und die Frage nach dem diakonischen Bildungsbegriff, in: Herrmann, Volker (Hg.): Diakonische Aussichten (DWI-Info 35), Heidelberg, 220-236.

Schmidt, Heinz/Zitt, Renate (2004): Fürs Leben lernen: Diakonisches Lernen – diakonische Bildung, in: Hanisch, Helmut/Schmidt, Heinz (Hg.): Diakonische Bildung. Theorie und Empirie (VDWI 21), 56-75.

Schmidt, Siegfried (2001): Lernen im Zeitalter des Internets, Bozen.

Scholl-Schaaf, Margret (1975): Werthaltung und Wertsystem. Ein Plädoyer für die Verwendung des Wertkonzepts in der Sozialpsychologie, Bonn.

Schreiter, Robert J. (1992): Abschied vom Gott der Europäer. Zur Entwicklung regionaler Theorien, Salzburg.

Schröder, Bernd (2003): Mindeststandards religiöser Bildung und Förderung christlicher Identität, in: Theo-web 2, 95-115.

Schultz, Eberhard (2001): Art. Realistische Wende, in: Arnold, Rolf (Hg.): Wörterbuch der Erwachsenenpädagogik, Bad Heilbrunn, 271.

Schulz, Thorsten/Schmidt, Heinz (2008): Teilhabe ermöglichen. Diakonische Bildung als Befähigungspädagogik, in: Beck, Helmut/Schmidt, Heinz (Hg.): Bildung als diakonische Aufgabe, Stuttgart, 105-118.

Schweitzer, Friedrich (2000): Elementarisierung als religionspädagogische Aufgabe: Erfahrungen und Perspektiven, in: Zeitschrift für Pädagogik und Theologie 52, 240-252.

Schweitzer, Friedrich (2003a): Elementarisierung – ein religionsdidaktischer Ansatz, in: Ders. (Hg.): Elementarisierung im Religionsunterricht. Erfahrungen, Beispiele, Perspektiven, Neukirchen, 10-30.

Schweitzer, Friedrich (2003b): Elementarisierung nur der Inhalte – oder elementare Formen des Lernens?, in: Ders. (Hg.): Elementarisierung im Religionsunterricht. Erfahrungen, Beispiele, Perspektiven, Neukirchen, 187-201.

Schweitzer, Friedrich (2003c): Elementarisierung in der religionsdidaktischen Diskussion. Entwicklungstendenzen – weiterführende Perspektiven – offene Fragen, in: Ders. (Hg.): Elementarisierung im Religionsunterricht. Erfahrungen, Beispiele, Perspektiven, Neukirchen, 203-220.

Sekretariat der Ständigen Konferenz der Kultusminister der Länder in der Bundesrepublik Deutschland (Hg.) (2001): Vierte Empfehlung der Kultusministerkonferenz zur Weiterbildung. Beschluss der Kultusministerkonferenz vom 01.02. 2001, Bonn, www.kmk.org/doc/beschl/vierteweiterb.pdf.

Seibert, Horst (1979): Zielorientiertes Handeln in der Sozialarbeit der Kirche. Theologische Kriterien für kirchliche Sozialarbeit, in: Zeitschrift Sozialpädagogik, H. 6, 264-273.

Seibert, Horst (1983): Diakonie. Hilfehandeln Jesu und soziale Arbeit des Diakonischen Werkes. Eine Überprüfung der gegenwärtigen Diakonie an ihrem theologischen und sozialen Anspruch, Gütersloh.

Seibert, Horst (1985): Die Wiedervereinigung von Sinn und Funktion als Problem der Theologie der Diakonie, in: Albert, Jürgen (Hg.): Diakonie in der säkularen Welt. Theologische Beiträge. Internationale Konferenz theologischer Mitarbeiter in der Diakonie (Themen der Diakonie 10), Frankfurt a.M., 52-66.

Seibert, Horst (2006): Gedanken zur theologischen Begründung gegenwärtiger Diakonie durch den Bezug auf die Diakonie Jesu, in: Herrmann, Volker/ Horstmann, Martin (Hg.): Studienbuch Diakonik, Bd. 2, Neukirchen-Vluyn, 144-159.

Senge, Peter M. (2001): Die fünfte Disziplin. Kunst und Praxis der lernenden Organisation, Stuttgart, 8. Auflage.

Siebert, Horst (1999): Pädagogischer Konstruktivismus, Neuwied.

Siebert, Horst (2003a): Didaktisches Handeln in der Erwachsenenbildung. Didaktik aus konstruktivistischer Sicht, München/Unterschleißheim, 4. Auflage.

Siebert, Horst (2003b): Vernetztes Lernen. Systemisch-konstruktivistische Methoden der Bildungsarbeit, München/Unterschleißheim.

Siebert, Horst (2006): Selbstgesteuertes Lernen und Lernberatung. Konstruktivistische Perspektiven, Augsburg, 2. überarbeitete Auflage.

Sölle, Dorothee (1973): Leiden, Stuttgart.

Ständige Konferenz der Ausbildungsleiterinnen und -leiter im VEDD (Hg.) (2004): Was sollen Diakone und Diakoninnen können? Kompetenzmatrix für die Ausbildung von Diakoninnen und Diakonen im Rahmen der doppelten Qualifikation (Impuls III/2004), Kassel.

Ständige Konferenz der Ausbildungsleiterinnen und -leiter im VEDD (Hg.) (2008): Tätigkeitsprofile von Diakoninnen und Diakonen (Impuls I/2008), Berlin.

Starnitzke, Dierk (1996): Diakonie als soziales System. Eine theologische Grundlegung diakonischer Praxis in Auseinandersetzung mit Niklas Luhmann, Stuttgart.

Starnitzke, Dierk (2003): Die Bedeutung des diakonos im frühen Christentum, in: Herrmann, Volker/Merz, Rainer/Schmidt, Heinz (Hg.): Diakonische Konturen. Theologie im Kontext sozialer Arbeit (VDWI 18), Heidelberg, 184-212.

Starnitzke, Dierk (2007): Gibt es ein Spezifikum christlicher Ethik? Neutestamentliche Überlegungen zu einer diakonischen Theologie helfender Berufe, in: Wort und Dienst. Jahrbuch der Kirchlichen Hochschule Bethel, Bethel, 251-265.

Steffensky, Fulbert (1994): Zeit ist Leben, in: Jahrbuch der Religionspädagogik 11, 95-99.

Stegemann, Wolfgang (2006): Diakonie als „Kommunikation des Evangeliums". Neutestamentliche Argumente für einen Paradigmenwechsel im Diakoniebegriff, in: Neuendettelsauer Beiträge, H. 10, 3-18.

Steinkamp, Hermann (1985): Diakonie – Kennzeichen der Gemeinde. Entwurf einer praktisch-theologischen Theorie, Freiburg i.Br.

Steinkamp, Hermann (1998): Qualität und (christliches) Menschenbild, in: Wege zum Menschen 50, 307-318.

Steinkamp, Hermann (2007): Compassion als diakonische Basiskompetenz, in: Herrmann, Volker (Hg.): Diakonische Existenz im Wandel (DWI-Info 39), Heidelberg, 99-110.

Stroh, Ralf: Art. Kompetenz (Fähigkeit), in: Religion in Geschichte und Gegenwart, Bd. 4, Tübingen, 4. Auflage, 1537-1538.

Strohm, Theodor (1997) (Hg.): Diakonie in Europa. Ein internationaler und ökumenischer Forschungsaustausch (VDWI 8), Heidelberg.

Strohm, Theodor (2003): Diakonie. Zukunftsperspektiven und Lernaufgaben, in: Ders: Diakonie in der Perspektive der verantworteten Gesellschaft (VDWI 16), Heidelberg, 147-156.

Strohm, Theodor (2004): Diakonie der Versöhnung und ihre aktuellen Konsequenzen, in: Schibilsky, Michael/Zitt, Renate (Hg.): Theologie und Diakonie, Gütersloh, 150-161.

Strohm, Theodor (2006): Diakonie – biblisch-theologische Grundlagen und Orientierungen, in: Herrmann, Volker/Horstmann, Martin (Hg.): Studienbuch Diakonik, Bd. 1, Neukirchen-Vluyn, 15-25.

Strunk, Andreas (2007): Art. Leitbild(-entwicklung), in: Fachlexikon der sozialen Arbeit, Baden-Baden, 6. Auflage, 616-617.

Strunk, Gerhard (1982): Art. Erwachsenenbildung, in: Theologische Realenzyklopädie 10, Berlin/New York, 175-181.

Suhr, Ulrike (2008): Theologie in der Ausbildung von Diakonen und Diakoninnen, in: Merz, Rainer/Schindler, Ulrich/Schmidt, Heinz (Hg.): Dienst und Profession. Diakoninnen und Diakone zwischen Anspruch und Wirklichkeit (VDWI 34), Heidelberg, 176-183.

Terhart, Ewald (1999): Konstruktivismus und Unterricht. Gibt es einen neuen Ansatz in der Allgemeinen Didaktik?, in: Zeitschrift für Pädagogik 44, 629-647.

Theißen, Gerd (2006): Die Bibel diakonisch lesen. Die Legitimitätskrise des Helfens und der barmherzige Samariter, in: Herrmann, Volker/Horstmann, Martin (Hg.): Studienbuch Diakonik, Bd. 1, Neukirchen-Vluyn, 88-116.

Thierfelder, Jörg (2000): Diakonisches Lernen und Lebensbilder, in: Glaube und Leben 15, 4-10.

Tillich, Paul (1953): Der Mut zum Sein. Stuttgart.

Turre, Reinhard (1991): Diakonik. Grundlegung und Gestaltung der Diakonie, Neukirchen-Vluyn.

Turre, Reinhard (1999): Art. Diakonie, IV. Sozialethisch, in: Religion in Geschichte und Gegenwart, Bd. 2, Tübingen, 4. Auflage, 797.

Turre, Reinhard (2004): Diakonie – eine Ausprägung christlicher Religion, in: Schibilsky, Michael/Zitt, Renate (Hg.): Theologie und Diakonie, Gütersloh, 458-464.

Vögele, Wolfgang (2004): Welches Handeln folgt aus dem Glauben? Theologische Bemerkungen zu Werten, Orientierungen und Gewissheit, in: Zeitschrift für Evangelische Ethik 48, 95-106.

Vögele, Wolfgang (2007): Weltgestaltung und Gewißheit. Alltagsethik und theologische Anthropologie, Münster.

von Bodelschwinghsche Anstalten Bethel (Hg.) (1998): Qualitätsgrundsätze für die Arbeit in den v. Bodelschwighschen Anstalten Bethel, Bielefeld.

Wagenschein, Martin (1968): Verstehen lernen. Genetisch – Sokratisch – Exemplarisch, Weinheim/Berlin.

Walter, Regine (2002): Diakonie als Bildungsinhalt und Profil einer Schule, Firstwald-Gymnasium Mössingen, in: Zeitschrift für Pädagogik und Theologie 54, H. 1, 73-78.

Weber, Joachim (2001): Diakonie in Freiheit? Eine Kritik diakonischen Selbstverständnisses, Bochum.

Weber, Joachim (2010): Zwischen Diakoniekritik und kritischer Diakonie, in: Herrmann, Volker/Anhorn, Roland (Hg.): Johann Hinrich Wichern. Theologe – Sozialpädagoge – Reformer (DWI-Info Sonderausgabe 12), Heidelberg, 154-167.

Wegenast, Klaus (1987): Erwachsenenbildung, in: Adam, Gottfried/Lachmann, Rainer (Hg.): Gemeindepädagogisches Kompendium, Göttingen, 379-413.

Wegner, Gerhard (1990): Auf der Suche nach dem, was mutig, geduldig und stark macht – Zur Diskussion um den Gemeindeaufbau und das Profil einer aktivierenden Gemeindearbeit, in: Lingscheid, Rainer/ders. (Hg.): Aktivierende Gemeindearbeit, Stuttgart/Berlin/Köln, 29-36.

Wegner, Gerhard (2005): Kreative Passivität. Spiritualität und moderne Arbeit (Texte aus dem SI), Hannover.

Wegner, Gerhard (2009): Impulsreferat zum Thema „Soziale Verantwortung" anlässlich der Diakoniereferentenkonferenz am 29. April 2009 in Berlin, Manuskript, Hannover.

Wegner, Gerhard (2010): Mythos gerechte Teilhabe. Mit Bildung gegen Armut?, in: Ders.: Teilhabe fördern – christliche Impulse für eine gerechte Gesellschaft, Stuttgart, 146-157.

Weinert, Franz (2001): Vergleichende Leistungsmessung in Schulen – eine umstrittene Selbstverständlichkeit, in: Ders. (Hg.): Leistungsmessungen in Schulen, Weinheim/Basel, 17-31.

Wendland, Heinz-Dietrich (1960): Gesellschaftliche Diakonie. Aufgabe der gesellschaftlichen Diakonie (Kirche im Volk 25), Stuttgart, 2. Auflage, 41-47.

Wendland, Heinz-Dietrich (2006): Christos Diakonos – Christos Doulos. Zur theologischen Begründung der Diakonie, in: Herrmann, Volker/Horstmann, Martin (Hg.): Studienbuch Diakonik, Bd. 1, Neukirchen-Vluyn, 272-284.

Wichern, Johann Hinrich (1956): Gutachten, die Diakonie und den Diakonat betreffend, in: Ders.: Ausgewählte Schriften, Bd. 1, hg. v. Karl Janssen, Gütersloh, 133-204.

Wiederkehr, Daniel (2008): Die Pfarrei als Raum diakonischen Wirkens. Eine empirische Untersuchung zu den Möglichkeiten und Grenzen der Pfarreidiakonie im Kanton Zürich, Fribourg.

Wieland, Josef (2004): Handbuch Wertemanagement, Hamburg.

Willmann, Otto (1957): Didaktik als Bildungslehre, Freiburg i.Br., 6. Auflage.

Wittpoth, Jürgen (2006): Einführung in die Erwachsenenpädagogik, Opladen/Farmington Hills, 2. Auflage.

Wolf, Bernward (2010): Profiliert arbeiten, wirtschaftlich handeln, soziale Verantwortung übernehmen. Kirche und Diakonie vor der Quadratur des Dreiecks, in: epd-Dokumentation 6/2010, Frankfurt a.M., 14-19.

Zerfaß, Rolf (1992): Lebensnerv Caritas. Helfer brauchen Rückhalt, Freiburg i.Br.

Zerfaß, Rolf (1998); „Einer trage des anderen Last" (Gal 6,2). Theologische Überlegungen zu den Kirchlichkeitskriterien dr Caritas in Deutschland (BRD), in: Cremer, Inés/Funke, Dieter (Hg.): Diakonisches Handeln. Heausforderungen – Konfliktfelder – Optionen, Freiburg i.Br., 116-134.

Ziebertz, Hans-Georg (1993): Sozialarbeit und Diakonie. Eine empirisch-theologische Studie zu Identitäts- und Legitimationsproblemen kirchlicher Sozialberufe, Weinheim.

Zilleßen, Dietrich (2004): Gegenreligion. Über religiöse Bildung und experimentelle Didaktik, Münster.

Zitt, Renate (1998): Ist Diakonie lehrbar? Erfahrungen und Perspektiven einer Lernenden und Lehrenden, in: Götzelmann, Arnd/Herrmann, Volker/Stein, Jürgen (Hg.): Diakonie der Versöhnung. Ethische Reflexion und soziale Arbeit in ökumenischer Verantwortung. FS Theodor Strohm, Stuttgart, 290-299.

Zitt, Renate (2003): Diakonisch-soziales Lernen im Kontext der Hochschule. Zur Theorie und Praxis diakoniewissenschaftlicher Bildungsprozesse, in: Herrmann, Volker/Merz, Rainer/Schmidt, Heinz (Hg.): Diakonische Konturen. Theologie im Kontext sozialer Arbeit (VDWI 18), Heidelberg, 240-254.

Zitt, Renate (2004): Diakonische Perspektiven für theologische Bildung und Ausbildung, in: Hanisch, Helmut/Schmidt, Heinz (Hg.): Diakonische Bildung (VDWI 21), Heidelberg, 194-218.

Zitt, Renate (2006): Berufliche Bildung und Diakonie – Horizonte und Perspektiven, in: Adam, Gottfried/Hanisch, Helmut/Schmidt, Heinz/dies. (Hg.): Unterwegs zu einer Kultur des Helfens. Handbuch des diakonisch-sozialen Lernens, Stuttgart, 339-352.

Zitt, Renate (2008): Dialogische Theologie in Bildungsprozessen, in: Eurich, Johannes/Oelschlägel Christian (Hg.): Diakonie und Bildung. Heinz Schmidt zum 65. Geburtstag, Stuttgart, 196-209.

Zitt, Renate/Müller, Christoph (2004): Erleben – wahrnehmen – reflektieren. Lehr- und Lernformen von Theologie und Diakonie im Kontext universitärer Bildung und Ausbildung, in: Schibilsky, Michael/Zitt, Renate: Theologie und Diakonie, Gütersloh, 522-553.

Zitt, Renate/Pompey, Heinrich/Walter, Joachim (2002): Diakonie wahrnehmen und denken lernen, in: Steinhäuser, Martin/Ratzmann, Wolfgang (Hg.): Didaktische Modelle Praktischer Theologie. FS Jürgen Ziemer, Leipzig, 498-554.
Zulehner, Paul M (2009): Spirituelle Dynamik? Ein Vergleich zwischen Deutschland, Österreich und der Schweiz, in: Bertelsmann Stiftung (Hg.): Woran glaubt die Welt? Analysen und Kommentare zum Bertelsmann Religionsmonitor 2008, Gütersloh, 381-385.